KB220419

朝鮮後期 中央軍制研究

朝鮮後期 中央軍制研究

訓鍊都監의 設立과 社會變動

金 鍾 洙

혜안

序

　이 책은 조선후기의 대표적 중앙군인 訓鍊都監의 설립과 운영 및 이에 따른 사회변동에 관한 연구의 일부이다.

　조선후기를 비롯한 전근대시기 우리 나라의 군제는 중앙군과 지방군으로 구분된다. 중앙군이 국왕의 시위와 수도의 경비·방어 등을 담당하며, 때에 따라서는 변방 방어의 임무에도 나서는 군사라면, 지방군은 일정한 지역의 방위를 전담하거나 유사시에 대처하는 군사였다. 그런데 우리 나라 전근대시기에는 前者가 後者보다 훨씬 중시되었다. 이것은 중앙집권체제를 유지한 전근대시기의 다른 나라에서도 공통적으로 나타나는 현상이다. '強幹弱枝'(줄기를 강하게 하고 곁가지는 약하게 한다), '內重外輕'(안을 무겁게 하고 밖을 가볍게 한다), '以內御外'(안으로써 밖을 제어한다) 등으로 표현되는 바와 같이 중앙군을 강력하게 하고, 이러한 군사력을 바탕으로 지방을 통제한다는 것이 전근대시기 중앙집권국가의 통치 방법이었던 것이다.

　한편 조선시기의 중앙군은 대체로 두 가지 계통의 군인으로 구성되었다. 국가로부터 일정한 보수를 받으면서 군무를 수행하는 군인이 있는가 하면, 국가로부터 아무런 보수도 받지 못하고 군역을 치러야 하는 군인이 있었던 것이다. 전자를 대표하는 것이 조선전기의 甲士, 조선후기의 訓鍊都監軍이라면, 후자를 대표하는 것이 조선전기의 侍衛牌(正兵), 조선후기의 여러 番上兵들이다. 이 중 중앙군의 중추적인 군사력을 이루는 것은 前者이다. 조선전기의 갑사는 부농, 지주층 출신

의 武士로서, 그리고 조선후기의 훈련도감군은 수도에 상주하는 상비
병으로서 국가와 정권의 존립을 보장하는 무력적 기반이었다. 이에 반
해 後者는 지방에 거주하는 번상농민병으로서 上番 時에는 중앙군에
소속되었고, 下番 時에는 지방군에 편입되는 존재였다. 이들은 전시에
는 모두 전투에 동원되었겠지만, 평시에는 인적·물적 수취대상으로
간주되었다. 따라서 조선시기 중앙군의 실체를 파악하기 위해서는 보
수를 받으면서 군무를 수행하는 군인을 대표하는 조선전기의 갑사, 조
선후기의 훈련도감군에 주목하여야 하는 것이다.

지금까지 조선시기 중앙군제에 관해서 직접·간접으로 수많은 연구
가 이루어져 왔다. 5위제와 5군영제 등 군사조직에 관한 연구를 비롯
하여, 정치권력과 관련된 군사통수에 관한 연구, 각 兵種에 관한 연구,
군역제에 관한 연구, 軍需의 생산·관리에 관한 연구, 兵器에 관한 연
구, 兵書에 관한 연구 등 실로 다양한 방면에서 연구가 진행되어 왔다.
군제라는 것은 국가의 군사 역량을 조직, 관리하는 제도로서 국가의
정치제도, 신분질서, 군역체계 등과 직접 관련되어 성립·운영되며, 당
시의 생산력 수준, 토지제도, 과학기술 수준, 상품유통 체계, 전쟁 형태,
군사 사상 등을 기반으로 편성되므로, 위와 같은 다양한 방면에서의
연구 진행은 당연한 것이다. 그러나 이러한 다양한 방면의 연구만으로
는 군제의 변화와 발전을 체계적으로 이해하기가 쉽지 않았다. 다양성
을 체계적으로 이해하기 위해서는 중추적인 것과 부차적인 것을 구분
하여 파악할 필요가 있다. 군제에도 중추적 군사력과 부차적 군사력이
병존한다. 즉 국가의 기간이 되는 군대가 있는가 하면, 제한적인 역할
에 그치는 군대가 있는 것이다. 따라서 중추적 군사력과 부차적 군사
력을 구분하고, 중추적 군사력의 변화를 우선적으로 파악하여야 군제
변화의 큰 흐름을 체계적으로 이해할 수 있을 것이다.

필자는 조선초기 중앙군의 중추적 군사력은 甲士이며, 조선후기의
그것은 訓鍊都監軍이라는 관점에서 군사와 관련하여 조선시기 정치,
경제, 사회 각 부문을 체계적으로 다시 정리할 필요를 느꼈다. 군제는

사회 현상을 반영하여 성립하는 것이고, 또 사회 변동에 영향을 주는 것이기 때문에 이러한 작업이 어느 정도 이루어진다면, 우리 나라 중세와 중세사회 해체기 중앙군제의 구조와 특성뿐만 아니라, 중세와 중세사회 해체기 사회의 구성과 그 특징도 이해할 수 있으리라는 기대에서였다.

이 책의 내용은 위와 같은 생각에서 우선 중세사회 해체기 중앙군제의 구조와 특성을 訓鍊都監을 중심으로 파악하고자 하였다. 중세사회 해체기 중앙군제의 구조와 특성을 파악하기 위해서는 조선전기 갑사를 비롯한 중세 군제의 구조와 특성을 이해하는 것이 선결과제이겠으나 이 문제에 대한 본격적인 연구는 조선전기뿐만 아니라 통일신라와 고려의 군제도 함께 고려해야 하는 것이기 때문에 추후의 과제로 미루어두었다. 단지 이 책의 제2장에서는 훈련도감 설립의 배경으로서 중세 군제의 구조와 특성을 갑사와 정병을 중심으로 개략적으로 살펴보았다. 이어 제3장에서는 훈련도감의 군제와 군인의 충원 문제, 제4장에서는 훈련도감의 給料制・給保制, 軍需를 둘러싼 경제적 문제, 제5장에서는 훈련도감의 활동과 이에 관련한 정치적 문제, 그리고 제6장에서는 훈련도감과 관련한 사회적 문제의 대두와 훈련도감 변통론을 중점적으로 다루었다. 아울러 첫 제1장에서는 훈련도감과 관련한 그간의 연구성과를 살펴보고 본 연구의 작업방향과 그 한계를 밝혔고, 마지막 제7장에서는 전체의 내용을 총정리하고 그 의의를 설정하여 보았다.

이 책은 1996년에 제출한 필자의 박사학위논문「朝鮮後期 訓鍊都監의 設立과 運營」을 약간 수정하여 펴낸 것이다. 따라서 그 이후 지금까지의 조선후기 군제에 관한 연구 성과는 반영되지 못하였다. 또한 한국정신문화연구원 藏書閣에는 수만 매에 달하는『訓局謄錄』등 군영 관련 문서들이 소장되어 있다. 오늘날에는 연구실이나 집에서 인터넷을 통해 언제든지 이것을 자유롭게 열람할 수 있으나, 당시에는 직접 장서각에 가서 마이크로 필름으로 열람해야 했기 때문에 이용하기가 용이하지 않았다. 이에 본 연구에서는『훈국등록』등 謄錄類 자료를 충분히 이용하지 못하였다. 이 모든 것은 필자의 게으름의 탓이어서 그저 부끄러울 따름이다.

학식과 재주가 없는 필자가 이 정도의 연구성과라도 낼 수 있었던 것은 학부시절부터 지금까지 필자의 학업에 지도와 조언, 편달과 격려를 해주신 은사·선배·동료 여러분의 덕택이다. 특히 석·박사 논문을 지도해주시면서 학자로서 지녀야 할 자세를 일러주신 崔承熙 선생님, 우리 역사에 대한 체계적 이해와 그 방법에 대해 늘 엄격하고 면밀하게 지도해주신 李景植 선생님, 학위 논문을 심사하시면서 모자란 점을 지도해 주신 李泰鎭 선생님, 鄭萬祚 선생님, 金仁杰 선생님께 감사의 마음을 드린다. 그리고 평소 학문과 일상에서 자상한 배려를 베풀어주신 李元淳 선생님, 金光洙 선생님, 尹世哲 선생님과 군산대학교의 李世賢 선생님, 李喜桓 선생님, 鄭桓施 선생님을 비롯한 여러 선생님께도 감사의 말씀을 올린다. 내외적으로 어려운 경제형편임에도 불구하고 그다지 상품성이 없어 보이는 이 책의 간행을 맡아주신 혜안의 오일주 사장님과 김태규 선생님을 비롯한 편집부 여러분께도 거듭 감사를 드린다.

2003년 2월 1일
김 종 수

차 례

序 5

제1장 序 論 ·13

제2장 訓鍊都監 設立以前 中央軍制의 실태 21
  1. 甲士의 변질과 소멸 21
    1) 甲士의 변질 21
    2) 양반층의 甲士 入屬 기피와 갑사의 소멸 39
  2. 正兵의 立役 변화 48
    1) 騎兵의 步兵化 48
    2) 步兵의 收布軍化 62

제3장 訓鍊都監의 설립과 都監軍의 구성 71
  1. 訓鍊都監의 설립과 제도의 정비 71
    1) 訓鍊都監의 설립 71
    2) 訓鍊都監 制度의 정비 89
  2. 都監軍의 充員과 구성 96
    1) 都監軍의 充員 96
    2) 都監軍의 身分 구성 114

제4장 訓鍊都監의 給料制·給保制 운영과 軍需 137
  1. 給料制·給保制의 성립과 정비 137

　　　1) 兵農分離論의 대두와 給料制 운영　137
　　　2) 給保制의 실시와 정비　150
　　2. 軍需 財源의 확보와 鳥銃·火藥 생산　174
　　　1) 屯田의 설치와 확대　174
　　　2) 鳥銃·火藥의 제조와 공급　191

제5장 訓鍊都監의 職務와 都監軍의 활동　211
　　1. 國王 侍衛와 政治的 動向　211
　　　1) 國王 侍衛　211
　　　2) 政治的 動向　221
　　2. 都城의 警備와 赴防　236
　　　1) 都城의 警備·防衛 업무　236
　　　2) 胡亂時의 赴防과 기타 군사 활동　252

제6장 軍制變通論과 訓鍊都監의 변화　269
　　1. 訓鍊都監 운영상의 문제와 폐단　269
　　　1) 戶曹 財政의 악화　269
　　　2) 陛戶의 문제와 都監軍의 作弊　277
　　2. 軍制變通論의 전개와 訓鍊都監의 변화　292
　　　1) 政局의 변화와 軍制變通論의 대두　292
　　　2) 顯宗代 長番制 비판론과 훈련도감의 變通　301
　　　3) 肅宗代 訓鍊都監 중심 三軍門體制의 확립　321

제7장 結 論　341

參考文獻　357

찾아보기　367

표 · 지도 차례

표 2-1   成宗 6년(1475) 각 병종의 軍額 22

표 2-2   科田法의 科田分給規定 (갑사 해당 부분만 발췌) 29

표 2-3   태종 7년(1407)의 祿俸 頒給 規定(갑사 해당 부분만 발췌) 31

표 2-4   宣祖 27년(1594) 甲士·騎兵·步兵의 上番軍額 47

표 3-1   선조 27년(1594) 훈련도감의 練兵 편제 83

표 3-2   訓鍊都監의 指揮 編制(숙종 8년 ; 1682) 92

표 3-3   訓鍊都監의 員額과 軍摠 (숙종 8년 ; 1682) 93

표 3-4   訓鍊都監 군액 변천표 105

표 3-5   선조 36년(1603) 宮家 私奴·投托人 명단 121

표 3-6   北部帳戶籍의 도감군 戶主 명단 130

표 4-1   戶曹와 軍餉廳의 1개월 지출 내역 144

표 4-2   禁衛營의 官匠 組織 204

표 5-1   都監將官·軍兵入番所 215

표 5-2   仁祖~肅宗 年間의 훈련대장 명단과 재임기간 226

표 5-3   3軍門 담당 북한산성 축성 구역 및 규모 247

표 5-4   3軍門의 북한산성 축성 經費 247

표 5-5   훈련도감에 分屬된 漢城府 部·坊·契 251

표 5-6   中央軍門의 禁松 담당구역과 牌數 261

표 5-7   中旬 施賞 규정 265

표 6-1   戶曹經費 1年分劃恒式(正祖 11년 : 1787) 275

표 6-2   조선후기 한성부의 호구수와 훈련도감 군액 비교 280

표 6-3   北部帳戶籍의 전체 戶口數와 도감군 戶口數 비교 284

표 6-4   仁祖~肅宗 年間의 御營軍 停番 事例 307

지도 5-1 都城三軍門分界之圖(模寫) [典據:『守成綸音』(奎 3756)] 250

제1장 序論

　訓鍊都監은 임진왜란 중인 1593년에 창설되어 1882년 壬午軍亂 이후 군제개편에 의해 해체될 때까지 약 300년 동안 존재하였던 조선후기 최대의 중앙군영이다. 이 기간 동안 훈련도감은 서울에서 국왕의 시위, 도성의 경비와 방위 등을 담당하였고, 때에 따라서는 변방 방어의 임무도 수행하였다. 대내적으로 집권 세력의 권력기반으로서 정치질서의 유지·발전에 주력하였고, 대외적으로는 외적의 방어에도 참여하였던 것이다. 비록 후에 御營廳과 禁衛營이 증설되어 훈련도감은 이들과 더불어 도성 3軍門이라 칭해지면서 군사 업무를 분담하였지만, 훈련도감은 輦下親兵, 首軍門 등으로 일컬어지면서 어느 것보다 중요한 위치를 차지하고 있었다.[1] 특히 18세기 이후 어영청과 금위영이 빈번히 실시되는 停番收布로 군사적 기능이 약화되면서 훈련도감의 중요성은 더욱 커져갔다.

---

[1] 현종 13년(1672) 吏曹判書 李端夏는 당시 서울에 常駐하고 있는 군사는 都監軍 5,500명, 訓鍊別隊軍 1,000명, 御營軍 1,000명, 精抄軍 500명, 禁軍 700명과 기타 各廳軍官을 합치면 1萬餘 명에 달하고 있다고 보고하였다(『顯宗改修實錄』 권26, 현종 13년 9월 辛卯, 38책 124쪽). 이를 통해 도감군과 훈련별대군을 합한 훈련도감 군액은 중앙군 전체의 65%를 차지하고 있음을 알 수 있다. 또 숙종 30년 釐整廳의 軍制變通案에 따르면 도감군은 5,000명이 長番으로 서울에 常駐하고 있음에 비해, 禁衛營과 御營廳은 각각 5哨 635명씩만이 番上하여 서울에 머무르고 있었다. 서울에 상주하는 군액을 보면 훈련도감은 禁·御 兩營에 비해 8배나 규모가 컸던 것이다. 일반적으로 訓鍊都監, 御營廳, 禁衛營을 都城 3軍門이라고 통칭하지만 훈련도감의 군사적 비중은 여타 군영과는 비교가 되지 않게 重大하였다.

훈련도감의 편제와 운영방식은 조선전기의 군제와는 사뭇 달랐다. 조선전기에는 건국 무렵 정치적 혼란을 겪으면서 단행된 私兵革罷의 영향으로 장수들이 輪番으로 군인들을 지휘·통솔하였으며, 지휘관과 군인간의 사적인 접촉은 일체 금지되었다. 이러한 조선전기의 군제는 국내의 정치적 안정을 꾀하고자 편제된 것으로서 외적의 침입시 효과적인 대응을 어렵게 하는 면도 있었다. 이에 임진왜란이 발발하여 이러한 문제점이 지적되면서 훈련도감에서는 束伍法에 입각하여 將官과 軍人의 명확한 지휘체계를 수립하였다. 그러나 이러한 훈련도감의 군제는 조선후기 정치에 군사적 비중과 영향력이 증대되는 결과를 가져왔다. 上命下服의 명확한 지휘체계를 갖춘 군대의 통제 여하는 정권의 安危와 직결되었던 것이다.

한편 훈련도감은 兵農分離制로 운영되고 있어서 조선후기 경제에 미친 영향도 적지 않았다. 훈련도감은 군인 각자에게 무기와 軍裝, 馬匹 등 모든 것을 부담시키는 조선전기의 兵農一致的 軍役制와는 달리 모든 군수물자를 확보하여 군인들에게 지급하여야 했다. 국가에서 군인들의 衣, 食 문제를 해결해 주어야 했으며, 이들에게 鳥銃, 火藥, 槍劍, 弓矢, 甲冑, 馬匹 등을 제작·공급해 주어야 했다. 이러한 문제들을 해결하기 위해 정부와 훈련도감은 여러 방면으로 노력하였고, 이것은 조선후기 경제에 적지 않은 영향을 미쳤다. 우선 조선후기 국가는 군비 증가로 인해 재정적인 어려움을 겪게 되었으며, 民들은 三手米稅와 軍役稅의 납부, 군영운영에 따른 각종 폐단 등으로 고통을 받았던 것이다. 한편 훈련도감은 군인들에게 조총·화약 등 군수물자를 제작·공급하기 위해 屯田과 鑛山, 무기 제조장 등을 설치하였는데, 이것은 조선후기 屯田의 발생과 확대, 軍需 鑛工業의 성장 등에 막대한 영향을 끼쳤다.

또 훈련도감은 長番制(常備兵制)로 운영되어 조선후기 서울의 변화·발전에도 중요한 역할을 담당하였다. 조선전기의 중앙군은 戶首(正軍)와 奉足(保人)으로 구성된 軍戶制에 입각하여 각 지방에서 농사를 지으면서 일정한 기간동안 번상하면서 군역의 의무를 수행하는 番上制로 운영되었으나, 훈련도감은 군인들이 가족을 거느리고 서울에 상주하면서 군무를 수행하게 하는 長番制로 운영되었다. 이러한 훈련도감의 운영방식은 서울의 인구와 생활상에 새로운 현상을 가져왔다. 한편 서울에 상주하는 도감군들은 각종 수공업품을 제작·판매하고 상업 활동에도 참여하였다. 이것은 조선후기 상업과 수공업의 발달에도 많은 영향을 끼쳤다.

훈련도감은 이와 같이 조선후기의 대표적인 중앙군영으로서 정치·경제·사회 각 부문에 중요한 비중을 차지하고 있었다. 그러나 지금까지 훈련도감 전반을 체계적으로 분석한 연구는 나오지 못한 형편이다. 다만 훈련도감의 설치 연혁과 편제, 도감군의 신분과 대우 등을 宣祖代에 한정하여 검토한 연구만이 있을 뿐이었다.[2] 그러나 훈련도감이 조선후기 정치, 경제, 사회 각 부문에 중요한 비중을 차지하고 있었으므로, 이러한 각 부문의 연구에서 훈련도감에 대한 언급이 없을 수 없었다. 지금까지 비록 훈련도감을 본격적으로 다룬 것은 아니지만, 훈련도감과 관련하여 이루어진 각 부문의 연구 성과를 살펴보면 다음과 같다.

우선 조선시대 광업사 연구가 진행되는 가운데 훈련도감의 鳥銃兵隊 編成, 鳥銃·火藥 제조실태, 軍門鐵店 등에 대한 연구가 이루어진 바 있다.[3] 그리고 노비의 군역입속을 서술하는 가운데 도감군의 신분 문제가 언급되었으며,[4] 조선후기 상업사와 수공업사 분야에서 도감군

2) 車文燮,「宣祖朝의 訓鍊都監」,『史學志』4, 1970. /『朝鮮時代軍制研究』, 檀大出版部, 1973에 재수록.
3) 柳承宙,「朝鮮後期 軍需鑛工業의 發展 - 鳥銃問題를 中心으로 - 」,『史學志』3, 1969 ; 柳承宙,「朝鮮後期 硫黃鑛業에 관한 研究 - 특히 17·8세기 軍衙門의 設店收稅店을 中心으로」,『李弘稙博士 回甲紀念 韓國史學論叢』, 1969 ; 柳承宙,「朝鮮後期 軍需工業에 관한 一研究 - 軍營門의 火藥製造實態를 중심으로」,『軍史』3, 1981 ; 柳承宙,「朝鮮後期의 月課銃藥丸契 研究」,『韓國史論』9, 국사편찬위원회, 1981 ; 柳承宙,『朝鮮時代鑛業史研究』, 고려대출판부, 1993.

의 상업, 수공업 활동이 부분적으로 연구되었고,[5] 조선후기 船運業史
연구 가운데 훈련도감의 재정문제와 都監船의 稅穀賃運活動도 다루
어졌다.[6] 한편 임진왜란 시기 軍役制의 동요와 개편을 설명하는 가운
데 兵·農의 분리로서 훈련도감의 설립 문제가 다루어졌으며,[7] 良役
變通을 논하는 가운데 훈련도감 변통론에 대해서도 언급된 바 있다.[8]
특히 훈련도감 등 중앙 5軍營의 성립은 宣祖代에서 肅宗代에 걸친 政
爭의 와중에서 각 정파의 軍權 경쟁과 밀접한 관련을 맺으면서 진행되
었으며, 英祖代에서 正祖代에 걸쳐 이루어진 三軍門의 도성수비체제
확립과정은 왕권 강화와 깊은 관련이 있는 것으로 파악한 연구도 이루
어졌다.[9] 이외에도 각 부문의 수많은 연구에서 부분적으로 훈련도감이
언급되고 있었다.

이와 같이 비록 훈련도감에 대한 본격적인 연구는 아직 진행되지는
않았지만, 宣祖代 훈련도감의 설치연혁과 조직 편제 등이 밝혀졌고,
또 훈련도감이 조선후기 군수광공업, 신분제의 변화, 상업, 수공업, 임
운업, 군역제의 변화, 양역 문제, 그리고 政局의 변화 등에서 차지하는
비중 등도 어느 정도 확인할 수 있었다. 본고에서는 이와 같은 연구성
과를 바탕으로 훈련도감에 대한 전체적인 모습을 살펴보려 한다. 실제
훈련도감 등 군사제도는 국가의 정치구조, 신분질서, 군역체계 등과 직

4) 平木實, 「17세기에 있어서의 奴婢從良」, 『韓國史研究』 3, 1969 ; 平木實, 「제
   4장 奴婢의 身分變化」, 『朝鮮後期奴婢制研究』, 知識産業社, 1982.
5) 姜萬吉, 「제5장 都賈商業과 反都賈」, 『朝鮮後期 商業資本의 發達』, 고려대
   출판부, 1973 ; 宋贊植, 「商業資本의 手工業支配」, 『朝鮮後期 手工業에 관
   한 研究』, 서울大 출판부, 1973.
6) 崔完基, 「朝鮮後期 訓鍊都監의 賃運活動 - 稅穀運送을 中心으로」, 『史學研
   究』 38, 韓國史學會, 1984 ; 崔完基, 「稅穀賃運活動의 實態」, 『朝鮮後期船運
   業史研究』, 一潮閣, 1989.
7) 尹用出, 「壬辰倭亂 시기 軍役制의 동요와 개편」, 『釜大史學』 13집, 1989.
8) 鄭萬祚, 「肅宗朝 良役變通論의 展開와 良役對策」, 『國史館論叢』 17, 1990.
9) 李泰鎭, 「제2장 中央 五軍營制의 成立過程」, 「제3장 三軍門 都城守備體制
   의 確立과 그 變遷」, 『韓國軍制史 - 近世朝鮮後期篇』, 陸軍本部, 1976 / 『朝
   鮮後期의 政治와 軍營制 變遷』, 韓國研究院, 1985에 재수록.

접 관련되어 성립·운영되며, 당시의 생산력 수준, 토지제도, 과학 기술과 무기제작 수준, 상품유통 체계, 전쟁 형태 등을 기반으로 편성되는 것이다. 따라서 본 연구는 군제를 중심으로 이와 관련된 정치, 사회, 경제 문제를 총체적으로 파악하려 하였다.

본고는 이와 같은 연구방법을 통해 조선후기 사회의 변화·발전을 군제사적 측면에서 해명하고자 하였다. 지금까지 조선후기 사회가 중세사회 해체기, 근대로의 이행기로 접어들었다는 것은 이 시기 각 부문의 연구를 통해 밝혀졌다. 즉 경제면에서 농업 발달과 상품화폐경제의 진전이 그 이전 중세 경제체제를 근본적으로 변화시켰고, 정치면에서 왕권 중심으로 권력구조가 재편되고, 관 주도 향촌지배체제가 자리 잡았으며, 사회·사상 면에서 신분제가 변동하고, 실학이 대두·발전하여 이러한 사회 변화를 반영하였다는 것이 밝혀졌다.[10] 그러나 지금까지 군제 면에서 조선후기 사회의 변화·발전을 규명한 연구는 이루어지지 않고 있었다. 실제 세계사적으로 중세사회의 중심세력의 하나가 軍士(騎士, 武士)였으며, 중세사회 해체기의 가장 커다란 문제가 상비군의 양성 등 군사 문제에 있었다는 점을 감안할 때, 이것은 시급히 해명되어야 할 것으로 판단되었다. 물론 이 때 세계사의 보편성과 더불어 한국사의 특수성도 고려해야 한다는 것은 두말할 필요가 없을 것이다.

이상과 같은 연구 방법과 목표에서 본 논문은 다음과 같은 점에 주목하고자 한다. 첫째, 훈련도감의 설립 배경으로서 훈련도감 설립 이전, 즉 조선전기 중앙군제의 실태에 대한 정확한 파악이다. 이것은 조선전기 사회의 성격을 규명하는데 중요한 문제임에도 불구하고 아직 충분한 연구가 이루어지지 않고 있는 실정이다.[11] 이에 본고에서는 조

---

10) 金仁杰,「총설 : 중세사회의 재편과 근대로의 이행」,『한국역사입문②』, 풀빛, 1995, 317쪽.
11) 조선전기 군사제도에 대한 연구사 정리는 다음 글 참조. 閔賢九,『朝鮮初期의 軍事制度와 政治』, 韓國硏究院, 1983, 1~23쪽 ; 吳宗祿,「군사제도」,『한

선전기 중앙군제의 추이를 살펴보고자 한다. 일반적으로 이 시기의 중앙군제를 五衛制라고 통칭하지만 五衛制는 중앙군과 지방군, 일반 민의 군사훈련과 동원을 위한 편제로서 이것으로 그 실상을 알기는 어렵다. 조선전기 중앙군제의 실상을 파악하기 위해서는 오위제를 구성하는 각 兵種들에 대해서 구체적으로 검토해 보아야 한다. 그러나 여기에서는 조선전기 중앙군의 각 병종들을 모두 검토하지는 못하고, 단지 그 중 가장 중요하다고 생각되는 甲士와 正兵의 모습만을 살펴보겠다. 갑사와 정병은 조선전기 중앙군의 대부분을 차지하고 있었으므로, 이들의 모습으로써 조선전기 중앙군의 전반적인 변화상과 문제점을 유추하여도 별 무리가 없으리라는 판단에서였다. 이를 통해 훈련도감 설립의 배경과 그 의미를 파악하고자 한다.

둘째, 훈련도감의 설립과 운영에 관한 전반적인 검토이다. 훈련도감과 같은 군사기구를 정확히 이해하기 위해서는 그 설치 연혁, 제도의 모습과 정비 과정, 그리고 군인의 충원 방식과 군인들의 신분구성, 생활 모습 등을 구체적으로 검토하여야 한다. 또 이러한 제도적인 측면과 더불어 그 운영 기반, 경제적 기반으로서 군인들에 대한 대우체계, 보수체계 등을 해명해야 하고, 군수재원 확보, 군수물자의 제조·공급 등에 대해서도 살펴보아야 한다. 한편 이러한 운영 기반 위에서 실제 군사기관이 담당한 임무와 그 임무를 수행하는 과정에서 나타나는 문제점도 검토되어야 한다. 이러한 것들은 해당 시기 정치, 사회, 경제와 밀접히 관련된 것으로서, 본고에서는 이러한 사회 각 분야에서 훈련도감의 설립·운영과 관련된 전반적인 사항을 종합적으로 검토하고자 한다. 이를 통해 훈련도감이 조선후기 정치, 사회, 경제 등 각 부문에서 차지하는 역할과 비중도 파악하게 될 것이다.

셋째, 훈련도감의 설립·운영에서 나타나는 문제와 그 해결을 위한 노력이다. 군사 문제는 동서 고금을 막론하고 국가와 인민에게 많은

국역사입문②』, 한국역사연구회 엮음, 풀빛, 1995.

부담을 주는 부문이다. 따라서 국가의 발전과 민생의 안정을 위해서는 해당 사회체제에 적절한 군사체제를 운용하는 것이 무엇보다 절실한 것이다. 이러한 면에서 훈련도감의 설립·운영에 따른 여러 가지 폐단과 조선후기 각 정치세력의 군사정책을 검토할 필요가 있다. 이를 통해 조선후기 사회발전의 수준을 가늠하게 될 것이며, 당시 관료, 학자들이 군사문제를 어떻게 인식하고, 어떠한 방향으로 개편하려 했는가를 살필 수 있게 될 것이다. 이러한 군사 정책은 현재적 의의도 지니는 것으로 앞으로 보다 심층적인 연구가 이루어져야 한다고 생각된다.

조선후기의 여러 가지 사실들을 훈련도감을 중심으로 이와 같이 정리하면 조선후기 사회의 변화·발전과 그 방향에 대해 새로운 이해와 전망을 얻을 수 있을 것으로 생각하였다. 그러나 본 논문은 조선후기 중앙군영 가운데 훈련도감만을 다루었기 때문에 이것이 조선후기 중앙군제·군역제의 전체 상으로 연결될 수 없음은 물론이다. 이것은 훈련도감을 제외한 여타 중앙군영에 대한 더욱 심층적인 연구를 통해 보완되어야 할 것이다. 또 본 논문은 시기적으로는 英祖代 前半(1750년대)까지를 下限으로 연구되었고, 英祖代 後半부터 훈련도감이 해체되는 1882년 壬午軍亂 때까지의 전반적인 사항에 대해서 전혀 언급하지 못하였다. 그러나 1750년대 이후 임오군란까지의 훈련도감에 대한 연구는 우리 나라 근대시기 여러 정치 세력의 대립, 제국주의 세력의 침략에 의한 국권의 상실과도 관련되는 커다란 과제이므로 추후의 연구과제로 남겨두었다.

제2장 訓鍊都監 設立以前 中央軍制의 실태

1. 甲士의 변질과 소멸

1) 甲士의 변질

훈련도감은 임진왜란 중 조선전기 군제·군역제의 문제, 새로운 병법과 무기 도입의 필요성 등이 제기되는 가운데 이러한 것들을 해결하기 위해 설립된 군사기관이다. 이에 훈련도감은 종래 중앙군의 군제·군역제를 대신하는 새로운 제도의 방향을 제시하게 된다. 그러나 훈련도감은 그 이전 군제·군역제의 기반 위에서, 이것을 개혁해 가는 가운데 그 제도의 정비가 이루어지고 있었다. 따라서 훈련도감의 전반적인 모습을 살펴보기 전에 우선 훈련도감 설립의 배경으로서 조선전기 중앙군제의 실태에 대하여 살펴볼 필요가 있다.

주지하는 바와 같이 조선의 군사체제는 중앙군과 지방군으로 구분된다. 중앙군이 국왕의 시위와 도성의 경비·방위를 담당하며, 때에 따라서는 변방 방어의 임무도 수행하는 군사라면, 지방군은 일정한 지역에서 국토방위의 임무에 전력하거나 유사시에 대처하는 존재였다. 그런데 조선초기의 중앙군은 두 가지 계통의 군역을 수행하는 군인으로 구성되었다. 중앙군에는 같은 군인이라도 국가가 요구하는 자격을 갖추고 스스로 試取에 응하여 관료체계에 포섭되어 토지와 녹봉을 받는 군인이 있었고, 양민으로서 의무적으로 노동력을 제공하여야 하는 군인이 있었던 것이다. 전자를 대표하는 병종이 甲士라면, 후자를 대표

하는 군인이 正兵(侍衛牌)이었다. 이들을 鄭道傳은 府兵과 番上宿衛
之兵으로 각각 구분하여 칭하였고,[1] 태조 때의 諫官 全佰英은 "도성
에 상주하면서 숙위하는 군인"(居常宿衛之兵)과 "지방에서 징발된 군
인"(徵發爲軍者)으로 나누어 일컫기도 하였다.[2]

조선초기에 갑사는 고려시기 府兵[3]의 계통을 잇는 군인으로서 도성
에서 상주하면서 궁궐 숙위를 비롯한 각종 군사 업무를 수행하였다.
그리고 갑사는 중앙군 중에서 가장 중추적인 군사였다.[4] 이는 군액으
로 보나 군사력으로 보나 그러하였다. 갑사는 『經國大典』이 완성될 무
렵의 군액을 나타내는 다음 <표 2-1>에서 보는 바와 같이 양인의 의
무 군역인 正兵과 水軍 다음으로 많은 군액을 차지하고 있었다.

<표 2-1> 成宗 6년(1475) 각 병종의 軍額

兵　　種	軍　　額	兵　　種	軍　　額
甲　　士	14,800	吹 螺 赤	640
別 侍 衛	1,500	太 平 簫	60
破 敵 衛	2,500	親 軍 衛	40
彭　　排	5,000	正　　兵	72,109
隊　　卒	3,000	水　　軍	48,800
합　　계		148,449	

典據 : 『成宗實錄』 권59, 성종 6년 9월 甲寅, 9책 259쪽

1) 鄭道傳, 『三峰集』 권8, 「朝鮮經國典」下, 政典 軍制 (民族文化推進會 發刊,
『韓國文集叢刊』 5책, 433쪽) [이하 한국문집총간으로 略記 함], "國家 內則
有府兵 有州郡番上宿衛之兵 外則有陸守之兵 有騎船之兵".
2) 諫官 全佰英은 太祖 3년(1394) 8월 그의 상소에서 徵發爲軍者는 "馬兵則五
丁出一軍 步卒則三丁出一軍"하고 居常宿衛之兵은 "簡其驍勇者 充其祿官"
한다고 하였다.(『太祖實錄』 권6, 태조 3년 8월 己巳, 1책 67쪽).
3) 고려시기의 부병은 일반적으로 알려진 바와 같이 병농일치적 번상 농민병을
뜻하는 용어가 아니었다. 고려시기의 부병은 中郞將(정5품), 郞將(정6품), 別
將(정7품), 散員(정8품), 校尉(정9품), 隊正(品外) 등 武官으로 이루어져 개경
에 상주하면서 군무를 수행하는 군인이었다. 이에 대해서는 拙稿, 「高麗・朝
鮮初期의 府兵」, 『歷史敎育』 69, 1999 참조.
4) 甲士보다 더욱 정예병으로 구성된 軍種으로서 內禁衛와 兼司僕 등이 있었으
나, 이것은 국왕의 신변을 보호하는 소수의 禁軍으로서 중앙군에서는 제외되
고 있었다. 이들은 조선전기 군사 편제인 五衛制에도 포함되지 않았다.

갑사는 위 표에서 보는 바와 같이 14,800명에 이르는 군액을 보유하고 있었다. 한편 갑사는 조선초기에 최강의 정예병으로 평가되었고, 중앙군 중에서 가장 중요한 군사력으로 간주되었다.5) 이에 갑사는 군사훈련과 유사시에 대비한 군사편제인 五衛制에서 중심 군사력인 中衛(義興衛)에 편성되었다. 오위제는 五衛(義興衛·龍驤衛·虎賁衛·忠佐衛·忠武衛) 아래 중앙군과 지방군의 모든 군대를 統屬시킨 군사편제이니, 예를 들면 의흥위는 中衛로서 중앙군으로는 甲士와 補充隊, 京中部民이 소속되었고, 지방군은 경기, 강원, 충청, 황해도의 鎭管 軍士가 이에 속하였으며, 용양위는 左衛로서 중앙군으로는 別侍衛와 隊卒, 京東部民이 소속되었고, 지방군은 경상도의 5개 鎭管 군사가 여기에 속하였다. 이 이외에 호분위(右衛), 충좌위(前衛), 충무위(後衛) 역시 각 중앙군과 지방군이 차례로 이들에 분속되어 질서 정연한 체제를 이루고 있었다. 이러한 오위제에서 中衛는 군사훈련과 실제 전투 등 모든 군사 행동에서 가장 중요한 역할을 담당하였다. 즉 중위를 제외한 4위의 모든 군사 행동은 중위의 지휘를 따르게 되었고, 結陣 時에는 중위를 중심으로 나머지 4위가 連陣을 형성하였다.6) 이와 같이 오위제에서 가장 중요한 중위의 실제 군사력을 이루는 것이 바로 갑사였던 것이다.

갑사는 일반 양인의 의무군역과는 달리 取才 시험으로 선발되었으며, 과전과 녹봉을 지급받았고, 이들의 시위근무는 신하의 직분(臣子奉職)7)으로 간주되었다. 즉 갑사는 관료체계에 들어가 국왕에 대한 충성으로 군역을 수행하였으며, 그 職役 奉公의 대가로 과전과 녹봉을 받았던 것이다. 갑사 스스로도 자신들을 府兵이라 칭하면서 수령을 업신여기고 자기 집에 내려진 전세와 요역을 모두 거부하거나,8) 또는 禁

---

5) 『世宗實錄』 권89, 세종 22년 4월 乙酉, 4책 280쪽 ; 『成宗實錄』 권44, 성종 5년 윤6월 丁亥, 9책 118쪽.
6) 『世宗實錄』 권12, 세종 3년 7월 己巳, 2책 442쪽, "各衛動靜 專聽中衛指揮".
7) 『世宗實錄』 권50, 세종 12년 12월 己丑, 3책 279쪽.

兵으로 자처하여 監司라도 직접 벌을 내릴 수 없었다고 한다.9) 한편 갑사는 일반 민과는 다른 법 적용을 받았다. 태종 원년(1401) 11월 태종은 "갑사는 비록 죄가 있더라도 일반 민과 똑같이 처벌할 수 없다"라고 왕명을 내린 바 있다.10) 이에 따라 실제 태종 11년 태종이 창덕궁을 行幸할 때 갑사 李緩이 왕의 행차 길을 가로막는 犯蹕을 저질러 絞刑에 처하자는 주장이 대두되자, 태종은 "갑사는 衛士로서 일반 민들이 범필하는 것과 같이 다루는 것은 부당하다"라 하면서 그를 석방하라고 명하고 있었다.11)

이와 같이 갑사는 양인의 의무군역인 正兵·水軍과는 달리 관료체계에 들어가 군역을 수행하였다. 만약 갑사가 관료의 본분을 어기고 죄를 범했을 경우에는 일반 양인이 져야하는 군역에 속하게 하였다. 이것을 '充軍', '作散充軍' 또는 '定外方軍役'이라고 한다. 태종 13년(1413) 3월 궁궐 문을 지키던 갑사 朱和가 갑사의 근무 여건에 대해서 동료 갑사들에게 불평하면서 "갑사들이 근무하는 곳에 앉고 누울 것도 없다니 고생스럽지 아니한가. 내가 만일 왕이 된다면 갑사에게 이런 고생은 시키지 않겠다"라는 말을 늘어놓았다. 이 말을 들은 동료 갑사들이 그를 承政院에 고발을 하자, 갑사 주화는 엄중한 처벌을 가하자는 신료들의 요구 속에 태종의 아량으로 '充本鄕軍役'에 처하여 졌다.12) 한편 단종 3년(1455) 갑사 王尙德은 忠順衛 金叔甫의 正妻와 간통하여 綱常을 어긴 죄로 갑사직에서 罷黜되어 '定所居官軍役'에 처해지고 있었다.13) 이렇게 죄질에 따라 조금 가벼운 죄를 진 사람은 '充本鄕軍役', '定所居官軍役'에 처해졌고, 중죄를 진 사람은 水軍이 되거

---

8) 『太宗實錄』 권24, 태종 12년 8월 壬子, 1책 645쪽.
9) 『世宗實錄』 권27, 세종 7년 2월 庚戌, 2책 653쪽.
10) 『太宗實錄』 권2, 태종 원년 11월 庚戌, 1책 218쪽, "甲士雖有罪 有司不可擅執".
11) 『太宗實錄』 권22, 태종 11년 3월 甲申, 1책 579쪽.
12) 『太宗實錄』 권25, 태종 13년 3월 辛巳, 1책 664쪽.
13) 『端宗實錄』 권14, 단종 3년 6월 戊子, 7책 41쪽.

나,[14] 극변 지방으로 쫓겨나 充軍되었다.[15] 이는 모두 관료체계에 입
각한 군역에서 탈락되어 일반 양인이 의무적으로 져야하는 군역에 처
하는 것으로서 형벌에 속했던 것이다.

갑사의 성립 : 갑사는 원래 태조 이성계의 휘하군사로 출발하였다.
고려말의 군제는 武臣亂 이후 公兵制가 무너지고 私兵制가 발달하면
서 장수 중심의 군사체제를 갖추고 있었다.[16] 그래서 군대의 징발과
통솔권이 모두 장수에게 위임되는 형편이었다.[17] 이에 따라 각 장수들
은 자신의 휘하 사병들을 거느리고 있었고, 이것은 이성계의 경우도
예외가 아니었다. 이성계는 대략 2,000명 정도의 휘하 군사를 거느리고
있었던 것으로 추정되는데, 이들이야말로 이성계가 고려말 정권을 장
악하고 새 왕조를 창건할 수 있었던 무력적 기반이었다.[18]

이성계는 조선 국왕으로 즉위한 이후 그의 휘하 군사를 중심으로 義
興親軍衛를 설치하였는데,[19] 여기에 소속된 군인을 甲士라 칭하였
다.[20] 그런데 이 당시 의흥친군위는 왕자와 공신들에 의해 兵權이 分
掌된 私兵制로 운영되고 있어서, 갑사는 이들 각 통솔자에 의해 장악
되었다. 이에 갑사는 1·2차 왕자의 난 때 권력의 향방에 중요한 역할
을 하게 된다.[21] 이후 갑사는 정종 2년(1400) 8월의 혁파 조치[22]와 그

14) 『太宗實錄』 권24, 태종 12년 12월 庚戌, 1책 655쪽.
15) 『世宗實錄』 권50, 세종 12년 윤12월 丁未, 3책 282쪽, "極邊防禦所充軍".
16) 拙稿, 「高麗時期 府兵制의 運營과 그 原則」, 『歷史敎育』 73, 2000 참조.
17) 『太祖實錄』 권1 (總書), 辛禑 6년 8월, 1책 9쪽, "官不籍兵 諸將各占爲兵 號
    曰牌記大將".
18) 이성계의 휘하군사에 대해서는 다음 글 참조. 許興植, 「高麗末 李成桂(1335
    ~1408)의 세력기반」, 『歷史와 人間의 對應 - 高柄翊博士回甲論叢』, 한울,
    1985 ; 柳昌圭, 「朝鮮初 親軍衛의 甲士」, 『歷史學報』 106, 1985.
19) 『太祖實錄』 권1, 태조 원년 7월 丁酉, 1책 20쪽.
20) 柳昌圭, 앞의 글, 137쪽.
21) 1·2차 왕자의 난의 경과에 대해서는 다음 글 참조. 崔承熙, 「朝鮮 太祖의 王
    權과 政治運營」, 『震檀學報』 64, 1987 ; 崔承熙, 「太宗朝의 王權과 政治運營
    體制」, 『國史館論叢』 30, 1991.

해 12월의 復立 조치를 겪으면서 국가의 公兵으로 제도화되었다. 즉
정종 2년 12월 태종 즉위 이후, 태종은 그 해 8월에 혁파된 갑사 2,000
명을 다시 만들고, 1년 교대로 1,000명씩 10司의 각 職에 충당하도록
하였다.23) 이로써 사병제로 운영되어 국가기구보다는 왕실과 공신들의
개인적 의지에 의해서 움직이던 갑사는 중앙군사조직인 10司에 소속
되어 三軍府에 의해 통솔되었다.

갑사가 삼군부로 귀속된 이후 고려말이래 존속한 군사와 장수의 사
적 관계는 해체되고 국가 기관에 의한 공적인 군사의 통솔만이 가능하
게 되었다. 즉 10~30人에 이르는 三軍府의 鎭撫들이 輪番으로 갑사
를 지휘·통솔하였고,24) 지휘관과 군사의 사적 접촉은 일체 금지되었
다.25) 이러한 사병혁파 조치는 조선초기의 정치적 안정에 기여하였으
나, 이것은 "將帥는 兵士를 알지 못하고, 兵士는 將帥를 알지 못한다
(將不識兵 兵不知將)"라는 상황을 초래하여 군사력의 약화를 가져왔
다는 비난도 아울러 받게 된다.26)

갑사는 복립 이후 三軍府의 三軍에 각각 분속되었다. 삼군부는 종
래 中樞院과 義興三軍府를 합속한 기관으로서 이후 세조 때 성립되는
五衛都摠府와 같이 군대의 통솔을 주관하는 군사기관이었다. 그리고
삼군부의 삼군은 중앙군의 핵심을 이룬 10司를 中·左·右로 구분한

22) 『定宗實錄』 권6, 정종 2년 8월 癸巳, 1책 183쪽.
23) 『定宗實錄』 권6, 태종 즉위년 12월 辛卯, 1책 187쪽, "復立甲士二千 一千充
    諸衛之職 一年相遞爲式".
24) 徐居正, 『四佳集』 권1, 記 「五衛都摠府題名記」 (한국문집총간 11책 199쪽).
25) 단종 2년(1454) 4월에는 갑사 姜住明이 都鎭撫 鄭孝全의 집에 개인적으로
    왕래하였다하여 처벌받았다(『端宗實錄』 권11, 단종 2년 4월 甲辰, 6책 681
    쪽).
26) 그래서 임진왜란 중에 설치된 訓鍊都監에서는 이러한 조선초기 軍制에 대한
    반성으로 다시 將帥와 兵卒의 명확한 지휘 체계를 확립하였다. 조선초기 사
    병제 혁파에 대한 비판에 대해서는 『太宗實錄』 권23, 태종 12년 4월 丙子, 1
    책 633쪽; 申叔舟, 『保閑齋集』 권13, 策 「置私兵 禮大臣 分政權 復政房」(세
    종 29년 : 1447) (한국문집총간 10책 103쪽) 참조.

체제를 말한다.27) 이렇게 삼군에 소속된 갑사는 흔히 '三軍甲士'28) 혹은 '府兵甲士'29)로 불려졌다. 삼군에 분속된 10司에서 갑사의 위치는 다음과 같다.

> 의정부가 아뢰기를 …… 10司는 每 1司마다 上護軍 2, 大護軍 3, 護軍 5, 甲士 200, 隊長 20과 隊副를 각각 두고 그 三軍의 公事는 각 軍의 僉摠制 以上이 同議 施行하도록 하십시오 …… 上이 이를 따르다.30)

이를 통해 갑사는 10司에 속하여 4品인 護軍과 流外인 대장·대부 사이에 끼어있던 品職이었음을 알 수 있다.

태종 10년(1410) 3월 태종은 2,000명이었던 갑사의 군액을 3,000명으로 증액하고, 이들을 上·下番으로 나누어 番上遞代하는 군인으로 만들겠다는 의지를 밝혔다.31) 이것은 그 이전에는 갑사가 모두 '居常宿衛之兵'으로서 서울에 상주하면서 근무하던 체제였는데, 이제 이들을 2교대로 나누어 당번이 되면 상경하여 근무하면서 녹봉을 받고, 하번이 되면 歸農하도록 하겠다는 것이다. 이에 대해 호조판사 李膺은 "어찌 受祿者로 하여금 上下番으로 番上하게 할 수 있습니까"라 하여 반대의 뜻을 표명하지만, 그 해 4월 사간원의 적극적인 지지를 받아 결국 갑사는 번상하는 병종으로 굳어지게 되었다.32)

태종 10년 5월에는 갑사 3,000명의 번상제도가 규정됨과 동시에 각 품직에 따른 人員 數도 배정 받기에 이른다. 이때 반포된 '甲士宿衛下

---

27) 閔賢九, 「朝鮮初期 軍令·軍政 機關의 整備」, 『朝鮮初期의 軍事制度와 政治』, 한국연구원, 1983, 269~273쪽 참조.
28) 『世宗實錄』 권14, 세종 3년 12월 丙申, 2책 466쪽.
29) 『世宗實錄』 권13, 세종 3년 8월 庚申, 2책 449쪽.
30) 『太宗實錄』 권18, 태종 9년 10월 乙丑, 1책 516쪽.
31) 『太宗實錄』 권19, 태종 10년 3월 戊辰, 1책 531쪽, "予將使甲士 更迭番上 當番者受祿 下番者歸農".
32) 『太宗實錄』 권19, 태종 10년 4월 丁巳, 1책 543쪽.

番之法'에 따르면 10司 50領의 每 1領 마다 司直(5품) 6, 副司直(6품) 12, 司正(7품) 18, 副司正(8품) 24, 합계 60명의 甲士數가 배정되었다.[33] 즉 갑사는 1司당 300명으로, 10司로 이루어진 三軍 전체 3,000명의 군액을 차지하고 있었다. 그리고 이 가운데 宿衛 당번자 2,000명은 녹봉을 받고, 하번 갑사 1,000명은 給俸의 혜택을 받지 못하였다. 이후 태종 10년 5월 국왕이 上·下番者 3,000명에게 갑사의 職牒을 정식으로 수여함으로써 갑사직 및 그 번상법은 제도화되었다.[34] 이로써 조선 전기 중앙군의 기간인 갑사는 武官 品職으로서 '居常宿衛'하던 상태에서 일반 民의 의무 군역인 侍衛牌(후에 正兵)와 마찬가지로 兵農一致에 따라 번상하는 병종으로 정착하게 되었다.

갑사는 세종 22년(1440)에 이르러 지방관의 통제도 받게 된다. 갑사는 중앙군으로서 상번 시에는 녹봉을 받으면서 그 임무를 수행하고 하번하여 지방으로 돌아간 이후에도 중앙의 義興府에서 이들을 관장하여,[35] 지방관의 통제를 받지 않는 것이 세종 22년 이전까지의 상태였다. 그런데 세종 22년 2월 병조에서는 갑사를 각 지방의 군적에 올려 지방의 방어에 대비케 하자고 하였다. 이렇게 하면 국가의 재정부담 없이 지방 군사력의 강화를 가져온다는 것이다.[36] 갑사의 거주 지역에서 이들을 파악·관리하도록 하자는 주장은 각 지방 수령들에 의해 계속 제기되었다.[37] 결국 병조와 지방 수령들의 요청에 따라 그 해 5월 갑사는 6,000명으로 증액되었고, 이후 各 官別로 수령 책임 하에 파악되고 있었다.[38] 이렇게 지방 군사력의 강화를 위해 갑사가 지방별로 파악되었다는 것은 갑사의 지위 하락을 의미하였다.

---

33) 『太宗實錄』 권19, 태종 10년 5월 戊寅, 1책 548쪽.
34) 『太宗實錄』 권19, 태종 10년 5월 丙戌, 1책 550쪽.
35) 『太宗實錄』 권19, 태종 10년 5월 戊寅, 1책 548쪽, "當下番者 義興府掌之".
36) 『世宗實錄』 권88, 세종 22년 2월 己卯, 4책 267쪽.
37) 『世宗實錄』 권89, 세종 22년 4월 乙酉, 4책 280쪽 ; 5월 丁卯, 4책 289쪽.
38) 『世宗實錄』 권106, 세종 26년 9월 丁亥, 4책 585쪽 ; 『文宗實錄』 권5, 문종 원년 정월 癸亥, 6책 349쪽 ; 『端宗實錄』 권12, 단종 2년 9월 己巳, 6책 708쪽.

, 갑사의 대우 : 갑사는 앞에서 본 바와 같이 司直(5품)·副司直(6품)·司正(7품)·副司正(8품) 등 5~8품의 實職에 올랐다. 따라서 이들은 각각 자신의 品職에 해당하는 科에 따라 차등 있게 지급되는 科田과 祿俸을 받았다. 우선 갑사는 고려말 과전법 규정에 의하면 다음 <표 2-2>와 같이 受田되고 있었다.

<표 2-2> 科田法의 科田分給規定 (갑사 해당 부분만 발췌)

科 別	官 職	結 數
第13科	自典農寺丞 至中郎將	43 結
第14科	自六曹佐郎 至郎將	35 結
第15科	東·西 七品	25 結
第16科	東·西 八品	20 結

典據 :『高麗史』권78, 食貨 1, 田制 祿科田, 恭讓王 3년 5월, 給科田法.

갑사는 위 과전법 규정에 따라 43결에서 20결에 이르는 과전을 받았다.39) 위 표에서 中郎將, 郎將, 西班 7·8品(別將·散員)은 태조 3년 (1394) 2월 鄭道傳의 軍制改革案에 의해 각각 司直, 副司直, 司正, 副司正으로 명칭을 개정하게 된다.40) 그런데 모든 갑사가 자신의 科에 따라 과전을 받은 것은 아니었다. 갑사의 군액은 계속 증가하고 있었고 田地의 절대적 부족은 이것을 불가능하게 하였다. 태종 즉위년에 復立한 갑사 2,000명에게 주는 과전만 해도 54,500결에 달하였다.41) 이

---

39) 과전법이 제정·반포되는 고려말 恭讓王 때에는 "軍旅方興 介胄之士 在所當先"[『三峯集』권7,「朝鮮經國典」上, 治典 入官 (한국문집총간 5책 418쪽)]이라는 鄭道傳의 말과 같이 軍士들에게 우선적으로 官職과 科田이 수여되고 있었다.

40)『太祖實錄』권5, 태조 3년 2월 己亥, 1책 59쪽.

41) 태종 10년 5월 甲士宿衛下番之法에 의하면 갑사는 정원이 2,000명일 때 1領 當 司直 5, 副司直 8, 司正 11, 副司正 16명으로 10司 전체로 보면 司直 250, 副司直 400, 司正 550, 副司正 800명이었다. 이것을 <표 2-2>의 과전법 분급 규정과 곱해보면 司直 250명×43결=10,750결, 副司直 400명×35결=14,000결, 司正 550명×25결=13,750결, 副司正 800명×20결=16,000결, 합계 54,500結이 나온다.

것은 京畿 內의 과전 전체 84,100결[42]의 64%에 해당하였다. 과전법 시
행 당초에도 "자신의 科대로 토지를 지급 받지 못한 자가 있다"라고
말해지는 실정이었고,[43] 이후 조선 정부에서는 이미 지급된 과전의 테
두리 안에서 과전제도를 지탱하려한 것을 보면,[44] 갑사의 受田은 매우
불균등하게 이루어진 것으로 보인다. 새로 들어온 갑사들에게 과전은
제대로 지급되지 않은 듯 하다. 세종 12년(1430) 세종은 科田 均給의
어려움을 다음과 같이 토로하였다.

  지금 조정 관료들이 모두 受田하도록 하자면 고위 관직자들이 도리
  어 科대로 受田할 수 없게 되고, 더구나 3,000명의 갑사까지 모두 受
  田을 바라고 있으니 어찌 均給할 수 있겠는가.[45]

이를 통해 갑사의 受田이 제대로 이루어지지 않은 것을 추측할 수
있다. 이후 갑사는 實職에서 遞兒職으로 떨어지게 되고 세조 12년
(1467) 職田法이 실시되면서 체아직에는 給田의 혜택이 주어지지 않
게 되었다.[46] 과전법에 의해 토지를 분급받던 갑사는 직전법의 시행으
로 給田의 대상에서 제외되었고, 기존에 과전을 소유한 자들도 모두
과전을 반납해야 했다.
  한편 갑사는 世祿으로서의 과전과 더불어 자신들의 직무 수행에 대
한 대가로서 현물로 지급되는 祿俸도 받았다. 조선초기에 녹봉제가 체
계적으로 정비되는 것은 태종 7년(1407) 정월에 이르러서이다. 이때의
규정에 의하면 갑사는 上·下番으로 1년씩 교대하였고, 당번 시 정월
과 7월 두 차례에 걸쳐 다음과 같이 녹봉을 지급받았다.

---

42) 李景植,「科田制度의 運營과 그 變動」,『朝鮮前期土地制度研究』, 일조각,
  1986, 171쪽, '京畿內의 地目및 그 田結數' 표 참조.
43)『高麗史』권78, 食貨1, 田制, 祿科田, 科田法 條文.
44) 李景植, 앞의 책, 171~174쪽.
45)『世宗實錄』권49, 세종 12년 9월 癸丑, 3책 260쪽.
46)『經國大典』권2, 戶典, 諸田, 職田, "十月晦日以前受職者給 遞兒職則否".

<표 2-3> 태종 7년(1407)의 祿俸 頒給 規定(갑사 해당 부분만 발췌)

科	品	祿米(石)	布(疋)
第 9 科	正 5 品	49	18
·	·	·	·
第 11 科	正 6 品	42	16
·	·	·	·
第 13 科	正 7 品	30	10
·	·	·	·
第 15 科	正 8 品	23	7

典據：『太宗實錄』권13, 태종 7년 정월 辛未, 1책 382쪽.

위와 같은 갑사의 녹봉 지급에 소요되는 비용은 막대하였다. 태종 10년을 기준으로 당번갑사 2,000명에게 주는 녹봉만 해도 무려 63,000 餘 石에 달하였다.[47] 이것은 이 당시 京官의 녹봉 10만 石[48]중 63%에 해당되는 액수였다. 따라서 갑사에게 줄 녹봉의 재원을 마련하고자 국가는 항상 고심하지 않을 수 없었다.[49]

갑사직은 이와 같이 막대한 국가재정을 점하고 있었기 때문에 왕조의 창업기와는 달리 국가가 안정되는 守成期에 접어들자 그 성격이 일부 변하기도 하였다. 일부 정원을 다른 군사들이 점하거나 대우직으로 이용되기도 하였던 것이다. 즉 세종 10년(1428) 병조의 上啓에 의하면 內禁衛·別侍衛 등 다른 군사들이 갑사직을 받고 있어, 그 시정책으로 당번 갑사직 1,000명 중 800명은 갑사로 충당하고, 그 나머지 200명은 타 군사로 채우도록 조처하고 있다.[50] 또 갑사직은 임기를 마친 成衆 官들이 去官하는 자리로도 이용되고 있었다.[51] 이와 같이 갑사의 직이

---

47) 태종 10년 5월에 규정된 '甲士宿衛下番之法'에 의하면 당번 갑사는 司直 200 명, 副司直 400명, 司正 600명, 副司正 800명으로 도합 2,000명이었다. 이러한 갑사들에게 <표 2-3>의 태종 7년 祿俸 頒給 規定에 의거하여 녹봉을 지급 할 때 소요되는 祿米는 63,000石이고, 布는 21,600疋에 달하였다.

48)『定宗實錄』권4, 정종 2년 4월 辛丑, 1책 168쪽, "京官之祿幾於十萬石".

49)『太宗實錄』권16, 태종 8년 10월 辛丑, 1책 459쪽.

50)『世宗實錄』권42, 세종 10년 12월 壬寅, 3책 158쪽.

51)『世宗實錄』권65, 세종 16년 7월 庚子, 3책 582쪽.

대우직으로 변질됨에 따라 의정부와 兵曹·都鎭撫 등은 갑사직을 成
衆官 등이 점하지 못하게 하자고 의결하기도 하였다.[52] 그러나 16세기
이후 갑사의 직은 더욱 관료들의 대우직으로 변질되어 갔다.

비록 일부 갑사직이 여러 가지 형태로 이용되었다 하더라도 대략
2,000명 혹은 1,000명이 녹봉을 받는 갑사는 국가에 막대한 재정부담을
안겨주었다. 그래서 세종 18년(1436)에는 국가재정의 지출을 최소한으
로 줄이기 위해 갑사에 9품직을 설치하는 등 그 직계를 하위로 더욱
내리고, 고위품계의 수를 줄여 하위품계를 증설하는 조치가 취해졌
다.[53] 그리고 세종 30년에 이르러 갑사는 실직이 아닌 체아직으로 개
정되었고,[54] 이후 갑사의 祿俸 역시 月俸으로 격하되었다.[55]

갑사의 자격 : 갑사는 무예를 시험하는 取才에 의해 선발되었다. 갑
사의 취재가 武科와 다른 점은 '講兵書'의 절차만 없을 뿐이라고 한
다.[56] 그런데 이러한 갑사의 취재는 모든 양인에게 개방되어 있었다.
양인 상층이라고 불리어지는 士族, 閑良[57]은 물론이요, 양인 농민의
의무군역인 侍衛牌·營鎭軍,[58] 船軍[59] 그리고 중앙 관사의 하급 서리
인 吏典,[60] 驛吏外孫[61] 등도 갑사에 들어올 수 있었다.

成衆官의 去官에 대해서는 韓永愚, 「朝鮮初期의 上級胥吏와 그 地位」, 『朝
鮮前期社會經濟研究』, 을유문화사, 1983 참조.

52) 『世宗實錄』 권63, 세종 16년 3월 己亥, 3책 550쪽.
53) 『世宗實錄』 권72, 세종 18년 5월 丁亥, 3책 677쪽 ; 『世宗實錄』 권73, 세종 18
   년 윤6월 癸未, 4책 17~18쪽.
54) 『世宗實錄』 권120, 세종 30년 5월 庚寅, 5책 64쪽.
55) 『世宗實錄』 권109, 세종 27년 7월 庚寅, 4책 626쪽 ; 『成宗實錄』 권185, 성종
   16년 11월 乙卯, 11책 71·77쪽.
56) 『世宗實錄』 권43, 세종 11년 정월 辛亥, 3책 160쪽.
57) 閑良에 대해서는 韓永愚, 「麗末鮮初 閑良과 그 地位」, 앞의 책, 1983 참조.
58) 『世宗實錄』 권46, 세종 11년 12월 癸未, 3책 209쪽 ; 『世宗實錄』 권51, 세종
   13년 3월 壬申, 3책 299쪽.
59) 『世宗實錄』 권52, 세종 13년 5월 己酉, 3책 319쪽.
60) 『世宗實錄』 권39, 세종 10년 3월 丁亥, 3책 119쪽.

이처럼 조선초기에는 양인 내의 모든 계층이 갑사로 들어오는 것은 가능하였다. 양인은 국가에 대하여 군역을 부담하여야 하는 의무가 있지만, 또한 국정에 참여할 수 있는 권리를 부여받고 있었던 것이다. 따라서 법제적인 측면에서 양인은 원칙적으로 入仕가 가능하였다.[62] 그런데 양인이 이처럼 원칙적으로 출세에 제약을 받지 않은 자유민이었지만 양인이 모두 평등한 출세 조건을 가진 것은 아니었다. 여러 가지 신분적, 경제적 제한이 마련되고 있었던 것이다. 왕조 개창이라는 격동기를 지나 국가제도가 정비되고 사회가 안정되어가자 관직임용에 있어서 신분적, 그리고 경제적인 제한은 강화되어가고 있었다.

우선 갑사 임용의 신분적인 제한이 강화되는 모습을 보면 다음과 같다. 태종대에 들어서서 벌써 신료들은 갑사의 응시자격을 제한하려 하였다. 즉 태종 10년(1410) 사헌부는 갑사를 시취할 때 병조에서 四祖를 조사하여 양인 중에서도 工商賤隷가 섞이지 않은 祖系가 순수한 자에 한하여 시취에 응하게 하자는 주장을 폈다. 이에 대해 당시 의정부는 실정에 맞지않다고 하여 채택하지 않았다.[63] 즉 사헌부의 주장은 모든 양인에게 관직 진출의 기회를 주는 법제와 어긋난다는 것이다. 그러나 관료체제가 안정되면서 현실적으로 갑사 응시자의 신분을 제한하려는 시도가 점차 강하게 나타나고 있었다. 세종 5년(1423) 7월에 이르면 병조는 다음과 같이 '甲士試取之法'을 改定하여 上啓하고 있다.

> 앞으로 甲士에 궐액이 있어 이를 보충하기 위해 取才할 때에는 京中은 각각 그 거주하는 部內의 保擧와 年甲·四祖單字를 취하여 상세히 그 家産의 實·不實을 살펴서, 이것을 漢城府에 보고하고, 漢城府에서는 다시 이를 本曹에 移文하여 그 試取를 허락하도록 하십시

61) 『成宗實錄』권171, 성종 15년 10월 壬午, 10책 637쪽.
62) 이것에 대해서는 다음 글 참조. 韓永愚, 「朝鮮初期의 社會階層과 社會移動에 관한 試論」, 앞의 책, 1983 ; 劉承源, 『朝鮮初期身分制硏究』第1部, 乙酉文化社, 1987.
63) 『太宗實錄』권25, 태종 10년 4월 丁巳, 1책 543쪽.

오. 한편 外方은 守令이 京中의 例에 의거하여 …… 敍用하도록 하
십시오. 만약 家産不實人이 있을 경우에는 그 保擧와 이를 제대로
살피지 않은 京外官吏를 憲司에 移文하여 論罪하도록 하십시오. 이
를 따르나.64)

즉 갑사를 뽑을 때 保擧와 四祖單字를 살피고 만약 부적격자가 있
을 경우 保擧와 담당 관리에게 죄를 묻겠다는 것이다. 이때 갑사의 保
擧는 東班은 6品이상, 西班은 4品이상의 관료가 담당하기 때문에,65)
일반 양인들이 이들과 연결되어 추천을 받기란 현실적으로 어려웠을
것이다.

양반 관료체제의 안정 속에서 갑사 입속의 신분적 제한은 더욱 강화
되고 있었다. 세종 12년(1430) 兵曹는 咸吉道 都節制使의 건의에 따라
道內의 兩班子弟에 한하여 父職姓名, 田丁의 數, 騎卜馬의 齒毛色 등
을 상세히 기록하고 한 사람 당 3인의 추천을 받아 서울로 보내 병조
에서 이들을 시취하는 것을 갑사 시취의 예로 하자고 하여 국왕의 허
락을 얻었다.66) 이후 갑사 시취에 관한 규정은 세종 28년에 그동안의
논의를 종합하여 또 다시 정비되었다. 세종 28년(1446) 정월 병조에서
는 갑사를 취재할 때는 그 지원자의 身役의 有無와 家風의 實否를 조
사하도록 하자고 건의하여 국왕의 승인을 받았다.67) 이때 규정된 자세
한 내용은 단종 원년(1453) 병조가 의정부에 올린 다음의 기사에 보인
다.

正統 11年(세종 28년 ; 필자주) 正月 受敎. 지금부터 別侍衛는 甲

64) 『世宗實錄』 권21, 세종 5년 7월 癸卯, 2책 550~551쪽.
65) 『文宗實錄』 권1, 즉위년 4월 乙未, 6책 232쪽.
   조선초기의 保擧에 대해서는 鄭求先, 「朝鮮初期의 薦擧制」, 『東國史學』 23,
   1989 ; 南智大, 「朝鮮初期 人事管理規程의 정비」, 「朝鮮初期 中央政治制度
   研究」, 서울대 박사학위논문, 1993 참조.
66) 『世宗實錄』 권47, 세종 12년 정월 丙午, 3책 212쪽.
67) 『世宗實錄』 권111, 세종 28년 정월 壬申, 4책 648쪽.

士의 例에 의거하여 京中 및 京畿人은 訓鍊觀 提調가, 外方人은 그
道의 觀察使가 四祖와 賤籍을 살펴 元係士族으로서 奴婢 10口이상
소유한 자라야 시취를 허락한다.[68]

즉 세종 28년 갑사는 元係士族으로서 노비 10口 이상 소유한 자에
한하여 입속이 허용된다고 규정되었던 것이다.

이와 같이 양반관료들이 끊임없이 갑사 입속에 신분적 제한을 가하
려는 것은 그만큼 일반 양인들이 치열하게 갑사로 들어오려는 것을 반
증하는 것이었다. 태종 9년(1409) 6월 禮曹佐郎 鄭孝復은 "지금 양인
농민들은 모두 농사짓는 것을 부끄러워하여 農器를 녹이고 農牛를 팔
아 무사가 되려 하고 있다"고 上書하고 있다.[69] 세종 30년(1448) 3월
同副承旨 李季甸은 이러한 일반 양인들이 갑사로 입속하려는 모습을
"올 봄에 갑사를 시취하는 데 먼 지방 사람들이 구름처럼 경성으로 몰
려온다"라고 표현하였다.[70] 그래서 이 당시 관리들은 경성의 곡식이
다 떨어져 이에 대한 대책 마련에 부심하고 있었다. 또 성종 16년
(1485)에 병조판서 李克均은 平壤의 예를 들면서 "本道의 사람들은
갑사를 벼슬길로 여겨 한 집에 3, 4명의 형제가 모두 갑사가 되려한다"
라 하고, 이것은 "다른 지방도 마찬가지다"라 하였다.[71] 이처럼 일반
양인들은 양반 관료들의 제한을 넘어서서 그들의 신분을 상승하기 위
한 행진을 계속하고 있었던 것이다.

그런데 갑사 입속에는 신분적인 조건보다도 경제적인 조건이 더 까
다로웠다. 갑사는 스스로 騎馬·卜馬(짐말)와 軍裝을 갖추고 從者를
거느리고 상경하여 왕성의 시위와 궁궐의 숙위를 담당하며, 또 유사시
변방 방어 임무에도 동원되었기 때문에 웬만한 경제력이 아니고서는
그 임무 수행이 불가능하였기 때문이다.[72] 또 갑사는 取才에 의해 선

---

68) 『端宗實錄』 권9, 단종 원년 11월 癸酉, 6책 645쪽.
69) 『太宗實錄』 권17, 태종 9년 6월 丙寅, 1책 495쪽.
70) 『世宗實錄』 권119, 세종 30년 3월 戊子, 5책 52쪽.
71) 『成宗實錄』 권184, 성종 16년 10월 丙申, 11책 63~64쪽.

발되었지만, 일단 갑사가 된 이후에도 끊임없이 그 무예 실력을 점검
받는 鍊才 시험을 치러야 했다.73) 여기에서 불합격하면 갑사직에서 쫓
겨나 의무 군역인 正兵으로 充軍되는 것을 면치 못했다.74) 이러한 것
도 경제력과 무관한 것이 아니었다. 농사일을 돌보지 않고 끊임없이
말을 타고 무예를 익힌다는 것은 재력이 있는 사람이 아니고서는 불가
능한 일이었다. 그래서 조선전기 정부에서는 일정한 경제적 조건을 갖
춘 자들만을 갑사로 입속시키려 하였다.

갑사 入屬者에 대한 경제적 제한은 이미 태종 때부터 보이고 있다.
즉 태종 13년(1413) 3월 병조판서 황희는 "家産이 풍족하고 재주와 기
예가 있는 자"75)에 한하여 갑사 응시를 허용할 것을 건의하여 국왕의
허락을 얻었다. 이것은 세종(1423) 5년의 "갑사를 試取하는 法은 當身
과 家産이 有實한 사람으로 充差하는 것이 定制이다"76)라는 것으로
재차 확인되고 있다. 따라서 家産有實人을 택하여 갑사를 뽑는다는 경
제적 제한 규정에 의거하여, 비록 吏典이나 재인·화척 등의 백정이
신분상으로는 갑사로 들어올 자격이 있다 하더라도 경제적인 능력이
미치지 못할 경우 그 입속은 불가능하였다.77) 閑良들도 말을 소유할
수 있는 경제력을 지닌 자만이 갑사에 입속할 자격이 주어졌다.78)

갑사 입속의 경제적 제한에 관한 구체적인 규정은 다음을 통해 알
수 있다. 세종 15년(1433) 2월 의정부, 六曹, 都鎭撫 등은 갑사를 試取

---

72) 『太宗實錄』 권19, 태종 10년 3월 戊辰, 1책 531쪽, "然或有無奴婢者 雖一年
不能勝此任".
73) 鍊才는 처음에는 下番때마다 실시하여 下番取才라 일컬었는데, 세조 4년 2
월 立番때마다 실시하는 것으로 변경되었다. (『世祖實錄』 권11, 세조 4년 2
월 辛亥, 7책 256쪽).
74) 『成宗實錄』 권4, 성종 원년 3월 丙戌, 8책 479쪽.
75) 『太宗實錄』 권25, 태종 13년 3월 己亥, 1책 667쪽.
76) 『世宗實錄』 권21, 세종 5년 7월 癸卯, 2책 551쪽.
77) 『世宗實錄』 권21, 세종 5년 10月 乙卯, 2책 559쪽 ; 권39, 세종 10년 3월 丁亥,
3책 119쪽.
78) 『世宗實錄』 권44, 세종 11년 5월 壬申, 3책 182쪽.

할 때 '田民多少'를 살피는 것이 국법이지만 군사상 중요지역인 함길 도만은 이러한 제한을 완화시키자는 논의를 하였다.[79] 이후 세종은 이 러한 주장을 수용하여 다음 내용의 敎旨를 병조에 내렸다.

　　咸吉道에서 甲士를 取才할 때 他道의 例에 따라 奴婢 5~6口, 田 地 5~6 結 이상을 소유한 자만을 시험 보게 하니 이로 인해 비록 武 才가 있는 자라도 (田地·奴婢의) 定限에 걸려 시험을 볼 수 없었다. 지금부터 본 도에서 갑사를 취재할 때는 武才有能者는 田·民의 다 소를 헤아리지 말고 取才하도록 하라.[80]

　이러한 세종의 敎旨를 통해 함길도를 제외한 他道에서는 갑사를 취 재할 때 노비 5~6구, 전지 5~6결 이상인 자에게만 그 試才를 허용하 였다는 것을 알 수 있다. 또 앞에서 살펴본 세종 28년 정월 국왕의 受 敎에서는 元係士族으로서 '노비가 10口 이상 있는 자'에 한해 시취를 허락한다고 더욱 강화된 규정을 발표하고 있었다.[81] 이렇게 모든 양인 은 법제적으로 갑사로 들어올 수 있었음에도 불구하고 경제적 제한을 마련하여 갑사 입속을 원천적으로 막자, 이에 대한 양인들의 불만은 적지 않았다. 문종 2년(1452) 慶尙右道 合浦 鎭軍 200餘 人은 정부에 서 비록 자신들이 갑사로 들어가는 것을 허락했다 하더라도 경제적 제 한으로 말미암아 자신들 가운데 갑사로 들어간 사람은 100명중 1, 2명 도 안 된다고 불만을 토로하고 있었다.[82]

　이상과 같이 갑사에 입속할 수 있는 자는 신분적으로 兩班이나 閑 良 등 良人 上層, 경제적으로는 地主 내지 自營農 上層으로 향촌사회 의 유력자들이었다. 조선초기 국가에서는 이러한 향촌사회의 유력자들

79)『世宗實錄』권59, 세종 15년 2월 庚戌, 3책 452쪽.
80) 위와 같음.
81) 註 68)과 같음.
82)『文宗實錄』권12, 문종 2년 3월 壬寅, 6책 473쪽, "雖許補甲士 拘於奴婢土田 定限之法 補者百無一二 虛棄功勞 不勝悶抑".

을 관료체계 내에 편입시켜 국왕 시위의 강화와 향촌사회의 안정을 도
모하고자 하였던 것이다. 이와 아울러 향촌의 유력자들도 갑사에 소속
됨으로써 국가권력과 연결되어 자신의 지위를 향상시키고자 하는 의
도도 있었을 것이다. 따라서 갑사가 된 자들은 국가에서 기대하였던
향촌사회의 안정에 기여하는 바가 컸다. 즉 이들은 番上하면 宿衛禁兵
이요, 下番하면 지방의 군사력으로 그 기능을 수행하였다.83) 흉년 시
盜賊과 火賊이 성행하여 지방 행정력으로 이를 제압하지 못할 때는
이에 맞서 향촌사회의 치안을 유지하였다.84) 또 飢民 賑恤에 동원되었
다.85) 그러나 갑사들은 향촌사회에서 자신의 지위를 이용하여 권세를
부리기도 하였다. 즉 이들은 양민을 自占하고 노예처럼 부리거나,86)
部民을 凌辱하고,87) 심지어 수령에게 저항하거나,88) 賑恤官을 능욕하
기도 하였다.89) 이처럼 조선초기에 갑사들은 신분적·경제적으로 지배
적 지위에 있던 자들이었다.

그러나 차츰 갑사의 군액이 증가하자 경제적 제한을 엄격하게 적용
할 수 없었다. 세종 22년(1440)에는 갑사의 군액이 종전의 2배가 되는
6,000명으로 증가되었다.90) 그리고 세종 30년에는 7,500명,91) 문종 원
년(1451)에는 9,450명,92) 세조 말엽에는 무려 20,000명으로 그 액수가
증가하였다.93) 따라서 증가된 군액을 채우기 위해서는 불가피하게 경

---

83) 『世宗實錄』 권88, 세종 22년 2월 己卯, 4책 267쪽, "番上則宿衛禁兵 下番則
    禦敵勇士".
84) 『世宗實錄』 권76, 세종 19년 정월 丙申, 4책 48쪽.
85) 『世宗實錄』 권105, 세종 26년 윤7월 戊戌, 4책 577쪽.
86) 『世宗實錄』 권36, 세종 9년 6월 丁卯, 3책 76쪽.
87) 『文宗實錄』 권2, 문종 즉위년 7월 乙巳, 6책 248쪽.
88) 『世祖實錄』 권16, 세조 5년 6월 壬子, 7책 330쪽.
89) 『世祖實錄』 권17, 세조 5년 7월 乙丑, 7책 336쪽.
90) 『世宗實錄』 권89, 세종 22년 5월 壬子, 4책 626쪽.
91) 『世宗實錄』 권119, 세종 30년 2월 乙卯, 5책 50쪽.
92) 『文宗實錄』 권9, 문종 원년 9월 乙巳, 6책 432쪽.
93) 『成宗實錄』 권4, 성종 원년 3월 丙戌, 8책 479쪽.

제적 제한에 미치지 못하는 자의 입속도 허락하지 않을 수 없었다. 세종 말엽 병조에서 계속 갑사에 입속하려는 자들의 재산 상태를 살펴 試取를 허락하자고 요구하는 것도 경제적 제한에 미치지 못하는 자들이 끊임없이 갑사로 들어오고 있다는 것을 반증하고 있는 것이었다.

2) 양반층의 甲士 入屬 기피와 갑사의 소멸

앞에서 살펴본 바와 같이 갑사는 조선초기 중앙군 중에서 가장 중추적인 군사력으로서, 종4품~종9품에 이르는 武班 軍職에 올라 科田과 祿俸을 지급받으면서 군역을 수행하였다. 그러나 갑사는 태종의 즉위와 더불어 중앙군으로서 성립한 이래 끊임없이 그 지위가 저하되어갔다. 즉 태종대에 갑사의 근무는 그 이전의 上京從仕, 居常宿衛하던 체제에서 일반 양인의 의무 군역과 같이 병농일치에 따라 번상하는 軍種으로 정착되었다. 또 세종대에는 비록 갑사가 지방에 거주하더라도 지방관의 통제를 받지 않고 한성부의 호적을 통해 별도로 파악되던 상태에서 거주지 별로 각 지방관이 파악하는 형태로 전환되었고, 또 그 군액도 대폭 증가하였다. 그리고 관직도 實職에서 遞兒職으로 변질되었다. 세조대에는 직전법의 실시로 과전 분급 대상에서 제외되었고, 성종대에는 그 祿俸이 月俸으로 전락하였다. 이와 같이 갑사는 조선 왕조가 안정됨에 따라 그 지위가 계속 하락되어 갔다.

갑사는 그 지위가 저하되면서 세조대의 保法 실시, 성종대 土地准丁의 폐지 등으로 인한 사회 경제적 변동 속에서 점차 군사력을 상실하게 된다.[94] 세조대의 보법 실시와 성종대 '土地准丁'의 폐지 과정을 거치면서 군역은 오로지 인정만을 기준으로 부과하게 되었다. 이에 양인 농민들의 군역 부담은 가중되어 이들의 피역 저항이 나타났고, 그

---

94) 世祖代의 保法 실시와 成宗代 '土地准丁' 폐지 문제에 대해서는 李泰鎭, 「軍役의 變質과 納布制 實施」, 『韓國軍制史-近世朝鮮前期篇』, 陸軍本部, 1968 ; 拙稿, 「조선초기 甲士의 성립과 변질」, 『典農史論』 2, 1996 참조.

럴수록 국가의 군액 확보책은 강화되어 族徵·隣徵 등 군역의 폐단이
심화되어 갔다. 이런 상황 하에서 갑사도 중대한 변화를 겪고 있었다.
16세기 전반에는 농업 생산력의 진전 속에서 조금이라도 여유를 가지
게 된 양인 농민들이 이전까지 주로 土族, 閑良層들이 주요 구성원이
었던 갑사로 떼를 지어 들어오려고 하는 한편, 갑사의 근무조건은 점
점 열악해져 갔고 군사력도 점차 상실되어 갔던 것이다.

갑사는 일반 양인의 의무 병역인 正兵에 비해 훨씬 우대 받은 兵種
이었다. 그래서 정병들은 "갑사는 녹봉을 받으면서 우대 받고 봉족도
많은데 비해, 정병은 그렇지 못하다"라 하면서 불평하기도 하였다.[95]
또 갑사가 되면 軍官으로도 진출할 수 있고,[96] 萬戶·守令 등으로 승
진하여 관료체계, 지배체계에 참여할 수 있었다. 이에 16세기에 들어와
양인 농민들은 다투어 갑사로 들어오려 하였다.[97] 농민들이 갑사로 들
어가려는 모습을 중종 23년(1528) 知事 金克愊은 다음과 같이 말하고
있다.

> 甲士는 保人도 많이 지급받고 또 해를 건너뛰어 立役하며 그 役도
> 지극히 가볍습니다. 그러므로 사람들이 다투어 들어가려 합니다. 그
> 래서 갑사를 取才할 때 이들을 대신하여 활을 쏘고 말을 타는 사람들
> 이 매우 많습니다. 비록 국가에서 이러한 행태를 금지한다고는 하지
> 만 시험장이 번잡하여 끝내 적발하지 못하고 맙니다. 시험관이 혹 그
> 四祖를 물어 眞僞를 가리려고 하나 그들은 반드시 미리 四祖를 외우
> 고 대신 활을 쏘니 본인인지 아닌지 가려낼 수가 없습니다.[98]

양인 농민들이 갑사로 들어오기를 열망하면서 갑사 取才 과정에서
代射·代騎의 행태가 나타났던 것이다. 이에 각 지방에서는 이렇게 하

---

95) 『燕山君日記』 권5, 연산군 원년 5월 癸卯, 12책 672쪽.
96) 『中宗實錄』 권7, 중종 3년 12월 甲戌, 14책 278쪽, "軍官 皆甲士輩".
97) 『中宗實錄』 권75, 중종 28년 7월 乙卯, 17책 447쪽, "人加多入處 無如甲士".
98) 『中宗實錄』 권64, 중종 23년 11월 辛丑, 17책 77쪽.

여 갑사가 된 사람들을 명주를 주고 갑사를 샀다 하여 綿紬甲士라 부르며 천시하였다고 한다.[99]

이 당시에는 시험기준도 『經國大典』의 규정에 비해 훨씬 약화되었다. 『경국대전』에서는 180步에서 試射하던 것이 이 시기에는 80步로 그 기준이 낮아졌다.[100] 그럼에도 불구하고 代試가 성행하였다. 한 사람이 돈을 받고 무려 열 사람을 대신하여 시험을 봐주는 경우까지 생겼다.[101] 약간의 財力만 있으면 사람들은 가볍게 군역을 치를 수 있는 갑사로 들어오려는 것이었다. 중종 36년(1541) 황해도에서는 胥吏들이 무려 439인이나 되는 많은 사람에게 뇌물을 받고는 군적을 위조하여 이들을 갑사로 만들어 커다란 사회문제가 되기도 하였다. 이때 司諫院에서는 한 道에서 불법적으로 갑사가 된 사람이 439인이나 되는 것에 놀라움을 나타내면서, 다른 도에도 역시 그럴 것이라고 탄식하였다.[102]

이렇게 실력이 없는 갑사가 증가하고 있는 것은 군사력의 不實·虛弱을 의미하였다. 갑사는 중앙군의 중추적 군사력으로서 이들의 부실·허약은 국가의 존립을 위태롭게 하는 것이었다. 국내외의 불안한 정치적 상황 속에서 16세기 조선 정부로서는 이를 국가적 위기로 받아들이지 않을 수 없었다. 국왕 중종은 심지어 "군사력의 허약함을 생각하면 밤에 잠이 오지 않는다"[103]고 토로할 정도였다. 그러나 정부에서는 국가재정의 부족, 사회경제적 변동 속에서 중앙군의 재정비는 엄두도 내지 못하고 고식책으로 소수의 禁軍만을 강화하는 방향으로 나아갈 뿐이었다.[104]

조선초기의 군역제는 재주와 힘이 있는 사람은 戶首(正軍), 이보다

---

99) 위와 같음.
100) 『燕山君日記』 권8, 연산군 원년 8월 乙亥, 13책 29쪽.
101) 『中宗實錄』 권57, 중종 21년 7월 壬辰, 16책 518쪽.
102) 『中宗實錄』 권95, 중종 36년 6월 丁丑, 18책 479쪽.
103) 『中宗實錄』 권9, 중종 4년 9월 己巳, 14책 373쪽.
104) 五衛制의 허구화에 따른 금군의 확대에 대해서는 이태진, 「中央 및 地方軍制의 變化」, 『韓國軍制史 - 近世朝鮮前期編』, 1968 참조.

못한 사람은 奉足(保人)으로 만들고 봉족이 정군의 재정적 뒷받침을 맡도록 하는 것이 운영 원칙이었으나, 이제 약간의 재력만 있으면 서로 갑사로 오르려고 하는 상황에서 정군의 보인을 채울 수가 없었다.[105] 그래서 갑사 중에서 무예실력이 떨어지는 자들을 가려내어 보인으로 만들자는 안도 나왔으나,[106] 일단 갑사에 들어온 자들을 보인으로 만드는 것도 쉬운 문제는 아니었다. 또 갑사가 늘어남에 따라 각 驛의 館軍이 부족하였다. 그래서 불법적으로 甲士가 된 사람들을 館軍으로 만들자는 제안도 나오기도 하였다.[107] 이와 같이 양인 농민들이 갑사로 몰려들면서 조선초기 국역체제는 전반적으로 동요되고 있었다. 한편 이렇게 갑사로 들어오려는 사람들도 자신들이 스스로 번상 근무를 하겠다는 것은 아니었다. 중종 21년(1526) 執義 韓承貞이 "상번할 때 이들은 다른 사람을 고용해서 代立하고 다른 사람의 말을 빌려 點閱하는 것이 常例이다"라고 할 정도였다.[108] 갑사로 들어오려는 사람은 늘어갔으나 군사력은 점점 취약해져가고 있는 실정이었다.

농민들은 자신들의 의무 군역을 피하고자 갑사로 몰려들었으나 갑사의 처우는 예전과 같지 않았다. 16세기에 들어서면서 갑사의 근무조건은 15세기에 비해 훨씬 열악해졌다. 우선 양인 농민들의 避役 저항이 광범위하게 전개되는 속에서 갑사 역시 보인의 확보가 쉽지 않았다.[109] 또 갑사에게 주어진 보인들도 자신의 身役과 지방의 官役을 치르느라 갑사를 보조할 수 없게 되는 경우도 많았다.[110] 다음으로 갑사는 스스로 軍裝과 騎・卜馬 등을 갖추고 보인을 데리고 서울이나 각

105) 『中宗實錄』 권64, 중종 23년 11월 甲辰, 17책 78쪽, "冒屬甲士定虜衛 以此無奉足可爲之人 保人日漸減縮".
106) 『中宗實錄』 권34, 중종 13년 11월 甲辰, 15책 489쪽.
107) 『明宗實錄』 권7, 명종 3년 4월 丁巳, 19책 581쪽.
108) 『中宗實錄』 권57, 중종 21년 7월 壬辰, 16책 518쪽.
109) 『中宗實錄』 권63, 중종 23년 10월 丙寅, 17책 64쪽.
110) 『中宗實錄』 권21, 중종 9년 10월 壬寅, 15책 34쪽 ; 『中宗實錄』 권38, 중종 15년 3월 戊申, 15책 635쪽.

지방 戍所에 가서 군장 점고를 받고 번상 근무를 해야했다. 그런데 후술하듯이 16세기에 들어와 馬價는 엄청나게 올랐다. 말 1필의 가격이 면포 100~150필에 달할 정도였다.[111] 또 번상하여 서울에 머무르고 있을 때 말을 먹일 草價가 너무 올라 말을 사육할 수가 없었고, 또 그 비싼 말이 중간에 죽는 경우까지 생겼다.[112] 그래서 갑사들은 말이 있는 자도 적었을 뿐더러, 말이 있는 자라도 자신이 타고 온 말은 돌려보내고 서울에서 말을 빌려 타면서 軍裝點考를 받고 시위근무에 임했다.[113] 그러나 말의 대여료가 점차 인상되어 빌려 타는 것도 어려워졌다.[114]

한편 사회경제적 변화에 따른 정부 관리들의 부정과 부패로 인하여 갑사들은 고통을 받았다. 軍裝 點考를 받을 때 뇌물이 아니면 통하지 않게 되었다. 아무리 군장을 잘 갖추었다 하더라도 뇌물을 주지 않으면 불합격으로 처리되었다.[115] 이에 상번 군사들은 아예 군장은 가져오지 않고 면포만을 들고 올 정도였다.[116] 이러한 터에 갑사들에게 응당 주어야 할 녹봉도 제 때 지급되지 못하는 경우도 많았고,[117] 심지어는 갑사들이 아무런 녹봉도 받지 못하고 여러 해를 근무해야 하는 경우도 있었다.[118] 16세기에는 이와 같이 무자격자들은 다투어 갑사로 들어오려고 하였고 갑사의 근무는 열악해져만 갔다. 이에 종래 무예를

---

111) 『中宗實錄』권15, 중종 7년 2월 壬午, 14책 557쪽.
112) 『中宗實錄』권39, 중종 15년 4월 壬戌, 15책 642쪽.
113) 『中宗實錄』권36, 중종 14년 6월 甲申, 15책 548쪽 ; 『中宗實錄』권39, 중종 15년 4월 壬戌, 15책 642쪽.
114) 『中宗實錄』권60, 중종 23년 2월 丙午, 16책 625쪽, "習陣馬價 前則給半匹買之 今則雖給三匹 常不得易買云".
115) 『中宗實錄』권56, 중종 21년 3월 甲午, 16책 502쪽.
116) 『中宗實錄』권20, 중종 9년 5월 戊子, 15책 15쪽.
117) 『中宗實錄』권60, 중종 23년 2월 丙午, 16책 625쪽, "甲士等 兵曹不於其番內取才 故十月祿俸 未及受出 盡賣於市人而下去 應受之祿 尙不得受 以此軍士 尤爲殘弊".
118) 『中宗實錄』권62, 중종 23년 7월 己丑, 17책 12쪽, "甲士則 其數多而遞兒少 故累年而不得受 徒爲受苦而已".

익히던 閑良이나 士族 子弟들은 갑사에 들어가는 것을 수치로 여기고 閑遊하거나 사회에서 대접받는 儒學 공부로 돌아서고 있었다.

조선초기에 사족, 한량들은 무예를 익히어 甲士取才, 武科 등을 통해 관료체제, 지배체제에 참여하려 하였다. "田野之民 皆願爲兵"[119]이라는 말이나, "子弟多趨武擧",[120] "憚於學問而 就武擧者多矣"[121] 등은 이러한 사정을 설명하고 있는 말이었다. 이에 따라 조선초기 사회는 16세기 이후와는 달리 자못 尙武的인 기풍이 있었다. 성종 19년 (1488) 조선을 방문한 명나라 사신 董越은

先世에는 文武를 겸한 官人들을 兩班이라 불렀다. 단지 讀書만 하고 技藝를 익히지 않거나 혹은 所行이 不善하면 國人들이 모두 비난하였다.[122]

라고 조선의 풍습을 설명하고 있다. 즉 동월은 위에서 자기 나름대로 양반의 정의를 내리고 나서 조선 초기의 尙武的인 풍습을 전하고 있다. 그러나 갑사의 지위 하락과 양인들의 冒入, 정부의 右文 정책과 성리학의 보급 등으로 16세기 이후 조선 사회는 "武日賤 而文日貴"[123]라는 바와 같이 崇文賤武 의식이 확산되어 갔고, 종래의 武的인 성격의 사족, 한량들은 성리학적 체질로 바뀌어져가고 있었다.[124]

---

119) 註 69)와 같음.
120)『世宗實錄』권3, 세종 원년 2월 辛卯 2책 302쪽.
121)『世宗實錄』권3, 세종 원년 2월 戊戌, 2책 303쪽.
122) 董越,『朝鮮賦』(奎2187).
123)『成宗實錄』권130, 성종 12년 6월 壬子, 10책 227쪽, "軍資僉正李崟上疏".
124) 李樹健 교수는 嶺南士林派의 家系를 분석하면서 사림파들의 先世의 職役은 文班職보다는 武班職이 많았다고 한다(『嶺南士林派의 形成』, 嶺南大出版部, 1979, 162쪽). 실제 徐敬德의 祖父 徐順卿은 종9품 副司勇의 갑사 군직을 지니고 있었고(『花潭集』권3, 神道碑銘 [한국문집총간 24책 323쪽]), 金叔滋의 장인이며 金宗直의 외조부인 朴弘信은 密陽의 부호로서 무예가 뛰어나 갑사로 들어간 후 護軍, 萬戶, 司宰監正에 이르렀다고 하고(『佔畢齋集』彝尊錄, 附錄 外祖司宰監正朴公傳 [한국문집총간 12책 477쪽]), 李滉의 曾祖

　사족, 한량들은 갑사직을 기피하였으며, 군역 체계에서 이탈하려 하
였다. 즉 연산군 8년(1502) 李克均은 "각도의 사족 자제들은 정예병이
었던 갑사를 이제는 비천하다 하여 들어가기를 꺼리고 軍保라 칭하고
閑遊하였다"고 말하였다.[125] 또 아예 군역 체계에서 이탈하여 한유하
는 자들도 늘어났다. 중종 31년(1536) 대사간 蔡無擇은

　　臣이 閑遊하는 일을 보건대, 우리 나라는 貴賤이 分明하여 士族의
　　子弟들은 비록 학문을 하지 않아도 閑遊할 수 있었습니다. 그런데 그
　　동안 士族이 아니고 또 학문도 하지 않으면서 스스로 士族이라 칭하
　　나 사람들이 士族으로 여기지 않는 자들이 많이 생겼습니다. 그러나
　　풍속이 이미 오래되어 사람들이 官에 고발하지 못하고 수령들도 그
　　원망함을 두려워하여 감히 군역에 충정하지 못하고 있습니다.[126]

라 하여 사족이 아닌 자까지 자칭 사족이라고 하여 閑遊하고, 수령도
원망을 살까 두려워 이들을 군역에 정하지 못한다고 말하고 있다.
　또 국가에서 사족·한량 등을 군역에 편성하더라도, 그들은 곧 文官
으로 진출하여 免役의 특권을 누리려 하였다.[127] 여기에다 정부 역시
崇儒, 右文 政策 속에서 生員, 進士가 군역에 배정되어 있으면 "유생
1명을 얻으면 軍卒 1명을 잃는다 해도 무슨 해가 되겠는가"라 하며 이
들을 免役 조치하기도 하였다.[128] 이렇게 文에 대한 우대와 武에 대한
천시가 어우러지는 속에서 16세기말에 이르면 사회의 분위기는 "하늘
天字만 알아도 貴人으로 대접받고 弓矢를 잡으면 모두 천시한다"[129]

　李禎은 '射御亦絶人'한 무사였다고 한다(『退溪集』續集 권8, 曾祖兵曹參議
　公事蹟 [한국문집총간 31책 216쪽]) 이러한 사례들은 조선초기에 武的인 경
　향의 사족, 한량들이 16세기에 이르러 성리학적 체질로 전화하였음을 보여주
　고 있다.
125)『燕山君日記』권44, 연산군 8년 6월 丁巳, 13책 498쪽.
126)『中宗實錄』권81, 중종 31년 정월 丁卯, 17책 631쪽.
127)『中宗實錄』권34, 중종 13년 10월 丁亥, 15책 486쪽.
128)『明宗實錄』권17, 명종 9년 9월 庚戌, 20책 232쪽.

라고 할 정도였다. 이러한 상태에서 양반 사족들과 한량들의 군역 이탈은 가속화되었다.

이제 갑사는 더 이상 한량이나 사족들을 유인할 조건이 없어졌다. 군신관계에 의한 명예나 물질적 배려는 모두 없어졌다. 단지 의무군역인 정병보다 조금 나은 정도였다. 이에 한량이나 사족들은 모두 갑사에서 빠져 나가버리고 보다 가벼운 군역으로 들어오려는 서인만으로 가득 차게 되었다. 그래서 "古之精兵 今則庶人皆爲之"[130]라는 탄식이 나왔다. 조선전기에 중앙군의 중추로서 정예병이었던 甲士는 가벼운 役을 치르려는 무리가 모이는 무능한 군대로 변해갔다.[131]

16세기 후반에 이르면 갑사는 일반 양인마저 기피하는 병종으로 전락되었다. 명종 8년(1553) 사헌부는 定虜衛의 군액을 減할 것을 요청하는 啓를 올리면서 다음과 같이 말하였다.

　正兵·甲士의 군액이 나날이 줄어들고 있습니다. …… 衛將과 部將의 무리들이 이들을 伺候라 칭하고 여러 가지로 侵虐하며, 심지어 이들로 하여금 여러 가지 雜物을 부담하게 하니, 甲士·正兵 중에서 이것을 원망하지 않는 사람이 없고 그래서 서로 갑사·정병에서 빠지려고 하고 있는 것입니다. 지금 군대가 허술해지는 것은 실로 이런 연유에서 그러합니다.[132]

이렇게 갑사는 衛將·部將 등에게 침학을 받고 雜物을 부담하여야 하는 苦役으로 변질되었다. 권리는 모두 없어지고 의무만이 남은 갑사에 사람들이 입속할 리가 없었다.

15세기 후반에 이르러 신분의 고하를 막론하고 갑사직을 기피하게

129)『宣祖實錄』권45, 선조 26년 윤11월 癸巳, 22책 136쪽.
130)『中宗實錄』권96, 중종 36년 11월 乙巳, 18책 523쪽.
131)『燕山君日記』권44, 연산군 8년 6월 丁巳, 13책 498쪽 ;『中宗實錄』권185, 중종 11년 6월 辛亥, 15책 185쪽.
132)『明宗實錄』권15, 명종 8년 10월 癸酉, 20책 163쪽.

되자 갑사의 정액조차 채울 수 없게 되었다. 柳成龍이 선조 27년(1594)에 올린 '陳時務箚'에 의하면 다음 <표 2-4>에서 보는 바와 같이 경국대전에 14,800명이었던 갑사의 정액은 이 당시에 이르러 그 1/3에도 미달하는 4,640명으로 되었고, 그나마 장부상이라고 하였다.

<표 2-4> 宣祖 27년(1594) 甲士·騎兵·步兵의 上番軍額

	正 軍	保 人	합 계
甲 士	4,640	各有二保	13,920人
騎 兵	23,700	各有三保	9萬餘人
步 兵	16,200	各有一保	3萬2千餘人

典據:『宣祖修正實錄』권28, 선조 27년 4월 己酉, 25책 647쪽 ; 柳成龍, 『西厓集』권5, 陳時務箚 (甲午 4월).

그래서 임진왜란이 발발한 지 1년 후인 선조 26년(1593) 선조는 "이른바 正兵·甲士라 하는 자들은 모두 군사가 아니다"[133]라고 하며 당시 군사력의 허약을 통탄하고 있었다. 이와 같은 군사력의 허약은 갑사의 변질과 양반층의 갑사 입속 기피와 맥락을 같이하는 것이다. 갑사는 임란 이후에도 중앙군의 중심적 군사력이라는 지위는 상실되었으나 잔존하고 있었다. 인조 5년(1627) 병조가 올린 啓에 의하면 24戶가 번상하고 있었다.[134] 그러나 임진왜란 이후 갑사의 試取는 중단되었고, 조선후기에 들어 갑사는 역사의 무대에서 사라지게 된다.[135]

조선전기에 관료체계에 들어가 군역을 수행하던 갑사는 이렇게 소멸되어갔다. 또 갑사의 소멸은 관료체계에 입각한 군역의 소멸을 의미하였다. 사족, 한량들은 갑사로의 入屬을 기피하고 군역체계에서 이탈하여 閑遊하였으며, 이러한 가운데 갑사의 소멸이 진행되었던 것이다. 조선후기에 끊임없이 되풀이하여 제기되고 있는 "祖宗朝에는 비록 사

133) 『宣祖實錄』권45, 선조 26년 윤11월 癸巳, 22책 138쪽.
134) 『仁祖實錄』권17, 인조 5년 11월 己丑, 34책 240쪽.
135) 갑사가 공식적으로 완전히 혁파되는 것은 肅宗 40년(1714)의 「良役査正別單」에 의해서이다. (『備邊司謄錄』67, 숙종 40년 2월 초5일, 6책 642쪽).

족이라 하더라도 군역을 면할 수 없었다",136) "祖宗朝에 諸衛의 군사
는 모두 사족이 담당하였는데 지금은 그렇지 않다",137) "지금은 사족
을 결코 五衛의 軍卒에 充定할 수 없다"138) 등은 모두 조선전기에는
사족들도 군역을 부담하고 있었는데, 조선후기에는 그렇지 못하다는
말이다.

16세기를 통해 사족, 한량들이 군역에서 이탈되어 가자, 조선정부는
새로운 형태의 군제·군역제를 마련하여야 했다. 즉 신분적·경제적
상태를 고려하지 않고 군인을 선발하여 훈련시키며, 이들에게 급료를
지급하는 형태의 군역제가 요구되고 있었던 것이다. 16세기 조선 사회
내에서 이러한 형태의 군역제가 배태되고는 있었다. 그러나 이것의 탄
생은 외적 자극에 의해서 구체화되었다. 즉 임진왜란이 발발하자 정부
는 하층민으로 구성되어 급료제로 운영되는 훈련도감을 설립하였던
것이다. 훈련도감의 설립 이유를 李惟泰는 "兩班 자손들이 五衛에 들
어오지 않으려 하지만 宿衛는 폐할 수 없는 것이므로 新兵을 설립하
였다"라 지적하였다.139) 조선후기 최대 중앙군영인 훈련도감이 설립되
는 역사적 배경은 이러하였다.

2. 正兵의 立役 변화

1) 騎兵의 步兵化

조선전기 중앙군의 중추적 군사력은 甲士였다. 그런데 이 당시 중앙
군은 갑사로만 이루어진 것은 아니었다. 別侍衛, 破敵衛, 彭排, 隊卒

---

136) 『仁祖實錄』 권8, 인조 3년 2월 戊寅, 33책 676쪽.
137) 『孝宗實錄』 권21, 효종 10년 2월 己巳, 36책 173쪽.
138) 申琓, 『絅菴集』 권4, 疏箚, 八條萬言封事.
139) 李惟泰(1607~1684), 『草廬全集』 권3, 己亥封事 (韓南大 忠淸文化硏究所發
    刊 上冊 70쪽), "兩班子枝 不屬五衛 故宿衛不可廢 而新兵所以設也".

등 여러 병종과 더불어 良人들이 의무적으로 치러야 하는 병종도 있었
다. 이러한 양인 농민의 의무군역을 正兵이라고 불렀다. 성종 6년
(1475) 각 병종의 군액에서 정병은(이것은 물론 중앙군과 지방군을 합
산한 수치이다) 조선초기 병종 중에서 가장 많은 군액을 보유하고 있
었다(<표 2-1> 참조). 그러나 조선초기 중앙군으로서 정병은 갑사에
비해 부차적인 군사적 비중을 차지하고 있었다. 성종 5년(1474) 鄭麟
趾는

> 지금 正兵은 옛날의 侍衛牌이다. 侍衛牌는 番上하여 點考만 받고
> 즉시 돌아갔고, 혹은 入番한지 15일이 지나면 방면되었다. 宮闕을 侍
> 衛하는 것은 오로지 甲士가 전담하여도 부족하지 않았다.[140]

라 하였다. 이와 같이 조선초기에 있어서 정병(侍衛牌)은 중앙 군사력
으로서 부차적 의의만을 지니고 있었기 때문에 흉년일 때에는 이들의
번상을 중단하거나,[141] 騎船軍(水軍)을 확충할 때 대거 이들을 기선군
으로 移屬시키기도 하였다.[142]

  양인 농민의 의무군역인 정병은 갑사와 달리 일체의 토지나 녹봉은
주어지지 않았다. 단지 국가가 마련한 軍戶체제 안에서 保人과 더불어
자신의 의무군역을 수행하여야 했다. 이러한 의무군역을 양인 농민에
게 부담시키기 위해서는 철저한 戶口의 파악과 이를 기초로 한 軍籍
의 작성이 선행되어야 했다. 그러나 호구의 파악이나 군적의 작성은
至難한 일이었다. 갑사 응시자와 같이 그 사회에서 출세를 하려는 자
들이야 자진해서 호적에 들어가고 국가의 試取에 응했지만, 일단 호적
에 편성되면 일방적인 의무만을 강요받는 상황에서 양인 농민들은 스

---

140) 『成宗實錄』 권44, 성종 5년 윤6월 丁酉, 9책 118쪽.
141) 『世宗實錄』 권10, 세종 2년 10월 乙巳, 2책 410쪽 ; 『世宗實錄』 권110, 세종
    27년 10월 丁巳, 4책 641쪽, "諸道侍衛牌 …… 近來因年荒 屢除番上 以此歲
    稍不念 皆願還鄕".
142) 李載龒, 「朝鮮初期의 水軍」, 『朝鮮初期社會構造研究』, 一潮閣, 1984, 117쪽.

스로 호적에 오르려하지 않았다. 국가의 강제적인 收括에 의해서만 이
것은 가능하였다. 그런데 국가가 강제적으로 수괄하였다고 해서 無田
농민, 유망민까지 수괄할 수는 없었다. 이들은 호적에 올리고 부역을
지우면 곧 도망갈 존재였다. 그래서 15세기 전반까지 국가는 田土를
소유하고 있는 비교적 안정된 가호와 그에 거주하는 人口(특히 男丁)
를 파악·등록하는 데 만족하여야 했다.143) 따라서 군역은 토지 소유
와 人丁의 多寡를 참작하여 부과하였다.

그러나 15세기 후반에 시행된 保法 이후의 군역제 운영은 이와 달
랐다.144) 보법은 종래 土地와 人丁을 종합적으로 참작하여 군역을 편
제하던 방식과는 달리 土地와 人丁을 분리하여 군역을 편제하는 방식
이었다. 이러한 방식의 군역 편제는 군액의 대폭적인 증가를 가져오게
했다. 梁誠之는 보법의 실시로 인해 "충청도는 본래 2만 호이던 것이
지금은 11만 호가 되었고, 경상도는 본래 4만 호이던 것이 지금은 30만
호가 되었다"145)라고 할 정도였다. 보법의 실시로 군액의 증가가 이루
어진 상태에서 成宗代에 들어와 보법의 '土地准丁'은 폐지되고, 군역
은 오로지 인정만을 기준으로 부과하게 되었다. 따라서 이후 각 지방
에서는 이미 증가된 군액을 채우기 위해 人丁만을 기준으로 군인을 抄
定하였으며, 無田 농민까지 군적에 올라가게 되었다. 이에 빈한한 농
민들은 유망과 피역으로 저항하였고, 또 국가는 끊임없이 군액 확보에
고심하게 되었다.

船軍을 제외한 양인 농민의 의무군역을 正兵이라고 부른 것은 세조
5년(1459)의 병제 개편으로부터였다.146) 이전까지는 서울에 번상 시위

---

143) 『太宗實錄』 권18, 태종 9년 12월 戊午, 1책 522쪽, "民之有恒産 而有恒心者
籍付其官 以供賦役".
144) 保法에 대해서는 拙稿, 「조선초기 甲士의 성립과 변질」, 『典農史論』 2집,
1996, 225~234쪽 참조.
145) 『世祖實錄』 권34, 세조 10년 8월 壬午, 7책 641쪽.
146) 세조 5년의 병제 개편에 대해서는 閔賢九, 『朝鮮初期의 軍事制度와 政治』,
韓國研究院, 1983, 160쪽, 249~250쪽 참조.

하는 군사를 侍衛牌, 각 지방에서 근무하는 군사를 營鎭軍·守城軍, 평안·함길도의 군사를 正軍이라 불렀다. 그런데 이때부터 우선 평안·함길도의 正軍과 나머지 도의 侍衛牌를 통일하여 正兵이라 부르기로 하고 말이 있는 사람을 正騎兵, 말이 없는 사람을 正步兵이라 규정하였다.[147] 그리고 세조 10년(1464)에 營鎭軍과 守城軍이 정병에 합속되어 '和會分番'하도록 하는 조치가 취해졌다.[148] 이제 지방의 군사들은 모두 정병에 속하여 번상과 부방을 輪次로 하게 되었다. 『경국대전』 병전, 番次都目에 의하면 番上正兵은 "8番2朔 相遞"로, 留防正兵은 "4番1朔 相遞"로 규정되어 있다. 시위패 계열을 잇는 번상 정병과 영진군·수성군 계열을 잇는 유방 정군은 고정되어 각각 유방과 번상을 나누어 분담하다가,[149] 서로 교대하여 유방과 번상을 하는 등 몇 차례의 변화를 겪게 된다.[150]

양인 농민 중 의무군역 대상자를 가려 뽑고, 의무군역 대상자를 戶首(正軍)와 奉足(保人)으로 나누고, 그리고 다시 호수로 정한 자를 騎兵과 步兵으로 나누는 것은 "籍民爲兵 分其騎步"라 하여 호적을 기초로 한 軍籍의 작성에 의해서였다.[151] 따라서 군역의 의무를 결정하는 군적 작성은 농민의 이해와 밀접한 관련을 가졌다. 자신이 정군이 되는가, 보인이 되는가, 아니면 군역에서 빠지는가는 생존과 관련되는 것이기 때문이다. 이러한 군적의 작성은 각 지방관의 책임 하에 鄕吏와 더불어 향촌의 里正·勸農官이 軍籍監考가 되어 그 실무를 담당하였

147) 『世祖實錄』 권18, 세조 5년 11월 乙卯, 7책 352쪽.
148) 『世祖實錄』 권34, 세조 10년 9월 庚午, 7책 653쪽.
149) 成宗 6년(1475)의 군액 조정에 의하면 72,109명의 정병 중 番上正兵이 27,625명이고, 留防正兵이 44,484명이었다.(『成宗實錄』 권59, 성종 6년 9월 丙辰, 9책 259쪽) 이에 대해서는 李泰鎭, 「軍役의 變質과 納布制 實施」, 『韓國軍制史 - 近世朝鮮前期篇』, 陸軍本部, 1968, 250쪽 참조.
150) 『燕山君日記』 권8, 연산군 원년 8월 乙亥, 13책 29쪽 ; 『中宗實錄』 권12 중종 5년 8월 丁酉 14책 456쪽.
151) 『中宗實錄』 권22, 중종 10년 6월 戊寅, 15책 88쪽.

다. 군적 작성 시 향리의 作奸은 일찍부터 큰 폐단으로 지적되었다.[152]
그러나 중종대에 이르러 군적 감고를 권농관에서 留鄕所 임원으로 대
체하면서부터, 군역의 差定이 이들의 이해와 관련하여 운영되었다.[153]
즉 지방 사족을 중심으로 이루어진 유향소 임원들은 자신들과 그 자손
들은 의무 군역에서 제외시키고 있었던 것이다.[154]

  물론 保法이 실시된 이후에도 정부는 부유한 사람에게 군역의 의무
를 지우게 하는 것이 원칙이었다. 이것은 군인들이 보인 이외에 다른
물질적 지급이 없더라도 군역의 의무를 수행할 수 있는 현실적 조건이
었다.[155] 따라서 대체로 정병은 지방사회에서 유력한 계층으로 구성되
었다. 훗날 英祖가 "古有正兵宅 甲士宅之稱"[156]이라고 말하는 것처럼
조선전기의 정병들은 지방 사회에서 '正兵宅'이라고 호칭될 정도였다.
이러한 정병 중 기병은 특히 지방에서 부유하고 건장한 사람으로 선발
하였다. 步兵이라 하더라도 부유하고 건장한 사람은 騎兵으로 정하는
것이 원칙이었다.[157]

  騎兵은 궁궐을 시위하는 군사로서 때로는 국왕 가까이에서 근무를
하기도 하였다.[158] 당시는 국왕과의 接近度, 이른바 王化에 따라 사회

---

152) 『世宗實錄』 권10, 세종 2년 11월 辛未, 2책 415쪽.
153) 『中宗實錄』 권19, 중종 8년 10월 乙卯, 14책 681쪽, "兵曺判書 尹用漑曰 …
    … 先是 軍籍監考 率以勸農差定 今以留鄕所差之 故其當入居者 或有功議
    則得免 無蔭者 未免入居 怨抑不細".
154) 金仁杰, 「조선후기 鄕村社會 변동에 관한 연구 - 18, 19세기 「鄕權」 담당층의
    변화를 중심으로 - 」, 서울대 박사학위논문, 1991, 8쪽. 金 교수는 이 글에서
    16, 17세기에 在地士族은 그들의 신분적 권위의 상징인 鄕案을 기반으로한
    鄕會를 통해, 수령권과의 타협을 전제로 鄕權을 장악하고 吏民을 지배하고
    있었고, 이때의 鄕權은 吏民에 대한 지배와 부세운영권을 가리켰다고 지적하
    였다. 따라서 재지사족들은 부세 운영권을 장악한 가운데 의무군역에서 면제
    되는 등 양반층으로서의 신분적 특권을 관철시켜 갔다.
155) 『燕山君日記』 권43, 연산군 8년 3월 甲申, 13책 478쪽.
156) 『英祖實錄』 권90, 영조 33년 8월 辛未, 43책 659쪽.
157) 『成宗實錄』 권291, 성종 25년 6월 壬申, 12책 546쪽, "宜擇步兵强壯者 定爲
    騎兵".

적 위치가 결정되는 중세 사회였다. 따라서 국왕을 가까이에서 시위하는 기병의 사회적 위치는 비교적 높은 편이었다. 기병은 비록 散階에 그치는 것이지만 복무의 대가로 정3품까지 加階될 수 있었고, 입역 기간 중에 都試에 응하여 갑사나 무반으로의 진출기회가 제도적으로 마련되어 있었다.[159] 保人도 步兵보다 1丁 많은 1保1丁 즉 3丁을 지급하였다. 또한 기병은 정예병이었다. 성종 4년(1473) 병조에서

　　騎正兵은 비록 取才 軍士는 아니지만 처음에는 人·馬가 壯實한 자만을 선발하였습니다. 이에 武藝를 연습시키면 모두 쓸모있는 군인이 될 수 있었습니다. 그러나 근래 試才·勸懲의 제도가 없어 전혀 習射를 하지 않고 있으므로 활과 화살을 다룰 줄 모르는 자들이 매우 많습니다. 이에 군사라는 이름은 있으나 군사가 아니므로 지극히 염려되는 바입니다.[160]

라 하고는 기정병중 入番日 試射에서 연속 불합격한 자는 近道의 경우에는 羅將·皂隷로, 遠道는 水軍에 입속시키자는 啓를 올려 국왕의 허락을 받았다. 즉 기병은 取才軍士는 아니지만 정예병으로 인식되었다. 한편 기병은 量田敬差官으로 임명되는 등 국가 권력의 말단에서 그 역할을 담당하기도 하였다.[161]

　앞에서 살펴본 것처럼 기병으로서 말과 군장을 갖추려면 부유한 사람이 아니고서는 불가능하였다. 그러나 16세기 이후 군역제의 동요 속에서 부유한 사람들은 차츰 권리보다는 많은 의무가 따르는 기병을 기피하고 갑사로 들어가거나, 아예 步兵으로 또는 保人으로 가려고 하였

158)『燕山君日記』권52, 연산군 10년 2월 己亥, 13책 591쪽 ;『宣祖實錄』권170, 선조 37년 정월 乙未, 24책 559쪽, "騎兵宿衛王宮".
159) 조선초기 都試에 대해서는 沈勝求,「朝鮮初期 都試와 그 性格」,『韓國學報』60, 一志社, 1990 참조.
160)『成宗實錄』권36, 성종 4년 11월 癸巳, 9책 70쪽.
161)『成宗實錄』권279, 성종 24년 6월 丙寅, 12책 342쪽.

다.162) 이러한 상황에서 군적 작성의 과정에서 姦吏들이 부유한 자들
에게서 뇌물을 받고 군역을 면제해준다든지 "以壯者爲奉足 弱者爲戶
首"라는 부정이 빈번하였다. 그래서 국가의 의도와는 달리 殘劣者들만
이 기병으로 충원되고 있는 실정이었다.163) 이러한 현상은 조선전기
군역제의 원칙을 붕괴시키는 것이었다.

일단 군적에 올라 기·보병으로 구분된 자들은 留防과 番上으로 나
뉘어 군역 근무에 임하여야 했다. 만약 番上을 하지 않으면 一族이 피
해를 입게 되었다.164) 따라서 고향에서 터를 잡고 농사를 짓고 살기 위
해서는 군역은 피할 수 없는 일이었다. 번상 근무를 하는 자들은 번상
기일 전 5일까지 각 지방에서 서울로 올라와야 했는데 교통이 불편한
당시로서는 상경한다는 것 자체가 고역이었다. 강원도나 전라도, 경상
도의 연해 지역, 산간벽지에 거주하는 군인들은 서울로 올라오는 데만
8~9일이 걸렸다.165) 또 상번하는 과정에서 강물에 빠져 서울에서 생
활할 물자를 다 잃거나, 산을 넘을 때 다치거나 죽는 경우가 비일비재
하였다.166)

천신만고 끝에 서울로 올라온 번상기병들은 騎馬, 卜馬 등을 갖추고
軍裝點考를 받아야 했다. 이때 까닭 없이 군장 점고에 빠지는 자가 10
명 이상에 이를 때는 절도사·수령은 啓聞推斷, 그 頭目人·押來人은
杖 60, 본인은 杖 90에 처한다고 정해졌다.167) 한편 기병들은 군영에
들어가 거주하면서 점고를 받아야 했으나, 私家에서 거주하면서 점고

162)『燕山君日記』권51, 연산군 9년 11월 戊午, 13책 579쪽.
163)『成宗實錄』권293, 성종 25년 8월 庚申 12책 568쪽, "軍士居計溫裕而能射御
　　者 或爲步兵及保人 殘劣者 或爲騎兵戶首".
164)『中宗實錄』권35, 중종 14년 2월 戊寅, 15책 509쪽, "軍士之不入番者 行移于
　　其道 則以一族定送 以此皆逃散".
165)『中宗實錄』권7, 중종 4년 정월 乙卯, 14책 307쪽 ;『中宗實錄』권82, 중종 31
　　년 7월 辛亥, 17책 609쪽.
166)『明宗實錄』권5, 명종 2년 6월 癸卯, 19책 518쪽 ;『明宗實錄』권11, 명종 6년
　　5월 戊申, 20책 26쪽.
167)『成宗實錄』권29, 성종 4년 4월 戊辰, 9책 15쪽.

를 받는 경우가 많았다.168) 군영은 馬草라든가 음식이 준비되어 있지
않았으며, 비좁고 더워 생활하기가 불편하였기 때문이었다.169) 또 군
영에서는 군장을 잃어버리는 경우가 많았다.170) 군장을 갖추지 못한
기병들이 이에 따른 '徵贖綿布'171)가 두려워 다른 사람의 군장을 훔치
는 경우가 많았던 것이다.

군장을 갖추는 것은 무척 힘드는 일이었다. 원래 기병은 보인과 더
불어 군장과 騎·卜馬를 갖추고 함께 서울에 올라와 근무를 하여야 했
다. 그런데 보인은 자신의 가족인 경우가 많았고, 또 자신의 가족이 아
닐 경우 보인을 法定數대로 채워 가지고 있는 사람도 드물었다.172) 군
역제의 모순 속에서 보인들은 유망과 피역을 감행하였고, 그나마 남아
있는 보인조차도 각 지방의 官役에 시달려 호수를 도울 여력이 없었던
것이다. 그래서 戶首(正軍) 혼자서 군장이나 기·복마를 준비해야 하
는 경우도 많았다.173) 보인이 있는 사람이라도 서울에서 체류하는 경
비가 많이 들어 보인에게서 保價를 받아 단신 입역하고 군장을 구매하
였다. 이런 상황 속에서 軍裝의 가격은 폭등하였다. 당시 군장으로 鐵
甲을 입는 사람은 드물었다. 거의 가죽으로 만든 皮甲이나 종이로 만
든 紙甲을 마련하여 군장 점열에 대비하였다.174) 그런데 紙甲이라도
값이 무려 면포 50필에 해당하였다.175) 이에 기병들은 아예 아무런 군
장도 지니지 못한 채 번상하기도 하였다. 명종 6년(1551) 2월 병조는

---

168) 『中宗實錄』권15, 중종 7년 2월 辛巳, 14책 557쪽 ; 『中宗實錄』권65, 중종 24
년 5월 甲寅, 17책 121쪽.
169) 『中宗實錄』권39, 중종 15년 5월 戊戌, 15책 658쪽 ; 『中宗實錄』권44, 중종
17년 4월 己丑, 16책 113쪽.
170) 『中宗實錄』권25, 중종 11년 5월 壬辰, 15책 170쪽.
171) 『中宗實錄』권20, 중종 9년 8월 己亥, 15책 22쪽.
172) 『燕山君日記』권45, 연산군 8년 8월 辛亥, 13책 509쪽 ; 『中宗實錄』권20, 중
종 9년 5월 戊子, 15책 15쪽.
173) 『中宗實錄』권18, 중종 8년 4월 庚子, 14책 652쪽.
174) 『燕山君日記』권37, 연산군 6년 3월 丙子, 13책 407쪽.
175) 『中宗實錄』卷89, 중종 34년 정월 己亥, 18책 247쪽.

경상도 기병들이 마필이나 군장을 일체 가져오지 않고 水路를 통해 번 상할 때 맨몸(赤身)으로 배를 타니 이들을 군법으로 처리하고, 앞으로 이런 폐단이 있으면 절도사·수령·色吏를 推考治罪하자고 啓를 올 려 윤허를 받고 있었다.176) 그러나 빈한한 자들만이 군역에 充定되고 있는 상태에서 이것은 단지 엄벌주의로 해결될 상황은 아니었다.

한편 기병들은 군장이 비록 갖추어져 있어도 뇌물을 별도로 준비하 여야 했다. 군장을 점열하는 都摠府 하인에게 뇌물을 주지 않으면 불 합격되기가 일쑤였기 때문이다.177) 그래서 기병들은 아예 처음부터 면 포를 잔뜩 싣고 와서 병조 色吏에게 뇌물을 주고 번상근무에서 빠지거 나,178) 대립인을 세우기도 하였다.179) 그런데 16세기에 기병의 대립은 보병과는 달리 정부에서 엄격히 금지하였다. 이 시기 보병은 이미 役 軍으로서 군사적 기능을 상실했지만, 기병은 여전히 군사적 의의를 지 니고 있었다. 이들의 대립을 인정할 경우 중앙군의 군사력에 막대한 결손을 초래할 우려가 있었던 것이다. 조선초기에 갑사가 제 기능을 할 때는 갑사만으로도 중앙군의 군사력이 충분하였지만,180) 16세기에 들어 갑사의 변질과 소멸이 진행되면서 기병의 필요성은 증대되었다. 기병은 갑사와는 달리 국가의 경비지출이 없어도 유지될 수 있는 군사 력이었다. 따라서 정부에서는 이들의 대립을 막고 군사력을 유지시키 려 하였다.

그러나 기병의 대립은 정부의 금지에도 불구하고 끊임없이 행해졌 다.181) 명종 3년(1548) 兵曹受敎에 의하면 아예 기병 대립을 생업으로 삼아 무려 10명에 이르는 기병에게 價布을 받고 이들 대신 입역한 사

---

176) 『各司受敎』 兵曹受敎, 嘉靖 29년 2월 초6일조.
177) 『中宗實錄』 권56, 중종 21년 3월 甲午, 16책 502쪽.
178) 『中宗實錄』 권20, 중종 9년 5월 戊子, 15책 15쪽.
179) 『中宗實錄』 권15, 중종 7년 2월 辛巳, 14책 557쪽 ; 권62, 중종 23년 8월 癸丑, 17책 22쪽.
180) 註 140)과 같음.
181) 『中宗實錄』 권62, 중종 23년 8월 癸丑, 17책 22쪽.

람도 나타났다.[182] 그래서 정부에서는 1명 대립인은 杖 100, 2명 대립인은 杖 100 · 徒 3년, 3명 대립인은 全家徙邊으로 처벌하겠다고 하였으나, 병농일치적인 군역제의 모순 속에서 대립을 막을 수는 없었다. 한편 군역제의 모순 속에서 고통받는 기병들은 집단적으로 저항하기도 하였다. 중종 15년(1520) 병조판서 高荊山은

　騎兵들은 모두 약하고 不實합니다. 臣이 듣건대 旅師들이 서로 담합하여 말하기를 "만약 군영에 들어가는 자가 있으면 우리가 벌을 준다. 또 만약 말을 살찌워 건강하게 만든 후 點考받는 자가 있어도 우리가 벌을 준다"라고 하였다고 합니다. 이것은 군법을 어긴 부류들이 많으면 兵曹에서 이들 모두를 처벌할 수 없음을 노리고 한 짓입니다.[183]

라 하여 기병들이 집단적으로 군영에 들어가지 않고, 말을 여위게 하는 등 동맹 태업을 하고 있는 모습을 말하고 있다. 16세기에는 기병 중에서 말이 있는 사람은 매우 드문 실정이었다. 이미 15세기 말인 성종 4년(1473)에도

　이른바 騎兵이라고 하는 자들은 모두 말이 없다. 그래서 시위할 때에는 남에게 말을 빌려서 탄다. 만약 급하게 말을 갖추어 출동해야 할 때는 말을 얻을 수 없으므로 모두 徒步로 따라간다.[184]

라는 것처럼 기병들은 남의 말을 빌려서 탔다. 이러한 사정은 16세기에 들어와 더욱 심하였다.

　원래 조선은 국방상 말을 중시하고 馬政에 대한 각별한 관심을 보였다.[185] 이에 조선초기에는 일반 사족이라 하더라도 2~3필 이상의

---

182) 『各司受教』 兵曹受教, 嘉靖 27년 5월 26일.
183) 『中宗實錄』 권39, 중종 15년 5월 壬寅, 15책 659쪽.
184) 『成宗實錄』 권35, 성종 4년 10월 庚申, 9책 65쪽.

말을 소유하는 것이 일반적이었다.186) 그런데 16세기 이후에는 지주제의 전개 속에서 확대되는 농지 개간 등에 의하여 목장이 줄어들면서 말의 수가 감소하고 있었다.187) 이것을 현종 4년(1663) 司僕寺에서는 다음과 같이 上啓하여 증언하고 있다.

祖宗朝에서는 馬政을 가장 중요하게 여겼습니다. 그래서 水草가 풍부하고 牧養하기 적당한 곳에 목장을 줄지어 세우고 司僕寺로 하여금 이것을 관장하도록 하였습니다. 이에 말들이 번성하여 국가의 쓰임에 충분하였습니다. 그 후 여러 제도가 무너지고 馬政 역시 제대로 수행되지 못했습니다. 사복시의 관리들은 그 稅入을 이롭게 여겨 목장의 비옥한 곳은 모두 募民入耕토록 하고, 木花·들깨·조 등을 심어 사사로이 나누어 먹었습니다. 그리고 馬種은 모두 不毛之地에 옮겨 놓으니 말들은 점점 없어지고 심지어 군사들까지 말을 얻어 탈 수 없게 되었습니다.188)

즉 지주제의 전개와 농지 개간에 의해 목장은 감축되고 있었던 것이다. 기존 연구에 의해서도 14세기 후반부터 연해지역의 低平한 곳에 설정된 목장이 海島로 옮겨지고 있었고, 16세기에는 海島의 목마장도 대부분 개간되어 가는 추세에 있었다고 한다.189) 이에 따라 말의 수효는 격감하였다. 중종 17년(1522) 高荊山은 成宗代 말의 수효는 4만여 필에 달하였는데, 지금은 겨우 2만여 필에 불과하고 그나마 거의 쓸모 없는 品種이라고 말하고 있다.190) 불과 30~40년 만에 말의 수가 절반

---

185) 『世宗實錄』 권116, 세종 29년 5월 丙辰, 5책 24쪽, "牛之於農 馬之於兵 所係 至重".
186) 死六臣의 한 사람이었던 河緯地는 문인임에도 불구하고 말을 3필이나 보유하고 있었다.[『丹溪遺稿』 遺卷(한국문집총간 8책 558쪽)]
187) 『中宗實錄』 권88, 중종 33년 10월 癸未, 18책 224쪽.
188) 『顯宗改修實錄』 권8, 현종 4년 6월 己未, 37책 322쪽.
189) 李泰鎭, 「15·6세기의 低平·低濕地 開墾 동향」, 『國史館論叢』 2, 1989.
190) 『中宗實錄』 권44, 중종 17년 2월 丁亥, 16책 98쪽.

제2장 訓鍊都監 設立以前 中央軍制의 실태 59

으로 감소하였던 것이다. 그 후 선조 33년(1600) 좌의정 李恒福 역시
조선초기에는 7만 필, 中宗代에는 3만 필, 明宗代에는 1만 필로 말의
수효가 점차 감축되고 있었다고 말하였다.[191] 16세기에는 이외에도 당
시 상품 유통의 진전 속에서 상인들은 말을 도살해서 판매하였고,[192]
향촌에서는 운송용으로 말을 혹사시키면서 말의 수효가 격감하였
다.[193] 이러한 상황에서 馬價는 폭등하였다.[194]

　16세기에 말은 줄어들고 말 값은 폭등하는 상황에서 대부분의 기병
들은 말을 소유할 수 없는 형편이었다. 그래서 "예전에는 말을 탄 군사
가 천여 명이었는데 지금은 겨우 40~50명에 불과하다"라거나, "말을
가지고 있는 군사가 백에 하나, 둘도 안 된다"[195]라고 정부 관료들은
탄식하였다. 기병들은 이제는 모두 서울에 와서 남의 말을 빌려 타고
있었다. 자신의 말이 있는 자라도 서울에서는 말을 사육하는 비용이
많이 들어 자신의 말은 돌려보내고 말을 대여하여 탔다.[196] 정부에서
는 한때 말을 빌려 타는 군사와 말을 빌려주는 자는 모두 '制書有違律'
로 엄단한다고 하였으나 이것은 엄단한다고 해결될 문제가 아니었
다.[197] 그래서 정부 내에서 時勢에 따라 법을 운용해야 한다는 의견도
나왔다. 중종 15년(1520) 大司憲 李沆은

　　대저 法이란 善하지 않은 것은 없으나 人情과 時勢에 합당한 이후
　에야 시행될 수 있는 것입니다. 軍士들이 軍營에서 養馬하는 것은 法

---

191) 『宣祖實錄』 권121, 선조 33년 정월 甲戌, 24책 32쪽.
192) 『中宗實錄』 권44, 중종 17년 2월 丁亥, 16책 98쪽.
193) 『中宗實錄』 권21, 중종 9년 10월 辛丑, 15책 35쪽.
194) 『燕山君日記』 권48, 연산군 9년 2월 庚申, 13책 547쪽, "買馬時 …… 幾至二
　　百餘匹而得買".
195) 『中宗實錄』 권5, 중종 3년 2월 辛卯, 14책 232쪽 ; 권36, 중종 14년 9월 甲午,
　　15책 567쪽.
196) 『中宗實錄』 권36, 중종 14년 6월 甲申, 15책 548쪽.
197) 『燕山君日記』 권51, 연산군 9년 11월 戊午, 13책 579쪽, "自今兵曹無時點考
　　借騎者 以制書有違律論斷 借之者 與同罪 馬匹屬公".

입니다. 오늘날 이를 엄격히 시행토록 하는 것은 진실로 당연합니
다.…… 그러나 군사들이 식량을 준비하여 상번하는 것도 힘에 부친
데 하물며 군영에서 騎・卜馬를 立養하도록 강요하니 이를 어찌 감
당해낼 수 있겠습니까? 만약 이것을 古法이라 하여 엄하게 시행할
경우 군사들은 나날이 困窮해져 闕點에 이르게 될 것이고, 그러면 이
들을 刑曹에서 決罪하게 될 것이며, 이렇게 되면 반드시 杖下에서 죽
는 사람들이 많이 생길 것입니다.[198]

라 하여 군사들이 군영에서 자신의 말을 사육해야 한다는 법을 강행할
때는 군사들만 곤장 아래에서 죽을 뿐이라고 강변하였다. 時勢와 人情
에 따라 말을 빌려 타는 것을 용인하자는 것이었다.

　　그러나 말을 빌려 타는 것도 쉬운 일은 아니었다. 말의 대여료가 급
등하고 있었다. 중종 34년(1539) 무렵에는 말을 하루 빌리는 데 무려
40필을 내야 하는 경우도 있었다.[199] 이리하여 정부 내에서 빈한한 군
사들은 말을 빌리는 데 피폐해지고 군사력에는 아무 도움도 없으면서,
오직 말을 빌려주는 자들만이 이익을 본다는 말이 나오게 되었다. 그
래서 중종 15년(1520)에는 다음의 대화와 같이 국왕이 먼저 기병들의
騎・卜馬중에서 복마는 폐지하고 기마만 갖추게 하자고 하였다.

　　上이 이르기를 "요사이 흉년이 들어 군사들이 말들을 養飼하기가
매우 힘드니 잠시 군사들로 하여금 단지 騎馬만 갖추게 하는 것이 어
떠하겠습니까?" …… 南袞이 대답하기를 "요즘 軍士들은 모두 安逸
한 마음 상태에 있습니다. …… 만약 비상 사태가 닥쳐오면 장차 어
찌하겠습니까? 군사들의 騎・卜馬는 모두 갖추고 있지 않으면 안됩
니다."[200]

　　즉 복마를 폐지하자는 국왕의 주장에 대해 남곤이 반대하여 복마를

198) 『中宗實錄』 권39, 중종 15년 6월 壬申, 15책 668쪽.
199) 『中宗實錄』 권89, 중종 34년 정월 己亥, 18책 247쪽.
200) 『中宗實錄』 권39, 중종 15년 5월 壬寅, 15책 659쪽.

폐지하는 것은 이루어지지 않았다. 따라서 기병들이 번상 시에 말을 빌려 타는 데 '傾蕩財産'[201)하여 피역과 유망의 길을 나서지 않을 수 없는 상황은 개선되지 않았다. 또 기병이 말을 가지고 오지 못하거나 약한 말을 가지고 오면 먼 친척에 이르기까지 공동 부담으로 건장한 말을 내게 하여 일가가 모두 재산을 팔고 말을 사야 했다.[202)

결국 기병의 기·복마 중에서 卜馬가 폐지되는 것은 선조 16년 (1583) 병조판서 李珥의 建白에 의해 이루어졌다.[203) 한편 騎馬까지 폐지되어 기병이 步軍化되는 것은 임진왜란을 겪고 난 후였다. 즉 임란 후인 선조 37년(1604) 병조에서는 이 시기에는 상번 군사들에게 騎馬를 갖출 것을 요구하지 않는다고 보고하였다.[204) 또 이러한 사정을 광해군 8년(1616) 병조에서는 다음과 같이 설명하였다.

祖宗의 舊制에 이른바 正兵이라는 것은 곧 騎兵을 가리켰습니다. 이들은 上番初에 騎馬와 卜馬, 弓矢, 環刀 등을 點閱받았는데, 만약 이것들 중 하나라도 제대로 갖추어져 있지 않으면 엄하게 처벌받았습니다. 그런데 지난번 癸未年(선조 16년 : 필자주)에 병조판서 李珥가 卜馬를 폐지할 것을 요청하여 卜馬가 폐지되니 군사들은 모두 기뻐하였으나, 論者들은 이것을 變法이라고 공격하였습니다. 임진왜란 후에는 騎馬도 아울러 폐지하게 되었습니다.[205)

이상에서 살펴본 바와 같이 16세기 들어와 騎兵은 사실상 말이 없는 步兵으로 변해 갔다. 이 시기 정부는 현실을 인정치 않고 엄한 법으로 다스리려고 하였으나, 기병들의 끊임없는 저항 속에서 시세를 인정

---

201)『中宗實錄』권87, 중종 33년 6월 辛丑, 18책 183쪽.
202)『中宗實錄』권60, 중종 23년 2월 庚戌, 16책 629쪽.
203)『宣祖實錄』권17, 선조 16년 2월 己亥, 21책 387쪽, "兵曹判書李珥 建白以上番及入防軍士疲弊 今爲除卜馬".
204)『宣祖實錄』권170, 선조 37년 정월 己未, 24책 559쪽, "京外軍士 上番之初 如騎馬 雖不得責立 軍裝則依例點閱".
205)『光海君日記』권106, 광해군 8년 8월 己亥, 29책 501쪽.

하지 않을 수 없었다. 16세기 말에 이르러 기병은 卜馬와 騎馬가 폐지
되면서 이름만 騎兵이지 실제로는 步兵으로 변질되었다. 한편 16세기
에 기병들은 정부의 금지에도 불구하고 끊임없이 代立을 행하였다. 이
러한 군역제의 문제점으로 인해 임진왜란 이후 새로운 군제·군역제
로 운영되는 훈련도감이 설립된 것이다. 임진왜란 이후에도 기병은 비
록 번상 근무를 계속하였지만, 훈련도감의 설립으로 군사적 의미는 상
실하게 되고 기병은 모두 役軍化하였다.206) 그리고 17세기 말에 이르
러 기병의 退番 收布가 인정되면서 기병 역시 보병과 마찬가지로 收
布軍化하였다.207) 즉 조선전기에 정예병이었던 기병은 조선후기에 이
르러 단지 병조 경비를 조달하는 재원의 구실만을 하게 되는 것이다.

2) 步兵의 收布軍化

양인농민의 의무군역인 정병은 番上과 留防으로 근무지가 나뉘었
고, 다시 騎兵과 步兵으로 병종이 구분되었다. 기병과 보병은 같은 정
병에 속했지만 이들에 대한 국가의 대우는 현저히 달랐다. 기병은 보
인을 3명 지급받았음에 비해 보병은 2명을 받았고, 보병의 역은 기병
보다 훨씬 고되었다. 중종 34년(1539) 李彦迪은 그의 장문의 상소 속
에서 "보병은 기병보다 훨씬 고역임에도 불구하고 오히려 보인도 적
고, 또 보병은 국가에 대한 부세도 여러 가지로 부담해야 하므로 양인
농민들이 그 역을 감당하기가 어렵다"라 하며 그 사정을 말하였다.208)
이것은 조선전기 집권적 관료체제 하에서 계급 질서의 한 반영이었다.

앞에서 살펴본 바와 같이 번상기병은 16세기에 들어서면서 步軍化
하였다. 그런데 番上步兵은 이미 15세기 말부터 군사라기보다는 役卒

---

206) 『宣祖實錄』 권170, 선조 37년 정월 己未, 24책 559쪽 ; 『承政院日記』 97, 인
　　조 25년 6월 4일, 5책 637쪽, "自設都監後 上番之軍 皆分派於守直 奔走於役
　　處".
207) 拙稿, 「17세기 軍役制의 推移와 改革論」, 『韓國史論』 22, 1990 참조.
208) 『中宗實錄』 권92, 중종 34년 10월 甲申, 18책 352쪽.

로 변하였다. 성종 4년(1473) 대사헌 鄭佸의 상소에서 "보병은 한사람
도 시위하는 사람 없이 모두 토목공사에 동원되어 이름은 병사지만 실
은 역졸이다"라 하고 있었다.[209] 16세기 농업경제의 변동과 상품유통
의 발달 속에서 사치풍조가 만연하면서 지배층들은 궁궐, 저택을 거대
하게 짓는 등 토목공사가 급등하였다.[210] 원래 토목공사는 급료를 지
급받는 시취 군인인 彭排와 隊卒이 담당하였으나, 이들은 토목공사가
과다해지면서 지원자가 줄어들자 점차 소멸되었다.[211] 이들 대신 보병
들이 토목공사에 동원되면서 보병은 役卒化하였다.[212] 따라서 보병은
기병과 같이 군장을 갖출 필요도 없었고, 정부 역시 군장 점열을 하지
않았다.[213] 보병은 아예 군사력으로 간주되지도 않는 실정이었다.[214]

  사실 보병은 입번하는 기간에 관에 매여있는 常役者였으므로, 昇平
이 오랜 시기에 이들이 역졸화되는 것은 당연한 추세이기도 했다. 그
런데 비록 보병이 이렇게 역졸화하였으나 徭役과는 명확히 구분되었
다. 요역은 民戶를 대상으로 하여 불특정한 민간의 노동력을 징발하는
戶役이었지만, 군역은 특정한 人身을 대상으로 특정한 역을 부과하는
身役이었다.[215] 16세기에 들어와서는 요역에 의해 징발되는 煙戶軍보
다도 보병을 각종 役事에 우선적으로 동원시키고 있었다.[216] 이것은

209) 『成宗實錄』 권35, 성종 4년 10월 庚申, 9책 65쪽.
210) 李泰鎭, 「16세기 韓國史의 理解 방향」, 『韓國社會史研究』, 지식산업사, 1986.
211) 彭排, 隊卒의 소멸에 대해서는 田川孝三, 「貢納・徭役制의 崩壞와 大同法」,
    『李朝貢納制의 研究』, 1964, 685~686쪽 참조.
212) 『成宗實錄』 권286, 성종 25년 정월 丁酉, 12책 462쪽 ; 『燕山君日記』 권36,
    연산군 6년 2월 丙申, 13책 401쪽 ; 권37, 연산군 6년 3월 丙子, 13책 407쪽,
    "彭排五十 隊卒三千數 載大典 而過半未充 以致步兵水軍皆服土木之役".
213) 『中宗實錄』 권22, 중종 10년 6월 庚辰, 15책 90쪽, "步兵 專爲役事 不備軍裝
    久矣".
214) 『成宗實錄』 권278, 성종 24년 윤5월 己未, 12책 339쪽, "用兵之時 步兵則多
    不持兵 除步兵".
215) 尹用出, 「15・16세기의 徭役制」, 『釜大史學』 10, 1986.
216) 『中宗實錄』 권40, 중종 15년 윤8월 丙午, 15책 685쪽, "若築城之軍 當以當番
    步卒 兩營衙吏 供其役 而其有不足則 又用煙戶軍也".

요역에 의해 징발되는 연호군은 단기간에만 입역하였으므로,[217] 공사기간이 긴 役事에는 군인을 동원하는 것이 번거롭지 않고 보다 효과적이었기 때문이었다.

당번보병은 각종 토목공사에 동원되었을 뿐만 아니라, 병조나 도총부, 승정원 등 各司에서 심부름을 하는 伺候使令으로도 끌려 다녔다.[218] 원래 각사의 사후사령으로 皂隷와 羅將이 책정되어 있었으나, 조예와 나장이 피역 저항함으로써 사후사령의 수가 부족함에 따라 이를 보병으로 대체하였던 것이다.[219] 이렇게 보병이 역졸화하고 또 사후사령으로 동원됨에 따라 점차 당번보병들은 타인에게 일정한 대가를 지불하고 자신의 역을 대신 지우게 하는 代立을 행하였다.[220] 16세기에 들어와 정부로서도 보병은 정예군사인 갑사나 기병과 달리 군장도 없는 역졸이었기 때문에 대립을 하여도 군사력에는 별 지장이 없다고 판단하여 이를 허용하는 추세로 나아갔다.

그러면 보병들이 대립하게 된 원인을 자세히 살펴보면, 첫째, 노동력 수탈을 위한 국가권력의 통제로부터 벗어나서 농업 노동력을 확보하고자 했던 군역 농민들은 자신이 직접 입역하는 것보다 대립을 희망하였다. 보병들은 번상근무로 4~5개월을 소비하고 집에 있을 날이 거의 없을 정도였다.[221] 농민의 피역 저항 속에서 정상적인 보인의 지급도 되지 않는 터에 이러한 군역의 부담은 농민들의 정상적인 營農을 저해하였고 농업생산력을 감퇴시켰다. 정부 내에서도 "농민들을 몰아 군인

---

217) 『經國大典』 戶典, 徭役條에는 "凡田八結出一夫 一歲不過役六日"이라 하여 연간 使役日數를 단 6일로 정하고 있다.
218) 『成宗實錄』 권275, 성종 24년 3월 壬辰, 12책 289쪽 ; 『中宗實錄』 권22, 중종 10년 6월 戊寅, 15책 88쪽 ; 권62, 중종 23년 8월 癸丑, 17책 22쪽.
219) 『中宗實錄』 권7, 중종 3년 정월 丙午, 14책 303쪽, "各司皂隷羅將 一年之內 四朔入番 …… 請以京近官步正兵充定".
220) 보병의 대립에 대해서는 李泰鎭, 「軍役의 變質과 納布制 實施」, 『韓國軍制史 -近世朝鮮前期篇』, 육군본부, 1968 참조.
221) 『中宗實錄』 권22, 중종 10년 6월 戊寅, 15책 88쪽.

으로 만들어 그 農時를 빼앗는다"222)라고 하거나 "丁壯이 농토(南畝)
에 있지 않으면 外寇가 이르기도 전에 나라가 위험하다"223)라고 하는
우려가 분분하였다. 보병의 立番을 강요하는 것은 군역 담당자인 농민
의 입장에서나, 수취의 안정적인 기반을 확보해야 하는 정부의 입장에
서나 모두 상반되는 것이었다.

둘째, 앞에서 언급했듯이 번상보병의 실제 임무는 군사 활동이 아니
라 가혹한 토목공사의 역이었기 때문에 보병들은 가능한 한 대가를 치
르고 가혹한 노동에서 벗어나기를 원하였다. 당번 보병들은 쉴 새 없
이 役事에 동원되었다.224) 이에 군인들은 苦役에 대해 원망하였으며,
또 고역에 반발하여 군인 항쟁을 전개시키기도 하였다. 중종 21년
(1526) 영의정 南袞은 月串鎭軍의 사태를 논의하는 자리에서 "이곳의
군인들이 鎭帥를 능욕할 뿐만 아니라 기치를 높이 세우고 항쟁을 전개
하고 있다"라고 말하고 있었다.225) 이것은 月串에만 그러한 것이 아니
라 尙州 등지에서도 비슷한 상황이 전개되고 있었다. 이러한 고역에
대한 지방군인들의 저항 속에서 정부는 번상보병의 대립을 허용하는
추세로 나아가지 않을 수 없었다. 서울에서 군인들이 반란을 일으킬
경우 이것은 정권의 운명과 관련된 것이기 때문이었다.

셋째, 서울에서 원거리에 있는 보병이 번상근무를 하기 위해 서울을
왕래하는 데 엄청난 고통이 따랐고, 또 물가고 등에 의해 서울에서 복
무하는 것보다 대립을 하는 것이 경비가 절감될 수도 있었다. 전술한
바와 마찬가지로 번상근무는 전국 각처에서 행해졌다. 극변 지방의 경
우 번상에 걸리는 시일만 무려 8~9일 걸리기도 하였다. 보병들이 번
상을 하기 위해 高山峻嶺을 넘고 강을 건너 서울로 올라올 때 다치거

222)『中宗實錄』권29, 중종 12년 9월 乙未, 15책 330쪽.
223)『明宗實錄』권23, 명종 12년 12월 壬午, 20책 451쪽.
224)『中宗實錄』권50, 중종 19년 4월 辛丑, 16책 299쪽, "尙就他役 與不休無異
也".
225)『中宗實錄』권57, 중종 21년 5월 辛巳, 16책 507쪽, "非徒凌辱而已 至於張擧
旗幟 群聚抗拒 迹類叛亂".

나 죽는 사람 역시 부지기수였다. 한편 천신만고 끝에 서울에 올라온 보병들은 보인에게서 보포를 받아 생활해야 했는데, 서울은 '穀貴貨賤'이라 하여 면포 1필이 쌀 한 말밖에 안 되는 경우도 있어 군인들이 굶어 죽기까지 하였다.[226] 그래서 성종 24년(1493) 柳子光은 정병들이 번상 시 소요되는 식량을 마련하기가 어렵고 또 役事가 至重하여, 스스로 번상하지 못하고 모든 재산을 털어 代立人을 세운다고 말하였다.[227]

이상과 같은 원인에 의해서 보병들은 대립을 원하였고 정부 역시 대립을 용인하는 방향으로 나아갔다.[228] 16세기 조선사회 역시 대립제가 성행할 수 있는 사회경제적 여건이 조성되고 있었다. 지주전호제의 전개 속에서 토지를 상실하거나 각종 국역의 부담을 피하려는 농민들은 농토를 떠나 유망하고 있었고,[229] 도시로 집중하고 있었다.[230] 유민, 혹은 피역인들의 도시집중은 이 시기에 있어서 중앙·지방을 통틀어 계속되어 나타나는 현상이었다. 중종 28년(1533) 7월 鄭光弼은 자신의 부모묘지 근처에 있던 마을들이 20년 사이에 모두 없어지고 그 마을 사람들이 서울에 올라와 토목공사가 있을 때마다 役卒의 대립인으로 생활한다고 말하였다.[231] 농민층의 분해 속에서 농토를 잃고 서울에 올라온 유민, 피역인들을 이 당시 정부 관료들은 '惰農' 또는 '逃賦之

---

226) 『燕山君日記』 권46, 연산군 8년 9월 辛卯, 13책 515쪽.

227) 『成宗實錄』 권277, 성종 24년 5월 戊子, 12책 316쪽, "役處正兵 豈不知自立 而必傾財代立乎 專由旅食甚難 而役事至重".

228) 연산군 때 보병들의 대립을 금지하고 대립자들을 全家徙邊 조처를 취한 적이 있었다. 그러나 이는 "在廢朝 正兵代立者 皆令徙邊 是亦救弊之擧 而街巷騷然 冤呼盈路 此予所同覩也 厥後代立者 猶不止"(『中宗實錄』 권10, 중종 5년 3월 辛巳, 14책 418쪽)라는 바와 같이 농민들의 저항에 직면하여 실효가 없었다. 이후 정부의 보병대립 금지조처는 별로 나타나지 않는다.

229) 지주전호제에 따른 농민층 분화에 대해서는 金泰永, 「朝鮮前期 小農民經營의 추이」, 『朝鮮前期 土地制度史硏究』, 知識産業社, 1983 참조.

230) 田川孝三, 앞의 책, 707~708쪽.

231) 『中宗實錄』 권75, 중종 28년 7월 乙卯, 17책 448쪽.

人'[232]으로 인식하였고, '市井之游手者',[233] '京中無役人', 또는 '無賴之徒' 등으로 부르고 있었다. 그러나 이들은 게으르고 놀기만 좋아하는 무뢰배들이 아니었다. 이들은 이 시기 사회경제적 상황 속에서 고향을 떠나 상경하게 되었으며, 서울에서 가족들의 생계를 위해서 代立·代役 등 하지 않는 일이 없었다.

그런데 16세기에 들어 代立價는 대폭 인상되어 갔다. 대립가는 풍흉에 따른 곡가의 변동과 면포의 생산량에 따라 유동하고 있었지만, 특히 중종 23년(1528) 이후 대립가는 폭등하고 있었다.[234] 중종 31년(1536)에는 보병의 一番 대립가가 100필이나 되는 경우도 있었다.[235] 대립인들은 '托以役重'이라 하여 대립가를 계속 올려 받았고, 諸司官屬이나 京主人들과 결탁하여 대립가를 받아냈다. 한편 각사의 말단 관속들은 보병들의 자립을 방해하면서 강제로 대립가를 납부하게 하기도 하였다. 이에 보병들은 '月利'를 내서 대립을 하고,[236] 또 대립인에게 후에 갚겠다고 약속하고는 고향에 내려와, 이를 갚느라 家舍와 牛馬田畓을 방매하고 유망하지 않을 수 없었다.[237] 보병들은 가진 것을 모두 팔아도 대립가를 갚지 못하기도 하였다.[238] 또 보병들이 대립가를 갚지 못했을 경우 '一族之一族 切隣之切隣'까지 도산하는 경우도 있었다. 이러한 번상보병의 개별적 대립제 성행과 더불어 경주인들이 각 지방 보병들의 대립가를 일괄로 받아다가 서울에서 사람들을 고용하여 입역시키면서 중간 차익을 챙기는 取利 행위까지 성행하였다. 즉 중종 21년(1526) 知事 洪淑은

232) 『中宗實錄』권21, 중종 9년 11월 癸酉, 15책 42쪽.
233) 『中宗實錄』권22, 중종 10년 6월 戊寅, 15책 88쪽.
234) 대립가의 인상에 대해서는 田川孝三, 李泰鎭의 앞의 논문에 자세하다.
235) 『中宗實錄』권81, 중종 31년 정월 丁卯, 17책 630쪽.
236) 『燕山君日記』권48, 연산군 9년 정월 甲子, 13책 536쪽, "正兵公賤等 出月利 以代立 給月利者 必呈官徵之".
237) 『中宗實錄』권62, 중종 23년 8월 癸丑, 17책 22쪽.
238) 『燕山君日記』권36, 연산군 6년 2월 丙申, 13책 401쪽, "傾財破産 猶不能償".

各官의 京主人들이 本邑으로 내려가 邑 전체의 步兵과 選上의 價布를 모두 걷어서 혹은 船輸로 혹은 陸運으로 京城으로 가져와서는 대립인을 세우는데 대립인들에게는 惡布를 지급하거나 혹은 적은 수만을 지급하므로 京主人들이 중간에서 얻는 이익은 막대하다.[239]

라 하여 군역제의 모순 속에서 사익을 챙기는 경주인들의 행위를 고발하고 있었다.

사적으로 이루어지는 대립가의 폭등 속에서 보병들이 고통을 겪을 뿐만 아니라 이에 따라 국가의 수취기반이 흔들리자, 정부로서는 이러한 대립가를 국가체제 내로 흡수하지 않을 수 없었다. 이것은 우선 대립가의 公定 조치로 나타났다. 정부에서는 성종 24년(1493), 중종 13년(1518)에 각각 一朔의 대립가를 5升布 3匹과 7匹로 공정하였다.[240] 그러나 전술한 바와 같이 정부의 대립가 공정에도 불구하고 대립가는 계속 인상되어 갔고, 경주인들이 각 지방에서 대립가를 받아와 대립인을 고용하는 현상까지 나타났다. 이에 정부에서는 대립가의 公定에서 한 걸음 나아가 대립가의 징수를 국가에서 관리하는 방식, 즉 이른바 '軍籍收布法'을 강구하였다.

이것은 전라도 관찰사 金正國의 陳弊啓를 계기로 구체화되었다. 중종 33년(1538) 9월 김정국은 군역제의 모순 속에서 농민들이 유망하고 一族, 切隣까지 피해를 입어 邑里가 空虛해진다고 하면서, 곡성의 경우 보병의 元額이 184호인데 絶戶가 무려 94호에 이른다고 보고하였다. 이러한 상태를 시정하기 위해서는 元軍額은 감할 수 없으므로 軍多民少한 지역의 군액을 軍少民多한 지역에 移額하고, 또 상번 가포는 각관 수령들의 감독하에 징수하고 관인을 찍은(監納踏印) 다음에 이를 상번 호수에게 돌려주면 상번 호수는 이것을 받아 병조로 올려보내고 병조에서는 가포를 모아 각처에 分送할 것을 주장하였다.[241] 이

---

239) 『中宗實錄』 권62, 중종 23년 8월 癸丑, 17책 22쪽.
240) 李泰鎭, 앞의 논문, 243쪽.

에 대해 다음달 영의정 尹殷輔와 吏·兵曹 당상들은 각 지방관들이
관할 내의 보병 番價를 수합하여 믿을 만한 자를 뽑아 병조로 올려보
내고 병조는 이를 각처에 분송하게 하자고 하여, 앞의 김정국 의견보
다는 구체적인 개선안을 국왕에게 제출하였다.[242] 김정국은 踏印된 가
포를 호수 개인이 가지고 올라가자고 하는데 반해, 이것은 일괄수합해
서 병조로 올려보내자는 것이었다. 그 후 중종 36년(1541) 2월 同知事
梁淵의 발의로 이렇게 각 지방에서 上送된 대립가는 병조 소속의 司
贍寺에서 관장하기로 결정되었다.[243] 그리고 그 해 4월에 步兵收布價
는 1개월에 3필 반으로 공정되었다. 이때 영의정 尹殷輔는 국왕과 인
견한 자리에서 "원래 보병 번가는 3필이었으나 오늘날의 5승포는 옛날
의 4승포에 해당하는 등 惡布의 성행에 따라 半匹을 더하는 것은 부득
이하다"라고 주장하여 이와 같이 결정되었다.[244] 그리고 이 공정가는
『大典後續錄』에 轉載되었다.[245]

　이상과 같이 보병의 수포군화가 진행되었다. 이미 役卒化한 보병으
로서는 수포군화의 진행은 당연한 귀결이었다. 그런데 수포제의 성립
으로 관속이나 대립인의 濫徵이 제거되고 番上 直納의 번거로움이 없
어졌으나, 보병이나 그 보인의 부담이 가벼워진 것은 결코 아니었다.
16세기 양인농민의 피역 저항 속에서 정군 및 보인의 絶戶가 많아지자
정부에서는 族徵 隣徵 등으로 수탈을 강화하였기 때문이었다. 명종 12
년(1557) 丹陽郡守 黃俊良은 民弊에 대한 상소를 올리면서 군정의 어
려움을 다음과 같이 피력하였다.

　　저희 郡의 軍額은 모두 26명에 이르고 있으나, 실제 지금 남아있는

---

241)『中宗實錄』권88, 중종 33년 9월 庚子, 18책 212쪽.

242)『中宗實錄』권88, 중종 33년 10월 癸丑, 18책 224쪽.

243) 李泰鎭, 앞의 논문, 248~249쪽 참조.

244)『中宗實錄』권95, 중종 36년 4월 庚申, 18책 458쪽.

245)『大典後續錄』兵典, 雜令條, "步兵番價 每一朔五升綿布三匹半 皂隷羅將選
　　上則二匹半 不准升數 則加半匹".

군인은 겨우 13명에 지나지 않습니다. …… 步兵의 役은 價布를 내는 것이 常例이어서 지금 남아있는 13명의 價布는 군인들이 모두 隣族의 힘을 빌려 납부하였으나, 그 나머지 100여 필에 이르는 가포는 낼 사람이 없어 民間에 散定하였습니다. 그리하여 한번 兵曹 價布를 치르고 나면 온 마을이 황폐해지고 집집마다 가마솥까지 남아있지 못합니다.[246]

수포제의 성립에 따른 보병 가포의 납부는 이제 사회 문제로 대두하게 된 것이다. 그런데 이 시기 이러한 보병의 수포제는 토목사업의 역졸을 고용하기 위한 수포였으나, 이것은 또한 신분제와 병농일치에 입각한 군역제에서 탈피하여 급료제에 입각한 급료병제가 성립할 수 있는 역사적 전제를 마련하고 있었다.

이상에서 살펴본 바와 같이 16세기 이후 중앙군제 내에서는 갑사의 변질에 따라 양반층은 군역에서 이탈하고 있었으며, 양인 농민의 의무 군역인 정병에서는 기병의 보군화와 보병의 수포군화가 진행되고 있었다. 이러한 변화는 단지 군제·군역제 운영의 문란에 기인한 것만은 아니었다. 이것은 이 시기 농업 생산력의 증가와 토지제도의 변화, 상품유통의 진전, 그리고 정치구조와 사상의 변천 등 당시 사회의 총체적인 변화와 함께 나타난 현상이었다. 따라서 임란 이후에는 이러한 변화를 수용한 새로운 군제·군역제로 운영되는 훈련도감이 등장하게 된다.

---

246) 『明宗實錄』 권22, 명종 12년 5월 丙辰, 20책 409쪽.

제3장 訓鍊都監의 설립과 都監軍의 구성

1. 訓鍊都監의 설립과 제도의 정비

1) 訓鍊都監의 설립

훈련도감은 임진왜란의 난국을 극복하기 위해 설립되었다. 임진왜란
은 조선과 중국, 일본이 참여한 동아시아의 대전으로서 이후 중국과
일본에서 왕조와 정권의 교체를 초래한 전쟁이었다. 이로 인해 戰場이
었던 조선 역시 유래 없는 참화를 겪었다.[1] 조선은 수많은 人命의 死
傷과 田結의 감축, 각종 시설의 파괴 등 인적·물적으로 심대한 손실
을 입었던 것이다. 한편 임진왜란은 조선으로 하여금 국가 지배체제와
군제의 재편을 고려하게 한 전쟁이기도 하였다.

신무기와 새로운 전술을 구사하는 15만 왜군의 기습 공격으로 시작
된 임진왜란을 이 당시 조선의 군사력으로 감당한다는 것은 매우 힘든
일이었다. 이 무렵 조선의 군사력은 조선초기에 비해 현저히 약화되었
다. 조선초기 사회에서 군사의 비중은 적지 않았다. 앞에서 본 바와 같
이 甲士와 別侍衛 등으로 이루어진 16,000여 명에 달하는 武士가 있었
고, 의무병으로서 군역을 수행하는 正兵·水軍과 諸色軍은 13만 명에
달하였다(본서 제2장, <표 2-1> 참조). 이들 正軍들은 각각 奉足을 가
지고 있었으며, 여기에 포함되지 않는 壯丁들은 다시 雜色軍으로 분류
되었다. 즉 조선초기의 군제는 모든 양인 남자들을 군사조직에 편성하

---

1)『宣祖實錄』권135, 선조 34년 3월 丁巳, 24책 220쪽.

는 것을 원칙으로 하였다. 이른바 良人皆兵, 兵農一致制였다. 그래서
조선은 '本國乃軍國也',2) '我國本是軍國'3) 등으로 일컬어지기도 하였
다.

 그러나 16세기에 들어와 지주제의 전개, 농민층 분해 등으로 대표되
는 사회경제적 변화를 겪으면서 이러한 양인개병, 병농일치제는 심각
한 위기에 직면하고 있었다. 조선초기의 중추적 군사력인 갑사가 소멸
되고, 또 최대의 병력을 보유한 정병에서는 기병의 보군화, 보병의 수
포군화가 진행되는 현상이 나타났다. 또 군역근무 형태도 代立制와 納
布制가 實役을 대신하고 있었다. 군역제가 전반적으로 동요되고 있었
던 것이다.4) 이와 짝하여 16세기에는 賤武 의식이 만연되고 있었다.
이 시기 사회의 분위기는 "習俗이 讀書만 알고 兵은 모른다. 그래서
비록 하늘 天字만 알아도 貴人으로 대접받고 弓矢를 잡으면 賤하게
되는 것이 常例이다"5)라든가 "우리 나라 儒生들은 평소 武夫를 무식
한 사람으로 보고 奴隷처럼 대한다"6)라고 말해질 정도였다.

 16세기 군역제의 동요와 賤武 의식의 만연 속에서 군사력은 현저히
약화되고 있었다. 국왕의 시위와 서울의 방위를 담당하는 갑사·정병
등 상번 군사들은 모두 代立人들이었고, 또 이들은 각처의 使喚·役軍
으로 불려 다녔다.7) 지방군도 이와 별 차이가 없었다. 이러한 상황에
서 조선은 임진왜란을 맞이하였다.8) 선조 25년(1592) 4월 13일에 시작
된 임진왜란에서 조선은 왜군이 침공한 지 20여 일만에 서울이 함락되

2) 『世宗實錄』 권97, 세종 24년 8월 庚戌, 4책 431쪽.
3) 『文宗實錄』 권1, 문종 즉위년 5월 壬申, 6책 238쪽.
4) 16세기 군역제의 동요에 대해서는 다음 글 참조. 李泰鎭, 「近世朝鮮前期 軍
  事制度의 動搖」, 『韓國軍制史 - 近世朝鮮前期篇』, 陸軍本部, 1968 ; 拙稿,
  「16세기 甲士의 消滅과 正兵立役의 變化」, 『國史館論叢』 32, 1992.
5) 『宣祖實錄』 권45, 선조 26년 윤11월 癸巳, 22책 136쪽.
6) 『宣祖實錄』 권39, 선조 26년 6월 庚子, 22책 13쪽.
7) 『宣祖實錄』 권45, 선조 26년 윤11월 癸巳, 22책 138쪽.
8) 임진왜란 시기 軍役의 실태에 대해서는 尹用出, 「壬辰倭亂 시기 軍役制의
  동요와 개편」, 『釜大史學』 13輯, 1989 참조.

는 등 참패를 면치 못했다. 그러나 조선은 곧 의병의 봉기와 수군의 제
해권 장악 그리고 明의 원병 파견 등으로 위기를 모면하면서 차차 전
열을 가다듬었다. 특히 조선과 명의 연합군에 의한 평양성 수복(1593
년 1월 6~8일)은 역전의 발판이 되었다. 그러나 碧蹄館 전투 패배
(1593년 1월 27일) 이후 나타나는 명의 고의적 군사행동 기피는 조선
으로 하여금 명의 원병만을 바라볼 수 없게 하였다. 임진왜란 극복을
위한 주체적인 대책이 마련되어야 했다. 이것을 柳成龍은 병을 치유하
는 것에 비유하여 다음과 같이 말하고 있다.

　　예부터 他國에 군대를 청하여 국가를 회복함에 있어서 主張은 우
　리가 하는 것이며, 타국의 군대는 우리를 원조할 따름입니다. 이것을
　병을 치료함에 비유한다면 우리는 元氣요, 타국의 군대는 藥石과 같
　습니다. 藥石으로 병을 치료할 때는 반드시 元氣를 바탕으로 삼는 것
　이니, 만약 우리 쪽에 元氣가 없으면 아무리 좋은 약이라도 어디에다
　쓰겠습니까?[9]

　임진왜란 초전의 패배를 겪으면서 국왕과 관료들은 이와 같이 우리
측 군사력의 허약함을 절감하였다. 임진왜란 당시의 군대는 막강했던
조선초기의 군대가 아니었던 것이다. 임진왜란 중 국왕이 "이른바 甲
士·騎兵이라고 하는 것은 모두 군사가 아니다. 禁軍 300여 명 이외에
우리 나라에는 군인이 없다"[10]라고 탄식할 정도로 군사력은 허약한 상
태에 있었다. 또 명군의 횡포로 국가의 주권이 흔들리는 실정에서 주
체적인 군사력 양성은 무엇보다 필요한 것이었다.[11] 따라서 조선정부
는 국가의 元氣를 회복하기 위해 군사력의 재건·강화에 관심을 쏟지
않을 수 없었다. 이를 위한 조선정부의 대책은 砲手의 양성과 군제·

---

　9) 柳成龍,『西厓集』권5, 陳時務箚 (癸巳 十二月) (한국문집총간 52책 92쪽).
10)『宣祖實錄』권45, 선조 26년 윤11월 癸巳, 22책 138쪽.
11) 壬亂時 명군의 횡포에 대해서는 劉九成,「壬亂時 明兵의 來援考」,『史叢』
　　20, 1976 참조.

군역제 개혁 그리고 국왕의 시위와 서울의 경비·방위 강화라는 방향
으로 전개되었다. 그리고 이러한 방향의 군사력 강화 방안은 訓鍊都監
의 설립으로 귀결되었다.

훈련도감의 설립은 우선 포수의 양성에서 비롯되었다. 임진왜란 초
전에서의 참패를 통해 조선 정부는 倭賊이 지닌 鳥銃의 위력을 실감
하였다. 유성룡은 開戰 20일만에 서울을 내주는 참패는 실로 조총으로
말미암은 것이라고 진단하였다.12) 국왕 역시 "賊之全勝 只在於火
砲"13)라 하여 이것을 인정하였다. 물론 조선에서도 조총과 같은 小火
器가 없었던 것은 아니었다. 고려말이래 우수한 화약병기가 계속 발달
하였고, 특히 16세기 말 임진왜란 직전에는 '勝字銃筒'이라는 소화기가
개발되었다.14) 그러나 이것은 손으로 藥線에 불씨를 점화, 발사하는
방식으로, 방아쇠를 당겨 발사하는 조총에 비해서는 그 성능이 크게
떨어지는 것이었다. 이것마저도 당시의 주무기인 弓矢에 밀려 제대로
그 능력을 평가받지 못하는 상태에 있었다.

임진왜란 초전에서 조총의 위력을 목격하면서 조선 정부는 즉시 포
수의 양성에 관심을 기울였다. 그래서 임진왜란 발발 5개월 후인 선조
25년(1592) 9월 정부에서는 당시 의주 근처에 주둔하고 있었던 明의
參將 駱尙之에게 포수 양성을 의뢰할 계획을 논의하였다.15) 조선 정
부가 조총의 제조 및 사용법을 전습한 것은 왜란 이듬해인 선조 26년
(1593) 2월이었다.16) 이후 선조는 중앙과 지방의 군사들로 하여금 조

---

12) 柳成龍, 『西厓集』 권16, 雜著 記鳥銃製造事(한국문집총간 52책 320쪽), "及
壬辰之變 內外靡然 旬日之間 都城失守 …… 實由於倭賊有鳥銃之利".
13) 『宣祖實錄』 권39, 宣祖 26년 6월 壬子, 22책 21쪽. 여기에서 火砲는 鳥銃을
가리킨다. 그리고 砲手는 鳥銃을 주무기로 하는 군사를 말한다.
14) 조선초기 화약 병기의 발달에 대해서는 다음 글 참조. 許善道, 「火藥兵器」,
『韓國軍制史 - 近世朝鮮前期篇』, 陸軍本部, 1968 ; 許善道, 『韓國火器發達史
上』, 軍事博物館, 1969 ; 李康七, 「韓國의 火砲」, 『韓國軍制史 - 近世朝鮮後
期篇』, 陸軍本部, 1976.
15) 『宣祖實錄』 권30, 선조 25년 9월 甲戌, 21책 545쪽 ; 권31, 선조 25년 10월 癸
巳, 21책 551쪽.

총을 학습하도록 명령하였고, 조총의 사격술을 과거의 시취 과목에 넣도록 지시하였다.17) 그리고 포로로 잡힌 왜군을 통해 화약제조법을 알아낼 것을 命하고,18) 譯官 表憲이 이들로부터 화약 제조법을 알아내자 그에게 加資의 포상을 내리기도 하였다.19) 이후 조선 정부는 "破敵之技 莫踰於火攻",20) "禦敵之用 莫過於砲手"21)라 하면서 포수 양성에 주력하였다. 심지어 선조는 나라 안의 모든 군사들을 포수로 만들라는 명령을 내릴 정도였다.22)

왜적을 진압하기 위해 포수의 중요성이 인식되고, 포수의 양성 문제가 현안으로 대두된 가운데 선조 26년 7월에는 새로운 군제로서 포수를 설치하자는 의견이 비변사로부터 나왔다. 이때 비변사에서는 병조로 하여금 閑良·公私賤·朝官 등을 가려 뽑아 砲手 200명을 설치하고, 이들에게 步兵 2명을 봉족으로 주어 衣食 문제를 해결하게 하자고 하였다.23) 그러나 이것은 비변사 자체 내에서도 의견의 일치를 보지 못한 듯 다음날 비변사에서는 다시 이를 번복하고 있다. 만약 이렇게 하여 선발한 포수들이 제대로 성과를 거두지 못할 경우 단지 價布만 낭비하게 된다는 것이다. 그래서 이번에는 포수 200명과 預差 50명을 두고 이들을 매월 試才하여 不能한 자는 포수에서 쫓아내며, 포수들에게 그 실력의 高下에 따라 軍職 遞兒를 제수하여 녹봉을 주자고 하였다.24)

그러나 이러한 의견 역시 제대로 추진되지 못하고 시간을 끌었다.

16) 『宣祖實錄』권35, 선조 26년 2월 乙未, 21책 628쪽 ; 권36, 선조 26년 3월 丙寅, 21책 661쪽, "鳥銃之制 則已爲傳習矣".
17) 『宣祖修正實錄』권27, 선조 26년 2월 丙戌, 25책 637쪽.
18) 『宣祖實錄』권36, 선조 26년 3월 丙寅, 21책 661쪽.
19) 『宣祖實錄』권36, 선조 26년 3월 壬午, 21책 675쪽.
20) 『宣祖實錄』권40, 선조 26년 7월 甲寅, 22책 25쪽.
21) 『宣祖實錄』권40, 선조 26년 7월 庚辰, 22책 54쪽.
22) 『宣祖實錄』권39, 선조 26년 6월 壬子, 22책 21쪽.
23) 註 21)과 같음.
24) 『宣祖實錄』권40, 선조 26년 7월 辛巳, 22책 55쪽.

이에 선조 26년 8월 선조는 "내 말이 제대로 시행되지 않고 있으니 이렇게 시간을 끌면서 나라가 망하는 것을 기다릴 수 없다"라는 비망기를 내리면서 '訓鍊都監'의 설치를 지시하였다.[25] 이것이 조선후기 최대 군영이었던 훈련도감이 설치되는 직접적 계기가 된 것으로 보인다. 선조의 훈련도감 설치 지시 이튿날 다시 국왕은 訓鍊都監 事目을 발표하면서 훈련도감은 화포 연습을 중점으로 하되, 화약이 충분치 못하니 이것만을 오로지 연습하지 말고 騎射·步射·勇躍擊刺·追逐超走 등도 함께 훈련할 것을 지시하였다.[26]

선조 26년 8월 국왕의 훈련도감 설치 지시와 훈련도감 사목 발표 이후 훈련도감이 조직된 것은 그 해 10월 선조의 還都 직후였다. 이 때 영의정 柳成龍을 都提調, 武臣 趙儆을 訓鍊大將, 병조판서 李德馨을 有司堂上, 辛慶晋·李弘胄를 郎屬으로 각각 임명하고, 당시 도성의 飢民을 모집하여 그 군인으로 삼았다.[27] 즉 龍山에 있는 唐粟米 1천석을 꺼내어 이를 기반으로 한사람 당 하루에 2升씩 급료를 지급한다고 하여 군인을 모집하였다.[28] 이 때 모집된 인원은 대략 500명 미만인 것으로 보인다.[29] 훈련도감에서는 이들에게 조총 사격술을 교습하였다.

선조 26년 12월에는 훈련도감 포수들에 대한 給賞 규정이 반포되었다. 훈련받은 포수 중 성적이 우수한 자로서 官奴·私奴는 양인으로 만들며, 良人에게는 禁軍을 除授하고, 禁軍이었던 자에게는 별도의 상을 준다고 규정하였다.[30] 물론 이 때의 금군 제수는 단지 職帖만을 수여하는 것으로서 實職 제수는 아니었지만 포수들의 사기를 크게 진작시켜 주는 것이었다. 그리고 후술하는 바와 같이 금군을 제수 받은 도

25)『宣祖實錄』권41, 선조 26년 8월 庚子, 22책 78쪽.
26)『宣祖實錄』권41, 선조 26년 8월 癸卯, 22책 79쪽.
27)『宣祖修正實錄』권28, 선조 27년 2월, 25책 646쪽.
28)『西厓集』권16, 雜著 訓鍊都監 (한국문집총간 52책 325쪽).
29)『宣祖實錄』권46, 선조 26년 12월 壬子, 22책 177쪽.
30)『宣祖實錄』권46, 선조 26년 12월 壬戌, 22책 185쪽.

감군은 아무런 품직도 받지 못한 閑良 도감군에 비해 급료상의 혜택도
부여받았다. 이후에도 정부에서는 수시로 우수한 자에게 除職·免賤
을 실시하고 兒馬·綿布 등의 賞物을 지급하였다.

　이렇게 하여 양성된 훈련도감 포수들은 즉시 戰場으로 보내졌고,[31]
또 궁중에 入直하기도 하였다.[32] 즉 훈련도감은 창설 즉시 중앙군으로
서 그 역할을 충실히 감당하였던 것이다. 그래서 비변사에서는 "훈련
도감을 설치할 때 여러 사람들이 기대에 어긋날 것이고, 성공할 수 없
을 것이라고 말하였으나 몇 달이 지나지 않아 그 효과는 뚜렷하였
다"[33]라고 하거나, 李德馨은 "당초에 도성 안에서 먹을 것만 찾는 약
삭빠른 무리들을 모아 연습시키니 사람들이 모두 문을 나가기도 전에
潰散할 것이라고 생각하였는데 束伍의 효력이 있어 南北 防禦에 그
효과를 보았다"[34]라고 훈련도감에 대해 평가하였다. 실제 훈련도감이
설립된 지 1년도 안되어서 훈련도감 포수들의 사격 실력은 사격술로
유명한 명나라 浙江省의 군사들과 다름없다든지,[35] 왜군보다 오히려
우수하다고 평가될 정도였다.[36] 李睟光도 훈련도감의 설립으로 인해
"전에 비해 군대의 모습이 볼 만하게 되었다"라고 평가하였다.[37]

　훈련도감이 鳥銃을 주무기로 사용하는 포수로 구성됨에 따라 이에
적합한 군사 편제와 전법이 채택되었다. 훈련도감이 창설될 당시 선조
는 戚繼光의 敎士法을 소개하면서 이를 따를 것을 지시하였고, 都提
調 柳成龍 역시 "군사를 훈련시키는 節目으로서 『紀效新書』가 가장
상세하고 치밀하니 이에 따라 군사를 훈련시키는 것이 마땅하다"[38]라

31) 『宣祖實錄』 권46, 선조 26년 12월 丁卯, 22책 188쪽.
32) 『宣祖實錄』 권47, 선조 27년 정월 己丑, 22책 203쪽, "砲手 令其將率領 依禁
　　軍例 量數入直".
33) 『宣祖實錄』 권49, 선조 27년 3월 己卯, 22책 231쪽.
34) 『宣祖實錄』 권133, 선조 34년 정월 丙辰, 24책 183쪽.
35) 『宣祖實錄』 권49, 선조 27년 3월 己卯, 22책 231쪽.
36) 『宣祖實錄』 권54, 선조 27년 8월 丁未, 22책 320쪽.
37) 李睟光, 『芝峰類說』 上 권3, 兵政部 兵制.

고 주장함에 따라 정부는『기효신서』를 새로운 군사편제와 戰法의 지침서로 채택한 것이다.『기효신서』는 明末의 장수였던 戚繼光이 남방의 왜구를 소탕하는 과정에서 창안한 禦倭의 要法으로 이름난 책이었다.

이것이 도입된 경위를 보면, 선조 26년 1월 평양성 수복 이후 선조가 都督 李如松에게 명군이 지난번에는 패했는데 이번에는 어떻게 승리할 수 있었느냐고 그 이유를 묻자, 도독이 "전에 온 것은 북방의 장수로서 항상 防胡의 戰法을 익히어 왜적과의 전투에서 불리하였는데, 이번에는 戚將軍의『紀效新書』에 나오는 禦倭의 전법을 사용하여 全勝할 수 있었습니다"라고 대답하였다. 이것이『기효신서』가 국내에 알려지게 된 최초의 계기였다. 선조는 譯官에게 이 책을 구입하도록 지시하였고, 이 책이 입수되자 柳成龍에게 從事官 李時發, 儒生 韓嶠 등과 더불어 이것을 연구하도록 하였다. 이후 선조와 유성룡은『기효신서』의 우수성을 인식하게 되어 새로이 설립한 훈련도감은『기효신서』의 군 편제에 의거하여 군사제도를 조직하도록 한 것이다.[39]

이렇게 하여 도입된『기효신서』는 束伍法과 三手技法을 그 요지로 하고 있었다. 속오법에서는 '營將' 통솔하의 營을 분군 편제상 최상의 단위부대로 삼았고, 영에는 5개 司를 두고, 1사에는 5개 哨, 1초는 3旗, 1기는 3隊, 1대는 火兵 1명과 합쳐 11명의 병사로 조직되어 있으며, 司에는 把摠, 哨에는 哨官, 旗에는 旗摠, 隊에는 隊摠을 각각 지휘관으로 두었다. 따라서 한 개의 營에는 營將 1명과 파총 5명, 초관 25명, 기총 75명, 대총 225명 및 2,475명의 병사로 편성된 셈이다. 또 三手技法에는 조총병인 砲手와 弓兵인 射手 및 槍劍兵인 殺手의 기예를 수록하고 있다.[40] 그런데 훈련도감은『기효신서』의 속오법을 도입할 때 이

---

38)『宣祖實錄』권43, 선조 26년 10월 丙戌, 22책 108쪽.
39)『宣祖修正實錄』권28, 선조 27년 2월, 25책 646쪽.
40) 車文燮,「宣祖朝의 訓鍊都監」,『朝鮮時代軍制研究』, 檀大出版部, 1973, 162
    쪽 ; 柳承宙,「제3장 17세기 監官制下의 官營軍需鑛業實態」,『朝鮮時代鑛業

를 그대로 따른 것이 아니라 당시 조선의 실정에 맞게 변용하였다. 예를 들어 원래 『기효신서』에는 砲手는 1司 내에 단지 1哨만이 있을 뿐인데, 훈련도감은 1司의 대부분을 포수로 구성하였고,[41] 隊 아래에 다시 伍라는 조직을 두었다. 또 지휘관은 營將 대신 中軍, 千摠, 別將 등으로 세분화하였다.

『기효신서』의 속오법은 "責任分明 哨隊有倫"이나 "嚴部分 而重統屬"이라고 그 특징이 설명되는 바와 같이 將官과 哨官, 旗隊摠, 哨軍으로 이어지는 명확한 지휘편제와 연대책임을 강조하는 軍 編制였다.[42] 이러한 『기효신서』의 부대편성은 조선초기의 그것과는 전혀 달랐다. 조선초기 오위제에서의 부대편성 역시 卒→伍→隊→旅의 조직에 기반한 統→部→衛의 부대조직으로 구성되어 있었지만, 이것은 고정된 지휘관하의 책임 분명한 조직이 아니었다.[43] 조선초기에는 병농일치에 따라 군인들이 번상하면 그때마다 새롭게 군인을 편제하였고, 새로운 지휘관을 정하였다. 군제를 이렇게 편제한 이유에 대해 磻溪 柳馨遠은 조선 건국 무렵에 고려말 私兵으로 인한 臣强의 폐단을 막기 위해 취한 조치라고 설명하였다.[44] 유성룡도 국왕과의 대화에서

史研究』, 고려대학교 출판부, 1993, 176~177쪽.

41) 『宣祖實錄』 권74, 선조 29년 4월 丁巳, 22책 692쪽.

42) 『宣祖實錄』 권50, 선조 27년 4월 戊午・己未, 22책 250쪽 ; 『宣祖實錄』 권53, 선조 27년 7월 己卯, 22책 306쪽 ; 柳成龍, 『西厓集』 권8, 啓辭 請申明訓鍊都監勸課之規啓(乙未) (한국문집총간 52책 162쪽), "都監當初設立之意 勸課之節 頗有其要 大概嚴部分 而重統屬 申連坐而明責成".

43) 조선초기 五衛의 軍階級과 지휘체계에 대해서는 千寬宇, 「朝鮮初期 五衛의 形成」, 『近世朝鮮史研究』, 一潮閣, 1979, 76~85쪽 참조.

44) 『磻溪隨錄』 권21, 兵制 五衛 (東國文化社 影印本 390쪽), "本朝雖有五衛之設 衛將十二員 通號五衛將 而未嘗定任爲某衛將 每至入直闕內 受點定所 三日而更 以至監門巡衛 皆無定軍 亦無定將 兵曹率皆臨夕望差 數日輒更 練藝習陣 亦不必本將主之 諸將中落點而爲之 是以軍政無寄 百爲紊亂 其弊有 不可勝言者 是雖有懲於麗季臣强之失 然爲國立制 自有不易之道 不可因一時在人 之弊 而并枉經制也".

前朝인 高麗때에는 權臣들이 兵權을 잡고 있었습니다. 그런데 我朝에 들어와서는 이러한 폐단을 革去하였습니다. 그리하여 內患은 없었으나, 外虜가 나타나게 되었습니다. 出戰할 때 將帥는 있으나 그에 소속하는 병사가 없게 되있던 것입니다.[45]

라 하였다. 즉 고려말 權臣이 병권을 잡는 폐단을 제거하기 위한 조선 초기의 사병 혁파 조처는 국내 정치의 안정은 가져왔지만, 외적의 침입시 효과적인 대응을 불가능하게 했다는 것이다. 金益熙(1610~1656) 역시 조선 건국 초의 이러한 군제 개편을 '懲羹太甚'(뜨거운 국물에 입을 데어 놀란 나머지 찬 나물도 불어먹는다는 뜻)이라고도 비판하였다. 이로 말미암아 우리 나라의 군사력이 취약해짐을 면치 못했다는 것이다.[46]

"無定軍 無定將"[47]인 조선전기 군제는 임진왜란이 발발하자 출전할 때 단지 장수만 있고 소속된 병사가 없는 상태를 가져왔다. 이에 조선은 초전에서 패배를 면치 못했던 것이다. 이 당시 四留齋 李廷馣(1541~1600)은 이러한 군제의 문제점에 대해 다음과 같이 지적하고 그 개선안을 제시하고 있다.

지금 朝廷에는 宿將이 없고 장수는 親兵이 없습니다. 그리하여 평시에는 군인을 돌보지 않다가 갑자기 전쟁이 닥치면 군인들을 싸움터로 내몰고, 이들은 훈련조차 제대로 받지 못하였으니 어찌 나라를 지키는 책임을 다할 수 있겠습니까? 지금으로서는 마땅히 前朝(高麗 : 필자주)의 牌記나 明의 束伍制와 같이 뛰어난 자를 장수로 삼아 그로 하여금 군인을 스스로 택하여 훈련시키도록 해야 합니다.[48]

---

45) 『宣祖實錄』 권48, 선조 27년 2월 丙子, 22책 230쪽.
46) 金益熙, 『滄洲遺稿』 권8, 甲申封事 (한국문집총간 119책 393쪽).
47) 註 44)와 같음.
48) 李廷馣, 『四留齋集』 권6, 十條箚 丁酉(선조 30년 : 1597) (한국문집총간 51책 304쪽).

위에서 이정엄은 조선전기의 군제를 비판하면서 조선건국 무렵 개
혁의 대상이 되었던 고려말 사병제도인 '牌記'[49]나, 明의 束伍制로 군
제를 개혁해야 한다고 주장하고 있었다. 실제 사병제를 다시 복구하여
야 한다는 주장은 조선전기에서도 끊임없이 제기되고 있었다. 태종 12
년(1412) 韓尙德은 사병 혁파로 인해 군사들이 장수의 얼굴도 모른다
고 하면서 사병의 복구를 요청하였고,[50] 세종 29년(1447) 申叔舟는 私
兵의 복구 여부를 묻는 세종의 重試 試題에 대한 對策文에서 지금 군
인들은 "將不識兵 兵不知將"[51]하여 烏合之卒에 불과하다고 하면서
强兵을 위해서는 사병제가 복구되어야 한다고 주장하였다. 그러나 조
선전기 내내 이러한 주장들은 채택되지 않았다.

그러나 임진왜란으로 인해 조선전기 군제의 모순이 적나라하게 드
러난 상태에서 명확한 지휘편제와 상하 연대책임으로 군대를 운영하
는 '私兵制' 형식을 다시 채택하지 않을 수 없었다. 이 시기 정부 관료
들은 "將知其兵 兵知其將"하여야 효과적으로 應敵할 수 있고,[52] 장수
가 병졸을 자식처럼 사랑하고 병졸이 장수를 부모처럼 따라야 전쟁이
일어났을 때 병졸들이 위험을 무릅쓰게 된다고 강력하게 주장하였던
것이다.[53] 이러한 분위기에서 새로이 설립된 훈련도감에서는 명확한
지휘편제를 강조하는 『기효신서』의 束伍法을 도입하였다. 그러나 이

---

49) 『太祖實錄』 권1, (總書) 辛禑 6년 8월, 1책 9쪽, "高麗末 官不籍兵 諸將各占
   爲兵 號曰牌記大將".
50) 『太宗實錄』 권23, 태종 12년 4월 丙子, 1책 633쪽, "(韓尙德) 對曰 今革私兵
   爲府兵 誠爲美法 然有議者曰 革私兵 故軍士未知將帥之面 倘有興師之時
   則將帥雖危 無有救之者 將不鍊卒 卒不愛兵 皆不力戰 安能必勝".
51) 申叔舟, 『保閑齋集』 권13, 策「置私兵 禮大臣 分政權 復政房」(세종 29년 :
   1447) (한국문집총간 10책 103쪽), "革私兵者 懲高麗權臣跋扈之弊也 夫私兵
   之設 初欲居京城 而衛王室 及其弊也 君弱臣强 冠屨倒置 此私兵之不可不
   革也 而昇平日久 兵備惰弛 將不識兵 兵不知將 倉卒不可用也 此所以有復
   私兵之請也".
52) 『宣祖實錄』 권134, 선조 34년 2월 己卯, 禮曹判書 李廷龜의 말, 24책 197쪽.
53) 『宣祖實錄』 권51, 선조 27년 5월 丁未, 22책 287쪽.

러한 지휘편제는 뒤에서 살펴보는 바와 같이 조선후기 정치에서 군사적 비중과 군문의 영향력이 높아지는 계기가 되었다.

창설 당시 훈련도감은 포수로만 구성되어 속오법으로 편제되어 있었는데, 그 후 義勇隊가 합속하여 훈련도감의 殺手가 되었다. 의용대는 원래 선조 26년 정월 동궁인 광해군을 호위하기 위해 설치되었다.[54] 이것은 隊長 1인이 각각 射手 2명, 槍軍 3명을 거느리며, 총 40 隊로 구성되어 있었다. 그리고 선조 26년 10월 국왕이 환도한 후 훈련도감의 포수와 같이 輪番 入直하고 있었다. 이러한 의용대는 선조 27년 2월 남대문 안에 있는 松峴에서 도감 포수들과 같이 군사훈련을 하였다.[55] 그리고 나서 그 해 3월 의용대는 훈련도감의 살수로 편입되었다.[56] 즉 병조에서는 훈련도감을 鳥銃左右司 각 1哨, 殺手左右司 각 2 哨로 1營을 만들어 연습하게 한다고 하였다. 또 병조에서는 앞으로 射手도 각 1哨를 만들어 적이 가장 먼 거리에 있을 때는 鳥銃으로 제압하고, 다음은 사수의 弓矢로 이를 막으며, 적이 근거리에 왔을 때는 殺手를 투입한다는 계획도 세웠다. 선조 27년 4월 포수와 의용대 출신의 살수가 합쳐진 가운데 練兵이 실시되었다.[57] 이 때의 훈련도감 練兵 편제는 다음 <표 3-1>과 같다.

<표 3-1>의 훈련도감 연병 편제는 포수 2초와 살수 4초로 구성되어 있지만 실제 포수초는 이외에도 더 있었던 것으로 보인다. 즉 표의 연병이 실시되고 나서 5일 후 哨官·將官들에게 賞이 수여되었는데 中軍 吳應鼎, 千摠 林仲樑, 左·右把摠 李福崇·元愼, 砲手哨官 鄭虎臣·李大男, 殺手哨官 姜惠·宋安廷·李應順·朴葵英 등이 상을 받고 있지만, 이외에도 포수초관 金克忠·鄭禮·朴命壽 등이 실제 연병에

54) 『宣祖實錄』 권34, 선조 26년 정월 壬午, 21책 616쪽.
55) 『宣祖實錄』 권48, 선조 27년 2월 甲戌, 22책 228쪽.
56) 『宣祖實錄』 권50, 선조 27년 3월 癸卯, 22책 242쪽 ; 『宣祖實錄』 권52, 선조 27년 6월 甲戌, 22책 304쪽, "訓鍊都監啓曰 砲手則 當初設都監訓鍊 其後又 設義勇隊 以習刀槍 名曰 殺手".
57) 『宣祖實錄』 권50, 선조 27년 4월 戊午, 22책 250쪽.

<표 3-1> 선조 27년(1594) 훈련도감의 練兵 편제58)

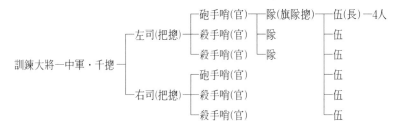

典據 :『宣祖實錄』권49, 선조 27년 3월 癸卯, 22책 242쪽 ; 권50, 선조 27년 4월
戊午, 22책 250쪽 ; 권50, 선조 27년 4월 癸亥, 22책 252쪽에 의해 再構成

는 참가하지 않았지만 習陣할 때 참가한 공로로 상을 받고 있다.59) 이
를 통해 선조 27년 4월 현재 훈련도감의 편제는 최소한 포수 5哨, 살수
4哨로 구성되어 있음을 알 수 있다. 한편 군액은 이 당시 1哨는 90명이
었으므로,60) 대략 포수는 450명, 살수는 360명으로 되어있었던 것으로
추측된다.

　포수와 살수에 이어 선조 27년 6월 射手가 훈련도감에 편입되었다.
이것은 앞에서 본 바와 같이 砲手-射手-殺手로 이어지는『기효신서』
의 三手技法에 입각한 전술적 필요성 때문이었다. 이 때 훈련도감에서
는 도감 포수로서 도성에 남아있는 자가 456명, 살수는 334명, 도합

---

58) 車文燮 교수는 이것을 훈련도감의 군사 편제로 파악하였으나, 이것은 훈련도
　감의 전체 군사 편제가 아니라 砲手와 殺手의 합동 군사 훈련을 위한 練兵
　編制이다. 이 연병 편제 이외에도 이 편제에 포함되지 않는 포수 3哨가 더 있
　었다(車文燮, 앞의 글, 161쪽 참조).

59)『宣祖實錄』권50, 선조 27년 4월 癸亥, 22책 252쪽.

60) 조선후기 군제의 기본 단위인 哨의 인원수는 시기에 따라 끊임없이 변동하였
　고, 또 군대편제와 軍種에 따라 상이하였다. 예를 들면 숙종 8년(1682) 禁衛
　營의 성립으로 도성 3軍門이 완성될 때 훈련도감의 馬兵은 1哨가 119명이었
　으며, 步軍은 左·右司는 113명, 中司는 114명, 그리고 欄後別哨는 111명이
　었다(『訓局事例撮要』上卷, 創設條). 또『萬機要覽』이 편찬될 무렵(純祖 8
　년, 1808) 마병 1초는 119명으로 위와 동일하였으나, 步軍은 砲手와 殺手로
　구분되어 포수 1초는 122명, 살수 1초는 123명으로 되었다(『萬機要覽』軍政
　篇2, 訓鍊都監 軍摠).

790명으로서 도성 안에는 이들 이외에 다른 군사가 없으니 극히 한심
하다고 上啓하면서 守門將의 수가 매우 많으니 各門을 把守하는 자를
제외하고 모두 훈련도감에 속하게 하여 射手로 삼자고 하여 국왕의 허
락을 얻었다.61) 수문장은 모두 ‘學射之人’으로 그 所業을 버리고 다른
것을 배우게 하는 것은 不可하므로 그대로 이들을 射手로 一隊를 이
루어 훈련도감 포수의 예와 같이 대우하자는 것이다. 이때 수문장은
정원이 20명이었으나 무려 430여 명이 수문장으로 軍案에 올라있었
다.62) 그 해 7월 병조에서는 다시 守門將 이외에도 部長・內禁衛・兼
司僕 등의 수가 많으니 모두 法典에 의거하여 인원을 한정하고 그 이
외의 군인들을 모두 훈련도감으로 보내 무예를 훈련시키자고 상계하
여 국왕의 허락을 얻었다.63) 훈련도감의 射手는 이렇게 하여 편성되었
다. 그런데 이들은 飢民 등을 모집하여 편성한 砲手・殺手와는 다른
부류였다. ‘學射之人’으로 禁軍에 비견되는 신분층이었다.

그 후 선조 27년 8월에는 포수・살수・사수로 구성된 훈련도감 三
手兵이 왜적의 근처에서 結陣하여 그 모습을 드러내었다.64) 그리고 선
조 27년 11월 현재 훈련도감의 편제는 포수 7哨, 살수 4哨, 사수 2哨로
구성되어 있다고 보고되고 있다.65) 즉 그 해 4월의 포수 5초, 살수 4초
의 9개 哨에서 13개의 哨로 증가한 것이다. 이러한 훈련도감의 삼수병
중 포수가 가장 많은 수를 차지하고 있었고, 또 이들에 대한 정부의 대
우도 특별했다. 정부는 훈련도감 설립이래 여러 차례 試才를 실시하여
砲手 중 우수한 자에게는 除職・免賤의 특전을 베풀고, 兒馬・綿布
등을 상으로 지급하였다. 특히 국왕의 포수에 대한 관심은 각별했다.
왜란 중 鳥銃의 효력을 목격한 선조는 이의 보급에 특히 주의를 기울

61)『宣祖實錄』권52, 선조 27년 6월 甲戌, 22책 304쪽.
62)『宣祖實錄』권52, 선조 27년 6월 壬申, 22책 303쪽.
63)『宣祖實錄』권53, 선조 27년 7월 辛巳, 22책 307쪽.
64)『宣祖實錄』권54, 선조 27년 8월 庚午, 22책 335쪽.
65)『宣祖實錄』권57, 선조 27년 11월 癸巳, 22책 403쪽.

였다. 수시로 조총은 천하의 神器라고 하면서 조총 사격술이 능한 자에게 賞을 후하게 주어 연습을 권장하라고 지시하였다.[66] 그런데 삼수병이 구성된 이후 포수에게만 주어진 이러한 특전은 결국 殺手에게도 적용하지 않을 수 없었다. 그래서 정부는 선조 28년 4월 살수에게도 포수와 같이 論賞한다고 발표했다.[67]

그러나 동일한 삼수병이라 하더라도 射手는 論賞의 대상에서 제외되었다. 선조 28년 6월에 규정된 훈련도감의 '賞格磨鍊之規'에서도 사수는 탈락되었다.[68] 이에 대한 사수들의 불만은 대단했다. 이들은 시정배와 아이들로 구성된 포살수들도 자주 賞을 받는데 자신들은 전혀 상을 받지 못하고 있다고 하면서 정부의 차별대우에 대하여 불만을 터뜨렸다. 이에 선조 28년 9월 試官을 보던 李德馨은 사수들도 포살수와 동일하게 論賞할 것을 上啓하였다.[69] 비변사에서도 "武藝는 偏廢하는 것은 不可하니 지금부터라도 武士와 砲殺手 등을 동일하게 대우해야 한다"[70]라고 주장하였다. 그러나 국왕은 "射는 우리 나라의 長技요, 砲・殺은 새로이 도입하려는 것"이라 하면서 포살수에 대한 특별 대우는 당연한 것이라고 못박았다.[71] 그리고 그 해 10월 선조는 숭례문 밖에서 무예를 親試하면서 政丞 金應南이 "弓矢爲上 鳥銃次之 殺手爲下"라고 말하는데 대하여 "鳥銃五倍于弓矢"라고 대응하였다. 선조는 자신이 試才를 親臨해 보니 사수의 片箭이 포수의 조총에 뒤떨어진다고 하면서 太僕寺 말 30필을 꺼내어 포수들에게 하사하기까지 하였다.[72]

이러한 국왕의 태도는 사수들의 불만을 더욱 증폭시켰다. 이들은

---

66) 『宣祖實錄』 권64, 선조 28년 6월 丙寅, 22책 518쪽.
67) 『宣祖實錄』 권62, 선조 28년 4월 辛未, 22책 490쪽.
68) 『宣祖實錄』 권64, 선조 28년 6월 丙寅, 22책 518쪽.
69) 『宣祖實錄』 권67, 선조 28년 9월 庚寅, 22책 560쪽.
70) 『宣祖實錄』 권67, 선조 28년 9월 丁酉, 22책 566쪽.
71) 위와 같음.
72) 『宣祖實錄』 권68, 선조 28년 10월 丁未, 22책 575쪽.

포·살수들과는 비교도 되지 않는 높은 신분임에도 불구하고 삼수병에 함께 편성된 것만 해도 억울한데 포·살수보다 천대받고 있는 현실 속에서 더 이상 훈련도감에 붙어있을 까닭이 없었다. 이들은 속속 훈련도감에서 이탈한 것으로 보인다. 이러한 사수들의 태도에 대해 국왕은 승정원에 도감 사수를 모두 公私賤으로 충당하라고 지시하면서 강경하게 대응하였다.73) 즉 국왕은 종래 사수들이 신분이 높아 거만하고 부리기 어렵다고 판단하였던 것이다. 이후 정부는 비록 사수를 모두 公私賤으로 충당한 것은 아니지만 사수의 정원을 극히 소수로 책정하였다.74)

국왕의 射手 賤視와 사수들의 훈련도감 이탈이 가속화하는 속에서 정부 내에서 국왕의 정책에 대한 비난이 일어났다. 선조 28년 10월 司諫院에서는 다음과 같은 箚를 올리면서 정책의 수정을 요구하였다.

지금 훈련도감을 별도로 설치하여 砲手들을 敎習하니 그 鍊兵·務精의 뜻이 지극합니다. …… 그런데 근래 砲·殺은 사람들이 다투어 學習하고 射手는 점차 생소하기에 이르니, 어찌 上의 좋아하는 바가 이렇게 편벽될 수 있습니까. 弧矢는 우리 나라의 長技로서 역대에 걸쳐 적을 물리친 것은 모두 이로써 가능했습니다. 오늘날 왜적에게 패배한 것은 人心이 굳세지 못하여 望風奔潰한 것이지 射의 罪가 아닙니다. 砲는 진실로 적을 막는데 뛰어난 것이지만 射 또한 권장해야 하는 것입니다. 근래에 閭巷의 武士들이 모두 실망하여 解體하고 있다고 합니다.75)

무사들의 해체를 우려하는 이러한 사간원의 箚啓 이후에도 국왕의

---

73) 『宣祖實錄』 권71, 선조 29년 정월 庚寅, 22책 635쪽, "上敎政院曰 都監射手宜悉以公私賤爲之".

74) 정부의 射手 정원 감축정책에 따라 17세기에 들어와 射手는 훈련도감 전체 33哨 가운데 단지 3哨만을 차지하는 데 불과하였다.(『仁祖實錄』 권43, 인조 20년 3월 壬午, 35책 131쪽, "上曰 三手中 射手幾何 (具)宏曰 三哨也")

75) 『宣祖實錄』 권66, 선조 28년 10월 戊辰, 22책 588~589쪽.

사수 천시 정책에 대한 비판은 계속 제기되었다. 선조 29년 2월 吏曹
參判 金宇顒도 騎射는 우리 나라의 長技이며 사수는 禁衛親兵인데
이들을 무시하고 포·살수들만을 우대하는 것은 크게 잘못된 정책이
라고 비판하고, 무사들에게 戰馬·弓箭을 수여하여 이들의 사기를 올
려줄 것을 건의하였다.[76] 한편 李德馨은 선조 30년 4월 국왕과의 대화
에서 射手를 무시하고 포·살수만을 우대하는 정책을 사람들이 모두
비웃고 있다고 말하고 있다.[77]

정부 관료들의 위와 같은 우려와 비판에도 불구하고 임란 중 射手
·武士에 대한 정책은 크게 변하지 않았다. 임진왜란을 통해 조선 정
부는 弓矢를 위주로 하는 종래의 무기체제에서 銃砲를 위주로 하는
무기체제로 전환하였고,[78] 이러한 가운데 砲手들에 대한 우대는 당연
하였다. 반면 이 당시 정부는 여전히 弓矢를 主武器로 하는 武士까지
돌볼 경제적 여력이 없었다. 포수들에게 지급하는 급료조차 부족한 실
정이었다.

이러한 정부의 정책 속에서 무사의 해체는 심각하게 전개되었다. 선
조 29년 2월 비변사는 "武士解體日甚"이라 하였고,[79] 선조 33년 2월에
는 무사들이 鄕曲에 숨어서 軍官을 假托하면서 閑遊하고 있다고 보고
하였다.[80] 선조 34년 이덕형은 국왕과의 대화에서 "近來 士子之論大
勝 武備等事 全不顧念"하는 사회 분위기를 전하고, 양반들은 모두 業
武를 기피하고 있다고 말하였다.[81] 또 선조 36년 3월 都摠經歷 申晟

---

76) 『宣祖實錄』 권72, 선조 29년 2월 癸丑, 22책 648쪽 ; 金宇顒, 『東岡集』 권9,
  陳時務十六條箚 (한국문집총간 50책 307쪽).
77) 『宣祖實錄』 권87, 선조 30년 4월 癸酉, 23책 194쪽.
78) 『仁祖實錄』 권19, 인조 6년 9월 丙戌, 34책 294쪽 ; 『孝宗實錄』 권9, 효종 3년
  9월 辛未, 35책 569쪽.
  임진왜란 이후 弓矢에서 鳥銃으로 무기 체제가 전환하게 되었다는 것은 이
  미 許善道, 「古書解題 鎭管官兵編伍冊(下)」, 『國會圖書館報』 8, 1973 ; 許善
  道, 「『武藝圖譜通志』 解題」, 『韓國의 名著』, 玄岩社에서 지적된 바 있다.
79) 『宣祖實錄』 권72, 선조 29년 2월 戊午, 22책 651쪽.
80) 『宣祖實錄』 권122, 선조 33년 2월 丙子, 24책 35쪽.

은 가까이는 서울에서부터 멀리는 各道에 이르기까지 무사들이 農務
에 급급하여 弓矢의 所在를 알지 못한다고 말하고 있다.[82] 이러한 상
황들은 16세기 갑사의 변질·소멸에 따라 무사의 감축이 이루어지는
사회 추세 속에서 임진왜란기까지 그나마 존재했던 무사들이 또 다시
격감하게 된 것을 의미하는 것이었다. 한편 조선후기에는 민간에서도
"鳥銃出而 項羽無以容其力"[83]이라는 속담이 유행할 정도로 조총의
등장 이후 무사들의 존재 의미는 퇴색되어 갔다.

　이상과 같이 훈련도감은 비록 삼수병으로 구성되었다 하나 실제로
는 포수 중심이었고, 여기에 살수·사수가 첨가된 형태였다. 그래서 훈
련도감을 京砲[84]라고도 불렀고, 도감군은 砲手로 통칭되었으며 도감
군의 보인을 砲保라고 칭하였다.

　그런데 선조대 훈련도감에는 이러한 삼수병 이외에 敎師隊, 別武士,
兒童隊라는 兵種도 있었다. 敎師隊는 지방군 훈련을 담당하는 軍種이
었다. 훈련도감은 중앙군영으로서 도감군을 교련하고 궁궐의 시위와
서울 방어를 주임무로 했지만, 임진왜란 시기 훈련도감은 이뿐만 아니
라 군사훈련에 관한 모든 일을 관장하였다.[85] 즉 각종 兵書를 편찬·
반포하고,[86] 지방군제의 개혁에 관여하였으며,[87] 지방군 훈련의 임무
도 맡고 있었다.[88] 훈련도감은 지방군에게 새로이 도입한 포술과 전술

81)『宣祖實錄』권142, 선조 34년 10월 癸未, 24책 305쪽.
82)『宣祖實錄』권160, 선조 36년 3월 丁卯, 24책 455쪽.
83)『英祖實錄』권47, 영조 14년 8월 己丑, 42책 602쪽.
84) 李惟泰,『草廬全集』권3, 己亥封事 (忠淸文化硏究所刊 上卷 70쪽).
85) 임란 이후 훈련도감의 이러한 활동에 따라 종래 軍事에 관한 제반 업무를 관
　　장하던 兵曹는 그 기능이 축소되었다. 즉 인조 6년 10월 兵曹判書 李貴는
　　"反爲點軍收布之閑局 不知操鍊軍卒之爲何事"(『仁祖實錄』권19, 인조 6년
　　10월 丙申, 34책 297쪽)라는 바와 같이 훈련도감으로 병조는 閑局이 되었다
　　고 말하고 있다.
86) 壬亂 시기 훈련도감의 兵書 편찬에 관해서는 石原道博,「壬辰丁酉倭亂と戚
　　繼光の新法」,『朝鮮學報』37·38輯, 1966 참조.
87)『宣祖實錄』권73, 선조 29년 3월 乙酉, 22책 661쪽.
88)『宣祖實錄』권62, 선조 28년 4월 丙寅, 22책 487쪽.

을 교육하기 위해 무예가 우수한 도감군을 교사대로 편성하여 전국 각지에 파견하였다. 한편 別武士는 步軍 중심의 훈련도감에서 약간의 군사에게 말을 주어 편성한 馬兵이고,[89] 兒童隊는 年少한 도감군을 중심으로 편성하여 중국이나 倭의 劍法 등을 학습하게 한 부서이다.[90]

이와 같이 삼수병과 교사대 등으로 편성된 선조대의 훈련도감 조직체계는 시간이 지나감에 따라 차츰 정비·확대 되어갔다. 선조 말기에 이르면 훈련도감의 조직은 훈련대장과 中軍·千摠 아래 前·後·中·左·右 5司가 있으며 每司마다 前·後·中·左·右 5哨를 가지고 있었고, 이외에 左·右別哨가 있어 모두 27哨로 구성되어 있었다. 또 이외에 左·右 敎師隊가 있었다.[91]

2) 訓鍊都監 制度의 정비

포수·살수·사수로 구성된 훈련도감의 三手兵은 모두 步軍으로서 왜적의 방어에 주목적을 둔 편제였다. 그러나 조선 정부는 선조 말기부터 부각되기 시작한 對女眞 관계에서 步軍 중심의 훈련도감 군사편제에만 만족할 수 없었다. 16세기 말에서 17세기 초에 걸쳐 明이 조선 출병과 국내 정세의 혼란으로 만주에 대한 통제력이 약화된 틈을 타서 女眞族(後金·淸)이 급격히 성장하였다.[92] 이들의 급격한 세력 성장

---

89) 別武士가 實錄에 처음으로 나타나는 것은 선조 37년 12월 "都監 只鍊步卒 甚是爲欠 今宜爲竝鍊馬兵之計 旣有別武士·射手等名稱 未審此人等 皆有 其馬乎"(『宣祖實錄』 권182, 선조 37년 12월 壬戌, 25책 11쪽)이라는 국왕의 비망기이다. 별무사가 마병인 것은 확실하나 이에 대한 구체적인 사항은 보이지 않는다.

90) 兒童隊에 대해서는 車文燮, 앞의 글, 1973, 164쪽 참조.

91) 선조 말기의 훈련도감 조직은 뒤에서 살펴볼 선조 36년과 39년의 宮家·權勢家 私奴·投托人 명단에서 추정할 수 있다.

92) 金斗鉉, 「淸朝政權의 成立과 發展」, 『講座 中國史 IV』, 지식산업사, 1989 ; 拙稿, 「壬辰倭亂 이후 朝鮮의 對明·淸 관계」, 『壬亂水軍活動硏究論叢』, 海軍軍史硏究室, 1993.

은 조선에 커다란 위협이 아닐 수 없었다. 특히 여진족은 왜군과는 달리 騎馬 전술을 구사하였으므로 이들을 방어하기 위해서는 馬兵이 필수적이었다. 이에 선조 37년(1604) 국왕은 禦倭의 목적으로 步軍으로 편제된 훈련도감에 추가로 馬兵을 설치할 것을 지시하였다.[93] 그러나 이 때 선조의 마병 설치 계획은 별 실효를 거두지 못하였다. 광해군 8년(1616) 8월 훈련도감은 다시 마병을 설치하자고 건의하였다. 광해군 역시 훈련도감의 건의에 동의하면서 마병 50명을 설치하라고 지시하였다.[94] 그런데 이 때의 마병 설치 계획도 구체적인 실현을 보지 못하였다.

광해군대에는 후금의 위협을 정치·외교적으로 해결하려는 입장이어서 국가 재정에 많은 부담이 되는 군사력 증강에 적극적이지 못하였다. 그러나 1623년 仁祖反正 이후에는 이와 달랐다. 인조반정 세력들은 후금과의 대결 의식을 가지고 정부를 출범시켰다. 따라서 그들은 군사력 증강에 적극적일 수밖에 없었다.[95] 우선 인조 정부는 국방의 방향을 禦倭에서 防胡로 전환시키고, 지금까지 왜적에 대비하여 편제된 군사체제를 후금에 대비한 체제로 개편하려 하였다. 그래서 정부는 "도감군이 훈련하는 것은 단지 禦倭의 기술에 불과하다. 防胡의 대책에 대해서는 練兵實紀를 따라야 한다"[96]라 하면서 훈련도감 체제에 「연병실기」[97]를 추가 적용하려 하였다. 한편 북방 오랑캐 대비를 주목적으로 편성된 우리 나라의 전통적인 '五衛陣法'을 복구하자는 의견도 나왔다.[98] 이러한 분위기에서 인조대에 훈련도감 馬兵의 설치가 실현

93) 『宣祖實錄』 권182, 선조 37년 12월 壬戌, 25책 11쪽.
94) 『光海君日記』 권106, 광해군 8년 8월 己未, 32책 510쪽.
95) 인조대의 국방 정책에 대해서는 崔孝軾, 「仁祖代의 國防施策」, 『東國史學』 19·20, 1986 참조.
96) 『仁祖實錄』 권19, 인조 6년 9월 丙戌, 34책 294쪽.
97) 『宣祖實錄』 권182, 선조 37년 12월 辛酉, 25책 11쪽, "訓鍊都監啓曰 …… 練兵實紀 則實是防胡大法 車載火器 阻截虜馬 又以騎步藏在車陣之內 俟其敗北 飛追鏖殺 此其大略也 與我國陣法 亦多符合".

되었다. 즉 마병 左·右領 200명이 편성된 것이다.[99] 그 후 인조 12년 (1634) 5월 훈련도감은 無役人을 募得하고 또 도감군 중 砲殺의 技가 뒤떨어지는 자를 골라 馬兵을 500명으로 증액하여 5哨로 편성하고, 이들을 「연병실기」에 따라 훈련시키자고 건의하여 마병의 확장이 이루어졌다.[100]

마병의 양성은 포수 등의 보군과는 달리 많은 비용이 소요되었다. 우선 국가에서 각 군인들에게 말을 지급해 주어야 했다. 또 마병들이 말을 유지·관리할 수 있도록 이들에게는 보군보다 保人을 1명 더 주었으며, 급료에서도 콩 9~6斗를 추가로 지급하였다.[101] 한편 보군의 갑옷은 皮甲인데, 마병은 이보다 비싼 鐵甲으로 만들어 지급해야 했다.[102] 이러한 경제적 부담으로 효종대 북벌을 위한 군사력 증강을 계획할 때 훈련대장 李浣은 마병의 증액이 가장 어려운 일이라고 말하였다.[103] 그러나 효종대에도 마병 1哨의 증액이 이루어져 마병은 모두 6哨로 편성되었다.[104] 이후 17세기 내내 마병 6哨는 큰 변동 없이 유지되어 다음 <표 3-2>, <표 3-3>에서 보는 바와 같이 편성되고 있다.

훈련도감에는 보군과 마병 이외에도 局出身이라는 兵種이 있었다.[105] 마병이 후금의 위협 즉 胡亂에 대비하여 설치된 것이라면, 국출

98) 『仁祖實錄』 권19, 인조 6년 9월 丙戌, 34책 294쪽.
99) 인조대 마병 설치에 대해서는 『顯宗改修實錄』에 수록된 '5軍門沿革'에 나오는 "仁祖朝以後……置馬兵左右領 其數二百餘人"(『顯宗改修實錄』 권10, 현종 4년 11월 戊寅, 37책 353쪽)이라는 記事에서 그 군액을 알 수 있다. 한편 인조 10년(1632)년 훈련도감은 "都監馬兵不多"(『仁祖實錄』 권26, 인조 10년 정월 乙丑, 34책 468쪽)라고 보고하고 있어 인조 10년 이전에 마병이 설치되었음을 짐작할 수 있다.
100) 『仁祖實錄』 권29, 인조 12년 5월 己亥, 34책 550쪽 ; 『顯宗改修實錄』 권10, 현종 4년 11월 戊寅, 37책 353쪽.
101) 『承政院日記』 125, 효종 3년 9월 20일, 7책 64쪽 ; 270, 숙종 5년 5월 6일, 14책 330쪽.
102) 『承政院日記』 128, 효종 4년 8월 4일, 7책 233쪽.
103) 『孝宗實錄』 권18, 효종 8년 정월 丙寅, 36책 75쪽.
104) 『顯宗改修實錄』 권10, 현종 4년 11월 戊寅, 37책 353쪽.

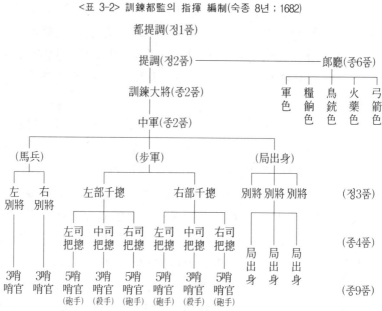

<표 3-2> 訓鍊都監의 指揮 編制(숙종 8년 ; 1682)

都提調(정1품)

提調(정2품) ——————————————— 郎廳(종6품)

訓鍊大將(종2품)　　　　　　　　　　軍　糧　鳥　火　弓
　　　　　　　　　　　　　　　　　　色　餉　銃　藥　箭
中軍(종2품)　　　　　　　　　　　　　　色　色　色　色

(馬兵)　　　　　　(步軍)　　　　　　　(局出身)

左　右　　　左部千摠　　　右部千摠　　別將 別將 別將　　(정3품)
別將 別將

　　　　左司 中司 右司　左司 中司 右司
　　　　把摠 把摠 把摠　把摠 把摠 把摠　　　　　　　　(종4품)
　　　　　　　　　　　　　　　　　　　　局 局 局
　　　　　　　　　　　　　　　　　　　　出 出 出
3哨 3哨 5哨 3哨 5哨 5哨 3哨 5哨　身 身 身
哨官 哨官 哨官 哨官 哨官 哨官 哨官 哨官　　　　　　　(종9품)
　　　　(砲手)(殺手)(砲手)(砲手)(殺手)(砲手)

典據 : 『訓局事例撮要』上卷, 創設條 (肅廟朝 8년 3월 16일)

신은 호란 이후 도감군의 戰功에 대한 일종의 포상으로 설치된 것이
다. 병자호란 이듬해인 인조 15년(1637)에 호란 당시 南漢山城에 扈從
한 병사들의 노고를 치하하기 위해 武科를 실시하였는데, 이때 도감군
이 8월의 庭試에 13명, 山城 直赴에 534명, 10월의 庭試에 837명, 합계
1,384명 합격하였다. 동년 10월 현재의 총 武科 출신은 6,500여 명이었
으므로 도감군이 차지하는 비중은 컸다.106) 그런데 이들은 자신들은
이미 무과에 합격한 出身이므로 일반 도감군과는 구별하여 대우해 줄
것을 요구하였다.107) 이들은 무과를 치르기 전에 훈련대장 申景禛에게
비록 급제를 하더라도 砲手의 임무는 계속 이행하겠다는 약속을 하고

---

105) 局出身에 대해서는 李泰鎭, 앞의 책(1985), 152~153쪽 참조.
106) 『仁祖實錄』권35, 인조 15년 10월 甲寅, 34책 707쪽, "武科出身 六千五百餘
　　人 訓鍊都監砲手 居其半焉".
107) 『承政院日記』61, 인조 15년 10월 25일, 3책 869쪽.

<표 3-3> 訓鍊都監의 員額과 軍摠 (숙종 8년 ; 1682)

員 額		軍 摠
訓鍊大將	1人	知殼官 10 旗牌官 20 隨率馬兵 30 大旗手 150 吹鼓手 150 巡令手 160 軍牢 130 大砲手 20 帳幕軍 55 坐纛手 10 塘報手 80 牙兵 70
中軍	1人	隨率馬兵 10
馬兵 左·右 別將	2人	隨率馬兵 各10 (合20) 吹鼓手 各40 (合80)
步軍 左·右部 千摠	2人	隨率武士 各4 (合8) 吹鼓手 各39 (合78)
把摠	6人	標下 每司 各25 (合150)
哨官	33人	馬兵　　　　　6哨 每哨 各119 (合714) 步軍 左部 左司 5哨 每哨 各113 (合565) 　　　　中司 3哨 每哨 各114 (合342) 　　　　右司 5哨 每哨 各113 (合565) 　　右部 左司 5哨 每哨 各113 (合565) 　　　　中司 3哨 每哨 各114 (合342) 　　　　右司 5哨 每哨 各113 (合565) 　　　　欄後別哨 111 (習陣時 倭軍으로 분장)
合計	45人	合 計　5,000名

典據 : 『訓局事例撮要』 上卷, 創設條 (肅廟朝 8년 3월 16일)

무과를 치렀으나, 일단 급제를 하자 일반 도감군과 자신들을 구별하여 처우해 줄 것과 武科出身으로서 자신들을 兵曹 소속으로 바꿔 줄 것을 요구하였다.[108] 심지어 1,000여 명의 도감군들이 집단적으로 병조참지 兪伯曾에게 몰려가 "어찌 급제하였는데 그대로 이전의 役을 질 수 있느냐, 처음에 이럴 줄 알았다면 어찌 무과에 응시했겠느냐"며 항의하기도 하였다.[109]

　이러한 무과출신 도감군의 항의와 소동 속에서 결국 局出身이라는 軍種이 설립하게 되었다. 인조 15년 12월 정부는 1,384명에 이르는 출신 도감군들을 7局으로 나누어 각각 別將의 통솔 하에 永肅門에 入直하게 하였다.[110] 이 당시 국출신은 1局당 대략 200씩 모두 7局으로 편

---

108) 『承政院日記』 62, 인조 15년 11월 24일, 3책 904쪽.
109) 위와 같음.

성되었다. 이러한 7국은 '武勇廳'이라 별칭하기도 하였다.[110] 그런데
이들에 대한 국가의 대우는 다른 武科出身 무사에 비하여 훨씬 열악
하였다. 인조 22년 7월 국출신들은 "이름은 비록 出身이지만 실은 일
반 포수의 役을 수행하고, 또 出身이라고 봉족도 받지 못하고 단지 급
료에만 의지하여 살아가야 하는데 병조 소속의 內三廳(內禁衛·兼司
僕·羽林衛 ; 필자주) 禁軍에 비해 급료는 3분의 1에 불과하다"면서
금군과 동일하게 대우해 줄 것을 요구하였다.[112]

그런데 국출신의 급료는 일반 도감군과는 달리 호조에서 지급하였
다. 따라서 이들의 급료 인상은 17세기 내내 재정부족으로 시달리는
호조의 부담을 가중시키는 것이라서 이들에 대한 대우개선은 쉽게 이
루어지지 않았다.[113] 이에 인조 24년 7월 崔鳴吉은 "局出身들은 일반
도감군과 다름없이 취급하고 있으니 무사를 대우하는 도리가 아니다"
라 하면서 국출신 중 원하지 않는 자는 모두 放免시키고 결원이 생겨
도 보충하지 않으면서(有闕勿補) 그 규모를 축소시켜 국출신의 대우
를 개선하자고 건의하였다.[114] 당시 재정부족에 시달리던 정부로서도
이 방법을 채택할 수밖에 없었다. 따라서 그 후 국출신은 缺員이 생겨
도 인원을 채우지 않아 군액이 계속 축소되어 갔다.

인조 15년(1637) 7局으로 출발한 국출신은 효종 9년(1658)에는 4局
으로 축소되었고,[115] 다시 현종 4년(1663)에 이르면 3局으로 감축되었
다. 그리고 1,384명으로 출발한 군액도 현종 4년에는 232명만이 남아있
는 실정이었다.[116] 이와 같이 남한산성에 호종한 출신 도감군을 위해

---

110)『承政院日記』62, 인조 15년 12월 21일, 3책 946쪽.
111)『承政院日記』64, 인조 16년 4월 9일, 4책 28쪽.
112)『仁祖實錄』권45, 인조 22년 7월 丁亥, 35책 188쪽.
113) 인조 23년(1645)에 우의정 李景奭은 "今者局出身·御營軍之類 食料之數 多
於百官"(『仁祖實錄』권46, 인조 23년 10월 戊申, 35책 247쪽)이라 하여 국출
신과 어영군의 급료 지출이 백관보다 많다고 말하고 있다.
114)『仁祖實錄』권47, 인조 24년 7월 癸亥, 35책 281쪽.
115)『訓局事例撮要』上卷, 局出身條 (孝廟朝 9년 4월 24일).

마련한 국출신은 계속 축소된 채로 방치되었다. 그 후 肅宗初에 이르면 국출신은 도감군 중 무과출신자의 입속처로 정비되어 자리잡게 된다. 숙종 2년(1676) 5월 훈련대장 柳赫然은 도감군 중 武科出身이 매우 많은데 이들의 소속처가 따로 없으므로 국출신 3局을 도감군 무과출신들의 입속처로 삼자고 하여 국왕의 허락을 얻었다.117) 이렇게 하여 局出身은 앞의 <표 3-2>에서 보는 바와 같이 步軍, 馬兵과 더불어 훈련도감 편제의 한 부분을 담당하게 되었다. 그러나 국출신은 武科出身이었으므로 앞의 <표 3-3>에서 보는 바와 같이 도감군의 軍摠에서는 제외되었다.

조선후기 동안 훈련도감은 군액의 변천과 더불어 끊임없이 군제의 개편이 이루어졌다. 특히 효종대에는 북벌계획에 따라 군액이 증강되었고, 군제 역시 확대 개편되었다. 현종, 숙종대에는 다음 제6장에서 상술되는 바와 같이 관료, 지식인들 사이에서 훈련도감의 축소와 上番兵制로의 전환을 요구하는 軍備減縮論, 도감변통론이 제기되었고, 이에 따라 정부 내에서 군비 증강론(養兵優先論)과 군비 감축론(養民優先論)의 대립이 전개되었다. 이러한 가운데 현종 10년(1669) 長番兵인 도감군과는 달리 番上兵인 訓鍊別隊가 편성되었고, 숙종 8년(1682) 훈련별대는 병조 騎兵을 선발하여 편성한 精抄軍과 통합되어 禁衛營으로 개편·설립되었다.118) 금위영의 설립을 통해 조선후기 5군영제가 확립되었고, 또 훈련도감의 군제도 개정되었다(<표 3-2>와 <표 3-3> 참조). 이러한 숙종 8년의 군제개편으로써 그동안 변천을 거듭해온 훈련도감 군제는 일단 안정된 체제를 갖추게 되었다. 이 때 정비된 훈련도감 군제는 도성 3군문 체제가 정비되는 숙종 30년(1704)의 釐整廳

---

116) 『訓局事例撮要』 上卷, 局出身條 (顯廟朝 4년 정월 27일).
117) 『訓局事例撮要』 上卷, 局出身條 (肅廟朝 2년 5월 25일).
118) 訓鍊別隊의 창설과 禁衛營의 성립에 대해서는 다음 글 참조. 李泰鎭, 「17세기 朋黨政治와 中央軍營制」, 『朝鮮後期의 政治와 軍營制 變遷』, 韓國硏究院, 1985, 174~205쪽 ; 車文燮, 「禁衛營 硏究」, 『朝鮮時代軍制硏究』, 檀大出版部, 1973.

군제 개편에서도 별 변동이 없었고, 이것은 영조대에도 그대로 이어지
다가 정조대 말 壯勇營의 설립으로 커다란 변화를 겪게 된다.[119]

2. 都監軍의 充員과 구성

1) 都監軍의 充員

앞에서 살펴본 바와 같이 훈련도감은 선조 26년 8월 국왕의 설치 지
시와 훈련도감 事目의 발표 이후 그 해 10월 선조의 還都 직후 설립되
었다. 이 때 영의정 柳成龍을 都提調, 武臣 趙儆을 訓鍊大將, 병조판
서 李德馨을 有司堂上, 辛慶晋·李弘胄를 郎屬으로 각각 임명하고,
당시 도성의 飢民을 모집하여 군인으로 삼았다. 훈련도감 설립시 군인
의 모집 상황을 유성룡은 다음과 같이 전하고 있다.

> 癸巳(선조 26년 : 1593) 10월, 車駕가 환도하니 불타다 남은 너저분
> 한 것들이 성안에 가득한데, 질병과 기근으로 죽은 자들이 길에 겹쳐
> 있고 동대문 밖에 쌓인 시체는 성의 높이와 가지런하여 냄새가 지독
> 하고 더러워 갈 수가 없었다. 사람들이 人肉까지 먹어 죽은 사람이
> 있으면 삽시간에 가르고 베어 피와 살덩이가 낭자하였다. …… 외방
> 은 더욱 심해서 곳곳에서 도적들이 일어났다. 이 때에 上께서 都監을
> 설치하여 군사를 훈련시키라고 명하시고 나를 都提調로 삼으시므로
> 나는 청하기를 "唐粟米 1천 석을 군량으로 하되 한사람 당 하루에 2
> 升씩 준다 하여 군인을 모집하면 응모하는 자가 사방에서 모여들 것
> 입니다"라 하였다. 堂上 趙儆은 곡식이 적어 능히 지급할 수 없다는
> 이유로 큰돌을 놓아두고, 응모하는 자들로 하여금 먼저 들게 하여 힘

---

119) 英祖代 이후 훈련도감 군제의 변화에 대해서는 다음 글이 참조된다. 李泰鎭,
「18세기의 王政 강화와 三軍門 都城守備體制 및 親衛軍營 발달」, 「19세기초
勢道政治와 三軍門 都城常住兵制」, 앞의 책, 1985 ; 金世恩, 「大院君執權期
軍事制度의 整備」, 『韓國史論』 23, 1990 ; 裵祐晟, 「純祖 前半期의 政局과
軍營政策의 推移」, 『奎章閣』 14, 1991.

을 시험해 보고, 또 한 길 남짓한 흙담장을 뛰어넘게 하여 능히 하는
자는 入屬을 허락하고, 不能한 자는 거절하니, 사람들이 다 굶주리고
피곤해서 기운이 없으므로 합격하는 자는 열에 한둘이었다. 어떤 사
람은 도감문밖에서 시험보기를 기다리다가 이루지 못하고 쓰러져 굶
어죽은 사람도 있었다. 얼마 안되어 수천 명을 얻어 鳥銃 쏘는 법과
창·칼 쓰는 기술을 가르쳐서 哨官과 把摠을 세워 그들을 거느리게
하였다. 또 番을 나누어 궁중에 直宿하게 하고, 무릇 국왕의 行幸이
있을 때 이들로써 호위하게 하니 민심이 점차 안정되었다.[120]

즉 훈련도감은 唐粟米 1천 石을 기반으로 군인 1사람 당 하루에 2
升씩 지급하겠다는 대우조건을 내걸고 도성에 있던 飢民·貧民을 모
집하여 충원하였다. 이 때 모집된 인원은 대략 500여 명이었다.[121]
당시 서울은 왜군의 1년여에 걸친 점령과 전쟁으로 인한 식량 부족
으로 거리에 굶어죽은 시체들이 즐비할 정도로 극도로 궁핍한 상태에
있었다.[122] 이에 서울의 飢民·貧民들은 '人爭入屬'이라 하듯이 곡식
을 얻기 위해 훈련도감에 다투어 입속하였다. 훈련도감 역시 急造된
것이어서 군인 모집에 시간적 여유가 없었다. 응모한 사람은 役의 有
無와 公·私賤을 가리지 않고 받아들여 그 군인으로 삼았다.[123] 훈련
도감은 설립 당시 이와 같이 모집의 방법을 통해 군인을 충원하였으
나, 모병제에 의한 군대의 운영은 순조롭게 진행되지는 않았다. 설립
직후부터 군인들은 급료 지급량이 너무 적다하여 불평하였고 심지어
훈련도감에서 도망하려는 자가 생겨나는 실정이었다.[124] 또 이들은 급

---

120) 柳成龍,『西厓集』권16, 雜著 訓鍊都監 (한국문집총간 52책 325쪽).
121)『宣祖實錄』권46, 선조 26년 12월 壬子, 22책 177쪽, "訓鍊都監 應募之軍 已
　　五百餘名".
122) 壬亂중 사회 동태에 대해서는 崔永禧,「제1장 壬辰倭亂初의 社會動態」,『壬
　　辰倭亂中의 社會動態 - 義兵을 中心으로 -』, 韓國硏究院, 1975 참조.
123)『宣祖實錄』권72, 선조 29년 2월 庚申, 22책 652쪽, "急於團取 勿論有無役·
　　公私賤 並爲收聚"; 권167, 선조 36년 10월 己丑, 24책 545쪽, "當初 都監軍
　　急於募取 不計私賤 皆許入屬".
124)『宣祖實錄』권43, 선조 26년 10월 丙戌, 22책 108쪽, "訓鍊都監提調 啓曰 …

료 이외에도 별도의 賞이 없으면 군역 근무를 태만히 하는 부류였
다.[125] 그러나 대체로 훈련도감 설립시 모집에 의해 도감군이 된 자들
은 주로 허기를 면하기 위해 입속하였기 때문에 戰時의 '料薄役苦'[126]
한 도감군 생활을 감수할 수밖에 없었다.

무방비 상태로 맞이한 임진왜란 초기의 혼란이 지나가고 차츰 전쟁
이 소강상태에 접어들면서 민생이 안정되어 갔다. 농촌 경제 역시 정
상화되면서 먹을 것이 넉넉하게 되자 사람들은 어렵고 힘든 도감군이
되는 것을 기피하였다. 설립된 지 3년 후인 선조 29년 12월에 훈련도감
은

砲殺手에 應募하여 入屬하려는 사람들이 今年부터는 거의 없게 되
었다. 이것은 근래 米穀이 흔하게 되고, 훈련도감에 들어온 사람들이
그 군역 근무가 무척 고되고 힘들다고 하자 사람들이 응모하지 않기
때문이다.[127]

라고 하면서 도감군 충원의 어려움을 말하고 있다. 도감군은 長番으로
조금도 휴식할 시간이 없었고,[128] 또 훈련도감 將官들에 의해 여러 가
지로 혹사당하고 있었다.[129] 이에 도감군들은 이러한 군인 생활을 청
산하고 각자 고향으로 돌아가 생계를 도모하려 하였다.[130] 비록 임진
왜란 초에는 굶주림을 면하기 위해 훈련도감으로 들어왔지만 이제 보
다 편한 생계 방도가 마련되어가자 여기에 들어온 것을 감옥에 들어온
것처럼 여기기까지 하였다.[131] 이들은 기회만 있으면 自活의 길을 찾

… 訓鍊我國之軍 來此數日 而粮料之待 疎闊 多有怨恨之色 至欲還去".
125)『宣祖實錄』 권88, 선조 30년 5월 乙巳, 23책 223쪽.
126)『宣祖實錄』 권99, 선조 31년 4월 戊寅, 23책 422쪽 ; 권108, 선조 32년 정월
    癸未, 23책 553쪽.
127)『宣祖實錄』 권83, 선조 29년 12월 庚午, 23책 127쪽.
128)『宣祖實錄』 권88, 선조 30년 5월 乙巳, 23책 223쪽.
129)『宣祖實錄』 권153, 선조 35년 8월 辛丑, 24책 404쪽.
130)『宣祖實錄』 권72, 선조 29년 2월 庚申, 22책 652쪽.

아 兵營에서 도망하였다. 선조 30년 5월 이항복은 도감이 설립한 이래 도망간 군사가 1,200여 명이 된다고 보고하였다.[132] 이미 훈련도감에 입속한 자들은 도망을 감행하였고, 새로이 들어오려는 자는 기피하는 실정이었다. 한편 훈련도감은 '私賤多入'[133]이라 하듯이 私奴들이 다수 입속하였다. 그런데 戰亂이 종식되면서 양반 奴主들은 훈련도감에 입속된 자신들의 奴를 찾아가려 하였고,[134] 뜻대로 되지 않을 경우 이들을 侵虐하고 심지어 죽이기까지 하였다.[135] 이것 역시 훈련도감의 안정적인 군액 유지를 저해하는 현상이었다.

임진왜란 후기부터 농촌경제가 회복됨에 따라 도감군의 도망과 이탈이 증가해가자 정부는 새로이 新兵 모집을 독려하는 한편 도감군의 軍籍을 작성하여 이들을 단속하려 하였다.[136] 또 한편으로 도감군 중 우수한 자는 實職에 除授하거나 許通한다는 조건을 내걸어 군인들을 붙들어 두려고 하였다.[137] 특히 선조 31년 12월 왜란의 종식과 더불어 明軍 철수론이 등장하면서 선조는 "서울에는 단지 도감군만 있다"라고 하면서 훈련도감의 정예화와 군액 증강을 지시하였다.[138] 그러나 도감군의 이탈은 계속 되었다. "軍人之怨苦 日以益甚"[139]이라는 상황 하에서 "訓鍊之局 日喪其旅"[140]라는 실정이었다. 선조 34년 3월 훈련도감은 당시 도감군의 군액을 보고하면서 元數 2,650명 중에 物故 94

131) 『宣祖實錄』 권135, 선조 34년 3월 丁巳, 24책 220쪽, "都監入屬之人 視同投諸牢狴".
132) 『宣祖實錄』 권88, 선조 30년 5월 丁巳, 23책 232쪽.
133) 『宣祖實錄』 권87, 선조 30년 4월 壬申, 23책 194쪽.
134) 註 130)과 같음.
135) 『宣祖實錄』 권135 선조 34년 3월 乙丑 24책 226쪽, "私賤之爲軍人者 其主極其侵虐 至有殺之者 極爲憫惘".
136) 註 132)와 같음.
137) 『宣祖實錄』 권102, 선조 31년 7월 甲午, 23책 467쪽 ; 권134, 선조 34년 2월 癸未, 24책 198쪽.
138) 『宣祖實錄』 권107, 선조 31년 12월 己巳, 23책 546쪽.
139) 『宣祖實錄』 권153, 선조 35년 8월 辛丑, 24책 404쪽.
140) 『宣祖實錄』 권155, 선조 35년 10월 庚寅, 24책 417쪽.

명, 도망 383명, 雜頉 586명, 赴防 146명으로 현재 서울에 남아서 근무
하고 있는 군인의 수는 단지 1,441명뿐이라고 하였다. 여기서 物故란
근무 중 사망한 자를 말하는 것이고, 잡탈이란 훈련도감에서 이탈하여
屯田에 移屬하거나, 通事·教師·匠人·書吏로 가거나 貿易에 종사
하는 것을 말한다.141) 이와 같이 도감군의 정규 임무인 赴防을 제외하
고 物故, 逃亡, 雜頉 등으로 결원이 생긴 수가 1,063명에 달하였으니
이는 전체 군액 중 40%에 달하는 것이었다.

　특히 훈련도감에서 도망하는 군인의 증가는 큰 문제였다. 도망군의
증가는 훈련도감 군액의 결손뿐만 아니라 국가 기강과도 관련되었기
때문이다. 그래서 훈련도감은 선조 34년 3월의 위 보고에 이어 도망군
문제에 대해 '嚴立事目'할 것을 요구하였다. 즉 도망군 推捕를 위해 기
한을 정하여 각 지방수령으로 하여금 이들을 잡아 올리도록 하고 기한
내에 1명도 잡아 올리지 못한 수령은 罷黜시키고 色吏는 全家定配하
자고 하였다. 또 붙잡힌 도망군은 輕重에 따라 곤장을 치고 勢家에 투
탁하여 기한 내에 나타나지 않는 자는 법에 따라 梟示하며, 哨官으로
서 도망군을 잡아들인 자는 성과에 따라 6품으로 승진시키거나 實職
에 제수할 것을 상계하여 국왕의 허락을 받았다.142)

　그러나 도망군 推捕는 쉽지 않았던 것 같다. 광해군 5년 12월 훈련
도감은 도감 설립 이래 도망군은 모두 1,644명으로 이중 1,140명은 居
住不明으로 도저히 잡을 수 없으며, 단지 504명만은 찾아낼 수 있다고
보고하고 있다.143) 그리고 훈련도감은 이들 504명을 모두 찾아내어 처
벌할 것이며, 이들을 받아들이거나 숨겨준 자도 모두 처벌하겠다고 하
여 국왕의 허락을 얻었다. 그 후 도망군에 대한 처벌은 "初逃則決棍一
百度 再逃則習陣之日 梟示警衆"이라고 규정되었다.144) 이러한 軍律

---

141)『宣祖實錄』권135, 선조 34년 3월 己亥, 24책 209쪽.
142) 위와 같음.
143)『光海君日記』권73, 광해군 5년 12월 辛亥, 32책 270쪽.
144)『承政院日記』244, 숙종 원년 정월 19일, 13책 954쪽.

제3장 訓鍊都監의 설립과 都監軍의 구성 101

의 강화와 더불어 다음 장에 보는 바와 같이 도감군에 대한 급료·급
보제를 정비하여 도감군에 대한 처우도 개선하려 하였다. 군율의 강화
와 처우의 개선을 동시에 실시하면서 도감군을 단속하려 했던 것이다.
정부의 이러한 노력으로 도망군은 현저히 감소하나 17세기 내내 군인
들의 도망은 그치지 않았다.145)

　도망군 문제 이외에도 훈련도감은 군인 중 老衰·病弱한 사람을 제
대시키고 새로이 年少·强健한 신병을 모집하는 문제를 해결하여야
했다. 그러나 기존의 군인들도 도망하려는 실정인데 새로이 군인으로
들어오려는 사람이 있을 리 없었다. 선조 34년(1601) 8월 선조는 도감
군의 충원 문제에 대해 다음과 같이 우려하고 있다.

　　도감군들을 募入한 지 이미 10년이 지났으니 나이 들어 들어온 자
　　들은 이미 物故되었고 장성하여 들어온 자들도 老人이 다 되었다. 지
　　금 만약 新兵들을 보충하지 않는다면 오래지 않아 도감군은 하나도
　　남지 않게 될 것이다.146)

　즉 훈련도감을 계속 존속시키기 위해서는 老兵의 제대에 따른 新兵
의 충원이 순조롭게 이루어지는 것이 무엇보다 필요한 실정이었다. 그
래서 선조 36년 12월 선조는 비망기에서 도감군의 충원을 위해 壯丁을
召募하는데 役의 有·無와 僧·俗을 가리지 말고 모두 서울로 모이게
하여 그중 年少勇力者를 군인으로 편입시키라고 명하고 있다. 아울러
선조는 이들에게 軍職을 수여하여 禁軍과 같이 승진시키고 녹봉을 지
급하면 "사람들이 훈련도감으로 들어오려 할 것"이라고 전망하였
다.147)

　이 규정은 숙종 28년(1702)에 이르면 "初犯決棍五十 再犯八十 三犯梟示 軍
　物偸取逃亡者 勿論初再梟示"(『肅宗實錄』권37, 숙종 28년 11월 丁卯, 39책
　702쪽)로 약간 완화하게 된다.
145) 『光海君日記』권21, 광해군 원년 10월 庚午, (태백산본) 1책 252쪽.
146) 『宣祖實錄』권140, 선조 34년 8월 癸巳, 25책 290쪽.

그러나 이러한 국왕의 기대와는 달리 도감군의 충원은 제대로 이루어지지 않았다. 이 당시 도감군에는 국가가 모집하려던 閑丁無役者는 모두 빠져버리고 서울 안의 各司典僕으로 채워지고 있는 실정이었다.148) 그 후 훈련도감의 각 哨官으로 하여금 개별적으로 군인을 모집하게 하고 군인을 많이 모집하는 자는 상을 준다고 하면서 도감군을 충원하려 했지만, 이때 모집된 사람도 모두 "근거지가 없는 오합지졸(無根着烏合之人)"이라는 실정이었다.149) 이러한 各司典僕이나 無根着烏合之人으로서는 정부에서 기대하는 정예병을 양성할 수 없었다. 이들은 곧 各司에 의해 소환되거나, '不久還散'150)이라 하듯이 고되고 힘든 군역 근무에 모두 도망가버리는 존재들이었다. 즉 정예병을 기대할 수 없는 부류였다. 한편 후술하듯이 선조 36년 10월 선조의 6남 順和君이 도감군들을 거느리고 서울에서 수많은 사람을 죽이고 다치게 한 사건이 일어났다. 이 사건을 통해 모집에 의해 입속한 상당수의 도감군들이 각 궁가·권세가의 私奴·投托人이라는 것이 폭로되었다. 이것은 국왕을 비롯한 관료층에게 상당한 충격을 주었던 것으로 보인다.

따라서 정부는 기존의 모집 형태의 도감군 충원을 再考하지 않을 수 없었다. 도감군을 모집할 때 無役閑丁은 모두 빠져버리고 주로 各司典僕이나 서울의 無根着烏合之人, 또는 궁가·권세가의 사노·투탁인들이 입속하는 상황에서 정부는 모집 형태만을 고집할 수 없었다. 이에 정부에서는 도감군의 충원에 '陞戶制'를 채택하였다. 승호제란 각 지방에 군액을 할당하여 이들을 서울로 올라오게 하여 도감군으로 충원하는 방식이다. 이것이 처음으로 실시된 것은 선조 39년(1606) 겨울이었다. 승호제의 실시 경과에 대해서 광해군 원년(1609) 10월 훈련도

147) 『宣祖實錄』 권169, 선조 36년 12월 戊申, 24책 555쪽.
148) 『宣祖實錄』 권178, 선조 37년 9월 壬戌, 24책 663쪽.
149) 『宣祖實錄』 권217, 선조 40년 10월 庚申, 25책 368쪽.
150) 위와 같음.

감에서는 다음과 같이 말하고 있다.

> 도감군이 入屬한지 오래되어 노쇠한 자들이 많이 있다. 이들을 不
> 可不 법에 따라 除隊를 허락해야 하는 데 代定할 군인이 없었다. 그
> 래서 부득이 京中과 外方의 無役閑丁이나 束伍軍중 丁壯을 가려 뽑
> 아 差使員으로 하여금 丁未(선조 40년, 1607) 9월 그믐 전까지 이들
> 을 호송하여 오도록 하였다. 이것은 丙午(선조 39년) 겨울 훈련도감
> 의 계사에 따라 各道에 下諭하였다.[151]

이를 통해 승호제는 선조 39년 겨울 훈련도감의 上啓에 의해 실시
되어 京中과 外方에서는 이듬해 9월까지 군인을 올려보내야 했음을
알 수 있다. 군인을 모집에 의해서 充定하는 것이 아니라, 각 지방에
군액을 할당하여 충정하는 방식이 나타난 것이다. 그리고 승호제에 의
해 각 지방에서 도감군으로 지정된 사람은 "盡賣家藏田土"[152]라고 하
듯이 살림살이와 토지를 모두 팔아버리고 父母·妻子를 이끌고 서울
로 올라와 훈련도감에서 근무해야 했다.[153] 승호제의 이러한 형태를
선조 40년 10월 開城府 留守 申礛은 자신의 고향에서 추방하는 全家
移配와 다름없다고 비판하기도 했다.[154]

종래의 募兵과는 달리 각 지방에 강제적으로 군액을 할당하여 군인
을 충원하자, 이에 대한 관료들의 비판과 인민의 반발이 잇따랐다. 즉
위의 개성 유수 申礛은 "승호를 실시한다고 하자 사람들이 놀라 點閱
·簡擇할 때 우선 도망해 버린다. 그러면 그 一族을 잡아 가두어 기어
코 軍卒들을 서울로 押送하니 마치 죄인과 같다"라고 그 실시 모습을
말하고 있다. 그래서 신집은 "이렇게 죄인처럼 끌고 온 군인이 어떻게
편안히 훈련을 받겠는가"라고 반문하고 있다. 즉 이들은 반드시 도망

151)『光海君日記』권21, 광해군 원년 10월 庚午, (태백산본) 1책 253쪽.
152)『顯宗實錄』권16, 현종 10년 정월 丁巳, 36책 609쪽.
153)『仁祖實錄』권4, 인조 2년 2월 辛卯, 33책 577쪽.
154)『宣祖實錄』권217, 선조 40년 10월 庚申, 25책 368쪽.

갈 것이며, 이들이 도망가면 수령들이 그 벌을 받을 것이요, 수령은 부
득이 그 隣族을 잡아 가둘 것이라고 하면서 一波萬波의 폐단을 들어
승호제의 실시를 반대하였다.155) 또 광해군 2년 3월 당시 훈련도감 제
조로 있던 李恒福은 승호제 실시의 경위와 이에 대한 인민의 반발을
다음과 같이 말하고 있다.

　중국의 軍士는 召募에 의해 자원하여 들어온 자들이지 강제로 징
발한 것이 아닙니다. 그러므로 사람들이 모두 즐거이 군무에 임합니
다. 그러나 우리 나라 사람들은 군인에 들어가는 것을 결사적으로 피
하여 군액을 채울 길이 없었습니다. 지난번에는 군인 모집의 多少로
써 將官의 근무 성적을 평가하여 賞과 罰을 주기도 하였으나, 모집된
자들이 모두 근거지가 없는 떠돌이들이었습니다. 그래서 부득이 外方
에 명하여 군액을 充定하여 上送하도록 하였는데 이에 대한 원망이
일어나고 있습니다.156)

이 같은 관료들의 비판과 民의 반발에도 불구하고 당시 조선 정부로
서는 승호제를 강행하지 않을 수 없었다. 훈련도감은 당시 정부가 믿
을 수 있는 유일한 군대였다.157) 이러한 훈련도감의 군인을 충원하는
데 승호제는 무엇보다 효과적이었다. 우선 각 지방관들은 "年少有根着
可堪哨軍者"를 뽑아 훈련도감으로 올려보내야 했고,158) 이렇게 하여
올라온 군인들은 각 지방에 근거가 있는 자들이므로 도망갈 염려도 적
었다. 또 승호된 지 3년 내에 도망가면 각 지방관들이 책임지고 다른
사람으로 代定하여야 했다.159) 한편 승호제는 良人을 올려보내야 했으
므로 도감군에 賤人이 입속하여 발생하는 여러 문제도 상당 부분 해소

155) 위와 같음.
156)『光海君日記』권26, 광해군 2년 3월 壬寅, (태백산본) 1책 320쪽.
157)『仁祖實錄』권1, 인조 원년 4월 丙子, 33책 526쪽, "若無此軍 則緩急無所恃"
　　;『承政院日記』68, 인조 17년 정월 15일, 4책 241쪽, "最爲可用之軍".
158)『訓局事例撮要』下卷, 砲保條 (仁廟朝 8년 庚午 정월, 英祖 34년 12월 일).
159)『訓局事例撮要』砲保條 (英祖 15년 5월 11일).

시킬 수 있었다. 결국 이러한 장점으로 승호제는 계속 추진되었고, 승호제의 실시로 훈련도감의 군액은 안정적으로 증가할 수 있었다. 조선 후기에 진행된 훈련도감의 군액 변천은 다음 <표 3-4>와 같다. 이 표를 통해 선조 39년의 승호제 실시 이후 광해군대에 들어서면서 군액이 안정적으로 증가하고 있음을 알 수 있다.

<표 3-4> 訓鍊都監 군액 변천표

군액 변천 年·月·日	軍 額	典 據
宣 祖 26년(1593) 12월 壬子	500餘	『宣祖實錄』
宣 祖 27년(1594) 2월 甲戌	1,000餘	〃
宣 祖 28년(1595) 3월 癸未	1,146	〃
宣 祖 30년(1597) 5월 丁巳	1,100	〃
宣 祖 31년(1598) 7월 壬寅	2,000餘	〃
宣 祖 32년(1599) 5월 丁卯	1,700餘	〃
宣 祖 34년(1601) 3월 己亥	2,650	〃
宣 祖 36년(1603) 8월 癸丑	2,000餘	〃
光海君 8년(1616) 8월 癸亥	4,000餘	『光海君日記』
仁 祖 3년(1625) 5월 20일	4,000餘	『承政院日記』
仁 祖 9년(1631) 7월 癸未	4,000餘	『仁祖實錄』
仁 祖 14년(1636) 8월 20일	4,400餘	『承政院日記』
仁 祖 27년(1649) 2월 13일	5,440餘	〃
孝 宗 8년(1657) 정월 丙寅	5,650餘	『孝宗實錄』
孝 宗 9년(1658) 8월 戊子	6,350餘	〃
顯 宗 3년(1662) 9월 壬午	7,000餘	『顯宗改修實錄』
顯 宗 13년(1672) 9월 辛卯	5,500餘	『顯宗實錄』
肅 宗 8년(1682) 3월 甲子	5,707	『肅宗實錄』
肅 宗 8년(1682) 3월이후	5,000	『肅宗實錄』 권13上 8년 3월 甲子
肅 宗 28년(1702)	6,314	『絧菴集』 권4 疏箚 八條萬言封事
純 祖 9년(1809)	5,977	『萬機要覽』 軍政編 2 訓鍊都監 軍摠

이와 같이 실시된 승호제는 차츰 정비되어 갔다. 우선 승호제는 子·卯·午·酉가 드는 해인 式年마다 실시되었다. 즉 3년에 한번씩 승호가 이루어졌던 것이다. 승호제가 실시되는 식년마다 서울과 각 지방에서는 자기 지역에 할당된 승호군을 無役閑丁이나 束伍軍, 또는 砲保 중에서 건장한 자를 뽑아 差使員을 붙여 식년 이듬해 9월까지 서울

로 올려보내야 했다. 이와 아울러 승호군 1명당 3명씩의 砲保도 갖추어 그 명단을 올려보냈다.160) 이 때 서울과 각 지방에 할당된 군액은 훈련도감의 형편과 시기에 따라 변동되었으나 17세기에는 대략 230명 선을 유지하였다.161) 평안도와 함경도를 제외한 6도에 각각 경기 20, 황해 35, 전라 50, 경상 30, 충청 40, 강원 20명씩 배정하였고, 한성부와 개성에도 각각 30명, 5명씩을 배정하였다.162) 이렇게 漢城府와 各道에 할당된 군액은 다시 한성부는 各部에, 각도는 各邑에 분정되었다. 즉 한성부는 中部 12, 東部 4, 西部 5, 南部 7, 北部 2명씩 각각 분정하였고,163) 지방은 전라도를 예를 들면

> 전라도에 元定된 數는 각각 3명의 보인을 갖추어 50戶입니다. 이것을 道內 53官에 分定하면 大邑은 5~6인, 中邑은 3~4인, 小邑은 1~2인을 찾아 충정하는 것에 불과합니다.164)

라 하듯이 道內 大·中·小邑에 분정하여 승호군의 충원이 이루어졌다.

한편 式年마다 할당된 승호군을 올려보내지 않은 서울 各部의 관원과 지방의 수령에게는 엄한 처벌이 뒤따랐다. 최초로 승호제를 실시한 선조 39년 丙午 式年의 승호에서 충청도 槐山에서는 3명, 大興에서는 1명, 沃川에서 1명씩 각각 定額에 未達하여 군인을 올려보내자, 괴산 수령은 罷職되고 옥천 군수와 대흥 현감은 推考되었다.165) 이러한 처

---

160) 『肅宗實錄』 권37, 숙종 28년 8월 癸未, 39책 693쪽, "都監式年砲手 俱戶保八百 每三年分定上送者 所以代定元戶有頉之額".
161) 『訓局事例撮要』 下卷, 砲保條 (孝廟條 3년 7월 25일), "一式年上送 只二百三十名".
162) 『承政院日記』 4, 인조 3년 2월 3일, 1책 90쪽 ; 『萬機要覽』 軍政編2, 訓鍊都監 軍摠 陞戶 ; 『增補文獻備考』 권116, 兵考8 軍門 訓鍊都監 陞戶 ; 『訓局總要』 建置, 陞戶.
163) 『承政院日記』 44, 인조 12년 9월 5일, 2책 980쪽.
164) 『承政院日記』 163, 현종 원년 8월 23일, 9책 55쪽.

벌 이후 훈련도감에서는 앞으로 기한 내에 1명 이상 승호군을 올려보
내지 못하면 守令과 해당 관원을 罷黜하고 色吏는 北道로 定配한다는
더욱 강화된 처벌 규정을 마련하였다.[166] 그후 인조 8년(1630)에 반포
한 「포보절목」에서도 승호제를 제대로 거행하지 않으면, 監司는 入啓
推考하고 수령은 罷職하며 色吏는 徒年定配한다고 재차 철저한 시행
을 강조하였다.[167] 그러나 정부의 이러한 처벌 규정에도 불구하고 승
호제는 철저히 이행되지 못한 듯하다. 즉 17세기에는 각 지방관의 승
호제 불이행과 이에 대한 정부의 처벌이 끊임없이 반복되고 있었던 것
이다.[168] 특히 양역의 폐단이 심각하게 대두된 현종 원년(1660)에는 전
라도의 승호군액 50명 중 37명, 경상도 30명 중 16명, 개성부에는 5명
전원을 上送하지 않아 全南監司와 開城留守가 파직되는 일이 있었
다.[169]

　　17세기에는 중앙군과 지방군에서의 군액의 증가와 이에 따른 피역
의 심화, 또 자연 재해의 빈발 등으로 양역의 폐단이 심화되고 있었다.
따라서 서울과 각 지방에서 식년마다 돌아오는 훈련도감의 승호제를
위해 無役 良人을 찾아내어 승호군으로 삼고 여기에다 또 다시 3명에
달하는 이들의 보인(砲保)을 색출해 낸다는 것은 쉬운 일이 아니었다.
더구나 승호군은 고향을 등지고 낯선 서울에서 생활해야 하는 것이어
서 양인 농민들은 극력으로 피하려 하였다.[170] 그래서 일부 관료들과

---

165)『光海君日記』권21, 광해군 원년 10월 庚午, (태백산본) 1책 253쪽.
166) 위와 같음. "自今以後 都監新抄軍人 限內趂未抄送 則一名以上 守令及當該
　　官員罷黜 色吏北道定配".
167)『訓局事例撮要』下卷, 砲保條 (仁廟朝 8年 庚午 正月).
168)『承政院日記』4, 인조 3년 2월 3일, 1책 90쪽 ; 20, 인조 6년 2월 12일, 1책
　　934쪽 ; 44, 인조 12년 9월 5일, 2책 980쪽 ; 152, 효종 9년 10월 22일, 8책 442
　　쪽.
169)『承政院日記』권176, 현종 3년 10월 23일, 9책 777쪽 ;『訓局事例撮要』下卷,
　　砲保條 (顯廟朝 3년 10월 23일).
170)『顯宗實錄』권17, 현종 10년 7월 甲寅, 36책 636쪽, "此輩聞訓鍊都監之名 則
　　視同死地".

인민들은 흉년이 닥치면 정부에 승호를 중지해 달라는 요청을 하였다. 인조 16년(1638) 10월 16일 參贊官 李命雄은 금년과 같은 극심한 흉년에는 마땅히 승호를 정지해야 한다고 주장하였고,[171] 현종 원년(1660) 8월 전라감사는 풍년을 기다려 승호를 거행할 것을 요구하였다.[172] 그러나 이러한 지방관의 요구는 번번이 훈련도감의 반대로 실현되지 못했다.

훈련도감 군액의 충원은 식년 승호제만으로 이루어지는 것은 아니었다. 매 식년마다 각 지방에서 올라온 230명의 승호군으로는 부족한 군인을 채울 수 없을 때가 많았다. 따라서 훈련도감에서는 정기적으로 실시되는 式年 陞戶와 더불어 부정기적으로 각 지방에 산재한 砲保를 승호하여 도감군으로 충원하였다. 이를 別陞戶라고 한다.[173] 특히 별승호는 효종대에 많이 실시된 것으로 보인다. 효종은 즉위이래 군사력 강화에 비상한 관심을 보였다.[174] 이른바 북벌운동의 일환이었다. 이에 효종은 재위기간 내내 최대의 중앙 군영인 훈련도감을 보다 더 강한 군영으로 발전시키기 위한 조치를 취하였다.[175] 우선 효종 3년(1652) 7월 국왕은 훈련도감의 궐액을 보충하기 위해 별승호를 실시할 것을 下敎하였다. 그러나 이에 대해 훈련도감 자체에서도 난색을 표명하였다. 군량 부족으로 식년 승호군조차 유지할 수 없는 실정인데 별

---

171) 『承政院日記』67, 인조 16년 11월 1일, 4책 201쪽.

172) 『承政院日記』163, 현종 원년 8월 23일, 9책 55쪽, "式年束伍砲手 以年凶之故 姑爲退待豊年舉行事".

173) 『訓局事例撮要』下卷, 砲保條 (孝廟朝 3년 7월 25일), "當初設局時 各官卜定砲手 每式年上送者 乃所以軍兵中 物故老除 各樣有頉 代充定之意也 而一式年 上送只二百三十名 一式年內 死亡老除 有頉之數 則或過於上送之數 故往往砲保中 別爲陞戶 以補其不足之數矣".

174) 효종대의 군사력 강화에 대해서는 다음 글이 참고된다. 車文燮, 「孝宗朝의 軍備擴充」, 『朝鮮時代軍制研究』, 檀大出版部, 1973 ; 李京燦, 「조선 효종조의 북벌운동」, 『淸溪史學』5, 1988.

175) 효종대 훈련도감의 增强 시도와 실패에 대해서는 이태진, 『朝鮮後期의 政治와 軍營制 變遷』, 韓國研究院, 1985, 170~173쪽 참조.

승호로 군액을 증가하는 것은 무리라는 것이다. 그러나 국왕의 주장대로 별승호의 시행은 관철되고 있었다.[176]

특히 별승호 문제가 정부 내에서 쟁점으로 떠오른 것은 효종 9년 (1658)의 훈련도감 군액증가 조치에서였다. 효종은 그 전해에 훈련도감군 1만 명의 확보를 천명하고,[177] 도감군 증액을 위해 일차적으로 포보 중에서 精壯한 자 700명을 별승호하도록 명하였다. 그러나 이에 대한 정부 관료들의 반발은 적지 않았다. 대사헌 金南重은 잇따른 흉년으로 백성들은 살기 힘들고 京中 米價 역시 등귀하여 면포 1필로 겨우 6~7升의 米를 살 수 있을 뿐인데,[178] 서울 내에 이만한 군인을 모여들게 하는 것은 不可하다고 승호 조치에 대해 반대하였다.[179] 비변사 역시 비록 승호하는 군인의 수는 700명이지만 그에 딸린 사람까지 포함하면 1,000명 이상이 될 것이며 그러면 서울의 물가만 올려 主·客이 모두 피폐한 처지를 면치 못할 것이라고 하면서 내년 가을을 기다려 실시하자고 상계하였다.[180] 그러나 국왕은 승호제 실시를 계속 추진하겠다는 뜻을 밝혔다.

효종의 집요한 훈련도감 군액확대 의지는 자신의 정책을 지지하던 山林의 영수 宋時烈의 반대에 부딪치게 된다. 우선 송시열은 "添兵非難 養兵爲難"이라는 朱子의 말을 인용하면서 이렇게 증액한 도감군을 어떻게 먹여 살릴 것이냐고 국왕에게 물었다. 이에 효종은 "選兵之擧 出於不得已 今難更改矣"라는 확고한 자신의 의지를 밝혔다.[181] 효종

176)『訓局事例撮要』下卷, 砲保條 (孝廟朝 3년 7월 25일).
177)『孝宗實錄』권18, 효종 8년 정월 丙寅, 36책 75쪽.
178) 당시 면포 1필의 평상시 時價는 米 5斗였다. "右議政金堉 上箚曰 …… 每一結 春出木綿一匹 米二斗 秋出米三斗 則摠爲十斗"(『孝宗實錄』권2, 효종 즉위년 11월 庚申, 35책 397쪽)에서 보는 바와 같이 金堉은 면포 1필을 米 5두로 계산하고 있다.
179)『孝宗實錄』권20, 효종 9년 8월 戊子, 36책 151쪽.
180)『孝宗實錄』권20, 효종 9년 8월 己丑, 36책 151쪽.
181)『孝宗實錄』권20, 효종 9년 9월 癸卯, 36책 153쪽.

은 자신의 숙원인 北伐을 실행하기 위해서는 훈련도감 군액을 증액하
는 것은 부득이하였을 것이다.[182] 한편 평소 효종의 과도한 군비확장
을 말리던 金堉은 자신의 臨終 上疏에서

> 凶年 饑歲로 民들은 四方으로 흩어지는 이러한 때에 陞戶를 또 실
> 시하고는 大臣들이 말려도 듣지 않으니 이것이 무슨 일입니까. 殿下
> 는 마땅히 잘못을 깨달아야 합니다.[183]

라는 말을 남길 정도였다. 이와 같이 효종 9년 별승호를 통한 훈련도감
군액증강 시도는 정부 내에 많은 파문을 일으켰다. 자신의 재위기간에
북벌을 실행하려는 국왕과 현실적인 어려움을 내세워 이를 저지하던
신료의 대립이었다. 그러나 효종은 군액 증강을 통한 북벌의 집념을
미처 실행하지 못하고 이듬해 5월에 승하하였다.

효종에 이어 현종이 즉위하면서 前代의 군비강화 정책은 개혁과 수
정의 대상이 되었다. 효종대에는 국왕의 확고한 북벌의지와 그 명분으
로 말미암아 제대로 논의조차 하지 못하던 군비강화 정책, 도감군의
군액 增强은 이제 신료들의 비판의 표적이 되었던 것이다. 우선 현종
즉위년(1659) 12월 공조판서 閔應亨이 공격의 포문을 열었다. 그는 物
故老弱者를 代充하기 위해 실시하는 式年 陞戶의 정지와 효종대 別
陞戶로 올라온 700명의 도감군을 모두 지방으로 돌려보낼 것을 주장
하였다. 여기서 그는 호조의 1년 경비가 12萬 石인데 軍餉으로 들어가
는 경비가 8萬 石이라고 지적하면서 호조의 전체 경비 2/3를 차지하는
軍費는 단연코 감축해야 한다는 입장이었다. 특히 그는 "나라는 반드
시 스스로 망한 연후에야 남에게 망한다(國必自伐 而後人伐之)"라는
孟子의 말을 인용하면서 도감군이야말로 "自伐之大者也"라고까지 하

---

182) 숙종 7년(1681) 6월 同知經筵 李端夏는 효종의 이러한 군비 강화를 "孝廟躬
  履險難 欲圖大攻 故不得不養兵"(『肅宗實錄』 권11, 숙종 7년 6월 戊寅, 38책
  534쪽)이라고 평가하였다.
183) 『孝宗實錄』 권20, 효종 9년 9월 己亥, 36책 152쪽.

였다.184)

이와 같이 현종 즉위년부터 시작된 훈련도감 감축론은 현종 재위기
간 내내 제기되었다. 관료들은 정기적으로 도감군의 궐액을 보충하는
식년 승호조차 정지할 것을 요구하였다. 현종 원년(1660) 9월 庚子 式
年을 맞이하여 정부에서 승호를 실시하려 하자, 副校理 金萬均은 다
음과 같이 국왕에게 승호를 정지해 줄 것을 요구하였다.

> 臣이 전라우도에서 올라오다 보니 굶주린 백성들은 모두 도토리(橡
> 實)를 줍느라 분주하여 그 광경이 참혹하였습니다. 이러한 때에 砲保
> 들을 陞戶 上京시키려 하니 民弊가 이만저만한 것이 아닙니다. 불가
> 불 明年을 기다려 시행하는 것이 옳을 듯합니다.185)

이러한 김만균의 발언에 대해 좌의정 元斗杓는 "70년 동안 행해지
던 것을 갑자기 그만둘 수 없다"라 하며 반대하였다.186) 그러나 이 시
기 관료들의 승호 중지 요구는 계속되었다. 특히 承旨 兪棨는 민심의
이반이 우려된다며 강력하게 승호 중지를 주장하였고,187) 副修撰 李敏
迪 역시 陞戶야말로 '백성들을 동요시키는 가장 큰 문제(擾民之甚者)'
라고 주장하면서 그것의 중지를 촉구하였다.188) 이러한 관료들의 잇따
른 요구에 대해 결국 국왕은 현종 원년의 庚子 式年 승호를 중지할 것
을 명하였다.189)

---

184) 『顯宗改修實錄』 권2, 현종 즉위년 12월 甲寅, 37책 136쪽, "訓局恒食之軍過
　　多 國中民力 盡歸於此 此軍初不過三千 加額之數 今之六千 戶曹 一年經費
　　十二萬石 歸於軍餉者 八萬石 …… 恒食之軍 則物故老弱之代 勿復充補 去
　　年加抄七百名 盡皆罷還".
185) 『顯宗實錄』 권3, 현종 원년 9월 丁巳, 36책 275쪽 ; 『顯宗改修實錄』 권4, 현
　　종 원년 9월 丁巳, 37책 194쪽.
186) 위와 같음.
187) 『承政院日記』 164, 현종 원년 9월 8일, 9책 65쪽, "今式年 新陞戶砲手 姑勿
　　上京事 筵臣陳啓 而未有發落云 國用頓竭 專由於養兵 當 此凶荒之極 復有
　　陞戶上京之擧 則四方聞之 必多怨咨 不可不速停也".
188) 『顯宗改修實錄』 권4, 현종 원년 9월 癸亥, 37책 196쪽.

그러나 비록 현종 원년의 陞戶는 중지되었다 하더라도, 정부에서는 物故나 老除 등으로 인한 도감군의 군액결손을 그대로 방치해두려 하지 않았다. 어떻게 해서든지 군비를 유지·강화하려는 것이 이 당시 국왕과 훈척, 그리고 軍當局者의 의지였다. 현종 3년(1662) 6월 좌의정 원두표는 "訓局軍兵으로서 근래 物故한 사람들이 무려 1,100여 명에 달합니다. 이 수를 보충하기가 매우 어려우니 불가불 별도의 조치가 있어야 하겠습니다"라고 국왕에게 아뢰었다. 이에 대해 국왕 현종은 "비록 보충하고자 해도 1년 이내에 어떻게 이만한 수를 채울 수 있겠는가"라 하면서 난색을 보였다. 정상적인 式年 陞戶制로는 도저히 일시에 1,100여 명의 군액을 채울 수 없다는 것이다. 그러자 원두표는 "宣祖代 훈련도감 설립 때처럼 군인들을 募得하면 이것이 가능하다"라는 의견을 제시하였다. 이때 훈련대장 李浣 역시 원두표의 의견에 동의하자, 국왕은 闕額 400명을 우선 충원하라는 명을 내렸다.[190]

현종 3년 6월 국왕의 도감군 모집 명령이 내린 후, 그 해 9월 李浣은 식년 승호로 200명, 서울에서의 모집으로 220명 합계 420명을 충원하였다고 보고하였다.[191] 즉 승호제와 모집제를 병행하여 군액을 충원하였던 것이다. 이것은 조선후기 도감군의 충원 방법에 다시 모집의 형태가 등장하게 되는 계기가 되었다. 즉 선조 39년(1606) 종래의 모집제에서 승호제로 도감군 충원방식을 변경한 이후 陞戶制에 대한 관료와 民들의 비판과 반발이 점증함에 따라 정부에서는 50여 년 만에 다시 모집제의 형태를 가미하게 된 것이다. 그런데 宣祖末의 도감군 모집제는 응모자의 부족으로 인해 극히 어려움을 겪었지만, 현종 3년 모집제를 재시행할 때의 상황은 이와는 전혀 달랐다. 17세기 후반 이후 서울

---

189) 『顯宗改修實錄』 권4, 현종 원년 9월 癸亥, 37책 196쪽, "上曰 …… 今年砲保 上京者 皆令停止".

190) 『顯宗改修實錄』 권7, 현종 3년 6월 甲辰, 37책 274쪽.

191) 『承政院日記』 권176, 현종 3년 9월 5일, 9책 746쪽 ; 『訓局事例撮要』 下卷, 砲保條 (顯廟朝 3년 10월 23일), "軍兵闕額甚多 自京募入者 二百二十餘人 今此束伍上來者 二百餘人 以補闕額".

의 인구증가에 따라 도성내에는 수많은 流民, '遊手之輩'들이 일거리
를 찾아 몰려다녔고, 이들은 훈련도감에서 군인을 모집한다는 소식을
듣고 다투어 입속하려 하였던 것이다.

현종 3년(1662) 도감군의 충원방식으로 京募集이 재등장한 이후, 凶
年이나 각종 災害 등으로 인해 지방에서 승호제를 시행하기 어려운 상
황이면 정부는 서울에서 募兵을 실시하였다. 빈번한 관료와 지방관들
의 승호 중지 요구,[192] 지방민들의 승호에 대한 반발[193]속에서 정부는
경모집을 선호하였다. 서울에는 군인으로 들어오려는 사람이 줄을 서
고 있는데, 굳이 원망을 들어가며 지방민 충원을 고집할 필요가 없었
던 것이다.[194] 한편 정부는 京募集과 더불어 도감군의 자제들을 도감
군으로 충원하는 待年軍 제도도 운영하였다. 즉 도감군의 아들을 軍簿
에 기록해 두었다가, 일정한 연령에 달하면 米 4斗의 급료를 지급하여
무예를 연습하게 한 후 試才에 합격하면 급료를 올려주다가, 급료가 7
斗에 이르면 비로소 도감 元軍으로 충원하는 형식을 취하였던 것이
다.[195] 이와 같이 도감군 아들들이 도감군으로 충원되는 待年軍이 운

---

192) 『承政院日記』305, 숙종 10년 8월 23일, 16책 168쪽, "全羅監司 李師憲狀啓
陞戶砲手 勿爲上番事 …… 陞戶砲手 異於他役 外方軍士 擧族訣別 治裝上
京 雖常年最爲寃苦之端 湖南 則凶荒特甚 故旣許其勿爲上送 而諸道被災
雖有輕重之別 如閑丁歲抄 擾民之事 竝皆一體停止 則陞戶砲手 不當獨爲抄
定 諸道陞戶 亦令待明秋抄定上送之意 分付何如 上曰 依爲之"; 『承政院日
記』323, 숙종 13년 8월 12일, 17책 133쪽.
193) 『肅宗實錄』권40, 숙종 30년 12월 甲午, 40책 127쪽, "鄕軍陞戶之類 全家上
京 擧怨客地之饑餒".
194) 『肅宗實錄』권38上, 숙종 29년 2월 辛丑, 40책 7쪽, "(兵曹判書) 李濡曰 ……
每式年 陞戶砲手 實爲外方巨弊 今若自京直爲募得 充補闕額 罷其陞戶 只
令充補保人 則彼此俱便 以此變通似好 上曰 陞戶砲手 爲弊已久 以京軍充
定".
195) 『顯宗改修實錄』권24, 현종 12년 7월 乙丑, 38책 71쪽; 『肅宗實錄』권61, 숙
종 44년 5월 乙未, 41책 19쪽, "都監舊以砲手子枝置保 待年初付四斗料 隨才
陞料 至七斗後 始充闕中宿衛."; 『訓局事例撮要』下卷, 陞斗試才條 (當宁
[英祖] 5년 2월 8일).

영되자, 일부 관료들은 "莫重한 軍局이 遊民들의 世傳之業이 되고 있
다"라고 비난하였다.[196] 그러나 군액 충원의 편의와 家業의 계승, 무예
의 早期 훈련 등 여러 가지 이점으로 待年軍 제도는 계속 추진되었다.
이러한 경모집과 대년군 제도 등으로 인해 17세기 후반이후 도감군은
지방민보다는 도성민으로 채워지게 된다.[197]

2) 都監軍의 身分 구성

앞에서 본 바와 같이 훈련도감은 설립 당시 모집으로 그 군인을 충
원하였고, 선조 39년(1606)부터는 정기적으로는 式年 陞戶制, 부정기
적으로는 別陞戶 등의 방법으로 군인을 충원하였다. 그리고 17세기 후
반인 현종대에 들어 京募集의 방법이 다시 재차 시행되었고, 待年軍
제도를 운영하기도 하였다. 이러한 다양한 군인 충원방식으로 인하여
조선후기 도감군 내에는 여러 신분층이 혼재되어 있었다. 여기에서는
도감군의 신분구성과 이들의 생활 모습에 대하여 살펴보겠다.

훈련도감은 설립 당시 唐粟米 1천 石을 기반으로 도성에 있던 飢民
·流民을 모집하여 그 군인으로 삼았다. 그런데 비록 기민·유민이라
하더라도 그 안에는 여러 신분층이 있었던 것으로 보인다. 훈련도감이
설립된 지 2개월 후인 선조 26년 12월 500명의 도감군에 대한 給賞 규
정이 반포되었는데, 여기에는 훈련받은 포수 중 성적이 우수한 자로서
官奴·私奴는 良人으로 만들며, 양인은 禁軍으로 제수하고, 금군이었
던 자는 별도로 상을 준다고 규정하였다.[198] 이를 통해 훈련도감의 창

---

196) 『肅宗實錄』 권46, 숙종 34년 정월 丁卯, 40책 287쪽.
197) 柳馨遠, 『磻溪隨錄』 권21, 兵制 (東國文化社刊, 395~396쪽), "訓鍊都監 京
    兵 因今制 修正其規 …… 今也率使京兵爲市井 誘以謀利之途 自數年以來
    爲大將者 又啓請京兵之爲市井者 不使應市役 故京兵盡化爲市井 而與他市
    井 紛爭相詰 疾若仇讐 由是國制日亂 京兵益游惰 驕橫罔有紀極 此時改之
    者也";『肅宗實錄』 권38上, 숙종 29년 2월 癸未, 40책 4~5쪽, "大司諫李健
    命 上疏曰 …… 我國訓局之制 卽宋之長征 馬步幾五千 生長市井 足不踏百
    里之地".

설 후 모집된 군인 내에는 관노·사노, 양인, 금군 등 다양한 신분층이
존재했음을 알 수 있다. 그런데 실제 훈련도감 설립 당시 여기에 입속
한 사람들은 市井之人,[199] 京畿近邑之民[200] 이라는 등 서울이나 경기
도 근처에 거주하는 사람이 다수였고, 또 그들의 신분으로는 '私賤多
入'[201]이라는 바와 같이 私賤이나, 또는 '市井油滑之徒',[202] '京居市井
牟利之徒'[203] 등으로 부르듯이 서울의 하층민이 많았다.

이와 같이 도감군은 양인과 천인의 신분을 가진 자들이 함께 입속하
였다. 여기서 私賤 등 천인이 훈련도감에 입속하였다는 것은 주목할
만한 일이었다.[204] 원래 조선전기 군역제는 양천제에 따라 양인만이
군역 부담자로 간주되었고, 천인에게는 군역이 부과되지 않았다.[205]
특히 조선전기 대표적인 중앙군인 甲士와 같은 경우는 양반자제나 閑
良 등 사회적 지위가 높은 이들에 의해 구성되었다. 그러나 15세기 후
반부터 나타나는 사회경제적 변동 속에서 갑사제는 쇠퇴되어 갔다. 이
와 더불어 양반들은 군역에서 이탈되어 갔다. 임진왜란이 발발할 당시
에는 갑사의 군사적 기능은 극히 저하되어 있었고 정병 역시 보군화와
수포군화가 진행되고 있는 형편이었다. 이런 상태에서 임진왜란을 맞

---

198) 『宣祖實錄』 권46, 선조 26년 12월 壬戌, 22책 185쪽.
199) 『宣祖實錄』 권88, 선조 30년 5월 丁巳, 23책 232쪽, "恒福曰 癸甲年間 人爭
　　入屬 今則年豊 故市井之人 皆爲逃去".
200) 『宣祖實錄』 권46, 선조 26년 12월 壬子, 22책 177쪽, "訓鍊都監 應募之軍 已
　　五百餘名 此皆京畿近邑之民".
201) 『宣祖實錄』 권87, 선조 30년 4월 壬申, 23책 194쪽.
202) 『宣祖實錄』 권133, 선조 34년 정월 丙辰, 24책 183쪽.
203) 『宣祖實錄』 권200, 선조 39년 6월 甲寅, 25책 210쪽.
204) 조선후기 私賤의 군역 부담에 대해서는 다음 글 참조. 平木實, 「奴婢의 身分
　　變化」, 『朝鮮後期奴婢制研究』, 지식산업사, 1982 ; 全炯澤, 「私奴婢政策의
　　轉換」, 『朝鮮後期奴婢身分研究』, 一潮閣, 1989.
205) 『宣祖修正實錄』 권28, 선조 27년 12월, 22책 653쪽, "本朝六軍之法 只抄良民
　　着籍 給保三人 試藝而授軍職 其技則弓矢 其陣法則 用世祖大王所定陣書法
　　兵農不分 無事則 上番京師 有事則 屬鎭管 出征而已 然而賤人從母之法 久
　　行 良民日縮 軍額大耗 至是盡用公私賤人".

이한 정부는 이를 극복하기 위해 有·無役, 公·私賤을 가리지 않고 모두 收聚하여 군인으로 삼고 새로운 군대를 조직하였다.[206] 이로써 천인층도 군역 부담자가 되었다. 이것은 조선전기 군역제 원칙의 붕괴와 새로운 군역제의 수립을 의미하는 것이었다.

이와 같이 훈련도감 설립 시에 응모한 사람 중에는 사천 등도 다수 있었다. 훈련도감에 입속하면 급료를 지급받을 뿐만 아니라 免賤·免役이라는 신분상승의 기회까지 주어지고 있었기 때문이었다. 한편 천인이 군역에 흡수된 것은 임진왜란 후 군액의 확대를 위한 국가의 정책에 의한 것이기도 하였다. 선조 26년 6월 국왕은

　　대개 公·私 賤人의 수는 반드시 軍丁보다 많은데 그들의 이름은 군적에 오르지 않는다. 그래도 公賤은 公家에서 役을 지지만 私賤은 有司도 감히 간여할 수 없으니, 나라안의 한 종류의 사람으로서 어찌 古今天下에 이런 일이 있을 수 있는가.[207]

라 하면서 공·사 천인을 군역에 포섭할 뜻을 강력하게 비췄다. 그리고 선조는 公·私賤 武科를 설치하여 천인들이 여기에 합격하면 즉시 양인으로 만들어 羽林衛에 속하게 하며, 사천의 주인에 대해서는 그 대가로 儒生이면 除職, 서얼이면 許通, 朝臣이면 陞職, 堂上官 이상이면 별도의 상을 준다고 하는 교지를 내렸다.[208] 또 선조 29년 2월 훈련도감에서는 奴僕이 훈련도감에 입속하여 免賤한 자가 많은 경우 그 주인을 파격적으로 관직에 제수하거나 田結·雜役을 蠲免·復戶하여 그 奴主의 마음을 위로해 주자고 上啓하여 국왕의 허락을 얻었다.[209]

---

206)『宣祖實錄』권72, 선조 29년 2월 庚申, 22책 652쪽, "急於團聚 勿論有無役公私賤 竝爲收聚";『宣祖實錄』권167, 선조 36년 10월 己丑, 24책 545쪽, "當初 都監軍 急於募取 不計私賤 皆許入屬".
207)『宣祖實錄』권39, 선조 26년 6월 丁酉, 22책 11쪽.
208) 위와 같음.
209)『宣祖實錄』권72, 선조 29년 2월 庚申, 22책 652쪽.

이렇게 하여 천인을 군역에 포섭하려한 것은 물론 임진왜란이라는 국가의 위기를 극복하기 위한 조치였다. 그러나 이는 국가에서 종래 化外之民으로 간주하던 천인까지 국가 구성원으로서의 자격을 인정하려 했다는 의의를 지니는 것이다.[210]

私奴들이 훈련도감에 입속하게 되자 이에 대한 奴主들의 불만은 적지 않았다. 일부 賤人 노비주 중에 자신의 노비를 진상하고 免賤되려고 하는 자도 있었으나,[211] 대부분의 양반 노비주들은 이에 불만을 품었다. 일단 奴들이 훈련도감에 들어가면 양반들은 자신의 奴를 마음대로 찾아갈 수 없었다.[212] 또 이들이 軍功이나 武才 등으로 양인이 되면 자신들과는 영영 인연이 없게 되었다. 이에 奴의 주인들은 훈련도감에 대해 불만을 토로하였고 관원들 역시 훈련도감의 존재를 원하지 않는 실정이었다.[213] 이들은 위와 같은 국가의 보상에도 불구하고 자신의 재산인 奴를 내놓으려 하지 않았다. 심지어 奴主들은 자신의 奴가 군인이 되면 그를 침학하고 죽이기까지 하였다.[214] 이에 대해 국왕은

私賤이 이미 군인으로 입속하였는데 어찌 그 주인이 감히 侵虐할 수 있단 말인가. 지금과 같은 때를 만나 비록 그 주인이라도 마땅히

---

210) 17세기이후 조선정부는 私賤을 훈련도감뿐만 아니라 束伍軍 등의 군역에 포함시켰다. 이러한 私賤의 군역부과는 각 지방 토호의 세력을 약화시켜 체제안정을 가져오는 효과를 거두었다고 한다. 이에 대해서는 徐台源, 「營將制와 土豪統制 - 17세기를 중심으로」, 『慶州史學』 12輯, 1993 참조.

211) 『宣祖實錄』 권83, 선조 29년 12월 丁卯, 23책 126쪽, "砲殺手 所當揀選勇壯者 而冗雜不擇 殘劣者居半 且私奴之殘劣 別無妙才者 因其進上 免其主公賤 此甚不可".

212) 『宣祖實錄』 권72, 선조 29년 2월 庚申, 22책 652쪽, "兩班之失其奴僕者 或有欲推 而不能得焉".

213) 『宣祖實錄』 권87, 선조 30년 4월 壬申, 23책 194쪽, "故本主皆以爲未便 以此都監多有人言 官員亦皆不願爲之".

214) 『宣祖實錄』 권135, 선조 34년 3월 乙丑, 24책 226쪽, "私賤之爲軍人者 其主極其侵虐 至有殺之者".

자신의 몸을 돌보지 않고 나라를 위하여 힘을 다하여야 하는데 오히려 한 명의 奴가 아까워 이토록 침학한단 말인가. 그 無理함이 심하다. 그 주인은 우리 나라 사람이 아니란 말인가. 어찌 이런 일이 있을수 있는가.215)

라고 奴主들의 행태를 비판하고 있다. 양반 노비주들은 국가 存亡의 위기에 있어서도 자신의 개인적 손해는 결코 용납하지 않았던 것이다. 한편 私賤들의 그 주인에 대한 반발도 만만치 않았다. 훈련도감에 들어온 군인들은 '率多叛主之奴'216)라는 바와 같이 주인에게 반항하는 자들이었다. 이들은 자신을 침학하는 주인을 고발하였으며, 심지어 급보제의 실시에 따라 봉족을 정할 때 서로 주인을 바꿔가면서 그들의 봉족으로 만들기도 하였다.217) 이와 같이 훈련도감에 私賤의 입속이 허용되자 奴主와 奴의 갈등이 첨예하게 드러났다.

한편 이 시기 정부 내에서도 훈련도감의 사천 입속 허용 여부를 둘러싸고 논쟁이 거듭되었다. 이것은 차제에 노비제를 영구히 폐지하자는 노비제 폐지론과 노비제와 양반의 특권은 유지되어야 한다는 노비제 유지론의 대립으로 발전하였다. 전자를 대표하는 사람으로서 趙守翼은 국왕과의 경연석상에서 "도감군의 수를 확실히 알지는 못하나 삼천 명을 넘지 못하는 것 같습니다. 중국의 한 將官이 거느린 군인의 수도 이보다 적지 않습니다"라고 도감군의 寡少함을 지적하고, 다음과 같이 노비제를 혁파하여 이들을 군인으로 흡수할 것을 주장하였다.

小臣이 생각건대 私賤의 法은 단지 우리 나라에만 있는 것입니다. 하늘이 백성을 태어나게 하여 賦與한 것은 반드시 고른 것인데 땅에

---

215) 위와 같음.
216) 『宣祖實錄』 권113, 선조 32년 5월 丁卯, 23책 621쪽.
217) 『宣祖實錄』 권135, 선조 34년 3월 癸丑, 24책 214쪽, "訓鍊都監 啓曰 ……又有軍人之未及免賤 憎疾其本主者 暗囑同伴 相換望呈 則以 其主 爲其奴之奉足也".

떨어지자마자 이미 貴 · 賤으로 나뉘게 되니 이는 심히 말이 안 되는 일입니다. 우리 나라의 법이 비록 庸陋한 것이 많다고 하나 祖先이 약간의 奴婢라도 있으면 평생 편안히 앉아서 公侯의 樂을 누리니 어찌 이런 이치가 있겠습니까. 先儒가 말씀하시길 井田의 법은 반드시 天下 大亂後에 가히 행할 수 있다고 했으니 지금 나라의 정세가 위급한 지라 비록 노비를 가지고 있는 자라도 할 말은 없을 것입니다. 모름지기 중국의 법과 같이 宰相以下에게는 그 거느릴 家丁을 나누어주고 私賤은 영원히 革罷하여 군인으로 만드는 것이 좋을 듯 합니다.218)

여기서 조수익은 論理的으로 노비제의 부당성을 거론하면서 지금은 天下大亂의 시기이니 노비제를 혁파하여 군사력을 강화하여야 한다고 주장하고 있다. 그러나 노비제 폐지론자는 소수에 불과하였다. 관료들 대부분은 노비제 유지론자들이었다.219) 이들은 私賤의 입속도 허용하는 훈련도감의 존재 자체를 원하지 않는 상황이었다. 이들은 우리 나라에 '奴主之分'은 그 유래가 오래되었다는 것으로서 노비제 유지의 명분을 찾았다.220) 또 양반만이 국가와 운명을 같이 하는 존재라는 것을 강조하였다.221) 따라서 양반의 특권은 인정되어야 하고 노비제도

---

218) 『宣祖實錄』 권142, 선조 34년 10월 己丑, 24책 308쪽.

219) 심지어 '有身則有役'의 원칙에 의거하여 양반의 특권을 인정하지 말고 이들도 군역에 充定해야 한다고 주장하는 진보적 성향의 관료들도 노비 문제에 대해서는 '其來已久 不可猝改'라는 견해를 표명하면서 그 폐지에 대해서는 부정적인 견해를 표명하였다.(『宣祖實錄』 권142, 선조 34년 10월 丁丑, 24책 303쪽).

220) 李恒福, 『白沙集』 別集 권3, 革罷私賤議 (한국문집총간 62책 393쪽), "天賦之均 先區貴賤 素有定分 不係賢愚 固非生物之本心 君子小人 相爲治養 各成一家規模 更千百年 性習民安 又成一國之聲敎 今欲變更 必須先變國俗 使士夫子女 皆親扶戴炊爨 如中朝之爲 …… 情怫而法逆 民窮而姦生 恐不可爲也".

221) 『宣祖實錄』 권81, 선조 29년 10월 丁卯, 23책 80쪽, "李元翼曰 …… 兩班不爲流徙 而小民皆逃亡者 何也 兩班則頗有與國同休戚之心".
이러한 주장은 조선후기 내내 되풀이 되고 있다. 인조 4년 李貴는 "兩班 誠

당연히 존속되어야 한다는 것이다.

이렇게 훈련도감에 私賤의 입속을 허가하자 奴主와 奴의 갈등이 격화되었고, 정부 내에서도 노비제 폐지론과 노비제 유지론이 대립하였다. 그런데 훈련도감의 사천 입속을 둘러싼 이러한 갈등과 대립은 앞에서 소개한 宮家 私奴·投托人의 作弊 사건으로 인해 결국 奴主와 노비제 유지론자의 승리로 귀결되고 만다. 이 당시 여러 宮家에서는 叛主之奴, 避役之輩, 京外奸細之徒 등으로 일컬어지는 무리들을 대거 수용하여 양민을 협박하여 토지를 빼앗거나 사람을 잡아 가두는 등 갖가지 불법 행위를 자행하였다.[222] 임란이 끝난 후 외방에서는 그간의 억울함을 호소하는 자들이 매우 많았는데 이들은 한결같이 이러한 궁가의 작폐를 거론하고 있었다.[223] 그런데 도감군 중에는 궁가, 권세가의 私奴, 投托人들이 다수 포함되어 있었다. 도감군이 된 이후 궁가로 투탁하는 사람도 있었다. 그리하여 이들은 "閭閻에 出入하여 나쁜 짓을 일삼는다"[224]라거나, "宮奴라 托稱하고 閭里를 횡행하며 作弊를 일으킴이 심하다"[225]라 하듯이 자신들의 武力과 궁가, 권세가의 권력을 배경으로 閭里에서 作弊를 일삼으면서 사회문제를 일으키고 있었다.

이들의 존재는 선조 36년 10월 선조의 6男 順和君이 자신들의 노복

國家之元氣"(『承政院日記』12, 인조 4년 4월, 1책 558쪽)라고 하였고, 효종 10년 영의정 沈之源은 "我國之所以維持者 士大夫之力也"(『孝宗實錄』권2, 효종 10년 2월 壬申, 36책 174쪽)라 하여 양반 사대부만이 국가를 유지하는 元氣라는 것을 강조하였다. 한편 영조대 趙寅明은 "我國以士大夫立國"(『英祖實錄』권41, 영조 12년 5월 丁未, 42책 505쪽)이라 하여 조선은 사대부에 의해 立國되었다고 강조하였다. 이외에도 이러한 주장은 實錄에서 다수 散見된다.

222) 『宣祖實錄』권135, 선조 34년 3월 甲寅, 24책 214쪽.
223) 『宣祖實錄』권165, 선조 36년 8월 己丑, 24책 510쪽, "每言 諸宮王子 或奪田畓 或奪奴婢云".
224) 『宣祖實錄』권204, 선조 39년 10월 壬寅, 25책 271쪽.
225) 『宣祖實錄』권214, 선조 40년 7월 乙未, 25책 351쪽.

과 무뢰배들을 거느리고 서울에서 수많은 사람을 죽거나 다치게 하고, 심지어 別監 李仁慶까지 붙잡아 참혹하게 난타한 사건으로 드러났다. 이때 순화군의 노복과 무뢰배 안에 도감군들이 다수 있다는 보고를 받고 선조는 "이것을 지금 重治하지 않으면 장차 막을 수 없게 된다"라 하면서 宗簿寺와 刑曹로 하여금 왕자가의 가택을 수사하여 이들을 일일이 색출하여 효수에 처하라고 명하였다.226) 이러한 국왕의 命이 내린 후 3일이 지난 다음, 훈련도감은 다음 <표 3-5>와 같이 도감군중 궁가의 私奴, 投托人의 명단을 보고하였다.

<표 3-5> 선조 36년(1603) 宮家 私奴 · 投托人 명단

投入處	訓鍊都監 所屬	身分	姓名	投入形態
順和君家	前司 左哨	公賤	李石	投入
	後司 右哨	私賤	朴大信	順和君家 奴子
達城尉家	後司 右哨	私賤	韓龍淡	達城尉家 元奴
義昌君家	中司 中哨	內需司奴	朴應善	義昌君家 新奴
臨海君家	前司 前哨	私賤	許伏龍	元奴子
	後司 前哨	私賤	許得龍	〃
	前司 前哨		梁蟲介	投入
	右別哨		李成會	〃
定遠君家	前司 前哨		崔千孫	〃
	左司 中哨		宋文祥	〃
	左司 右哨		李仁倫	〃
	中軍軍	私賤	朱彦祥	定遠君家 新奴
	前司 右哨		姜應南	投入
	後司 中哨		李如桂	〃
	右司 右哨		李應男	〃

典據 : 『宣祖實錄』 권167, 선조 36년 10월 丁亥, 24책 544쪽.

이 명단을 보고 받은 국왕은 이들을 일일이 엄중하게 처벌하라고 지시하였다. 그리고 이튿날 선조는 승정원에 다음과 같은 비망기를 내렸다.

---

226) 『宣祖實錄』 권167, 선조 36년 10월 甲申, 24책 543쪽.

京都의 宿衛가 모양을 갖출 수 있게 된 것은 도감군 때문이었다. 그러나 이로 인한 폐단 역시 적지 않으므로 마땅히 이를 올바르게 고쳐야 한다. 우리 나라의 私賤의 法은 진실로 天下古今에 없는 것이요 사리에 맞지 않는 것이다. 그러나 그 법을 크게 개혁할 수 없는 것은 주인과 노비의 관계는 하늘의 이치이며 사람이 피할 수 없는 것이기 때문이다. 또 우리 나라가 人心을 붙들어 매고 世道를 扶持할 수 있는 것은 名分이 엄하고 等威가 截然하기 때문이었다. 그런데 국가의 변고(임진왜란 : 필자주)이후 사람들이 모두 本分을 뛰어 넘어 그 바래서는 안될 것을 바라고 나날이 奸濫한 생각과 詐慝한 술수를 기르니 人心이 흐려진 것은 아마 이 때문일 것이다. 당초 都監軍을 募聚하는 데 급급하여 私賤을 가리지 않고 모두 入屬을 허가하니 그 폐단이 지금에 이르러 더욱 커졌다. 叛主의 奴들은 반드시 여기로 몰려들고 橫逆한 무리들은 반드시 여기에 의탁하여 못된 짓을 일삼는다. 오늘날 作弊의 소굴은 아마 훈련도감이 으뜸일 것이다. 지난번 사헌부에서는 叛奴들을 治罪할 것을 청하였고 또 도감군이 된 奴를 살해하는 주인도 있었다. 이번에 私奴로서 도감군이 된 자들을 모두 찾아내어 그 주인에게 돌려주고 다시는 私賤으로서 군인을 삼지 말아 그 폐단을 痛革하라. 이를 훈련도감에 전하라.227)

선조는 여기서 일단 私賤의 법이 事理에 맞지 않는 것은 인정하나, 人心과 世道의 유지는 名分과 等威가 엄격히 지켜지는데 달려있다고 하면서 私賤 신분의 도감군들을 모두 그 주인에게 돌려주고 또 이들의 도감군 입속을 완전히 금지하라는 명을 내린 것이다. 선조 26년 私賤의 군역입속 허용조치는 宮家 私賤들의 作弊를 계기로 10년 만에 다시 금지로 돌아서게 되었다. 이것은 임진왜란 이후 노비제를 철폐하려는 노비와 이를 계속 유지·존속시키려는 양반 노비주의 갈등·상쟁 속에서 국왕 선조가 양반 노비주의 편에 선 것을 의미하였다. 奴들은 훈련도감에 입속하여 자신의 신분을 상승하려는 노력을 하였고, 이에 맞서 奴主들은 이를 적극 저지하고 있었다. 또한 정부 내에서도 노비

227) 『宣祖實錄』 권167, 선조 36년 10월 戊子, 24책 545쪽.

제 폐지론과 노비제 유지론이 대립하고 있었다. 그런데 국왕 선조는
왕자들에게 직접 책임이 있는 宮家 私奴의 작폐 사건을 빌미로 전체
奴들의 여망을 억누르고 양반 노비주, 노비제 유지론자들의 입장을 지
지하고 나선 것이다. 이것은 조선이 양반노비주의 국가임을 다시 한번
확인해 주는 조치였다.

　　그러나 이러한 王命에도 불구하고 私賤들은 계속 훈련도감에 입속
하였다. 그리고 宮家의 私奴 또한 여전히 훈련도감에 들어오고 있었
다. 선조 36년의 위 사건 이후 3년이 지난 선조 39년 5월 다시 궁가의
사노·투탁인 출신으로서 훈련도감에 입속한 자들이 발각되었다. 이
때에는 오히려 이전보다 훨씬 대규모인 31명의 인원이 적발되었다.228)
훈련도감에서는 이 명단을 보고한 후 다시 또 15명의 명단을 추가 보
고하였다. 그러나 이때 史臣이 "도감군으로 宮家에 출입하는 자는 무
수히 많은데 다시 적어 올린 것은 겨우 15명뿐이다"고 훈련도감을 비
판하고 있는 것으로 보아, 이 이외에도 도감군으로 궁가·권세가에 투
입한 사람은 매우 많았던 것으로 보인다.229)

　　정부는 이와 같이 궁가·권세가의 私奴·投入人 사건을 계기로 私
賤의 도감군 입속을 嚴禁하였다. 또한 앞에서 본 바와 같이 정부에서
는 이 때 도감군의 충원방법을 바꾸었다. 모집에서 강제적인 징발의

---

228) 『宣祖實錄』 권199, 선조 39년 5월 戊子, 25책 200쪽.
　　왕자·권세가에 투입된 31명의 명단은 아래와 같다.
　　(臨海君家 投入者) 左司前哨 李多勿孫 前司左哨 高德男 右教師隊 池應福
　　前司左哨 李今同·李成會 時方赴北 呂義虔 左教師隊 朴應福 前司前哨 梁
　　火介 右司前哨 金獸生 中司後哨 朴景仁 左司中哨 崔許弄 右司左哨 朴正南
　　左司前哨 金忠男 左司中哨 朱興福
　　(定遠君家 投入者) 中軍軍牢子 朱彦祥 前司前哨 崔千孫 左司右哨 裴麒守
　　·李仁倫 左司右哨 金景雲 右教師隊 權應福 左司中哨 宋文祥 右司左哨 安
　　戊寅(順和君家 投入者) 左教師隊 金惠孫 左司前哨 趙天祥 後司中哨 洪有
　　謹·柳仁男 後司右哨 朴大信 前司前哨 曹大吉·車業同
　　(全昌尉家 投入者) 右司前哨 李應男
　　(大君房 奴子) 右司左哨 咸金.
229) 『宣祖實錄』 권200, 선조 39년 6월 乙巳, 25책 206쪽.

형식으로 전환한 것이다. 私賤 등 하층민을 제외한 일반 양인농민들은 훈련도감의 입속을 결사적으로 피했으므로,[230] 이러한 충원방식의 전환은 불가피했다. 선조 39년 陞戶制는 이러한 배경에서 실시되었다. 陞戶가 시행될 때 각 지방에서는 지방에 근거지가 확실한 양민을 선발하여 올려보내야 했다. 만약 부적격자를 선발하여 올려보냈을 경우 감사는 推考되고 수령은 파직되며 色吏는 定配되고 座首·吏房·吏掌은 모두 軍門에 끌려가 治罪되었다.[231] 승호제로써 私賤의 입속은 제도적으로 방지되었고, 公賤이나 양인 농민들만이 도감군으로 입속할 수 있게 되었다.

그러나 사천들은 '僞稱良籍'[232]하는 등 다양한 방법을 동원하여 끊임없이 도감군으로 입속하고 있었다. 비록 선조 36년 私賤 入屬을 금지하고 기존 사천 신분의 도감군들을 모두 그 주인에게 돌려주라는 왕명이 내렸으나, 이후에도 사천의 입속은 여전히 이루어지고 있었다. 광해군 7년 2월 양반 관료들이 私賤을 군역에 충정하는 것을 一切 禁斷할 것을 다시 요구하였으나 국왕은 확실한 대답을 회피하였다.[233] 이들을 군역에서 제외시킬 경우 훈련도감의 군사력 손실은 막대하기 때문이었다. 따라서 조선후기에도 사천은 도감군 내에 그대로 존재하였다. 심지어 이중에 官奴의 私奴인 자도 있었다. 인조 3년(1625) 6월 함경도 利城官奴 薛南은 도감군으로 있는 文乭伊 父子가 자신의 奴라고 주장하여 이것이 掌隷院에 의해 입증되자 그 대가로 免賤되었다.[234] 즉 도감군 文乭伊 父子는 관노의 사노 출신인 것이다. 한편 私奴 출신 중에서도 군공을 세워 禁軍으로 제수되고 6품으로까지 올라가는 자도 있었다. 도감군 姜男과 洪末龍은 私奴로서 역적을 잡은 공

230) 『光海君日記』 권26, 광해군 2년 3월 壬寅, (태백산본) 1책 320쪽.
231) 『訓局事例撮要』 下卷, 砲保條 (仁廟朝 8년 庚午 정월, 英祖 34년 12월).
232) 『景宗實錄』 권1, 경종 즉위년 7월 庚午, 41책 128쪽.
233) 『光海君日記』 권87, 광해군 7년 2월 己卯, (태백산본) 2책 296쪽.
234) 『承政院日記』 7, 인조 3년 6월 18일, 1책 267쪽.

로로 금군으로 제수되고 6품으로 올라갔다.[235] 이처럼 훈련도감은 일반 양인농민이나 閑丁들은 극력으로 피하는 곳이었지만, 사천 등 사회에서 천대받는 사람들에게는 신분상승의 기회가 되기도 하였다.[236]

선조 39년 승호제 실시 이후 도감군은 각 지방에서 올라온 양인농민이 주류를 이루게 되지만, 이들 이외에도 위와 같이 私賤도 존재하였다. 한편 훈련도감 군인으로 各軍子枝, 驛吏子孫, 各司典僕 등도 입속하였다. 병조에서는 이들의 훈련도감 입속을 금지하고 모두 本役으로 환원해 줄 것을 요청하였으나, 훈련도감에서는 이들이 本役으로 돌아갈 경우 군액의 손실이 너무 크다면서 반대하였다.[237] 원래 조선후기 군역제는 '軍役從先定之法'에 의하여 役이 있는 사람이 다른 역으로 이속하는 것이 금지되어 있었으나 이와 같이 예외적으로 도감군에게는 이것이 인정되고 있었다. 한 예로 인조 8년 정월 병조에서는 훈련도감 左司中哨 韓丙生이 平丘驛保 韓莫朴의 아들임을 주장하면서 한병생을 본역인 역보로 환속시켜 줄 것을 요청했지만 훈련도감에서는 한병생이 도감에 입속한 지 오래되었고 또 禁軍으로도 제수되었다는 이유로 반대하고 있다.[238]

한편 도감군 중에는 工匠인 자도 다수였다. 工匠 신분으로 도감군이 된 자도 있지만 일단 도감군이 된 이후 여러 가지 수공업을 익히어 工匠으로 활동하는 사람도 있었다.[239] 이들은 근무 이외의 시간을 이용하여 각종 수공업품을 제작하여 소득을 올렸다. 도감군의 工匠중에는

---

235) 『承政院日記』 21, 인조 6년 5월 22일, 1책 974쪽.
236) 私奴들의 훈련도감 冒入은 다음과 같이 조선후기 내내 계속되고 있다.
    "持平 洪鉉輔 上疏曰 …… 壬辰以後 別設訓局 苟非良丁 莫敢隸焉 私奴冒入 僞稱良籍 前後帥臣 莫不檢釐 敎練知穀之任 便作白徒橫出之捷徑 苟充其數 全不事事"(『景宗實錄』 권1, 경종 즉위년 7월 庚午, 41책 128쪽).
237) 『承政院日記』 27, 인조 7년 7월 14일, 2책 238쪽.
238) 『承政院日記』 29, 인조 8년 정월 15일, 2책 340쪽 ; 『仁祖實錄』 권22, 인조 8년 정월 丙戌, 34책 360쪽.
239) 『仁祖實錄』 권25, 인조 9년 7월 庚辰, 34책 436쪽.

鑄字匠들도 많아 임진왜란 이후 훈련도감에서 인쇄 업무를 도맡아 하기도 하였다. 도감군들이 제작한 活字는 선조 39년부터 효종 4년에 이르기까지 50여 년 동안에 걸쳐 왜란 중 散失된 經書 및 각종 詩文集 등의 覆印사업에 이용되었다.[240] 이러한 수공업 기술을 가진 도감군들은 조선후기 민간수공업의 발달에 많은 역할을 한 것으로 보인다. 그러나 이들은 훈련도감 將官들의 使役의 대상이 되기도 하였다.[241]

승호제 실시에 의해 각 지방에서 올라와 군인이 된 사람들의 처지도 모집에 의해서 충원된 사람들과 별로 다를 바 없었다. 비록 이들은 "有根着 世居良民"이라는 규정에 의거하여 뽑혀 올라온 자들이었지만, 실제로는 모집에 응한 사람들과 마찬가지로 貧殘 下戶들이었다.[242] 각 지방에서 군인을 선발하여 서울로 올려보낼 때 鄕所·色吏輩들의 농간으로 뇌물을 쓴 精銳 實軍들은 모두 빠져버리고 貧殘 下戶들만이 그 수를 채우고 있었기 때문이다.[243] 이들은 이와 같이 각 지방에서 힘없이 승호 대상으로 지정되어 살림살이와 토지를 모두 팔아버리고 妻子를 거느리고 서울에 올라와 생활하여야 했다. 따라서 도감군 중에는 훈련도감에서 지급하는 급료와 보포로는 생활하기 힘든 경우가 많았다. 이들은 훈련도감에서 지급하는 1개월에 9斗의 급료와 1년에 9필의 면포로는 서울 생활을 이어나가기 힘들었다.[244] 따라서 이들은 근무 외의 시간을 이용하여 각종 상업행위를 전개하였다.

한편 조선후기에 도감군들은 都城 안과 도성 밖 城低十里 지역에서

---

240) 金斗鍾,「壬辰亂後의 活字印本實錄字와 訓鍊都監字」,『震檀學報』29·30, 1966 ; 李恒福,『白沙集』권2, 跋「訓鍊都監印韓昌黎集跋」(한국문집총간 62책 196쪽) ;『顯宗改修實錄』권16, 현종 7년 10월 戊午, 37책 526쪽.

241)『光海君日記』권78, 광해군 6년 5월 癸酉, (태백산본) 2책 238쪽.

242)『光海君日記』권73, 광해군 5년 12월 辛亥, 32책 270쪽, "都監軍士 當募集之時 率皆無根着無賴之徒 厥後京外充定 亦多貧殘下戶".

243)『宣祖實錄』권95, 선조 30년 12월 丁酉, 23책 357쪽 ;『英祖實錄』권2, 영조 즉위년 11월 壬戌, 41책 430쪽.

244)『訓局事例撮要』上卷, 軍兵市業條 (仁廟朝 12년 5월 8일), "都監軍兵 …… 皆是率妻子 在家立役之類 雖有奉足給料 一年之資 不能以此".

만 거주할 수 있었다. 즉 도감군들은 비상시 신속한 소집을 고려하여 제정한 것으로 보이는 "十里之外 不許任意來往"[245]이라는 규정에 의거하여 도성 10里 바깥 지역은 마음대로 왕래할 수조차 없었던 것이다. 또 도감군들로서도 도성 내에 위치한 軍營에 매일 출퇴근하여야 했으므로 군영에서 멀리 떨어진 곳에 거주할 수도 없었을 것이다. 그런데 17세기 후반에 이르면 이미 도성 안은 인구가 밀집되어 있어서 陞戶로 인해 각 지방에서 올라온 도감군들이 거주지를 마련할 곳이 없었다. 거주지로서는 부적격한 川邊 등 불결한 곳만이 남아있을 뿐이었다. 실제 이러한 지역에 '犯川造家'[246]하는 도감군들도 상당수였던 것으로 추측된다. 그래서 도성 안에서 전염병이 돌면 제일 많은 피해를 입는 부류도 바로 이들이었다. 숙종 44년(1718)에는 전염병으로 도감군의 태반이 病死했다고 보고되고 있었다.[247]

지방에서 올라온 도감군들이 거주지를 얻지 못하자 정부에서는 이들에게 집터를 제공하기도 하였다. 즉 효종대에는 집을 얻지 못한 도감군들에게 창경궁 동쪽의 땅을 제공하여 거주하게 했고,[248] 이외에도 도감군들은 東平館, 太平館, 慕華館, 禮賓寺 등의 空垈와 기타 각 아문의 空垈 등에 立案을 제출하여 집을 짓고 살기도 하였다.[249] 한편 도감군들은 조선후기에 새로이 주거지로 형성되어 가는 '沿江山底'한 곳에 거주지를 마련하기도 하였다. 이 지역은 17세기 이후 상업의 중심지로 발전하기 시작한 곳으로 많은 도감군들이 여기에 거주하면서 상업 활동에 참여하였다.[250] 그리고 도감군들은 輦下親兵・宿衛之卒

245) 『承政院日記』 298, 숙종 9년 4월 22일, 15책 871쪽.
246) 『備邊司謄錄』 138, 영조 36년 5월 16일, 「濬川司節目」, 13책 421~424쪽.
247) 『肅宗實錄』 권62, 숙종 44년 윤8월 戊申, 41책 33쪽.
248) 『正祖實錄』 권37, 정조 17년 5월 丁巳, 46책 391쪽.
249) 『承政院日記』 145, 효종 8년 5월 14일, 8책 103쪽 ; 『訓局事例撮要』 上卷, 軍兵勿侵條 (肅廟條 10년 2월 4일).
250) 『承政院日記』 800, 영조 11년 윤4월 18일, 44책 678쪽 ; 『承政院日記』 1064, 영조 27년 정월 15일, 58책 587쪽 ; 高東煥, 「18・19세기 서울 京江地域의 商

이라는 지위로 免税・免役되었다.251) 즉 沿江山底한 곳에 거주하는 사람들에게는 藏氷役 등 坊役이 부과되었으나 도감군들은 免役되었고, 각 관아의 공터에 대한 地税도 면제되었던 것이다.252)

이와 같이 도감군들은 여러 신분의 사람들로 구성되어 있었고, 그들의 생활 모습과 거주 지역도 다양하였다. 앞에서 말한 바와 같이 수공업품을 제작하거나 상업 행위를 하면서 부수익을 올리거나, 각종 무과 시험에 代射를 해주면서 이익을 취하는 자들도 있었다.253) 한편 도감군 중에는 상당한 경제력을 지닌 자들도 있었다. 17세기에 외방에서 일이 있어 서울로 온 사람이나 上番 군사들은 모두 主人家에서 숙박하여야 했는데,254) 이러한 主人業에 종사하는 사람도 있었다.255) 또 도감군 중에는 貢物 防納人도 있었다. 광해군 원년 10월 軍器寺 공물을 방납하는 포수 朱景多는 공물 납부를 지연하다가 이를 독촉하는 군기시 관원을 마구 때리고 色吏의 귀를 자르는 등 횡포를 부려 治罪되었다.256) 이러한 행동은 권력층과의 연결로 가능했을 것이다. 그러나 대부분의 도감군들은 열악한 사회 경제적 처지에 있었던 것으로 보인다. 많은 도감군들이 川邊이나 官廳 空垈, '沿江山低'한 지역에서 집을 짓고 살았고, 또 婢夫로서 妻上典 행랑채나 처상전 댁 부근에 거주하면서 생활하는 부류도 상당수에 달하였다.257) 조선후기에 婢夫들은 "婢夫則 俗稱如奴",258) "我國之俗 婢夫便同己奴"259)라고 일컬어지는

業發達」, 서울大 博士學位論文, 1993, 138~144쪽.
251)『顯宗改修實錄』권12, 현종 5년 11월 戊戌, 37책 413쪽, "砲手・率丁 不差役";『肅宗實錄』권22, 숙종 16년 11월 庚寅, 39책 232쪽.
252)『訓局事例撮要』上卷, 軍兵勿侵條 (顯廟條 11년 12월 10일).
253)『承政院日記』156, 효종 10년 4월 24일, 8책 652쪽.
254)『仁祖實錄』권45, 인조 22년 정월 戊戌, 33책 171쪽, "備局啓曰 外方之人 因事到京者 及軍人當番上京者 皆接京中主人".
255)『承政院日記』205, 현종 8년 11월 13일, 11책 68쪽.
256)『光海君日記』권21, 광해군 원년 10월 乙丑, (태백산본) 1책 252쪽.
257)『承政院日記』193, 현종 7년 3월 22일, 10책 588쪽, "李浣曰 都監砲手 寄托於士夫家行廊者 不得入籍 妻上典戶籍中 以率婢夫載錄".

바와 같이 奴와 동일하게 취급되고 있었으니, 이들은 노비와 비슷한 처지에 있었던 것이다.

그러면 당시 호적을 통해 앞에서 살펴본 도감군의 신분과 사회경제적 처지를 좀더 구체적으로 알아보기로 하자. 현존하는 17세기의 유일한 한성부 호적인 「康熙二年癸卯式年 北部帳戶籍(奎19315)」에는 훈련도감 哨官 1명과 도감군 63명의 나이와 四祖, 妻의 신분과 妻上典, 妻父母, 率居人 등에 관한 기록이 실려있다. 우선 이 호적에 관해 간단히 살펴보면, 이 호적은 현종 4년(1663)에 작성된 것으로 北部 16개 契와 이곳의 戶口에 관한 기록이 담겨있다. 즉 阿耳古介契, 衍禧宮契, 加佐洞契, 水色里契, 城山里契, 細橋里契, 合掌里契, 望遠亭契, 汝義島契, 甀山里契, 弘濟院契, 延曙契, 新寺洞契, 梁鐵里契, 末屹山契, 造紙署契 등의 16개 契에 거주하고 있는 681戶의 호구 기록인 것이다. 이 호적에 坊의 명칭이 기록되지 않은 것으로 보아, 이것은 서울 북부 전체의 호적이 아니라 북부 중에서도 '有契無坊'지역의 호적임을 알 수 있다.[260] 즉 이 호적 작성 지역은 아직 한성부의 5부 밑에 각 坊으로 편제되지 않은 외곽 지역으로서 오늘날 서울의 서대문구, 마포구, 은평구 일대에 해당하는 곳이다. 이곳은 당시로서는 인구 밀도가 낮은 城外의 지역이었고, 또 17세기 중반에 도감군들은 주로 도성 안에 거주하고 있는 것으로 보이므로, 이 호적으로 도감군 전체의 신분과 사회경제적 처지를 추정하는 것은 무리가 따르겠지만 城內의 호적이 발견되지 않으므로 이것을 분석의 자료로 삼았다.

이 호적에 대한 상세한 분석은 이미 이루어진 바 있으므로,[261] 여기

---

258) 閔鼎重, 『老峯集』 권5, 獻議 「婢夫奸家長妻者蔽罪輕重議」 (한국문집총간 129책 113쪽), "婢夫則 俗稱如奴 其中居在籬下 依仰服役 實有無間於己奴者矣".

259) 『英祖實錄』 권62, 영조 21년 8월 辛亥, 43책 189쪽.

260) 高東煥, 앞 논문(1993), 20쪽.

261) 康熙二年癸卯式年 北部帳戶籍(奎19315)의 분석 대해서는 아래 글 참조. 에드워드 와그너, 「17세기 朝鮮의 社會階層 - 1663년의 서울 北部戶籍을 중심

<표 3-6> 北部帳戶籍의 도감군 戶主 명단

戶主	나이	戶主四祖				戶主妻	戶主妻 父母와 上典			率居人
		父	祖	曾祖	外祖	妻	妻上典	妻父	妻母	
*阿耳古介契										
1. 砲手 李戒沈	32	展力副尉	禦侮	將仕郎	展力副尉	良女		學生		砲手吳興石(13)
2. 馬兵 鄭福	29	保人	兼司僕	保人	定虜衛	私婢	縣監 尹以宣	班奴	班婢	子1
*加佐洞契										
3. 哨官 李愢	34	禦侮將軍	通訓大夫	資憲大夫	禦侮將軍	氏		進士		奴婢 42명
4. 砲手 趙男	30	兼司僕	正兵	正兵	保人	私婢	同知 金茂林	私奴	班婢	
*水色里契										
5. 馬兵 李得云	27	前司果	忠贊衛	保人	保人	私婢	李屹		班婢	
6. 馬兵 李得龍	29	前司果	忠贊衛	保人	保人	良女		司果		
7. 別武士林受一	37	忠翊衛	通政大夫	同知	兼司僕	良女		保人		奴婢 6
8. 砲手 崔丙吉	35	通政大夫	司果	訓鍊判官	別侍衛	無				
9. 砲手 崔丙承	26	通政大夫	司果	禦侮將軍	別侍衛	良女		學生		
10.馬兵 晉繼龍	48	兼司僕	禦侮將軍	訓鍊判官	禦侮將軍	良女		定虜衛		
* 城山里契										
11.馬兵 李太立	50	忠贊衛	保人	學生	守門將	良女		保人		
12.馬兵 張龍	50	武學	甲士	學生	折衝將軍	私婢	李景稷	私奴	不知	子1
*合掌里契										
13.馬兵 高貴吉	30	保人	學生	學生	別侍衛	未娶				
14.砲手 申命吉	57	正兵	正兵	正兵	保人	私婢	幼學 沈士龍	班奴	班婢	子1
15.砲手 朴吉	61	忠贊衛	忠順衛	學生	正兵	私婢	李元老	烽燧軍	班婢	子1
16.馬兵 朴戒云	52	前主簿	學生	學生	學生	府婢		烽燧軍	私婢	
17.馬兵 朴成益	31	展力副尉	忠贊衛	忠順衛	學生	私婢	兵使 羅允素	原從功臣	班婢	
18.馬兵 金成立	47	保人	學生	忠順衛	學生	良女		保人		
19.馬兵 權福守	38	忠翊衛	副司果	折衝	學生	良女		保人		婢1
*望遠亭契										
20.砲手 李吉	44	保人	正兵	甲士	忠順衛	私婢	新豊府院君	私奴	私婢	
21.故砲手 妻						私婢	忠義 申犀	私奴	班婢	
22.砲手 李順立	57	砲手	忠順衛	正兵	保人	私婢	郡守 權福吉	班奴	班婢	子1
23.馬兵 金義先	47	保人	保人	保人	保人	私婢	幼學 金聃岑	班奴	班婢	子1
24.砲手 韓天安	46	啓功郎	校生	前參奉	正兵	私婢	內乘 安發	私奴	班婢	子 班奴1
*弘濟院契										
25.馬兵 咸大善	59	禦侮將軍	武學	武學	幼學	良女		武學		奴婢 7
26.砲手 李命會	37	砲手	甲士	幼學	甲士	良女		保人		
27.射手 李得成	26	射手	幼學	學生	前司果	良女		驛卒		

으로 - 」, 『Occasional Papers on Korea』 I, 1974 / 이화여대 사학과 연구실 편역, 『朝鮮身分史研究』, 法文社, 1987 所收 ; 조성윤, 「조선후기 서울 주민의 신분 구조와 그 변화」, 연세대학교 사회학과 박사학위논문, 1992.

28.馬兵 徐益康	56	定虜衛	內禁衛	前萬戶	學生	私婢	水使 朴尙俊	兼司僕	班婢	子 私奴1
29.馬兵 車彦龍	52	禦侮	禦侮	幼學	禦侮	良女				子 砲手 (22)
*延署契										
30.砲手 李善一	51	學生	保人	前判官	保人	良女		保人		
31.砲手 金成吉	39	忠翊衛	學生	主簿	保人	私婢	府使 李弼達	班奴	班婢	
32.砲手 李甲申	20	忠贊衛	學生	正兵	正兵	私婢	忠義 南斗行	班奴	班婢	
33.砲手 咸承賢	39	匠人	正兵	正兵	保人	私婢	通政 金繼智	班奴	班婢	
34.砲手 李命丙	36	守門將	展力副尉	正兵	保人	良女		出身		
35.馬兵 崔武相	36	保人	幼學	學生	保人	良女		保人		子 砲手 (12, 8)
36.馬兵 崔善祿	25	匠人	定虜衛	匠人	定虜衛	私婢	幼學 白機	班奴	班婢	
37.砲手 趙戒男	30	驛吏	驛吏	驛吏	保人	私婢	習讀 李元碩	班奴	班婢	
38.砲手 尹起信	31	忠贊衛	幼學	幼學	權管	私婢	判官 申景祿	班奴	班婢	
39.馬兵 車義善	41	正兵	正兵	忠順衛	正兵	私婢	湖安君 鞠	保人	班婢	
40.砲手 尹祐信	42	忠贊衛	幼學	幼學	權管	良女		通政		
41.砲手 金儉孫	30	保人	正兵	別侍衛	忠順衛	私婢	幼學 李織	班奴	良女	
42.砲手 崔戒進	55	保人	保人	正兵	樂工	良女		保人		
43.馬兵 金義賢	35	保人	保人	正兵	定虜衛	良女		守護軍		
44.馬兵 金時萬	34	保人	副司果	學生	保人	良女		驛吏		
45.馬兵 鄭實男	34	學生	學生	通訓	學生	良女		折衝		奴1
46.別武士南敬元	38	忠順衛	前僉正	前奉事	學生	良女		驛吏		
47.馬兵 李尙立	33	武學	學生	武學	甲士	良女		副司果		
48.馬兵 金承善	36	保人	保人	保人	保人	私婢	幼學 趙得璘	私奴	私婢	
49.砲手 金承還	34	保人	保人	保人	保人	私婢	水使 申景琥	私奴	私婢	
50.砲手 朴應楨	38	校生	學生	幼學	武學	良女		保人		
*甑山里契										
51.砲手 鄭聖源	26	忠贊衛	忠義衛	通訓大夫	武學	私婢	縣監 尹贇	幼學	班婢	
*新寺洞契										
52.馬兵 李永男	30	良人	良人	不知		私婢	佐郎 李士珪	不知	不知	
53別武士金海守	45	學生	判官	郡守	定虜衛	良女		保人		子1
54.馬兵 金海明	42	正兵	正兵	正兵	定虜衛	私婢	李斗祥	出身	私婢	
55.馬兵 車斗松	56	正兵	正兵	正兵	定虜衛	私婢		私奴	私婢	子1
56別武士金斗星	30	兼司僕	學生	判官	甲士	良女	宣教郎 李肅	副司果		
*梁鐵里契										
57.馬兵 朴繼柱	44	幼學	學生	副司果	學生	良女		校生		
58.馬兵 朴得信	35	幼學	副司果	副司果	幼學	良女		正兵		
59.砲手 金夢善	26	禦侮	學生	學生	忠順衛	無				
60.馬兵 黃得信	42	萬戶	忠贊衛	折衝				忠順衛		
61.砲手 金慶元	22	兼司僕	守門將	宣略將軍	砲手	良女		前萬戶		
62.砲手 金成吉	35	兼司僕	正兵	正兵	正兵	良女		前奉事		
63.砲手 徐赱金	48	禦侮	部將	忠義	不知	良女		兼司僕		子 砲手 (21)
64.別武士 李善	50	引儀	學生	生員	保人	良女		萬戶		婢2

에서는 도감군에 관한 사항만을 적출하여 살펴보겠다. 이 호적에는 전체 681戶 가운데 훈련도감 哨官 1戶와 도감군 62戶(砲手 27戶, 馬兵 29戶, 射手 1戶, 別武士 5戶), 故砲手의 妻 1戶의 호적 사항이 기록되어 있다. 이것을 정리하면 <표 3-6>과 같다.

이 표에서 우선 주목되는 것은 私婢를 妻로 둔 婢夫 도감군이 매우 많다는 점이다. 즉 그 妻가 良女인 도감군이 32명, 처가 私婢인 도감군이 28명, 처가 없는 도감군이 3명으로서 私婢를 처로 둔 婢夫 도감군은 전체 도감군의 44%에 달하고 있다. 당시에는 "婢夫는 奴와 같다"라는 풍속이 있었다는 것을 상기할 때, 44%의 婢夫 도감군은 良人이지만 노비와 같은 처지에서 생활하고 있음을 알 수 있다.

또 위 표의 率居人 상황을 보면 노비를 소유한 도감군은 극히 少數로 나타나고 있다. 「北部帳戶籍」은 노비의 수를 일종의 재산관리 차원에서 극히 상세히 기록하고 있는 戶籍인데, 위 표에서 도감군의 노비 보유 실태는 19번 馬兵 權福守가 婢 1명, 25번 馬兵 咸大善이 奴婢 7명, 45번 馬兵 鄭實男이 奴 1명, 64번 別武士 李善이 婢 2명을 각각 보유하고 있을 뿐이다. 즉 도감군 63戶의 전체 보유 노비는 불과 11명에 불과한 것이다. 이것은 이 호적에서 독립호를 구성하고 있는 노비가 아닌 각 노비 소유호가 소유하고 있는 노비가 모두 3,331명이라는 점과 비교하면,[262] 도감군의 노비 소유가 극히 소수에 불과하다는 것을 알 수 있다. 즉 위 호적을 통해 당시 대부분의 도감군은 극히 貧賤한 상태에 있었음을 다시 한번 확인할 수 있다.

한편 이 호적에는 哨官이 단 한 명만이 기재되어 있어 이를 통해 일반화시키기는 어려우나 초관은 양반으로서 경제적으로 부유하였던 것으로 보인다. 즉 위 표의 3번 哨官 李愰은 노비를 42명이나 소유하고 4祖가 모두 양반 직역을 가지고 있으며 妻父 역시 進士로서 양반이다. 哨官은 도감의 말단 將官으로서 도감군을 직접 통솔하는 종9품 관직

---

262) 조성윤, 앞의 글, 1992, 108쪽.

이었지만 일반 도감군과는 비교가 안될 만큼 높은 사회경제적 위치에 있었던 것이다.

그리고 이 호적에서는 馬兵의 비율이 대단히 높게 나오고 있다. 당시 훈련도감에는 馬兵이 774명(隨率馬兵 60명, 馬兵 714명), 砲手가 3,055명으로서 포수가 마병에 비해 4배 가량 많았음에 비해,[263] 이 호적에서는 馬兵이 29戶, 砲手가 27호로서 오히려 마병이 포수보다 많이 거주하고 있다. 이것은 이 호적의 지역이 郊外로서 많은 牧草地가 있어서 말을 사육하기가 편리하기 때문에 마병들이 많이 거주한 것으로 추측된다. 즉 당시에는 말이 없는 砲手들은 주로 城內에 거주하고, 말을 보유한 馬兵들은 주로 城外에 거주하고 있던 것으로 보인다.

위 표에는 도감군 四祖의 職役이 상세히 표기되고 있으나, 이를 통해 도감군의 신분변동을 추정하기는 어려운 것으로 보인다. 1974년에 이 호적을 처음으로 분석한 와그너 敎授는 "이 「서울 북부호적」은 양반에서 양인이나 그 이하로, 그리고 양인에서 노비로 전락하는 증가추세의 하향적 이동의 비중이 상당히 크다"[264]라고 하면서, 현재의 통설(조선후기 양반 신분의 격증과 양인·천인 신분의 격감)에 대한 전반적인 재검토가 시급하다고 결론지었다. 또 이 호적을 본격적으로 분석한 조성윤 敎授도 25번 馬兵 咸大善을 신분 하강의 예로 들고 있다.[265] 이것은 도감군 四祖의 職役은 주로 양반 직역이었는데 戶主인 도감군은 良人 혹은 婢夫라는 것과 관련된 해석으로 보인다. 그러나 호적 연구에서 단순히 직역의 기재만을 가지고 양반·양인을 구분하는 것은 無理라는 점이 이미 지적되었다.[266] 이 호적에서도 四祖의 직

---

263) <표 3-3> 참조. 殺手의 수를 모두 砲手에 합산하였다. 당시는 殺手를 砲手로 칭하는 경향이 있었던 것으로 추측된다. 이 「北部帳戶籍」에서도 砲手, 射手는 보이지만 殺手는 보이지 않는다.

264) 에드워드 와그너, 앞의 글, 1974 /『朝鮮身分史研究』, 法文社, 1987, 192쪽.

265) 조성윤, 앞의 글, 1992, 106쪽.

266) 崔承熙, 「朝鮮後期「幼學」·「學生」의 身分史的 意味」, 『國史館論叢』 1, 1989.

역과 戶主의 직역을 가지고 신분 변동을 추정하는 것은 아직은 무리라고 생각된다.

위 호적에 표기된 四祖의 직역은 그들의 최종 직역이고, 그것이 實職인지 아니면 납속 등으로 그 職帖만을 받은 것인지 확인할 수 없다. 이에 비해 호주 도감군은 포수, 마병 등 軍種으로만 표기되어 있으며 그들의 品階는 나타나 있지 않다. 그러나 실제 도감군들은 후술하는 바와 같이 軍功이나 試才, 中旬 등을 통해 끊임없이 賞職·품계를 받고 있었다. 선조 35년(1602)에는 전체 도감군 2,600여 명중에서 각종 賞職으로 인해 禁軍 職帖을 받은 자들이 1,217명에 달하고 있었고,[267] 19세기 純祖代에는 도감군 5,339명중 兼司僕 職帖을 받은 자가 무려 4,370명에 달하기도 하였다.[268] 이와 같이 賞職·품계를 받은 도감군은 현재 砲手, 馬兵 등으로 칭해지지만, 그 후손의 호적에 四祖로서 오를 때는 상직·품계로 표기될 것이다. 그러나 도감군이 상직·품계를 받는다고 양반이 되는 것은 아니며, 이것은 그의 四祖에게도 물론 적용된다. 따라서 四祖의 직역과 戶主의 직역을 비교 분석하여 신분변동을 파악하는 것은 많은 주의를 기울여야 한다고 생각한다.

이상 「北部帳戶籍」의 분석을 통해 도감군 중에는 婢夫가 상당히 많았고, 貧賤한 사회경제적 처지에 있었음을 확인할 수 있었다. 이와 같이 도감군들은 미천한 신분의 사람들이 대다수를 차지하고 있어서 이들의 신분상승에 대한 욕구는 무엇보다 강하였다. 이들은 조선전기 甲士와 같이 사회경제적으로 우월한 위치에 있으면서 국왕에 대한 忠誠으로서 군역에 임한 것이 아니었다. 이들은 생계수단으로서 군역 근무를 하는 자들이었고, 급료 이외에도 군역 근무에 대한 보상으로 각종 賞物이나 賞職 등을 원하였다. 이것이 제대로 이루어지지 않으면 불만을 표출하면서 군역 근무를 거부하기도 하였다. 총포를 제멋대로 쏘고 시재에도 응하지 않았던 것이다.[269] 따라서 정부에서도 끊임없이 賞物

267)『宣祖實錄』권147, 선조 35년 윤2월 甲午, 24책 349쪽.
268)『訓局總要』三, 兵摠 (서울 : 亞細亞文化社 刊, 136쪽).

을 하사하고 免賤, 許通, 陞職, 除職 등의 賞職을 통해 이들의 군역 근무를 독려할 수밖에 없었다.[270] 심지어 이들은 자신들의 요구사항을 관철시키기 위해 영의정 집으로 몰려가기도 하였다. 광해군 7년 4월 영의정 奇自獻은 도감군들이 자신의 집으로까지 몰려와 끊임없이 呈訴하고 있다고 말하고 있다.[271]

또 도감군들은 기회만 있으면 보다 더 대우받는 軍職으로 올라가려 하였다. 광해군 원년 10월 훈련도감은 도감 설립이래 55인이 兼司僕, 守門將, 忠贊衛 등의 軍職으로 移屬하여 군사력에 손실을 가져오고 있다면서 앞으로 다른 군직에 이속하는 것을 금지할 것을 요청하여 국왕의 허락을 얻었다.[272] 이때 도감군들은 병조 관리들과 결탁하여 타 군직으로의 移屬을 도모하고 있었던 것이다. 이러한 개별적 행동이 아니라 도감군들은 신분상승을 위해 집단적 행동도 감행하였다. 앞에서 살펴본 仁祖代 局出身의 출현은 1,000여 명이 넘는 도감군들의 집단적 행동의 결과였던 것이다. 결국 훈련도감에서는 이러한 도감군의 신분 상승 욕구를 체제 내로 흡수하여 후술하는 바와 같이 中旬이나 각종 試才에서 우수한 성적을 받은 사람에게는 兼司僕 職帖을 수여하고, 또 副護軍·副司直·副司果·副司正의 遞兒職 20窠도 마련하여 도감군들이 돌아가면서 체아록을 받도록 하였다.[273] 이것은 도감군들의 국왕에 대한 충성심을 고취시키고자 한 조치였다.

한편 도감군들은 신분상승을 도모할 뿐만 아니라 조선후기 서울의

---

269) 『宣祖實錄』 권88, 선조 30년 5월 乙巳, 23책 223쪽, "砲手輩 不得受賞 故皆無歡心 或有虛放 不樂試才云矣".
270) 『宣祖實錄』 권134, 선조 34년 2월 癸未, 24책 198쪽, "免賤許通 除職陞職 乃是都監規式也".
271) 『光海君日記』 권89, 광해군 7년 4월 丁酉, (태백산본) 2책 319쪽, "臣所兼帶 如訓鍊都監 最爲多事 雖在家之時 呈訴者 連絡不絶"; 권89, 광해군 7년 4월 己亥, (태백산본) 2책 320쪽.
272) 『光海君日記』 권21, 광해군 원년 10월 庚午, (태백산본) 1책 252쪽.
273) 『訓局事例撮要』 下卷, 中旬 (肅廟朝 4년 윤3월 16일).

사회질서를 동요시키기도 하였다. 이들은 한낮에 떼를 지어 말을 타고 달리면서 사람을 다치게 하거나, 한밤중에 공연히 총포를 쏘면서 도성민을 놀라게 하였다. 심지어 이들은 자신들보다 훨씬 지위가 높은 禁軍을 집단 구타하거나, 士大夫를 폭행하기도 하였다. 또 부족한 料布로는 서울의 소비 생활을 영위할 수 없었던 도감군들은 서울에서의 상업활동에 적극 참여하여 市廛 질서를 동요시키기도 하였다. 이러한 도감군의 행동은 문반 관료들의 우려를 자아냈으며, 훈련도감 변통론이 등장하는 한 원인이 되었다.[274)

이상과 같이 도감군은 승호제, 모집, 대년군 등으로 충원되었으며, 대체로 빈천한 계층으로 구성되었다. 조선후기 국가에서는 이들에게 給料, 給保, 각종 군수 물자 등을 제공하면서 군무에 종사하도록 하였다. 이러한 훈련도감의 운영방식에 대해서는 다음 장에서 살펴보겠다.

---

274) 이것에 관해서는 본서, 「6장 1절 2) 陞戶의 문제와 都監軍의 作弊」에서 詳述됨.

제4장 訓鍊都監의 給料制·給保制 운영과 軍需

1. 給料制·給保制의 성립과 정비

1) 兵農分離論의 대두와 給料制 운영

훈련도감은 앞에서 살펴본 바와 같이 임진왜란 극복의 대책으로서 전개된 포수의 양성과 군제개편 등의 결과로 설립되었다. 이와 더불어 훈련도감의 설립 배경으로 이 시기에 전개된 군역제 개혁론, 즉 兵農分離論의 대두를 첨가할 수 있다. 임진왜란은 조선과 중국, 일본 세 나라가 참전한 전쟁이었기 때문에 동양 삼국의 군역제가 극명하게 비교되었다. 이 시기 국왕과 관료들은 임진왜란 초기의 패전 원인을 구명하는 가운데 우리측 군사력의 열세가 조총의 不在 뿐만 아니라 군역제에도 문제가 있다고 인식하였다. 일본이나 중국은 모두 兵農分離로서 군인들이 급료를 받으면서 생활하여 평소 훈련에 전념하는 반면, 우리나라는 兵農一致로서 군인들이 농사일 때문에 군사훈련은 등한히 한 것이 군사력의 열세를 가져왔다는 것이다.[1] 이에 선조 26년 2월 선조는 비변사에 군역제 개혁을 강구하라고 지시하였다.[2] 兵農分離的인 훈련도감의 성립은 이러한 분위기에서 이루어질 수 있었다.

병농분리론의 대두와 포수 양성, 군제개편 등의 과정에서 선조 26년

1) 『宣祖實錄』 권33, 선조 25년 12월 己酉, 21책 592쪽 : 권34, 선조 26년 정월 庚申, 21책 596쪽 : 권41, 선조 26년 8월 辛卯, 22책 68쪽.
2) 『宣祖實錄』 권35, 선조 26년 2월 丁亥, 21책 622쪽.

10월 훈련도감이 일단 성립되었지만 이를 뒷받침해 줄만한 사회경제 적 조건은 충분히 갖추어져 있지 않았다. 훈련도감 설립 시에는 임시 방편으로 唐粟米 1,000石으로 한사람 당 하루에 2升(한 달에 6斗)씩 지급한다고 하여 군병을 모집하였으나 이는 항구적인 조처가 될 수 없 었다.[3] 훈련도감 설립 당시부터 군인들은 급료 지급량이 너무 적다하 여 불평하였고 심지어 훈련도감에서 도망하려고까지 하는 실정이었 다.[4] 그 후 도감군의 군액은 계속 증가하여 설립 2개월 후인 선조 26 년 12월에는 500명이었던 것이, 5개월 후인 선조 27년 2월에는 이미 1,000명을 넘어서고 있었다.[5] 당속미 1,000石은 도감군인 500명의 5개 월치 군량이요, 1,000명이면 3개월도 지탱할 수 없는 군량이었다. 선조 가 "都監 砲殺手의 수는 나날이 늘어가는 데 군량 확보는 대책이 없 다"[6]라고 하는 바와 같이 당시 정부는 증가하는 도감군에 대한 군량 확보가 무엇보다 절실한 문제였다.

정부는 納粟策의 실시, 貢物의 作米 등으로 군량 확보를 시도하였 으나, 이것은 많은 폐단을 야기시킨 채 별 성과를 거두지 못하고 있었 다.[7] 이러한 상황에서 훈련도감의 군량 확보로서 우선 屯田의 설치가 제기되었다. 둔전이란 원래 '且戰且耕'이라 하여 군인들이 군역에 종사 하는 한편 자기 자신들의 군량을 조달하기 위하여 경작하는 토지였다. 그러나 조선시대에서 들어와 실시한 둔전은 오히려 이러한 원래의 의 미에서 이탈되어 각급 행정기관이나 군사기관의 경비 부족을 보충하 는 것으로 되어 있었다.[8] 이러한 둔전의 설치를 통한 군량 확보야말로

---

3) 柳成龍, 『西厓集』 권16, 雜著 訓鍊都監 (한국문집총간 52책 325쪽).

4) 『宣祖實錄』 권43, 선조 26년 10월 丙戌, 22책 108쪽.

5) 『宣祖實錄』 권48, 선조 27년 2월 甲戌, 22책 228쪽.

6) 『宣祖實錄』 권55, 선조 27년 9월 丁酉, 22책 353쪽.

7) 崔永禧, 『壬辰倭亂中의 社會動態』, 韓國硏究院, 1975.

8) 朝鮮前期의 둔전에 대해서는 아래 글이 참조된다. 李載龒, 「朝鮮初期 屯田 考」, 『歷史學報』 29, 1965 ; 李景植, 「朝鮮初期 屯田의 設置와 經營」, 『韓國 史硏究』 21・22 合輯, 1978 ; 李景植, 「16世紀 屯田經營의 變動」, 『韓國史硏

임진왜란으로 인한 농민의 유망과 농지의 황폐, 국가재정의 파탄 속에
서 정부가 취할 수 있는 가장 유력한 방법이었다.

훈련도감 설립 이후 정부 내에서는 훈련도감의 군량 확보책으로서
둔전 설치가 제기되고 있었고,9) 이의 운영을 둘러싸고 여러 가지 형태
가 거론되었다. 이러한 가운데 훈련도감 운영에 대한 근본적인 재검토
도 이루어지고 있었다. 이것은 兵農一致論과 兵農分離論으로 집약되
었다. 특히 병농일치적인 둔전 경영을 적극 주장하고 나선 사람은 柳
成龍이었다.10) 유성룡은 당시 거론되고 있던 兵農分離에 대해서 반대
하였다.11) 그래서 그는 비록 병농분리론의 대두에 따라 훈련도감이 설
립되었지만 궁극적으로는 이를 다시 병농일치제로 만들고자 하였다.
선조 27년 4월 선조와 영의정 유성룡은 훈련도감의 운영에 관한 그들
의 의견 차이를 드러내었다. 이 때 유성룡은 "有事則執兵 無事則分屯
耕作"이라는 병농일치제에 따라 훈련도감을 운영하자고 주장하였다.
이에 반해 선조는 훈련도감을 병농일치로 운영한다는 것은 절대 不可
하다는 입장이었다. 만약 군인이 농사를 짓는다면 이는 농부이지 군인
이 아니라는 것이다.12)

究』 24, 1979.

9) 훈련도감이 설립된 선조 26년 10월부터 同年 12월까지 정부내에서는 둔전의
   설치 문제가 집중적으로 논의되었다.

10) 조선후기 내내 柳成龍은 兵農分離 주장자로 오해되었다. 즉 현종 13년 10월
   李端夏는 "我國無給料之兵 而壬辰亂後 宣廟朝相臣 柳成龍 因飢民賑恤 抄
   其丁壯"(『顯宗改修實錄』 권26, 현종 13년 10월 辛卯, 38책 124쪽)이라 하여
   유성룡에 의해 급료병이 만들어졌다고 말하였다. 또 영조 26년 3월 持平 鄭
   恒齡은 "良役二疋 自故相柳成龍刪定"(『英祖實錄』 권71, 영조 26년 3월 丙
   辰, 43책 365쪽)이라 하여 병농분리에 따른 良役 2필은 유성룡이 산정한 것
   이라 주장하였고, 同年 5월 영의정 趙顯命은 "柳成龍 設立五軍門 而下民偏
   受其役"(『英祖實錄』 권71, 영조 26년 5월 戊午, 43책 368쪽)이라 하여 유성룡
   에 의해 5군문이 설립되어 下民들만 군역을 지게 되었다고 말하였다. 그러나
   유성룡은 본문에서 보는 바와 같이 兵農一致論者였다.

11) 柳成龍, 『西厓集』 別集 권4, 備邊雜錄 (한국문집총간 52책, 475쪽), "今日 分
   兵農爲二之 大段難行者也".

한편 이 시기 정부 내에서 兵農分離를 주장하는 논자도 적지 않았
다. 선조와 유성룡의 견해가 대립하자, 선조 27년 5월 大司憲 金宇顒,
掌令 沈源河·奇自獻, 持平 黃是·朴承宗 등은 병농분리가 비록 많
은 문제점이 있지만 병농일치만을 고집할 수는 없다고 하면서 "農出粟
布以養兵 兵出性命以爲農"이라는 병농분리가 오늘날에는 가장 바람
직하다고 하면서 선조의 편에 서고 있었다.13) 앞에서 언급했듯이 임진
왜란에 참여한 동양 삼국 중 유독 조선만이 병농일치였고, 이로 인해
패전을 면치 못했다는 인식이 당시 국왕과 정부 관료 내에 있었던 것
이다.

이처럼 둔전의 설치와 경영을 둘러싸고 훈련도감 운영에 대한 논란
이 일어났고, 훈련도감을 병농일치적 둔전제로 운영하려는 柳成龍의
계획은 국왕과 여러 관료들의 반대로 무산되었다.14) 그러나 유성룡은
병농분리제, 급료제에 대해서는 끝내 반대하면서, 다시 선조 27년 7월
훈련도감을 遞兒職으로 운영하자고 건의하였다.15) 그런데 군인들에게
체아직을 지급하는 것은 조선전기 이래 실시되어 온 것이지만, 그 지
급에는 엄격한 규식이 있었다. 즉 조선전기 대표적인 군인인 甲士의
경우 엄격한 取才에 의해 선발되어 서반 종4품 副護軍~종9품 副司勇
에 이르는 2,000窠의 체아직을 받고 있었다. 체아직은 비록 正職은 아
니지만 이것 역시 관직으로서 이를 받는다는 것은 무반관료가 됨을 의
미하였다. 그런데 도성내 飢民·公私賤 등을 모집하여 구성된 훈련도

12)『宣祖實錄』권50, 선조 27년 4월 乙丑, 22책 254쪽, "成龍曰 大亂之後 所可
慮者 不特外患也 宜重京師之勢然後 可以鎭定外方 須置五營于城中 每營以
二千人 屬之 …… 有事則執兵 無事則分屯耕作 上曰 …… 兵農合一 則不可
爲也 若使兵就農 則是乃農夫也 豈能坐作擊刺乎 成龍曰 齊桓晋文 亦皆兵
寓於農矣".
13)『宣祖實錄』권51, 선조 27년 5월 丁未, 22책 287쪽 ; 金宇顒,『東岡集』권8,
憲府七條箚 (한국문집총간 50책, 297쪽).
14) 柳成龍,『西厓集』권16, 雜著 訓鍊都監 (한국문집총간 52책 325~326쪽).
15)『宣祖實錄』권53, 선조 27년 7월 己卯, 22책 306쪽, "領議政柳成龍等 啓曰
…… 又爲軍食所限 不得滿一千之數 …… 常欲啓請遞兒 而因循未果".

감 군인 전체에게 이와 같은 체아직을 지급할 수는 없었다. 또 이 당시 西班 遞兒職은 이미 문반들의 대우직으로 변질되고 있었다. 즉 16세기 이래 종래 무반관직인 五衛의 軍職은 實職이 없는 문반관료들에게 祿을 주기 위한 자리로 변질되었고,[16] 이렇게 문반관료들이 군직을 받는 것을 西班으로 간다고 하여 '送西'[17]라고도 하였다. 이러한 상태로 운영되던 체아직을 도감군에게 지급할 수는 없는 실정이었다.

임진왜란 중 임시 방편으로 시작된 급료제에 대한 반대도 있었지만, 결국 당시 정부로서는 급료제의 계속적인 시행 이외에 다른 방도가 없었다. 이에 훈련도감은 그 재원을 마련하기 위해 가능한 모든 방법을 동원하고 있었다. 이러한 실정을 호조는 다음과 같이 말하고 있다.

> 訓鍊都監 軍餉은 원래 국가경비와 관계없이 운영되는 것이라 훈련도감 설치 이후 혹은 둔전을 개간하고 혹은 魚·鹽을 판매하는 등 무릇 곡식을 얻을 수 있는 일은 크고 작은 것을 가리지 않고 무엇이든지 하였다. 비롯 사소한 폐단이 있을 지라도 이를 돌아볼 여가가 없었다.[18]

여기에서 사소한 폐단이 있었다고 하지만 그 폐단은 사소한 것이 아니었다. 군량을 마련하기 위한 훈련도감의 無所不爲한 행태는 민인들에게 수많은 고통을 가져왔다.[19] 추수할 무렵 民田을 屯田이라 칭하여 그 수확물을 걷어간다든지,[20] 도감에서 필요로 하는 물자를 강제로 民結에 分徵하여 빈민을 도산하게 하였다.[21] 또 경기도에 魚箭을 설치하여 이로 인한 民의 피해가 혹심하다고 말해질 정도였다.[22] 이와 같

---

16) 柳馨遠, 『磻溪隨錄』 권16, 職官之制 下 (東國文化社 刊, 322쪽).
17) 『宣祖實錄』 권201, 선조 39년 7월 己巳, 25책 227쪽.
18) 『宣祖實錄』 권147, 선조 35년 윤2월 癸巳, 24책 349쪽.
19) 『宣祖實錄』 권207, 선조 40년 정월 己巳, 25책 301쪽, "訓鍊都監 創設之初 急於軍需 採山煮海 無所不爲".
20) 『宣祖實錄』 권127, 선조 33년 7월 丙寅, 24책 103쪽.
21) 『宣祖實錄』 권192, 선조 38년 10월 丁卯, 25책 132쪽.

이 훈련도감의 군량 문제는 정부나 民 모두에게 엄청난 부담을 주었
다. 국왕 역시 훈련도감의 군량 확보에 많은 압박을 받았던 것 같다.
선조 27년 10월 宣祖는 국가의 제사를 관장하는 奉常寺에서 祭享之田
을 마련해달라고 上啓한 데 대하여 "이러한 때에 祭享을 해서 무엇에
쓰겠는가? 훈련도감에 주어 군대를 양성하게 하는 것이 좋다"라는 대
답을 하여 신료들의 반발을 사기도 했다.23) 병농분리제·급료제로 훈
련도감을 운영한다는 것은 戰時 정부로서는 커다란 부담이었고 많은
문제를 야기시켰던 것이다.

급료제가 추진됨에 따라 정부에서는 軍餉廳이라는 별도의 기관을
설치하여 여기서 훈련도감의 급료를 관장하도록 조처하였다. 군향청은
그 후 糧餉廳으로 명칭이 바뀌게 되는데 그 설치 기사를 실록에서는
찾을 수 없으나, 『萬機要覽』, 『增補文獻備考』 등에서는 훈련도감의
설립과 동시에 이를 설치했다고 보고 있다.24) 그러나 선조 26년 10월
훈련도감이 설치될 무렵 군향청에 관한 기록은 보이지 않는다. 단지
군향청에 대한 최초의 기록으로 나타나는 것은 선조 27년 8월 비변사
에서 명군 병영에 소속되어있던 조선인을 군향청 군량을 주어 포·살
수로 편입시키자고 啓를 올린 실록 기사이다.25) 이를 통해 군향청은
훈련도감 설립 이후, 선조 27년 8월 이전에 설립된 것으로 일단 추정된
다.

군향청은 戶曹判書가 提調가 되어 훈련도감의 군향을 관장하는 기
관이었다. 相臣은 軍政을 관장하고 大將은 군병을 통솔하며 호조에서
는 그 재정을 담당하는 것이 조선시대 군사운영의 원칙이었다.26) 군사

---

22) 『宣祖實錄』 권122, 선조 33년 2월 己卯, 24책 35쪽.
23) 『宣祖實錄』 권56, 선조 27년 10월 乙巳, 22책 357쪽 ; 丁未, 22책 358쪽.
24) 『萬機要覽』 財用編 4, 糧餉廳 ; 『增補文獻備考』 권226, 職官考 13, 糧餉廳
    (명문당 영인본, 下卷 635쪽).
25) 『宣祖實錄』 권54, 선조 27년 8월 丁卯, 22책 334쪽.
26) 『訓局事例撮要』 下卷, 取來 (辛亥[영조 7 : 1731] 9월 24일), "相臣領其事 大
    將治其兵 度支制其財".

력과 경제력이 한 군사기관에 집중하면 지나치게 권력이 커질 것을 우
려하여 취한 조치였다.27) 이러한 권력분립의 원칙에 따라 군향청은 비
록 훈련도감의 재정을 전담하는 기관이지만 호조판서가 관할하게 되
었다. 그리고 훈련도감은 선조 29년(1597) 군량수송의 편의를 고려하
여 江上 船舶이 닿는 곳인 龍山에 軍資監 別營을 설치하여 여기에서
도감군에게 급료를 지급하도록 하였다.28)

급료지급 방식도 차츰 정비되어, 선조 28년부터는 도감군의 급료를
二元化하여 지급하기 시작하였다. 도감군내에서 軍功이나 試才 등으
로 禁軍에 제수되는 사람들이 다수 생기자 이들 禁軍 도감군의 급료
는 호조에서 지급하기 시작하고, 品階를 받지 못한 閑良 도감군들은
종전대로 군향청에서 급료를 지급하였던 것이다. 급료 지급 시 금군
도감군은 1개월에 米 12斗를 받았고,29) 한량 도감군은 米 6斗를 지급
받았다.30) 그러나 도감군 중에서 軍功이나 科擧 등을 통해 계속 금군
으로 올라가는 사람들이 증가하자 이들의 급료를 책임져야 하는 호조
에서의 재정부담은 더욱 가중되어 갔다.31) 선조 28년 3월 현재 戶曹와
軍餉廳에서 정부 관료와 도감군, 下人들에게 지급하는 1개월 치 급료
내역을 살펴보면 다음과 같다.

27) 『正祖實錄』 권7, 정조 3년 3월 庚戌, 45책 104쪽, "上曰 糧餉廳之付戶曹 而
爲都監策應者 名實不當 …… 戶曹判書 金華鎭曰 當初都監 不過權設 無他
財力 故自戶曹 以此策應 且都監旣領五千兵馬 而又管錢穀 則不無權力太重
之慮 分其兵粮 以爲維持之意也".
28) 『宣祖實錄』 권128, 선조 33년 8월 乙亥, 24책 109쪽;『承政院日記』 5, 인조
3년 3월 27일, 1책 154쪽.
29) 『宣祖實錄』 권147, 선조 35년 윤2월 甲午, 24책 349쪽, "自乙未(선조 28년 :
필자주)年間 禁軍閑良 分而二之 閑良則 自都監給粮 禁軍以上則 令本曹題
給".
30) 『宣祖實錄』 권67, 선조 28년 9월 丁酉, 22책 566쪽.
31) 위와 같음. '備邊司 啓曰……訓鍊都監 所屬之軍 己爲定額 而其中陞授禁軍
者 受食禁軍之料 受食六斗者 似當添給 而粮餉不敷 勢難充給 今欲減員而
增粮則 軍數太少 無以成形 令訓鍊都監 協同戶曹 更爲商量 講究繼粮之策'.

<표 4-1> 戶曹와 軍餉廳의 1개월 지출 내역

戶 曹				軍餉廳		
散料 東西班(1110員)	米	1,185石		砲殺手・訓鍊都監農軍幷米		575石
	太	622石		南下砲手妻料米		32石
砲殺射手赴戰人(1146員)		862石		訓鍊都監匠人料米		6石
下人(650)		251石		同都監射手馬農牛	太幷	32石
	合計	2,920石		龍津軍料米		98石
				飢民賑済米	太幷	450石
雜用度	米太	1,000餘石		雜用度		40石
合 計		3,920石		合 計		1,233石

典據 :『宣祖實錄』권61, 선조 28년 3월 癸未, 22책 461쪽.

위 표에서 호조의 雜用度를 제외한 1개월의 散料는 2,920石(실록에
는 2921石으로 계산되고 있다)이며, 군향청의 1개월 지출은 1,233石(실
록에는 1,428石으로 계산되고 있다)으로 1개월에 지출해야할 액수는
총 4,153石에 달하였다. 그런데 호조는 현재 남아있는 양식이 6,000여
石밖에 없다고 호소하고 있었다.[32] 이를 통해 당시 국가재정의 영세성
과 훈련도감으로 인한 국가의 부담을 짐작할 수 있다.

그래서 임진왜란이 종결되어 가면서 정부 관료 내에서 훈련도감의
폐지를 주장하는 사람도 있었다. 선조 30년 5월 特進官 李憲國은 국왕
에게 "국가의 재정부족으로 백관의 녹봉도 제대로 지급하지 못하고 있
는 형편인데 훈련도감 군졸은 헛되이 糧料만 낭비하고 있습니다"라고
말하는 등 훈련도감에 대해 부정적인 견해를 나타내었다.[33] 이렇게 도
감의 존재를 문제삼는 관료들에 대해 선조는 "훈련도감을 혁파하라고
하는 것은 모두 망언이다"[34]라고 강경하게 대응하거나, "만약 훈련도
감이 없다면 시위를 어떻게 하겠느냐"[35]며 사정을 설명하기도 하였다.
이러한 현실적인 필요성과 국왕의 의지로 훈련도감은 계속 존속할 수

32)『宣祖實錄』권61, 선조 28년 3월 癸未, 22책 461쪽.
33)『宣祖實錄』권88, 선조 30년 5월 丁巳, 23책 232쪽.
34)『宣祖實錄』권80, 선조 29년 9월 丁巳, 23책 78쪽.
35)『宣祖實錄』권88, 선조 30년 5월 乙巳, 23책 223쪽.

있었다.

이러한 상태에서 앞에서 말한 바와 같이 한량이었던 도감군들이 軍 功이나 각종 무예 시험 등으로 계속 禁軍으로 승진하면서 호조의 재정 부담이 증가하여 가자 호조에서는 다시 재정 부족을 호소하였다. 호조 에서는 "처음에는 금군의 수가 불과 수백 명이었는데, 근래 매년 매월 試才를 실시하니 이에 합격하여 금군으로 제수받는 자가 三手兵 전체 1,217명에 달하고, 이들에게 한 달에 米 12斗를 주게되면 1년에 2만여 石이 소요됩니다"라고 주장하였다.[36] 실제 훈련도감은 도감군의 사기 진작을 목적으로 계속 이들에 대한 무예시험 실시를 국왕에게 요구하 여 도감군 내에 금군의 확대를 꾀하고 있었다.[37] 이는 그만큼 훈련도 감 군향청의 경비를 절감시키는 효과도 가져왔던 것으로 추측된다.

임진왜란이 종결된 후 정부는 훈련도감 군인에 대한 급료 지급을 다 른 방도로 해결하지 않을 수 없었다. 호조와 군향청에서 금군 도감군 과 한량 도감군을 구분하여 별도로 급료를 지급하는 데서 나타나는 문 제점과 이에 따른 호조의 계속되는 재정 부족은 새로운 형태의 재원을 확보하지 않으면 해결될 수 없는 상황에 이르렀다. 결국 정부는 새로 운 조세를 설정하여 이를 통해 군인들의 급료의 재원을 확보하는 방안 을 마련하였다. 즉 三手米稅가 창설되었던 것이다. 선조 39년 9월의 戶曹啓目에 의하면 1602년(선조35)부터 훈련도감 군인의 급료를 지급 하기 위해 삼수미세가 평안·함경도를 제외한 전국 각도의 水田·旱 田에 설정되어 매년 1결에 쌀 1두씩을 징수하였다고 한다.[38]

삼수미세의 설정 이후 도감군의 급료는 호조와 군향청이 禁軍과 閑 良으로 나누어 지급하던 것에서 호조가 총괄적으로 담당하는 것으로

---

36) 『宣祖實錄』 권147, 선조 35년 윤2월 甲午, 24책 349쪽.
37) 『宣祖實錄』 권148, 선조 35년 3월 戊子, 24책 367쪽.
38) 『宣祖實錄』 권203, 선조 39년 9월 戊子, 25책 267쪽, "訓鍊都監三手兵支放糧 料 自壬寅年(선조 35년 : 필자주)爲始 全羅·忠淸·江原·黃海等道 通共水 旱田 勿論大小米 每一結一斗式 收捧補用 已成近例".

바뀌었다. 그리고 호조에서는 龍山에 있던 훈련도감의 軍資監 別營을 접수하여 여기에서 삼수미를 출납하였다. 한편 종래 한량 도감군들의 급료를 지급하던 軍餉廳(糧餉廳)은 훈련도감의 둔전을 모두 접수하여 도감군의 급료를 제외한 훈련도감 운영에 필요한 각종 재원을 마련하는 기관으로 전환하였다.[39]

선조대 이후 훈련도감 군액은 계속 증가하였고 이에 따라 삼수미를 징수하여 급료를 마련해야 하는 호조의 부담 역시 가중되었다. 즉 임진왜란 중 1,000명에 불과했던 훈련도감의 군액이 宣祖 末에는 3,000명으로 증가하였고, 光海君代에는 4천 수백여 명으로 증가하였다(<표 3-4> 참조). 따라서 도감군에게 지급해야 할 급료의 총액 역시 계속 증가하여 선조 39(1606)년에는 도감군에게 1년 동안 지급해야 할 군량이 16,000餘 石이었던 것이,[40] 10년 후인 광해군 8년에는 28,800餘 石으로 증가하였다.[41] 이러한 훈련도감 군액의 증가에 따라 삼수미의 징수량에도 변화가 있었다. 선조 35년(1602)에 처음으로 설정된 삼수미세는 매 1結당 1斗씩 징수하는 것이었는데, 광해군 즉위년(1608)에 이르러 평안도와 함경도를 제외한 6道에 時起田結數에 따라 田畓 매 1결당 米 1두씩을 加捧한 것이다.[42] 이로써 처음에 매 1결당 1斗로 정한 삼수미세는 시행된 지 6년 만에 다시 2斗로 倍增되었다. 그리고 다시 광해군 8년에는 기존의 1결당 2두의 수취액에다 다시 2升씩을 덧붙여 징수하였다.[43] 이로써 삼수미세는 평안·함경 2도를 제외한 6도의 水田·旱田에 매 1결당 2斗 2升씩 징수하게 되었다.

그 후 인조 12년(1634)에 실시한 三南量田(甲戌量田)에 의하여 田結이 대폭 증가하자, 삼수미세를 경상·전라·충청 3도에 한하여 1결

---

39) 『顯宗改修實錄』 권8, 현종 4년 11월 戊寅, 37책 353쪽, "設糧餉廳 廣置屯田 蓄積販賣 以資軍中用度器械旗鼓之備 皆出其中".

40) 『宣祖實錄』 권204, 선조 39년 10월 己卯, 25책 276쪽.

41) 『光海君日記』 권106, 광해군 8년 8월 癸亥, 32책 512쪽.

42) 『光海君日記』 권7, 광해군 즉위년 8월 癸酉, 31책 343쪽.

43) 『光海君日記』 권106, 광해군 8년 8월 癸酉, (太白山本) 2책 465~466쪽.

당 1두씩을 감액하였다.[44] 이러한 조치로 三南의 삼수미세는 1결당 1 斗 2升으로 되었다. 그러나 강원도와 황해도의 삼수미세는 종전과 다름없이 1결당 2斗 2升씩 징수하였다.[45] 그리고 병자호란을 계기로 경기도에 대하여 삼수미를 면제하였다.[46] 이 때 三南의 삼수미는 水田과 旱田을 구별하지 않고 쌀(大米)로 징수하는 것을 원칙으로 하되, 다만 강원도와 황해도의 旱田에 대해서만 좁쌀(小米)로 징수하였다. 이러한 변천을 겪은 삼수미세의 收稅 규정은 『續大典』에 전재됨으로써 일단 확정되었다.[47]

이와 같은 收稅 규정에 의거하여 각 지방에서 올라온 삼수미는 호조가 관리하는 別營으로 상납되었고, 도감군의 급료는 여기에서 지급하였다. 별영은 앞에서 말한 바와 같이 삼수미의 설정 이후에 호조로 이속되었다. 삼수미에는 船價만 첨부되어 있었고,[48] 馬價와 車價가 붙어있지 않으므로 운송의 편의를 고려하여 江上船舶이 닿을 수 있는 龍山에 설치된 별영에서 이것을 관리한 것이다.[49] 급료지급 방식은 호조의 別營郎廳이 매월 20일(12월이면 15일) 훈련도감에서 보낸 受料成冊에 의거하여 훈련도감 낭청의 입회 하에 馬兵將과 各哨의 哨官에게 급료를 지급하면, 마병장과 초관은 이를 받아 각각 자신에게 소속된 馬兵과 步軍에게 분배하는 형식으로 이루어졌다.[50] 이때 별영이 몹

---

44) 『增補文獻備考』 권148, 田賦考8 租稅1 (명문당 영인본, 中冊 717쪽), "十二年 命三南量田 減三手米 每結一斗".

45) 『承政院日記』 230, 현종 13년 9월 19일, 12책 213쪽.

46) 『度支志』 外篇 권15, 三手米. "甲戌量田後 三南減一斗 丙子亂後 京畿全減 海西關東依舊收捧(畓收大米 田收小米)".

47) 『續大典』 권2, 戶典, 收稅. "三手米 二斗二升 (○ 三手米 京畿·西北道 無, 三南 減一斗, 三南 毋論田畓竝捧米, 關東·海西 旱田則捧小米)".

48) 『備邊司謄錄』 54, 숙종 30년 정월 8일, 5책 252쪽, "三手粮 則自有船價".

49) 『承政院日記』 5, 인조 3년 3월 27일, 1책 154쪽, "亂前則 豈有軍士散料之規 乎 外方田稅 輸納於軍資·廣興兩倉 以甲士護軍以下 自軍資監 給祿而已 壬辰亂後 故相臣李德馨 與柳成龍 始作別營 其時 豈不捧之於軍資監乎 盖以別營 近於江上船泊之處 運入爲易 而三手粮 本無二價者 車價馬價也".

50) 『萬機要覽』 財用編 4, 戶曹各掌事例 別營, "每朔放料時 戶曹郎廳與訓局郎

시 좁아 군인들은 아침부터 저녁까지 줄을 서서 기다려야 급료를 지급 받을 수 있었고, 또 이러한 급료지급이 무려 3~4일씩 걸리기도 하였 다고 한다.[51]

17세기에 들어 도감군 급료는 매월 禁軍 도감군은 米 12斗, 閑良 도 감군은 米 9斗씩 지급되었다.[52] 앞에서 살펴본 宣祖代에 6斗였던 閑 良 도감군의 급료가 3斗 인상된 것이다. 그러나 전쟁이나 흉년이 들어 稅入이 감소했을 때에는 급료를 일시 감축하거나, 혹은 大米와 小米 (좁쌀)로 나누어 지급하기도 하였다. 병자호란 이듬해인 인조 15년 (1637)에 급료를 1두 減하였고,[53] 인조 24년 7월에는 흉년으로 인해 세 입이 감소되었다는 이유로 9斗를 지급받는 자에게는 대미 6斗, 소미 3 斗로, 12두를 지급받는 자에게는 대미 8두, 소미 4두로 나누어 지급하 기도 하였던 것이다.[54]

그러나 도감군들은 자신들에게 이러한 불리한 조치가 취해질 때마 다 집단행동으로 불만을 나타내었다. 즉 인조 7년(1629) 3월에는 묵은 쌀을 지급했다 하여 도감군들은 급료 受領을 거부하여 국왕의 분노를 사기도 하였다. 이때 국왕은 "지금 외방의 백성들은 멀건 죽조차 잇기 가 어려운 지경인데, 군인들은 급료를 받았으면 족하지 어찌 米色이 나쁘다 하여 받기를 거부한단 말인가"라고 하면서 訓鍊大將을 推考할 것을 명하였다.[55] 한편 위에서 살펴본 인조 24년(1646) 7월의 大米와 小米의 혼합 지급에 대해서 도감군들은 훈련중임에도 불구하고 집단 적으로 훈련대장에게 나아가 이것을 중지해 줄 것을 호소하여 결국 호

廳 眼同上下矣 顯宗壬子(1672년) 判書金壽興啓請 以戶曹別營郎廳兼管糧 餉廳從事官擧行 放料當日 馬兵將及各哨哨官 領付放料".

51) 『承政院日記』 265, 숙종 4년 7월 23일, 14책 116쪽.
52) 『承政院日記』 27, 인조 7년 7월 14일, 2책 238쪽 ; 86, 인조 21년 11월 30일, 5책 139쪽 ; 174, 현종 3년 6월 3일, 9책 639쪽.
53) 『承政院日記』 86, 인조 21년 11월 30일, 5책 139쪽.
54) 『承政院日記』 94, 인조 24년 7월 13일, 5책 494쪽.
55) 『承政院日記』 25, 인조 7년 3월 4일, 2책 101쪽.

조판서가 교체되기도 하였다.56) 또 현종 10년(1669) 4월 도감군들이
호조가 남쪽에서 조운해온 쌀을 급료로 지급했다 하여 受領을 거부하
는 일이 있었다. 이 당시 훈련대장 李浣은 "쌀의 질이 나쁘면 軍士들
이 받지 않는 것도 당연하다"라고 하면서 오히려 도감군을 두둔하는
발언을 하여 사헌부의 탄핵을 받기도 하였다.57) 이와 같이 훈련도감은
番上制로 운영되는 조선전기 군역제와는 달리 長番制 즉 상비병제로
운영되었기 때문에 이들은 자신들의 불만을 집단행동으로 표출하였다.
이러한 집단행동들은 정부관료들의 비난의 표적이 되었으며, 이들에
의해 훈련도감 변통론이 제기되는 계기가 되었다.

한편 급료병제로 유지되는 훈련도감의 운영으로 인해 조선후기 국
가재정은 항상적인 결핍 상태를 면치 못했다. 17세기 동안 도감군액은
계속 증가하는 실정이어서 삼수미세만으로 도감군의 급료를 지급할
수 없는 경우가 많았다. 현종 13년 10월 호조판서 金壽興은 삼수미세
와 도감군의 급료 상황을 보고하는 가운데 삼수미세의 수입은 인조 26
년(1648)에는 39,041石, 현종 10년(1669)에는 35,583石, 현종 12년(1671)
에는 25,791石으로 점점 감축하고 있는데 비해, 현종 12년 현재 도감군
의 1년간 급료는 米 55,120石, 太 5,276石, 합계 60,396石에 달하고 있
다고 말하고 있다.58) 또 이러한 도감군의 급료 총액이 호조 재정에서
차지하는 비중은 막대하였다. 현종 즉위년(1659) 공조판서 閔應亨은
호조의 1년 경비 12萬石중 훈련도감으로 들어가는 것이 8萬石이라고
주장하였다.59) 도감군의 급료와 더불어 도감장관과 局出身의 녹봉까

56)『承政院日記』94, 인조 24년 7월 21일, 5책 498쪽 ;『仁祖實錄』권47, 인조 24
년 8월 癸酉, 35책 281쪽, "戶曹判書 閔聖徽適 時國用罄竭 戶曹以小米 補給
都監軍兵之料 軍情頗怨 大將具仁垕以爲言 聖徽怒陳疏以辨之 都提調金瑬
亦陳疏待罪 聖徽不自安 呈病而遞".
57)『顯宗實錄』권16, 현종 10년 4월 癸未, 36책 626쪽 ;『承政院日記』214, 현종
10년 4월 21일, 11책 508쪽.
58)『顯宗改修實錄』권26, 현종 13년 10월 甲辰, 38책 124쪽.
59)『顯宗改修實錄』권2, 현종 즉위년 12월 甲寅, 37책 136쪽.

지 합친 수량이었다.

이상과 같이 도감군의 급료는 국가재정에 많은 부담을 주었다. 그러나 이렇게 마련되어 지급된 급료도 각 도감군에게는 충분한 것이 아니었다. 가족을 거느리고 서울에서 소비 생활을 해야 하는 도감군으로서는 1개월에 12斗~9斗에 이르는 급료 지급량은 食費에 충당될 뿐이었다. 따라서 정부에서는 급료 이외에 衣料費의 명목으로 保布를 지급하지 않을 수 없게 된다.

2) 給保制의 실시와 정비

(1) 給保制의 실시

훈련도감의 보인지급(給保) 문제가 대두하게 된 것은 임진왜란이 종결된 후인 선조 32년(1599) 정월부터였다. 앞에서 서술한 바와 같이 왜란 중 도감군이 된 자들은 주로 굶주림을 면하기 위해 입속하였기 때문에 戰時의 급료는 적고 군역은 고된(料薄役苦) 도감군 생활을 감수할 수밖에 없었다. 그러나 왜란 후기에 들어 전쟁이 소강상태에 접어들면서 이제 그들은 이러한 생활을 청산하고 각자 고향으로 돌아가 생계를 도모하려 하였다. 훈련도감에 들어온 것을 감옥에 들어온 것으로 여기기도 하였다. 그러나 훈련도감의 군사적 비중은 더욱 증가하고 있었다. 禁軍은 少數인데다 질적 저하가 계속되었고,[60] 番上正兵 역시 步兵은 이미 納布軍이 되었으며, 騎兵은 役軍으로 변질되어 代立制가 광범하게 전개되고 있었다.[61] 결국 당시 실질적으로 국왕의 시위와 수도 방위를 담당하는 군대는 훈련도감 밖에는 없는 실정이었다.[62] 훈련

---

60) 『宣祖實錄』권66, 선조 28년 8월 乙丑, 22책 548쪽, "內禁衛 乃是宿衛親近之軍 而亂離之後 其道冗雜 或以入屬爲恥云";『宣祖實錄』권68, 선조 28년 10월 癸丑, 22책 577쪽.

61) 『宣祖實錄』권53, 선조 27년 7월 己卯, 22책 306쪽.

62) 『宣祖實錄』권55, 선조 27년 9월 壬寅, 22책 355쪽 ; 권77, 선조 29년 7월 丙子, 23책 30쪽, "京城四方根本 所恃者 唯訓鍊都監 所鍊之兵耳".

도감의 중요성은 증가한 반면 도망병이 증가하고 新兵의 入屬 기피가 더욱 심해짐에 따라 정부에서는 도감군인들의 처우를 개선할 필요를 느꼈다. 給料 이외에 給保 문제를 검토하였던 것이다.

선조 32년(1599) 정월 비변사에서는 지금 나라안에서 믿을 만한 병사는 오직 도감군 밖에 없다고 하면서, 임진왜란 중 納粟·軍功 등으로 인한 授職免賤人들을 모두 軍籍에 올리어 나이가 적고 무예가 뛰어난 자는 도감군에 속하게 하고, 그렇지 못한 자는 봉족처럼 糧餉을 보급하게 하자고 주장하였다.[63] 이보다 3년 전인 선조 28년(1595) 12월 충청도에서 地方軍(束伍軍)으로 신설된 砲殺手들에게 각각 봉족 2명을 지급한 일은 있었으나,[64] 서울의 훈련도감 군인에게 급보하자고 한 것은 이것이 처음이었다. 이러한 비변사의 건의는 즉시 국왕의 윤허를 받았고, 이후 선조는 도감군의 급보 실시에 대한 적극적인 의지를 나타내었다. 그러나 그 해 5월 훈련도감에서는 도감군 급보의 어려움을 다음과 같이 말하고 있다.

군졸들로 하여금 즐거이 근무하게 하고 떠나려는 생각을 없게 하려면 급료를 후하게 주어 그 마음을 즐겁게 하는 수밖에 없습니다. 그러나 지금 財力이 고갈되어 月粮으로 皮雜穀만을 근근히 줄 뿐이요 다른 賞物이 없으니, 군인들이 무엇으로 仰事俯育하며 그 고역을 견뎌내겠습니까? 지금 上께서 특별히 군인들의 괴로움을 살피시고 奉足을 지급하여 그들을 위로하려 하시니 聖意가 지극합니다. 그러나 도감군의 현재 軍額이 대략 1,700여 인으로, 군인 1명당 保人 1인을 지급하려면 新良 1,700여 인을 확보해야하고, 1명당 보인 2인을 지급하려면 3,400인을 확보해야 보인을 定給할 수 있습니다. 그러나 지금 이만한 新良을 확보하는 것은 쉽지 않습니다. 지난 번에 충청도에서 砲殺手에게 봉족 2~3인을 지급한 적이 있는데 民을 侵擾하는 폐단

63) 『宣祖實錄』 권108, 선조 32년 정월 癸未, 23책 553쪽.
64) 『宣祖實錄』 권70, 선조 28년 12월 甲寅, 22책 614쪽, "兵曹 啓曰 …… 忠淸道 …… 砲殺每一名 各給奉足二名云 則編伍軍三千 而通計其 奉足 幾至萬名 矣".

이 列邑에 두루 미쳤습니다. 臣들이 다시 생각해 보아도 좋은 방도를 찾을 수 없습니다.[65]

이와 같이 훈련도감에서 급보의 어려움을 피력하고 이 문제를 보류할 것을 上啓하자, 宣祖는 "軍士 給保는 본래 國法이다"라 하고 이것을 관철할 뜻을 밝혔다.[66] 그러나 이때 給保는 이루어지지 않았다. 도감군에 대한 급보는 이듬해인 선조 33년(1600)에 들어서도 시행되지 않고 있었다. 국왕은 끊임없이 도감군에게 '보인을 지급'할 것을 재촉하였지만,[67] 이에 대한 신료들의 반응은 부정적이었다. 그런데 1년 후인 선조 34년 정월 서울에서 돌발적인 사태가 벌어져 도감군의 給保가 우여곡절 끝에 시행되었다. 이때 明의 도망병 30여 명이 서울에서 횡포를 부린 일이 있었다.[68] 그러자 도감군들은 국왕을 호위하는 한편 매복작전을 통해 이를 진압하는 활약을 벌였다. 이에 宣祖는 훈련도감 提調인 李德馨을 引見한 자리에서 도감군의 급보 문제를 거론하면서 강력하게 급보제의 시행을 촉구하였다.[69] 그러나 이덕형은 도감군의 급보에 대해 반대하였다. 훈련도감 군인들은 지방에 근거지가 있는 군인들이 아니라 各司下人이나 市井 무뢰배로서, 만약 이들에게 봉족을 지급한다면 많은 폐단이 있을 것이라는 점과 都監은 본래 의미대로 權設이어서 절대로 給保를 할 수 없다는 것이다.[70]

이러한 이덕형의 급보 반대는 양인 확보의 어려움이라는 현실적인 측면이 아니라 조선전기 군역제·봉족제의 준수라는 보다 원칙적인 측면에 근거하고 있었다. 원래 봉족제는 봉족이 정군에게 재력을 보조

---

65) 『宣祖實錄』 권113, 선조 32년 5월 丁卯, 23책 621쪽.
66) 위와 같음.
67) 『宣祖實錄』 권121, 선조 33년 정월 丙寅, 24책 27쪽 ; 丁卯, 24책 27쪽 ; 甲戌, 24책 33쪽.
68) 『宣祖實錄』 권133, 선조 34년 정월 癸卯, 24책 174쪽.
69) 『宣祖實錄』 권133, 선조 34년 정월 丙辰, 24책 183쪽.
70) 위와 같음.

하게 하는 제도였다. 이 때 정군과 봉족은 軍籍 작성 시 貧富・强弱을 구분하여 행정적으로 편성하였지만, 실제 정군과 봉족은 지배예속 관계에 놓이기 쉬웠다.[71] 富强者를 정군으로, 貧弱者를 봉족으로 편성하는 조선전기 국가정책 속에서 현실적으로 전개되는 상황이었다. 이러한 조선전기 봉족제의 원리를 도감군에게도 그대로 적용시키는 것은 무리였다. 이 시기 도감군은 그 사회의 최하층인 公・私賤人, 市井雜輩, 婢夫 등으로 구성되어 있었기 때문이다. 도감군의 봉족이 된다는 것은 이러한 사람들과 지배예속 관계에 놓이게 되는 것을 의미하였다. 따라서 도감군의 봉족을 확보할 때 인민의 거센 반발이 있으리라는 것은 明若觀火한 일이었다. 이덕형은 이러한 면에서 도감군의 급보에 반대하고 나선 것이다. 이와 더불어 그는 훈련도감은 급료병제로서 이는 당시 조선의 재정 여건상 계속 존속할 수는 없다고 주장하였다. 또 '都監'이라는 명칭처럼 어디까지나 훈련도감은 임시로 만든 '權設'이니 마땅히 조선전기의 군제로 돌아가야 한다는 점을 지적하면서 도감군의 급보에 반대하였다.

선조와 이덕형 간의 이러한 논쟁 이후 이덕형은 훈련도감 제조 자리에서 물러나고 말았다. 그리고 새로운 훈련도감 제조로 金命元이 임명되었다. 김명원은 이덕형이 급보 문제로 인해 물러나고 자신이 提調가 되었기 때문에 어떻게 해서든지 이 문제만은 해결해야 하였다. 선조 34년 2월 김명원은 이를 타결하기 위해 봉족제의 원칙을 고집하지 않고 다음과 같은 현실적인 제안을 하였다.

閑遊人들 가운데 군인으로 삼을 만한 자는 군인에 專屬시키고 봉족으로 삼을 만한 자는 步兵으로 만듭니다. 평상시 步兵 1명의 價布가 1개월에 3匹이라고 하니 병조에서 그 價木을 收合하여 都監으로 보내어 都監軍에게 分給하면 騷擾의 폐단이 없을 듯 합니다.[72]

---

71) 李景植, 「朝鮮前期 土地의 私的 所有問題」, 『東方學志』 85, 1994, 115쪽.
72) 『宣祖實錄』 권134, 선조 34년 2월 庚午, 24책 189쪽.

이는 종래 戶首·奉足간의 지배예속 관계를 통해 유지되는 봉족제를 부정하고 병조 보병의 보포를 통해 군대를 양성하자는 제안이었다. 이렇게 되면 인신적인 지배예속 관계는 사라지게 되고, 양인들은 국가에 군역세를 내는 것으로 그 의무를 다하게 되므로 인민의 반발이 없을 것이라는 것이다. 그러나 이러한 김명원의 주장은 그 자리에서 좌의정 李憲國에 의해 반박당하였다. 이헌국은 국가의 役事는 모두 보병의 價布로써 役軍을 雇立하여 수행하는 데 이것을 도감군의 가포로 轉用할 수 없다는 것이다.[73] 김명원의 주장은 국왕으로부터도 지지를 받지 못하였다. 이틀 후 선조는 承政院에 내리는 備忘記에서 "軍丁에게 給保하는 것은 『經國大典』의 규정인데 어찌 人民들이 꺼린다고 給保하지 못하고 步木을 징수하겠느냐"고 하면서 大典의 규정에 의거하여 즉시 보인을 定給하라고 命을 내렸다.[74] 이번의 국왕의 명령은 즉시 실행에 옮겨져 훈련도감 군인에게 보인을 지급하기에 이르렀다.

이때 보인지급은 훈련도감에서 閑丁을 확보하여 지급하는 것이 아니라 도감군인 각자가 無役 閑丁을 찾아내 자신의 보인으로 삼는 '自望'의 형태로 이루어졌다. 이것은 종래 군적을 작성하는 형식, 즉 貧富·强弱을 고려하여 인근의 주민들을 호수와 보인으로 編戶하는 방식과는 전혀 다른 것이었다. 이제 도감군인 각자가 보인을 얻기 위해 개별적으로 閑丁을 수색하는 상황이 벌어졌던 것이다. 이것은 예상대로 인민의 저항을 불러일으켰다. 도감군의 봉족으로 된 경기도 儒生들이 집단적으로 반발하고 나선 것이다. 국왕의 給保 명령이 내린 지 40여 일 만인 선조 34년(1601) 3월 훈련도감에서는 다음과 같이 上啓하고 있다.

경기도 校生들이 매일 수십 명씩 連名하고 떼를 지어 비변사에 몰려와 訴狀을 올리고 있습니다. 이는 모두 訓鍊都監 砲殺手들이 갑자

---

73) 『宣祖實錄』 권134, 선조 34년 2월 庚午, 24책 190쪽.
74) 『宣祖實錄』 권134, 선조 34년 2월 壬申, 24책 191쪽.

기 봉족을 정한 일로 인한 것입니다. 당초 立法의 의도는 無役閑丁을 가려내어 군역을 돕고자 할 따름이었는데 …… (훈련도감 포살수들이) 士族・校生을 가리지 않고 모조리 자신들의 봉족으로 望定하고, 심지어 館下齋・四學儒生들까지 봉족으로 들어가고 있습니다. 이들을 그대로 (봉족으로) 定給하는 것은 많은 문제를 일으킬 것입니다. 또 校生落講者의 定役은 본래 國法인데 (이를 이용하여) 軍兵들이 먼저 校生들을 봉족으로 望定한 연후에 兵曹에서는 考講하여 봉족으로 만드니 法例에 크게 어긋날 뿐만 아니라 事體에도 극히 未安합니다. …… 또 그 중에는 군병들이 원한을 가지고 봉족으로 삼는 이가 있는가 하면, 아직 免賤되지 못한 군인들이 그 本主人을 증오하여 군인들끼리 서로 짜고 바꾸어 봉족으로 정하니 이것은 곧 主가 奴의 봉족으로 되는 셈입니다.[75]

급보제 실시로 사족・유생들이 도감군의 봉족으로 되고, 主가 奴의 봉족으로 되는 이 같은 사태는 이미 예견된 것이었다. 정부 관료들은 이제 급보제 실시는 기정 사실이므로 이를 전제로 인민의 반발을 최소화할 수 있는 방안을 강구하여야 했다.

유생들의 집단 반발이 있고 난 후, 成泳은 이러한 사태를 해결할 수 있는 방도는 도감군 봉족이라는 명칭을 훈련도감과는 무관한 步兵으로 고치는 것이라 하였다.[76] 이것은 앞에서 살펴본 金命元의 주장과 동일한 것으로 국왕과 신료들 사이에서 이미 반대 의견이 피력되었다. 또 선조 34년 8월 鄭賜湖는 '田結出布'하여 도감군에게 지급하자는 새로운 제안을 하였다.[77] 그러나 이것 역시 병조판서 韓應寅에 의해 반박당했다. 선조 역시 田結에서 收布하는 것은 전례가 없다고 하였다.[78] 사실 給保制에서 '步兵收布', '田結收布'는 당시 군역제 원칙과

---

75) 『宣祖實錄』권135, 선조 34년 3월 癸丑, 24책 213쪽.
76) 『宣祖實錄』권135, 선조 34년 3월 丁巳, 24책 220쪽, "砲殺奉足 人皆賤惡而 厭避 若以步兵爲名 則人心樂從".
77) 『宣祖實錄』권140, 선조 34년 8월 癸巳, 24책 290쪽.
78) 위와 같음.

크게 어긋나는 것이었다. 조선전기 군역제·급보제는 정군과 보인간의 직접적인 관계를 토대로 운영되는 것으로, 이것은 조선전기 군역제의 원리를 부정하는 것이었다. 그러나 조선전기 병농일치적 군역제와는 전혀 다른 형태로 운영되는 훈련도감에서는 결국 정군과 보인간의 직접적 관계를 부정하는 방향으로 급보제를 정리하게 된다.

선조 34년 2월 이후 도감군에 대한 급보는 실시되었지만 많은 사회문제를 야기시킨 채 실효는 지지부진하였다. 선조 36년 8월 선조가 特進官 金晬에게 도감군중 봉족을 받은 자가 얼마나 되느냐고 물어보았을 때, 김수는 2,000여 명의 도감군중 급보자는 겨우 700여 명이라고 대답하였다.[79] 급보제가 실시된 지 2년 6개월이 경과한 후에도 아직 도감군중 35%만이 급보의 혜택을 받고있는 것이다. 이러한 대답에 국왕은 "이것은 반드시 인정에 얽매이기 때문이다. 지금 수천 명 군사의 봉족도 조달할 수 없다면 10만 군병은 무슨 수로 이루겠는가"라고 질책하였다. 이에 金晬는

　　人情을 따르지 않으면 (봉족이 군인을) 헐뜯는 소리가 많이 들어옵니다. 지금 군인 중 처형받은 사람이 많은 것은 그 봉족으로 된 사람들이 원한을 품고있기 때문입니다. 또 봉족으로 비록 정했다해도 이들은 곧 兵曹 正軍으로 투입해버리니 봉족을 채우기가 심히 어렵습니다.[80]

라 하여 봉족지급의 어려움을 호소하고 있다. 즉 給保시 세력이 있는 자들이 보인이 되면 이들은 갖가지 명목의 죄를 만들어 자신의 戶首 도감군을 고발하니 도감군 중에 처형받은 사람이 많다는 것이다. 실례로 광해군 14년(1622)에 도감군 金天康을 그 보인 天石碧이 사헌부에 몰래 사주하여, 사헌부에서 그를 잡아 형을 가해 거의 죽을 지경으로

---

79)『宣祖實錄』권165, 선조 36년 8월 癸丑, 24책 530쪽.
80) 위와 같음.

만들어 놓은 적이 있었다.[81] 따라서 勢强한 자들은 봉족 대상에서 제외되고 있었고, 이러한 사정은 국왕도 인정하는 바였다.[82] 한편 세력이 약한 자들은 일단 도감군의 봉족이 되면 모두 이보다는 가볍게 군역을 치를 수 있는 병조 정군(騎·步兵)으로 투입하는 등 避役 저항을 하였다.

실제 조선사회에서 유생·사족 등을 보인으로 만드는 것은 쉬운 일이 아니었다. 선조 37년 5월 훈련도감에서 成均館 儒生 중 부적격자를 보인으로 충정하기 위해 성균관 儒生到記를 살펴본 일이 있는데, 사헌부에서는 이것이 儒林을 모욕하는 행위라 하여 훈련도감 有司堂上의 推考와 軍色 郞廳의 파직을 요청하고 있었다.[83] 지방 유생들도 역시 보인이 되면 "道內章甫之輩 到處呼訴"[84]라는 것처럼 집단적으로 반발하였다. 서울과 지방을 막론하고 유생·사족들은 자신들이 보인으로 지정되는 것에 대해 반발하고 있었던 것이다. 조선 양반사회에서 유생·사족들의 지지를 상실한다는 것은 정권의 운명과도 관련되는 일이므로 정부에서는 이들의 반발을 완전히 무시할 수도 없었다.[85] 사회 관행적으로 유생·사족들은 군역 대상에서 제외되고 있었던 것이다.[86]

宣祖代에는 위와 같은 형태로 훈련도감의 급보제가 실시되었다. 그 봉족제 운영 모습을 보면 도감군들이 각자 閑丁을 찾아내어 이를 자신

---

81) 『光海君日記』 권175, 광해군 14년 3월 丙辰, 33책 431쪽.
82) 宣祖 역시 "宰相子弟 充定軍保事 其言則好矣 然法不能自行 必待有司之奉行 然後 可以爲之 今若以宰相子弟 充定軍保 則簡札來囑 其有充定之理哉"(『宣祖實錄』 권196, 선조 39년 2월 辛亥, 25책 162쪽)라 하여 勢强한 자들을 軍保로 充定하는 것은 현실적으로 불가능하다고 보았다.
83) 『宣祖實錄』 권179, 선조 37년 5월 丙午, 24책 672쪽.
84) 『宣祖實錄』 권190, 선조 38년 8월 庚申, 25책 113쪽.
85) 조선후기 양반 관료들은 "我朝兩班 比昔之封建 以其維持民心 使不敢生變 亦不爲無助於國家也"(『英祖實錄』 권71, 영조 26년 6월 癸巳, 43책 372쪽)라 하여 국가와 민심을 유지하는 것은 양반이라고 주장하면서 군역에서의 면제를 정당화하기도 하였다.
86) 『宣祖實錄』 권199, 선조 39년 5월 丙戌, 25책 199쪽.

의 奉足으로 훈련도감에 보고하면(이를 自望이라 한다), 훈련도감에서
는 도감군의 봉족으로 된 자들이 거주하는 官廳에 徵布關文을 내리
고,[87] 지방에서는 도감의 봉족들에게 保布를 징수하여 훈련도감에 올
리면, 훈련도감에서는 이를 군인에게 지급하는 형식이었다. 비록 戶首
正軍과 保人의 私的인 관계가 아직 완전히 제거되지 않았지만 인신적
지배예속 관계를 배제시켜 나가는 형태로 훈련도감의 봉족제는 운영
되고 있었다.

(2) 「砲保節目」의 반포와 給保制 정비

앞에서 살펴본 바와 같이 선조 34년(1601)에 도감군에 대한 給保가
실시되었다. 이로써 도감군들은 식비로서 삼수미를 통한 급료를 지급
받았고, 의복비로서는 給保에 의한 布를 제공받으면서 군역을 수행하
게 되었다.[88] 조선후기에 도감군에게 지급된 保人數는 兵種別로 차등
이 있어 步軍(砲手・殺手・射手)은 3명, 인조대에 설치된 馬兵에게는
4명의 보인이 지급되었다.[89] 도감군은 보인 1명당 각각 3疋의 保布를
받았으니 步軍은 9필, 馬兵은 12필의 보포를 받았고,[90] 이 중 하절기
에는 모두 3필, 동절기에는 보군은 6필, 마병은 9필을 받았다.[91] 도감
군의 급보제는 조선후기에 들어와 여러 가지 문제로 인해 인민의 저항
과 반발에 직면하게 되자 차츰 이러한 문제를 해결하는 방향으로 정비
되어갔다.

선조대 이후 점차 사회가 안정되고 국가체제가 정비되어 가면서 도
감군들은 봉족을 확보하여 나갔다. 특히 광해군 2년(1610) 號牌法의

---

87) 『宣祖實錄』 권190, 선조 38년 8월 庚申, 25책 113쪽.
88) 『承政院日記』 86, 인조 21년 11월 24일, 5책 138쪽, "田結收米 以爲口粮 給
   保收布 以爲衣資".
89) 『承政院日記』 125, 효종 3년 9월 20일, 7책 64쪽.
90) 『備邊司謄錄』 41, 숙종 13년 10월 16일, 4책 77쪽.
91) 『承政院日記』 283, 숙종 7년 5월 23일, 15책 69쪽.

실시는 도감군의 봉족을 확보하는데 절대적인 기여를 한 것으로 보인다. 광해군 2년 11월 광해군이 民의 반발로 인해 호패법의 추진에 대해 주저하고 있을 때, 예조판서 李廷龜는

　　나라에서 새로운 법을 시행하려 할 때 그것을 싫어하는 사람이 많고 소요가 있는 것은 당연한 것입니다. 그러나 만약 굳세게 밀고 나가 흔들리지 않으면 반드시 많은 군사들을 확보할 수 있을 것입니다. 예를 들어 훈련도감 포수 奉足들은 지난번에는 얻기가 어려웠는데 지금은 여기에 들어오고자 하는 사람이 많습니다.[92]

라고 말하고 있다. 이러한 李廷龜의 말에서 호패법의 시행 이후 避役·閑遊로 인해 처벌을 두려워한 사람들이 도감군의 봉족으로라도 入屬하려고 했던 것을 알 수 있다. 그래서 광해군 말엽에 이르면 각 도감군들은 봉족을 3명씩 보유하고 있다고 보고되고 있다.[93] 한편 인조 6년(1628) 軍籍廳에서는 도감군과 보인은 모두 15,000~16,000여 명에 달한다고 보고하였다.[94] 이 당시 도감군의 군액은 4,000여 명이었으므로(<표 3-4> 참조), 보인만은 11,000~12,000명에 달하는 것으로 추정된다. 이를 통해 대체로 정군 1명당 3명씩의 보인이 지급되고 있음을 알 수 있다.

　도감군에 대한 給保가 정착되어감에 따라 급보제의 정비 문제가 현안으로 등장하였다. 宣祖代의 급보가 충분한 준비 없이 급히 시행되어 여러 가지 문제를 발생시켰기 때문이다. 이 시기 급보는 앞에서 본 바와 같이 '自望'이라는 형식으로 이루어지고 있었으므로, 급보 시 도감군인들은 훈련도감의 色吏와 결탁하여 자신에게 허용된 3명 이상의 한정을 찾아내어 이를 자신의 봉족으로 등록시킨 뒤 이들로부터 價布를 징수하는 불법을 자행하였다.[95] 閑丁을 찾아내지 못하면 어린아이

---

92) 『光海君日記』 권35, 광해군 2년 11월 辛未, (太白山本) 1책 401쪽.
93) 『光海君日記』 권103, 광해군 8년 5월, 32책 475쪽, "每人各有奉足 三名之多".
94) 『仁祖實錄』 권19, 인조 6년 12월 辛卯, 34책 308쪽.

까지 보인으로 등록하였다.96) 이들이 16세가 되기를 기다려 수포 하겠다는 속셈이었다. 이렇듯 도감군 각자의 능력에 따라 보인을 확보하였기 때문에 능력있는 자는 보인을 3명 이상 불법으로 보유하고 있는 반면, 그렇지 못한 자는 1명의 보인도 없는 실정이었다.97) 그래서 훈련도감에서 각도에서 올라온 保布를 도감군에게 분배할 때, 보인이 없어 보포를 받지 못하는 군인들의 불평과 불만이 '號訴盈庭'하다는 상황이었다.98)

한편 宣祖代 급보 과정에서 살펴본 바와 같이 보인으로 지정되는 사람들의 신분도 규제해야 했다. 도감군들이 세력 없는 士族이나 자신의 上典을 보인으로 정하여 신분제를 문란시키고, 이로 인한 도감군과 보인간의 갈등·相爭은 사회문제를 야기시켰기 때문이었다. 또 보인들의 도망으로 끊임없이 보인 수가 모자라는 문제도 해결하여야 했다. 砲保의 역은 苦役으로 인식되어,99) 일단 도감군의 보인이 되면 결혼도 할 수 없는 실정이었다.100) 따라서 도감군의 보인으로 정해지면 이를 피하여 도망가거나, 보다 가벼운 役으로 투속하였다. 즉 도감군들이 閑丁을 수색하여 이를 자신의 보인으로 정했다해도 이들 보인들은 곧 도망해버려 도감군들은 다시 한정을 찾으러 다녀야 하는 악순환이 반복되었던 것이다.

仁祖代에 들어오면서 정부는 이와 같은 문제들을 해결해야 했다. 우선 인조 4년(1626) 정월 李曙는 도감군의 3保를 一邑의 사람으로 정해

95) 『承政院日記』 7, 인조 3년 6월 19일, 1책 272쪽.
96) 『仁祖實錄』 권21, 인조 7년 10월 丙辰, 34책 348쪽.
97) 『仁祖實錄』 권11, 인조 4년 정월 丁未, 34책 54쪽 ; 『承政院日記』 16, 인조 4년 10월 2일, 1책 752쪽.
98) 『承政院日記』 28, 인조 7년 12월 11일, 2책 322쪽.
99) 『承政院日記』 125, 효종 3년 11월 초3일, 7책 103쪽, "砲保軍保中 最是苦役" ; 『孝宗實錄』 권16, 효종 7년 3월 甲午, 36책 50쪽, "我國 砲保之役 最爲苦重" ; 『顯宗改修實錄』 권7, 현종 3년 4월 丙辰, 37책 268쪽, "軍役中最苦者砲保也".
100) 『承政院日記』 14, 인조 4년 7월 23일, 1책 676쪽, "定保之人 人不與婚".

주자고 건의하였다.[101] 동일한 지역의 閑丁 3명으로 도감군의 보인을 정하자는 것이다. 이렇게 되면 정군과 보인의 人的 관계가 확인되어 도감군들이 3명 이상의 보인을 소유하는 '濫數疊錄'의 폐단을 시정할 수 있다고 하였다. 또 이렇게 동일한 지역의 사람으로 보인을 묶을 경우 士族이나, 도감군의 上典이 보인으로 정해지는 경우도 사전에 막을 수 있을 것이다. 이것은 조선전기 이래의 봉족지급 원칙이기도 하였다. 이러한 李曙의 건의에 대해 훈련도감에서는 즉시 반박하였다. 도감군 1인의 보인을 一邑의 사람으로 한정할 경우 보인의 궐액이 생길 때 이를 원활하게 채울 수 없다는 것이다.[102] 사실 조선전기의 봉족제처럼 정군과 보인의 인적 관계가 확립되면 훈련도감의 보인을 확보하기란 더욱 어려워질 것이다. 단순히 수포만 해도 고역이라 하여 보인들이 도망가는 상황인데, 비천한 출신의 도감군과 더불어 정군-보인으로 인적 관계가 확립될 때 남아있을 사람이 없기 때문이다.

훈련도감에서는 오히려 이러한 인적 관계를 배제하고 철저한 행정 관리에 의해 급보제를 집행해야 한다고 주장하였다. 그래서 軍案을 조사하여 각각 3보를 지급하고 남는 수는 봉족이 없는 군인에게 넘겨주며, 만약 법정수 이외에 보인을 가지고 있는 것이 발각될 경우 色吏와 望定人을 엄하게 처벌하면 이 문제는 해결된다고 보았다.[103] 즉 훈련도감에서는 종전에 私的으로 이루어지던 정군-보인 관계를 국가가 개입된 公的인 정군-보인 관계로 만들려는 확고한 의지를 표명하였다. 이것만이 훈련도감의 급보제를 유지 존속시키는 방안이라고 보았다.

인조 7년(1629) 12월 훈련도감에서는 선조 34년(1601)이래 30년 동안 실시되어온 도감군의 급보제가 누적된 폐단에 의해 제대로 운영되지 않고 있다고 하면서 이에 대한 재정비의 뜻을 밝혔다.[104] 이후 이듬

101)『仁祖實錄』권11, 인조 4년 정월 丁未, 34책 54쪽.
102) 위와 같음, "若一切以一邑之人 定給一人之保 則必不能隨闕充定".
103) 위와 같음, "但當明查本案 各給三保 抽其剩數 充給未准之人 如有數外濫定者 色吏 及望定人 依律重治 則自無濫爲之事".

해 정월 「砲保節目」을 반포하였다.105) 이때 반포된 「포보절목」에서는
제1조는 保人 대상자의 신분과 보인 代定 방법, 제2조는 수령 解由憑
考의 기준, 제3조는 가포의 기준과 납부 규정, 제4조는 防納 금지, 제5
조는 수령 解由憑考時 세부 규정, 제6조는 가포지급 절차, 제7조는 缺
員이 생긴 보인의 充定, 제8조는 砲保의 軍役從先定之法, 제9조는 砲
保의 軍役老除之法, 제10조는 새로이 도감군이 되는 자들의 보인 지
급 등을 각각 규정하고 있었다. 이후 도감군의 급보제는 위 節目에 의

---

104) 『承政院日記』 28, 인조 7년 12월 11일, 2책 322쪽.
105) 『訓局事例撮要』 下卷, 砲保條 (仁廟朝 8년 庚午 正月).
　　「포목절목」은 모두 10조로 구성되어 있는데, 그 내용을 간략히 요약하면 다
　　음과 같다.
　　제1조. 出身은 보인으로 정하지 않는다. 有頉者의 代定은 그 보인이 소재한
　　　　本官으로 하여금 有實 閑良을 뽑아 이듬해 4월내에 准數充補하도록 하고
　　　　그 父와 주거지를 成冊하여 도감으로 上送한다.
　　제2조. 丁卯(인조5 ; 1627)의 군액을 기준으로 수령들의 解由에 憑考한다.
　　제3조. 每年 價布는 옷을 만들 수 있는 것(可爲衣資者)으로 兩端에 踏印하
　　　　고, 따로 着標하여 准尺捧上한다. 差使員이 道 경계의 한읍을 都會로 정해
　　　　친히 스스로 點閱하여 또한 着標하여 10월 그믐 전까지 빠짐없이 납부한
　　　　다.
　　제4조. 防納은 일체 痛禁한다. 기한이 지난 후 납부하지 않은 邑이 5읍 이상
　　　　이면 그 都事와 差使員을 推考하고 色吏는 軍門決杖한다.
　　제5조. 수령의 解由를 憑考할 때 砲保의 價布 未納과 雜頉이 있을 경우 解
　　　　由에 拘碍된다.
　　제6조. 砲保價布를 戶首가 私的으로 授受한 후 呈狀하여 尺文을 내주는 경
　　　　우가 종종 있어 그 사이에 濫徵의 폐단이 없지 않았다. 지금부터는 부자·
　　　　형제 사이에만 査閱 出給하고 이를 금지한다.
　　제7조. 砲保의 有頉成冊을 매년말 都事들이 收合 上送하고, 有頉者를 대신
　　　　할 보인을 즉시 充定한다.
　　제8조. 군역은 從先定之法에 따른다.
　　제9조. 准役 45년 이후에는 代定하여 免役해준다.
　　제10조. 束伍砲手 200명을 每式年 抄送하는 法은 오로지 도감군병의 老除物
　　　　故로 인한 闕額을 充定하기 위함이다. 京中 外方은 각각 정한 수가 있으니
　　　　京中은 漢城府가 次知하고, 外方은 觀察使가 次知하여 나이가 어리고 근
　　　　거가 확실한 자로서 도감군을 감당할 만한 자를 抄定하여 3명의 保人을 갖
　　　　추어서 每式年 9월내에 差使員이 영솔하여 일제히 올려보낸다.

거하여 시행되어야 했다. 이것의 시행으로 지금까지 제도의 미비로 인
해 야기된 여러 가지 문제점들이 어느 정도 시정될 수 있었다. 그러나
이것이 완전히 정착・시행되기에는 상당한 시일이 경과하여야 했고,
또 여기서 미처 규제하지 못한 새로운 문제점들도 발생하고 있었다.

　우선「포보절목」의 제1조와 제7조, 제10조에서는 逃故 등으로 인해
缺員된 보인의 代定과 새로이 陸戶로 인해 도감군이 된 자의 보인 지
급은 해당 지방관의 책임 하에 실시할 것을 규정하였다. 이를 시행하
지 않는 지방관은 파면하도록 조처하였다. 이로써 보인이 죽거나 도망
가면 그 戶首인 도감군이 스스로 또다시 새로운 보인을 찾아야 하는
폐단이 제거된 것이다. 그러나「포보절목」은 기존 도감군의 保人 보유
상태에 대해서는 아무런 조치를 취하지 않았다. 또 지방관의 보인 充
定도 규정대로 시행되지 못하는 경우가 많았다. 왜란과 호란의 와중에
서 발생한 인구의 감소・유망과 後金(淸)을 대비한 赴防[106]은 보인의
확보에 어려움을 주었던 것이다. 그래서「포보절목」의 반포 이후에도
아직 "3保를 갖춘 자도 있고, 2보를 갖춘 자도 있고, 보인이 없는 자도
있다"라는 실정이었다.[107] 이와 더불어「포보절목」자체의 결함 속에
서 새로운 문제가 발생하였다. 즉 보인을 보유하고 있다가 逃故老除
등으로 인해 결원된 도감군의 보인에 대한 명확한 처리 규정이 없었
다. 훈련도감에서는 이러한 규정의 미비를 이용하여 도감군의 逃故老
除로 인해 戶首가 없는 보인을 '數外奉足'[108]이라고 이름 붙여 이들의
價布를 도감의 경비로 사용하고 있었다.

---

106) 後金의 흥기로 야기된 북방 정세 불안은 보다 많은 북방 방어 군액이 필요하
　　게 하였다. 그래서 많은 良丁들이 赴防에 동원되었다. 인조 4년 3월에는 황해
　　도의 砲保들이 赴防에 나서고 있었고, 仁祖 11년 8월에는 1,039명에 달하는
　　砲保가 赴防에 동원되고 있었다(『承政院日記』40, 인조 11년 8월 18일, 2책
　　844쪽).
107)『仁祖實錄』권25, 인조 9년 7월 癸未, 34책 437쪽.
108) 위와 같음, "其間有保而身死者 何限 旣無戶首 則錄之于別成冊 名之曰數外
　　奉足 此乃都監所用文書也".

「포보절목」 반포 이듬해인 인조 9년 7월 司憲府에서는 이러한 훈련
도감의 비리를 폭로하였다. 보인이 없는 군인들도 아직 많은 데 훈련
도감에서는 數外奉足을 만들어 도감의 경비로 헛되이 사용하고 있다
는 것이다. 그래서 사헌부는 수외봉족을 일일이 찾아내어 도감군중 無
保者에게 充給하며, 만약 훈련도감에서 이를 이행하지 않을 경우 훈련
대장을 파직시킬 것을 上啓하였다.109) 이에 대해 국왕은 "수외봉족이
란 것은 없는 듯하니 아마 이것은 사헌부에서 잘못 들은 것 같다"라는
애매 모호한 답변을 내려 무마하였다.110) 인조 14년(1636) 8월 이번에
는 司諫院에서 다시 수외봉족의 문제를 들고 훈련도감을 탄핵하였
다.111) 현재 도감군인들 중 保人 3명을 확보하지 못한 자들이 아직 많
은 실정인데, 훈련도감에서는 逃故老除된 군인들의 보인을 이들에게
移給하여 보인지급을 균등하게 할 생각은 하지 않고 이를 도감의 경비
로 방만하게 사용하고 있다는 것이다. 이러한 사간원의 지적에 대해
훈련도감에서는 다음과 같은 해명을 하였다.

　　봉족의 일로 말씀드리면, 도감 설립 시에 군인 1명당 3명의 보인을
　지급하기로 한 것이 事目에 있습니다. 그러나 도감군이 스스로 보인
　을 찾는 自望 充定은 쉽지 않아 지금 3명의 보인이 모두 없는 자가
　359명, 2명의 보인이 없는 자가 190명, 1명의 보인이 없는 자가 691명
　에 달합니다. 그런데 근래 逃故로 결원된 도감군이 가지고 있던 봉족
　은 모두 664명으로, 이것을 1,240명의 봉족이 없는 자에게 移給한다
　면 2분의 1도 채우지 못할 것입니다. 그러므로 지금까지 그 호수가
　없는 보인의 가포를 수취하여 每年末에 보인이 없는 도감군에게 그
　보인이 없는 상태를 고려하여 衣資를 分給하여 주었습니다. 지금 諫
　院의 啓辭에 의거하여 호수가 없는 보인을 보인이 없는 군인들에게
　移給한다면 보인을 얻은 자가 半이요, 보인을 얻지 못한 자도 半에

---

109)『仁祖實錄』권25, 인조 9년 7월 庚辰, 34책 436쪽.
110) 위와 같음, "答曰 …… 且所謂奉足 似無數外之人 想傳聞誤也".
111)『承政院日記』53, 인조 14년 8월 20일, 3책 430쪽.

달합니다. 보인을 얻은 자는 다행으로 생각하겠지만 보인을 얻지 못
한 자는 年末에 마땅히 받아오던 衣資를 잃어버리게 되니 그 원통함
이 또한 심하지 않겠습니까? 종전에 즉시 移給하지 못한 것은 이 때
문이었습니다. …… 대저 砲保의 가포를 받아들이고 이를 지급하는
일은 지극히 중대한 일입니다. …… 都監에서 어찌 1丁의 價布라도
헛되이 낭비하는 일이 있겠습니까?[112]

이렇게 해서 훈련도감은 사간원의 탄핵을 피해나갔다. 그 후 自望이
사라지고 훈련도감에서 총괄적으로 砲保를 관리함에 따라 數外奉足
문제는 더 이상 거론되지 않게 된다.

17세기 중반까지 도감군의 급보제에는 아직 도감군 각자가 자신의
보인을 확보하는 '自望'의 형식이 남아 있었다. 앞에서 본 바와 같이 「
포보절목」은 기존 도감군의 보인에 대해서는 구체적인 조치를 취하지
않았고, 또 그 자체도 각 지방의 사정에 의해 제대로 시행되지 않고 있
는 실정이었다. 이러한 상황에서 여전히 自望이 殘存하고 있었던 것이
다. 효종 9년(1658) 9월 황해도 유생 康以謙은 도감군의 봉족을 지정
하는 것은 本官이 해야 하는 것인데, 아직도 도감군들이 봉족을 自望
하여 여러 가지 폐단을 일으키고 있다고 상소하고 있다.[113] 또 효종 10
년 2월 大司憲 宋浚吉, 掌令 許穆 등은 도감군의 奉足은 각 지방에 分
定하여 채우도록 하는 것이 원칙인데 도감군이 봉족을 自定하는 폐단
이 아직도 황해도 등지에 남아 있다고 上啓하였다.[114] 이때 도감군들
이 평소 원한을 품은 자이면 有蔭子孫, 有身役者, 兒弱殘病人을 가리
지 않고 모조리 보인으로 도감에 보고하여 徵布하게 만든다는 것이다.
그래서 송준길 등은 自望으로 인한 피해가 이루 말할 수 없다고 하면
서, 자망을 일체 허가하지 말 것을 건의하여 국왕의 승인을 받았다.[115]

---

112) 『承政院日記』 53, 인조 14년 8월 20일, 3책 432쪽.
113) 『承政院日記』 152, 효종 9년 9월 11일, 8책 404쪽.
114) 『承政院日記』 154, 효종 10년 2월 26일, 8책 556쪽 ; 宋浚吉, 『同春堂集』 권8,
請訓局砲手勿令戶首自望啓(문집총간 106책 490쪽).

그러나 自望은 사라지지 않았다. 이후에도 훈련도감 군인들이 자망을 하여 "士類를 橫侵하여 보인으로 삼는 폐단이 빈번하다"[116]라는 실정이었다. 결국 현종 원년(1660) 12월 사헌부는 자망을 영구히 폐지할 것을 재차 촉구하였고,[117] 이러한 사헌부의 요구에 따라 이후 도감군의 급보 시 자망의 형태는 철저히 금지하였다. 즉 선조 34년(1601) 급보제 실시 이후 시행된 자망은 60년 만에 완전히 폐지되고, 국가 관리에 의한 保人 充定과 價布 收納이 이루어진 것이다. 이것은 정군과 보인의 人的 관계에 기초한 조선전기의 군역제가 폐지되고, 국가의 稅受行政에 의한 군인의 가포 지급이라는 새로운 군역제 형식이 정착되었음을 의미하였다.

이와 같이 「포보절목」 반포 이후 보인의 充定은 각 지방관의 책임하에 수행되어야 했다. 보인의 충정 여부는 지방관의 승진·파면과 관련되는 일이었다. 따라서 지방관들은 보인을 확보하기 위해 가능한 모든 행정력을 동원하였다. 이때 각종 무리한 방법이 동원되어 많은 폐단을 일으키고 있었다. 그래서 良民의 流散과 隣族의 受害는 砲保의 役으로 말미암은 것이라 하고,[118] "砲保之役 毒遍八路"[119]라고도 하였다. 각 지방에서는 이러한 보인의 충정을 일차적으로 보인 당사자와 그 일족, 그 지방민의 책임으로 돌렸다. 원래 보인의 充定·代定은 60살이 되어 役이 면제될 경우는 스스로 자신의 역을 後任할 사람을 구해야 하고, 物故된 경우는 官에서 代定해 주어야 했다.[120] 그러나 이것은 제대로 지켜지지 않았다. 物故된 경우도 그 과부나 어린 아이에게 代定하게 하였고, 또 대정의 행정처리를 위한 作紙價도 받았다.[121]

---

115) 위와 같음.
116) 『承政院日記』 163, 현종 원년 7월 26일, 9책 36쪽.
117) 『承政院日記』 165, 현종 원년 12월 11일, 9책 149쪽, "永杜自己望定之弊".
118) 『孝宗實錄』 권16, 효종 7년 3월 甲午, 36책 50쪽.
119) 『孝宗實錄』 권18, 효종 8년 5월 丁未, 36책 90쪽.
120) 『仁祖實錄』 권38, 인조 17년 5월 庚申, 35책 57쪽, "凡軍老除者 渠自代定 而物故者則 自官代定".

만약 대정하지 못할 경우는 그대로 價布를 징수하고 있었다.[122]

보인의 충정뿐만 아니라 보인 가포의 受納 역시 각 지방관의 책임하에 시행되었다. 종래 도감군과 보인간에 사적으로 이루어지던 가포의 授受는 금지되고, 국가 관리에 의한 공적인 가포 수납–지급 절차가 수립된 것이다. 「포보절목」 제3조에서는 지방관은 보인이 납부한 각 가포의 품질을 조사하여 踏印, 着標하여 10월 그믐 전까지 훈련도감으로 올려보낼 것을 규정하고 있다. 그 후 이것은 다시 거리의 遠近을 고려하여 "近道는 9월 그믐 전, 中道는 10월 보름 전, 遠道는 10월 그믐 전"까지 납부하도록 개정하였다.[123] 그러나 이 납부 기한은 철저히 지켜지지는 않았다. 「포보절목」이 반포된 그 해의 가포도 제 기한 내에 납부된 곳은 별로 없었다. 인조 9년 2월 훈련도감은 전년도 분의 가포를 기한 내에 납부한 곳은 경기도뿐이라고 하면서 전혀 가포가 납부되지 않고 있는 慶尙道 陜川, 全羅道 康津, 海南의 수령을 파면시킬 것을 상계하여 국왕의 허락을 얻고 있다.[124] 또 인조 25년(1647)은 전에 없던 흉년이라고 하면서 砲保價布 元數 700餘 同내에 기한 내에 수납한 것이 500餘 同이라고 보고되고 있다.[125] 효종 5년(1654)에는 기한 내에 가포를 납부하지 못한 忠州・公山・遂安・載寧・安岳 등지의 수령과 兩道의 差使員을 從重推考시키고 있다.[126]

사실 포보의 가포를 기한 내에 납부하는 것은 쉬운 일이 아니었다. 목화가 흉년이 들 때는 더욱 그러하였다. 인조 21년(1643) 11월 비변사에서는 근래 목화가 매우 부족하여 사람들이 모두 裸體로 다닌다고 上啓할 정도였다.[127] 특히 가포 납부기한인 10월은 "舊木花已盡 新木花

121)『備邊司謄錄』13, 효종 즉위년 11월 초7일, 2책 75쪽.
122)『顯宗實錄』권20, 현종 12년 12월 乙未, 37책 6쪽.
123)『承政院日記』32, 인조 9년 2월 12일, 2책 500쪽.
124) 위와 같음.
125)『承政院日記』99, 인조 25년 11월 20일, 5책 713쪽.
126)『承政院日記』130, 효종 5년 정월 초8일, 7책 304쪽.
127)『承政院日記』86, 인조 21년 11월 초7일, 5책 134쪽.

産出不久"128)한 시기라서, 새로이 목화를 직조하여 때를 맞춰 가포를
납부하기가 힘들었다. 또 10월은 추수기로서 穀價는 크게 하락하는 반
면 면포의 가격은 상승하는 시기라서 농민들은 면포를 구매하기도 어
려웠다. 이런 사정으로 지방 수령들은 자신의 파면과 처벌에 직면하고
도 기한 내에 납부하지 못하고 있는 것이다. 한편 훈련도감으로서는
포보의 가포는 도감군들의 '過冬衣資',129) '冬衣之資'130)였다. 10월 내
에 가포를 받아들이지 못하면 군인들은 그 해 겨울 추위를 견딜 수 없
을 것이고,131) 이들의 '寒苦呼訴'132)가 뒤따랐다. 이에 훈련도감은 지
방관에게 파직과 처벌이라는 칼을 휘두르면서 기한 내에 가포를 납부
하도록 독려할 수밖에 없었다. 이렇듯 훈련도감을 존속 운영시키는 것
은 엄청난 국가 부담이 수반되었던 것이다.

또한 가포를 기한 내에 납부하는 것으로 지방관의 군역행정 임무가
완료된 것은 아니었다. 가포의 질을 심사하는 과정이 기다리고 있었다.
훈련도감 保布의 심사 기준은 까다롭기로 유명하였다. 苦役이라고 칭
하던 樂生·樂工 保布 2필이 砲保 1필을 당하지 못한다고 할 정도였
다.133) 價布의 기준으로서 「포보절목」에서는 '可爲衣資者'로 납부하라
고 되어 있으나, 7~8升木 40尺을 기준으로 접수하는 것이 보통이었
다.134) 심지어 9승포를 기준으로 접수하기도 하였다.135) 조선후기 내내
지방관과 정부 관료들은 그 기준을 여타 良役 價布와 같이 5승포 35척
(常木)으로 납부하도록 시정해 줄 것을 요구하였고,136) 그 때마다 정

128) 『承政院日記』164, 현종 원년 10월 17일, 9책 98쪽.
129) 『承政院日記』32, 인조 9년 2월 12일, 2책 500쪽.
130) 『承政院日記』130, 효종 5년 정월 초8일, 7책 304쪽 ; 187, 현종 6년 2월 초2
    일, 10책 320쪽.
131) 『承政院日記』32, 인조 9년 2월 12일, 2책 500쪽.
132) 註 130)과 같음.
133) 『承政院日記』34, 인조 9년 11월 24일, 2책 589쪽.
134) 『訓局事例撮要』下卷, 砲保條 (仁廟朝 16년 戊寅 10월 13일).
135) 『各營釐整廳謄錄』軍布均役節目.
136) 『承政院日記』86, 인조 21년 11월 21일, 5책 137쪽 ; 110, 효종 즉위년 11월

부에서는 곧 시정하겠노라고 대답하였으나 시정은 좀처럼 이루어지지 않았다.137) 정부에서 별도의 대책마련 없이 常木으로만 지급할 경우 발생할 군인들의 원망과 반발을 우려하였기 때문이었다.138) 실제 이 당시 도감군들은 7~9升에 달하는 砲保 價布를 직접 자신들의 衣資로 삼은 것이 아니라, 이것을 시전에서 常木으로 교환하여 생활하였다.139) 따라서 정부에서 5승포를 지급할 경우 이것은 도감군들의 수입의 감축, 경제적 손실을 의미했으며, 이에 대한 도감군들의 집단적인 저항과 반발은 정부로서는 부담이 아닐 수 없었다. 이에 정부에서는 포보 가포 접수 기준을 쉽사리 변경하지 못하고 있었다.

포보 가포의 납부 시 7~9승포 40척의 기준에 미치지 못하는 가포는 點退를 면치 못했다. 점퇴를 당하면 각 지방에서는 납부한 가포를 도로 가지고 가서 기준에 합당한 가포를 새로 마련해야 했으므로 舊 價 布의 '遠地往來'와 새로운 가포의 '改備有弊'로 인한 民의 고통은 말할 수 없었다.140) 점퇴를 당한 후 납부 기한이 급박하여 독촉을 받을 때에는 京主人에게 '月利'를 내어 기준에 합당한 포로 다시 바꾸어 군영에 납부하였다. 이후 이 月利를 갚느라 지방민들은 논밭과 소, 말, 가마솥까지 팔아 치워 파산하기도 하였다.141) 그래서 각 지방에서는 아예 「

13일, 6책 212쪽.

137) 木品 기준의 불일치에 대해서 17세기 동안 시정 논의가 거듭되었다. 그러나 숙종 4년 영의정 許積이 "田稅木 · 奴婢貢木 · 軍布 五升三十五尺爲准事 …… 卽是法典 自仁祖朝以後 諸臣之章奏 臺閣之論啓 請遵法典者 非一 …… 終不得變通 及其孝廟迫於群議 試用五升三十五尺之例 而果不免掣肘而中止 …… 曾於上年春 …… 李聃命亦有此請 而不得施行云"(『備邊司謄錄』34, 숙종 4년 정월 24일, 3책 339쪽)이라고 토로한 바와 같이 실패를 거듭하였다. 이에 대해서는 方基中, 「17 · 18世紀 前半 金納租稅의 成立과 展開」, 『東方學志』45, 1985, 146쪽 참조.

138) 『肅宗實錄』 권11, 숙종 7년 2월 丁酉, 38책 517쪽.

139) 『承政院日記』111, 효종 원년 정월 10일, 6책 255쪽 ; 『訓局事例撮要』上卷, 軍兵市業 (孝廟朝 원년 정월 9일).

140) 『承政院日記』129, 효종 4년 10월 17일, 7책 258쪽.

141) 洪宇遠, 『南坡集』 권11, 書 與兵相某人書 別紙 (한국문집총간 106책 258쪽).

포보절목」제4조의 방납 금지에도 불구하고 세력있는 防納人·京主人 등에게 가포의 방납을 요청하기도 하였다.142) 자신들이 납부하여 점퇴를 당할 때 받는 손실을 따지면 이쪽이 훨씬 비용이 적게 들었기 때문이다.

이상과 같이 훈련도감의 급보제 실시는 조선후기 사회에 많은 부담을 안겨주었다. 인민이 流散하고 隣族이 피해를 입는 것이 모두 砲保의 역으로 말미암은 것이라 하고, 砲保 分定으로 인해 "원통한 기운이 하늘을 뚫어 災異가 빈발하고 있다"143)라고 말해지고 있었다. 당시에 고역이라 일컫는 兵曹 騎步兵의 役價도 1년에 2필이었지만, 포보의 역가는 1년에 3필이었다. 또 그 가포도 당시 최고의 품질을 요구하였다. 이에 각 지방의 포보들은 보다 가벼운 歇役으로의 투속과 유망 등으로 저항하고 있었다.144) 이렇게 기존 포보들이 逃故로 결원이 되면 각 지방에서는 새로운 閑丁을 찾아 代定해야 했는데 결사적으로 포보의 역을 기피하는 상황 속에서 이것은 쉬운 일이 아니었다. 실제 物故된 포보를 未代定한 지방관들이 수없이 처벌받고 있지만 지방관을 파면한다고 이 문제가 근본적으로 해결되는 것이 아니었다. 仁祖 12년 6월 12년째 훈련대장에 在職하고 있던 申景禛은 보인을 충정하지 못해 파면 당한 수많은 지방관들이 자신을 원망하지 않는 사람이 없다고 말하고 있다.145) 그러나 지방관 파면보다 중요한 것은 포보들이 歇役으로의 투속이나 유망함이 없이 자신의 役을 수행할 수 있게 하는 합리적인 방안이 강구되어야 했다. 즉 포보의 役을 여타의 良役과 均等하게 만들어야 했다.

우선 효종 7년(1656) 修撰 洪葳는 砲保 1인당 1년에 3필씩을 내는

---

142) 『承政院日記』 90, 인조 23년 정월 13일, 5책 292쪽.
143) 『孝宗實錄』 권21, 효종 10년 윤정월 甲子, 36책 182쪽.
144) 조선후기 良役의 不均에 따른 歇役에의 투속에 대해서는 鄭演植, 「17·18세기 良役均一化政策의 推移」, 『韓國史論』 13, 1985 참조.
145) 『承政院日記』 45, 인조 12년 11월 초9일, 3책 12쪽.

것은 너무 과중하다고 하면서, 여기에서 1필을 감해주고 모자라는 布
木은 內帑이나 각 衙門에 저장된 것으로 보충하자고 건의하였다. 이렇
게 하면 "국가가 잃어버리는 것은 재물이지만, 얻는 것은 백성의 마음"
이라 하면서 민심을 크게 얻을 것이라고 하였다.146) 그러나 당시 국가
로서는 기존의 재정으로도 부족을 느끼고 있는 터인데 이와 같이 국가
재정에 손해 보는 일을 할 리가 없었다. 국가재정에는 아무런 영향을
끼치지 않고 포보 문제를 해결할 수 있는 길을 다시 찾아야 했다.

이에 현종 3년(1662) 4월 당시 훈련대장이었던 李浣은 砲保의 數를
증원하여 3필이던 포보의 가포를 2필로 줄일 것을 건의하였다.147) 즉
당시 포보의 수는 19,690명인데 여기에 새로이 9,000명을 더 얻으면 국
가재정의 손실 없이 포보들로 하여금 2필의 가포를 납부하게 할 수 있
다는 것이다. 이때 李浣은 각 지방관에게 9,000명에 달하는 군액을 책
정하여 채우도록 하면 지방관들의 원망을 살터이니 이를 기존 포보의
책임 하에 수행하자고 제안하였다. 즉 포보 2명으로 하여금 새로이 閑
丁 1명을 募得하게 하여, 종래 2명이 부담하던 6필의 가포를 3명이 2
필씩 내어 부담하게 하자는 것이다. 이렇게 되면 閑丁을 募得한 사람
은 2필로 減布되고, 한정을 얻지 못한 사람은 여전히 3필을 내도 자기
탓이니 정부에 대한 원망은 없을 것이라고 하였다. 이와 같이 3疋 役
을 실질적으로 2필 역으로 바꾸면서, 한편으로는 국가의 재정수입에
손실이 없게 한 제도를 '幷保制'라고 한다.148)

현종 3년 砲保가 幷保를 얻어 2필을 납부하는 李浣의 '병보제'는 국
왕의 승인을 받아 시행되었다. 그 2년 후인 현종 5년에 이르면 이렇게
하여 확보한 砲保의 수가 "아직 반도 차지 않았다"라고 말해지고 있으

146)『孝宗實錄』권16, 효종 7년 3월 甲午, 36책 50쪽.
147)『顯宗改修實錄』권7, 현종 3년 4월 丙辰, 37책 268쪽 ;『承政院日記』173, 현
　　종 3년 4월 13일, 9책 586쪽 ;『訓局事例撮要』下卷, 砲保條 (顯廟朝 3년 4월
　　13일).
148) 鄭演植, 앞의 글, 1985, 146~147쪽.

나, 훈련도감에서는 보인 확보에 전혀 서두르지 않았다.149) 이것은 훈련도감의 재정과는 전혀 관련 없었고, 閑丁을 찾지 못해 3필의 가포를 그대로 납부하고 있는 것은 어디까지나 기존 포보 자신의 책임이었기 때문이다. 이러한 병보제는 水軍 役 등 여타의 苦重한 良役에도 확대·적용되어 갔다.150) 그러나 이것은 비록 苦役을 경감시켜준 것이라고 하나 전체 良戶의 입장에서는 결코 減役이 아니었다. 결국에는 양역 총수의 증가를 가져와 양역의 폐단을 심화시키는 요인으로 작용하였다.151) 그러나 幷保制의 시행은 종래 3疋 役이었던 砲保 役을 他 役과 동일한 2疋 役으로 전환하게 되는 계기가 되었다는 의의를 지니는 것이었다.

현종 3년 병보제 시행이 있은 지 25년이 지난 숙종 13년(1687) 훈련대장 申汝哲은 三南의 砲保는 거의 모두 2필을 납부하고 있었으나, 황해도에서는 幷保를 확보하지 못하여 3필을 내는 포보가 2,668명에 이르고 있다고 보고하였다. 이에 영의정 南九萬은 황해도의 모자라는 幷保 1,334명(2,668명의 1/2)을 일부는 三南 중에서 군액이 적은 읍으로 옮기고, 일부는 본 읍에 있는 兵曹 餘丁을 幷保로 지급하자고 건의하여 국왕의 승인을 얻어 시행되었다. 이때 숙종은 3필의 역은 과중하다고 하면서 3필을 징수하던 모든 역을 2필로 균일화할 것을 명하기도 하였다.152) 포보들이 개인적으로 幷保를 확보하여 2필을 납부하던 砲保 役은 이와 같이 결국 국가의 개입에 의해 다른 역과 동일한 2필 역으로 감해지게 되었다.

---

149) 『承政院日記』 185, 현종 5년 10월 15일, 10책 221쪽 ; 186, 현종 5년 11월 15일, 10책 265쪽.
150) 鄭演植, 앞의 글, 1985, 147쪽. 여기에서 정 교수는 "幷保는 水軍의 경우 대개 本保의 子·婿·弟·姪로 채워지고 있었다. 그것은 砲保의 경우에도 마찬가지였을 것"이라고 추정하였다.
151) 조선후기 役摠의 증가와 良役의 폐단에 대해서는 鄭演植, 「조선후기 '役摠'의 운영과 良役 變通」, 서울대 박사학위논문, 1993 참조.
152) 『備邊司謄錄』 41, 숙종 13년 10월 16일, 4책 77쪽.

그러나 포보의 役은 여전히 苦重하였다. 비록 役價가 他 役과 동일한 2필 역으로 감해졌다 하더라도, 다른 役은 6승포를 납부하는 데 비해 포보는 9승포를 납부해야 했다. 그래서 숙종 28년(1702) 비변사에서는 다른 역은 1필 당 2兩 5錢으로 折錢함에 비해 포보의 價布는 1필당 3兩 5錢으로 折錢하기로 결정하였다.[153] 그러나 포보에게 가해진이러한 불합리한 부담도 결국 시정되어갔다. 숙종 31년(1705) 釐整廳에서는 포보의 가포를 6升木을 기준으로 받고, 2필 중 1필은 時價에준하여 錢文으로 收捧한다는 절목을 반포하였다.[154] 그리고 숙종 42년(1716)에는 포보의 가포도 여타 양역의 가포와 같이 木 1필 당 錢 2兩으로 折定되었다.[155] 결국 이러한 규정은 『續大典』에 전재되어 확정되었다.[156] 이로써 선조 34년(1601) 급보제 실시 이후 100여 년 만에砲保도 여타의 양역 부담자와 동일한 군역세를 납부하는 均役의 혜택을 누리게 되었다. 그 후 주지하는 바와 같이 영조대의 균역법 실시에의해 포보의 2필 역은 1필 역으로 감해지게 되었다.

한편 숙종 말에는 砲保의 定額化도 이루어졌다. 앞에서 살펴본 바와 같이 현종 원년(1660) 급보 과정에서의 '自望'이 폐지된 이후, 국가관리에 의한 보인 充定과 가포 수납이 이루어졌다. 그러나 정군과 보인의 인적 관계가 제거되자, 포보의 액수가 증가하였다. 砲保는 도감군의 가포 지급에 그치는 것이 아니라 훈련도감의 경비를 충당하기 위해 증원되었다. 심지어 훈련도감에서는 卜馬軍의 급료를 지급하기 위해 숙종 8년에는 軍餉保를 설정하여 매년 米 12斗씩을 징수하기도 하였다.[157] 이와 같은 保人 數의 증가는 조선후기 양역 폐단의 원인이

---

153) 『訓局事例撮要』下卷, 砲保(肅廟朝 28년 10월 30일), "備局甘結內 砲保價布 每疋價 錢三兩五錢式 定式計捧事".

154) 『訓局事例撮要』下卷, 砲保 (肅廟朝 31년 9월 19일 '備局甘結').

155) 『訓局事例撮要』下卷, 砲保 (肅廟朝 42년 12월 7일).

156) 『續大典』권2, 戶典, 徭賦, "凡上納布木 兩端踏印信及邑號(○軍布 準六升四十尺 ○上納木 一匹代錢二兩)".

157) 『訓局事例撮要』上卷, 創設 (肅廟朝 8년 8월).

되었다. 그래서 숙종 말년에는 釐正廳을 설치하여 대대적인 군액의 감축·고정을 시도하기도 하였다.[158] 이러한 군액 감축의 움직임 속에서 증가일로에 있던 포보의 액수도 고정되었으니, 숙종 39년(1713) 비변사에서는 훈련도감의 砲保와 餉保의 정액을 포보 37,000명, 향보 7,000명, 합계 44,000명으로 정하였다.[159] 이러한 保額은 영조 19년(1743)에 작성된 『良役摠數』에 轉載되었다.[160]

이상과 같은 정비 과정을 거치면서 운영된 급료제, 급보제를 통해 도감군은 급료와 保布를 지급받고 서울에서 생활하였다. 그러나 이것은 생계비에 그친 것으로 훈련도감은 도감군들에게 군무를 부과하기 위하여 조총, 화약, 軍裝 등 군수품도 제공해야 했다. 이러한 군수를 마련하기 위해 훈련도감은 급료·급보제 운영 이외에 둔전을 설치하고 각종 무기 제조장을 운영하게 된다.

2. 軍需 財源의 확보와 鳥銃·火藥 생산

1) 屯田의 설치와 확대

훈련도감은 군인들의 衣·食 문제의 해결과 더불어 군인들에게 鳥銃, 火藥, 槍劍, 弓矢, 甲冑, 馬匹 등 軍需를 제작·공급해 주어야 했다. 이러한 군수의 재원을 확보하기 위한 노력은 屯田의 설치와 확대를 가져오게 된다.[161] 조선초기 科田法에서는 公廨田이라는 명목 하

---

158) 肅宗末의 군액감축과 고정에 대해서는 鄭演植, 앞의 글, 1993, 85~109쪽 참조.

159) 『訓局事例撮要』 下卷, 砲保 (肅廟朝 39년 7월 28일 '備局甘結').

160) 『良役摠數』 天, 京案付良役都數 (驪江出版社刊, 『良役實摠』, 35쪽).

161) 조선후기 屯田에 대해서는 다음 논문 참조. 朴時亨, 『朝鮮土地制度史 中』 북한 과학원출판사, 1961 / 신서원, 1994 재간행 ; 鄭昌烈, 「朝鮮後期의 屯田에 대하여」, 『李海南博士華甲紀念史學論叢』, 1970 ; 李景植, 「17世紀 農地開墾과 地主制의 展開」, 『韓國史研究』 9, 1973 ; 李景植, 「17世紀 土地折受

에 중앙 각 관청들이 각자의 收租地를 가지고 있었으나, 세종 27년
(1445) 전세 개정시 국가재정의 일원화에 따라 이것들은 모두 國用田
으로 통일되었다. 그러나 임진왜란 이후 중앙 관청들은 국가의 통일적
인 수세체계로부터 독립한 자신의 소유지와 免稅地, 즉 둔전을 확보하
기 시작하였다. 이러한 둔전의 설치는 훈련도감으로부터 비롯되었
다.[162]

  선조 26년 10월 훈련도감의 설립 이후 정부 내에서는 둔전 설치 문
제가 집중적으로 논의되었다.[163] 급료병으로 구성된 새로운 군대가 등
장했을 뿐만 아니라 계속적인 전쟁의 수행을 위해서는 군량의 확보가
무엇보다 시급했기 때문이었다. 그러나 이때 국왕과 정부 관료들은 둔
전의 필요성에 대하여 공감하면서도 그 구체적인 실현 방법에 대해서
는 의견의 일치를 보지 못하였다. 정부 내에서는 여러 가지 둔전 설치
방안이 제기되고 있었다. 우선 각 지방에 屯田官을 파견하여 둔전 설
치를 독려하는 방안이 제시되었고,[164] 海島 牧場의 監牧官으로 하여
금 휘하의 牧子를 동원하여 둔전 경영을 추진하게 하자는 의견도 나왔
다.[165] 한편 이와 달리 '給民竝作'하는 방식의 둔전 경영도 제기되었
다.[166] 그러나 이러한 둔전 설치 논의는 그 해 말까지 논란만 거듭되었
을 뿐 별 성과를 거두지 못하고 있었다. 전란으로 인해 官·民 모두 피

   制와 職田復舊論」,『東方學志』54·55·56合輯, 1987 ; 朴準成,「17·8世紀
   宮房田의 擴大와 所有形態의 變化」,『韓國史論』11, 1984 ; 李榮薰,「宮房田
   과 衙門屯田의 展開過程과 所有構造」,『朝鮮後期社會經濟史』, 한길사,
   1988.
162) 朴時亨, 앞의책, 1961 / 신서원 재편집본, 1994, 236쪽.
163)『宣祖實錄』권44, 선조 26년 11월 丁巳, 22책 120쪽, "近日上疏者 多陳屯田
   之策".
164)『宣祖實錄』권46, 선조 26년 12월 甲子, 22책 186쪽.
165)『宣祖實錄』권46, 선조 26년 12월 壬子, 22책 177쪽.
166)『宣祖實錄』권46, 선조 26년 12월 己丑, 22책 187쪽, "屯田之策 不過有三 以
   軍士屯田一也 聚流民屯田二也 此二者 皆須官給農粮種子耕牛 然後可爲 不
   然則 惟給民竝作 一事而已".

폐해진 상태에서 둔전 설치를 위한 적절한 수단과 방법을 강구할 수 없었기 때문이었다.

이러한 가운데 선조 27년(1594) 봄부터 시작된 훈련도감의 둔전 개간은 괄목할 만한 것이었다. 훈련도감은 국왕의 親兵이라는 정치적 지위와 군대 조직의 효율성을 이용하여 다른 어느 국가기관보다 선도적으로 이 사업을 추진할 수 있었다. 둔전 설치를 위해서는 우선 토지의 확보가 가장 중요한 문제였다. 둔전 설치 지역으로서는 경작자가 있고 소유권자가 있는 有主의 田地, 國家收稅處는 제외되어야 했다. 인민의 사적 소유권을 침해하여서는 안 되는 까닭이었다. 그런데 이 당시에는 구태여 有主의 田地에 둔전을 설정하여 분란을 일으킬 필요도 없었다. 戰亂으로 인해 개간이 가능한 無主 空閑地가 대량으로 발생하고 있었기 때문이었다.[167] 훈련도감은 국왕의 친병이라는 정치적 지위를 이용하여 이러한 無主地 중 土質이 우수한 곳을 折受받을 수 있었다.

훈련도감의 토지 확보는 선조 27년 3월부터 시작된 것으로 보인다. 이때 비변사에서는 충청도의 寺社位田 40여 곳을 훈련도감으로 귀속시켜 둔전으로 만들자고 上啓하여 국왕의 허락을 얻었다.[168] 그 후 훈련도감은 경성 10리 내에 소유주가 없는 성곽 근처의 비옥한 토지(負郭良田)와 箭串・鄭金院坪과 같은 國牧場 등지를 둔전지로 확보하였고,[169] 토질이 沃饒한 충청도 知靈山 근처,[170] 경기도 광주의 龍津[171] 등지에도 둔전을 마련할 수 있었다. 특히 경성 부근의 田地나 箭串 등은 농경에 대단히 유리한 곳이었다. 경성에서 배출되는 糞尿의 운송이 편리하여 이를 施肥하면 다른 곳보다 몇 배의 곡식을 얻을 수 있었기

---

167)『宣祖實錄』권46, 선조 26년 12월 丙寅, 22책 188쪽, "蘆荻蕭森 一望無際 倘能及時播種 皆是沃饒之田";『宣祖實錄』권57, 선조 27년 11월 辛丑, 22책 405, "自高陽至延安 一路人烟斷絶".

168)『宣祖實錄』권49, 선조 27년 3월 己卯, 22책 231쪽.

169)『宣祖實錄』권55, 선조 27년 9월 丁酉, 22책 353쪽.

170)『宣祖實錄』권64, 선조 28년 6월 丁未, 22책 506쪽.

171)『宣祖實錄』권60, 선조 28년 2월 甲辰, 22책 429쪽.

때문이다.172)

한편 훈련도감은 둔전 개간에 필요한 식량과 種子, 耕牛와 농기구 등도 조직적으로 확보하였다. 募粟을 통해 둔전 개간에 필요한 식량과 種子를 마련하였고,173) 공명첩을 발급하면서 耕牛를 확보하였다.174) 또 훈련도감은 자체적으로 설치한 무기 제조장에 匠人들을 고용하여 鳥銃, 火藥, 弓箭 등 무기를 제조하고 있었으므로 각종 철제 농기구를 마련하는데도 유리하였다. 특히 훈련도감은 耕牛 확보를 위해 공명첩의 발급 이외에도 여러 가지 방법을 동원하였다. 선조 29년 11월에는 목화 1,000여 근과 소금 200~300石을 가지고 당시 穀價가 싼 전라도에서 미곡을 구입하여, 흉년으로 곡식이 비싼 제주도에 가서 소를 구입하기도 하였다.175) 이때 훈련도감은 耕牛를 확보하기 위해 抑賣도 불사하였다. 제주도로 差官을 보내 한 마리 당 3升布 1필을 지급하면서 소를 강제로 빼앗아 오다시피 하는 방법을 동원하면서 耕牛를 확보하기도 하였던 것이다.176) 이렇게 하여 확보된 훈련도감의 耕牛는 선조 29년 6월에는 340餘頭,177) 선조 32년 9월에는 700~800頭에 이르고 있다고 보고되고 있다.178)

이 당시 훈련도감이 둔전 개간에 투입한 노동력은 도감군과 農軍, 募民 등 세 가지 형태로 나눌 수 있다. 우선 도감군들을 둔전 개간에 동원하였다.179) 선조 27년 11월 훈련도감은 포수 7哨 중 2哨의 군인들이 東·西郊의 屯田에 동원되어 도성 안에 있는 군인들은 5哨라고 말

---

172) 金弘郁, 『鶴洲全集』 권10, 論兵制 屯田 (한국문집총간 102책 142쪽), "箭串則 去都城至近 多備牛車 運致糞田之物 秋來必有倍收之穀".
173) 『宣祖實錄』 권60, 선조 28년 2월 甲辰, 22책 429쪽.
174) 『宣祖實錄』 권53, 선조 27년 7월 甲申, 22책 308쪽.
175) 『宣祖實錄』 권82, 선조 29년 11월 乙未, 23책 92쪽.
176) 『宣祖實錄』 권80, 선조 29년 9월 丁巳, 23책 78쪽.
177) 『宣祖實錄』 권76, 선조 29년 6월 庚戌, 23책 11쪽.
178) 『宣祖實錄』 권107, 선조 32년 9월 戊申, 23책 673쪽.
179) 『宣祖實錄』 권53, 선조 27년 7월 甲申, 22책 308쪽.

하고 있고,[180] 또 왜란이 거의 끝나가던 선조 31년(1598) 7월 유성룡은 "砲·殺·射手 2,000여 명이 둔전에 分送되어 京中에 남아 있는 군인은 거의 없다"라고 국왕에게 보고하고 있다.[181] 이와 같이 훈련도감은 兵力을 동원하여 둔전 개간을 추진하였다. 이들은 훈련도감으로부터 급료를 지급받고 있는 상비병이었기 때문에 상부의 명령에 따라 조직적으로 둔전 개간에 임하였다. 그런데 도감군은 대체로 서울 근교에 위치한 둔전에 투입된 것으로 보인다. 이들은 국왕의 親兵으로서 유사시에는 즉시 동원되어야 하는 군인이었기 때문이다.[182] 그러나 도감군에 의한 둔전 개간은 임란 종결 이후 '募民竝作'이 확대됨에 따라 사라지게 된다.

다음으로 農軍을 조직하여 둔전 개간을 추진하였다. 이 당시 農軍은 주로 전쟁 이재민이나 遊離乞食하던 流民으로서 훈련도감은 이들을 모집하여 품삯을 지급하고 種子, 耕牛, 농기구 등을 제공하면서 둔전을 개간토록 하였던 것이다. 그런데 이들의 품삯은 호조 관할하의 軍餉廳에서 지급하였다. 선조 28년 3월 군향청에서는 도성 내의 砲殺手와 農軍에게 1개월에 지급하는 급료와 품삯은 575石에 달한다고 보고하고 있다.[183] 그러나 임진왜란이 종결될 무렵에 이르면 농군에 의한 둔전 개간 형식은 감소되어 가는 것으로 보인다.[184] 전쟁의 종결에 따른 歸農 인구의 증가에 따라 '募民竝作'이 가능한 터에 정부에서 구태여 매달 품삯을 지급해야 하는 농군을 운영할 필요가 없어졌기 때문이었다.

세 번째로 人民을 모집하여 토지를 지급하면서 둔전을 개간하도록 하는 '募民竝作'의 방식을 취하였다. 이 경우는 첫 번째와 두 번째의

---

180) 『宣祖實錄』 권57, 선조 27년 11월 癸巳, 22책 403쪽.
181) 『宣祖實錄』 권102, 선조 31년 7월 壬寅, 23책 471쪽.
182) 도감군은 "十里之外 不許任意來往"(『承政院日記』 298, 숙종 9년 4월 22일, 15책 871쪽)라 하여 도성 10里 밖은 마음대로 往來할 수 없었다.
183) 『宣祖實錄』 권61, 선조 28년 3월 癸未, 22책 461쪽.
184) 『宣祖實錄』 권108, 선조 32년 정월 戊戌, 23책 569쪽.

형식, 즉 도감군과 農軍을 동원하여 둔전을 개간하는 형태와는 달리 "給民耕作하여 計數收入"[185]하는 형식으로 둔전의 개간이 이루어졌다. 그런데 임란 당시에는 농민을 모집하여 병작반수로 둔전을 개간하기 위해서는 토지 제공 이외에 별도의 조건이 필요하였다. 사람들이 戰歿流散하여 버려진 토지가 널려있는 상황에서 토지만 제공하고 竝作半收한다면 농민이 모일 리가 없었다. 이에 훈련도감은 免役 등의 조건을 제시하였다. 이것은 전란 중 각종 役 부담에 고통을 받던 無田 농민들을 유인하기에 충분한 조건이었다. 즉 선조 28년 11월 훈련도감은 국왕에게 幸州山城 부근의 둔전 설치 계획안을 말하면서, 이곳의 농민들에게 둔전을 경작하여 병작반수하는 이외에는 일체의 다른 稅役을 면제해주어 '多數來集'하게 하자고 건의하여 국왕의 승낙을 얻고 있었다.[186] 이것은 이후 훈련도감 둔전 경영의 대표적인 형태로 되었다.

이상과 같이 훈련도감은 전시 중 각처의 無主地를 折受받아 農粮과 耕牛, 농기구 등을 마련하여 도감군, 농군, 募民으로 이루어진 노동력을 이용하여 둔전 개발을 추진하였다. 그리고 이렇게 하여 수확된 농산물은 훈련도감에서 자체적으로 建造한 선박으로 운송하고,[187] 匠人들의 급료도 지급하였다.[188] 선조 26년 10월~12월에 전개된 정부 내의 둔전 설치론이 논란만 무성한 채 별 성과 없이 끝나버리고 만 것과는 달리 훈련도감은 군대 조직을 이용하여 효율적으로 둔전 개발을 수행하였던 것이다.

그런데 훈련도감의 둔전 경영은 위와 같은 형태로만 운영된 것이 아니었다. 이러한 정상적인 방법 이외에 둔전을 빙자한 변칙적인 형태들

---

185)『宣祖實錄』 권49, 선조 27년 3월 己卯, 22책 231쪽.
186)『宣祖實錄』 권69, 선조 28년 11월 壬申, 22책 592쪽, "山底還集之民 或因於 徭役 不能保接 請依幸州禿城例 入城居住人 盡免他役 使之多數來集".
187)『宣祖實錄』 권103, 선조 32년 5월 己巳, 23책 623쪽.
188)『宣祖實錄』 권108, 선조 32년 정월 戊戌, 23책 560쪽.

이 출현하였다. 즉 無主 閑曠地를 募民耕種하는 정상적인 둔전 경영
형태가 아니라, 면세·면역의 특혜를 빌미로 하여 일반 농민들의 旣墾
田畓이나 소유지를 浸食하고, 또 농민들 스스로 자기 소유지를 둔전에
投入·投屬하는 投托이 이루어졌던 것이다.[189] 이러한 형태에서는 훈
련도감에서 병작반수하는 것이 아니라 농민들로부터 면세·면역의 대
가를 받아내는, 즉 단순히 收稅에 그치는 경우가 많았다. 이른바 '民田
收稅'였다. 이것은 조선후기 둔전 경영에서의 대표적 폐단으로 지목되
었고, 또 토지소유권 분쟁의 대상이 되기도 하였다.[190]

이상과 같이 훈련도감은 군사력의 보유와 더불어 둔전 경영을 통해
경제력을 집중시켜 나갔다. 그런데 이 당시 문반 관료들은 이러한 훈
련도감의 둔전 경영에 대해 차츰 우려를 표명하기 시작하였다. 이들의
우려는 위에서 살펴본 民田의 冒占이나 投托 등 변칙적인 둔전 경영
형태에 한정된 것이 아니었다. 이들의 우려는 보다 원칙적인 면에 근
거하고 있었다. 훈련도감의 둔전 경영은 군사력과 경제력의 집중을 가
져오며 이것은 권력분립의 원칙에 위배된다는 것이다.[191] 이러한 생각
은 "相臣은 군정을 관장하며, 大將은 군인을 훈련시키고, 度支에서는
재정을 담당한다"라는 원칙으로 표명되기도 하였다.[192]

이러한 원칙에 입각하여 문반 관료들은 훈련도감에서의 둔전의 소
유와 경영에 대해 시정을 촉구하였다. 선조 29년(1596) 6월 領事 金應
南은 도감군의 급료는 호조와 군향청에서 지급하고 있는데, 훈련도감
둔전의 소출은 무엇에 사용하는지 모르겠다고 하면서 이것을 모두 軍
餉廳으로 귀속시켜야 한다고 주장하였다.[193] 이것은 둔전의 혁파를 의

---

189) 『宣祖實錄』 권127, 선조 33년 7월 丙寅, 24책 103쪽.
190) 조선후기 둔전 경영의 유형과 諸紛爭에 대해서는 李景植, 「17世紀 土地折受
制와 職田復舊論」, 『東方學志』 54·55·56 합집, 1987 참조.
191) 조선후기 문반 관료들은 "都監旣領兵馬 而又管錢穀 則不無權力太重之慮
分其兵粮"(『正祖實錄』 권7, 정조 3년 3월 庚戌, 45책 104쪽) 하여야 한다고
주장하였다.
192) 『訓局事例撮要』 下卷, 取來條 (辛亥 9월 24일).

미하는 것이었다. 즉 김응남은 둔전은 전쟁 중 民의 安集之計로서 설
치한 것인데 이제 民들이 모두 歸農하고 閑曠地는 없어져가니 둔전은
필요 없다고 하였다. 그래서 훈련도감의 耕牛 340여 頭를 모두 牛市場
에 내다 팔고 둔전을 혁파하자고 주장하고 있는 것이었다.194)

　이후 정부 관료들 내에서는 훈련도감 둔전을 혁파하고 이것을 호조
로 귀속시키자는 주장이 계속 제기된 것으로 보인다. 선조 26년 10
월~12월에 걸쳐 둔전 설치안이 집중적으로 논의될 당시에 이들은 호
조 주도하의 둔전 경영을 생각하였지, 이와 같이 호조와는 별도로 훈
련도감에 의해 둔전 경영이 이루어지는 것을 원한 것은 아니었던 것이
다. 이에 따라 결국 훈련도감의 둔전은 宣祖 末에 粮餉廳으로 귀속하
게 되었다. 앞에서 살펴본 바와 같이 삼수미세가 설정되었을 때 양향
청은 훈련도감의 둔전을 접수하여 도감군의 급료를 제외한 훈련도감
운영에 필요한 각종 군수 재원을 마련하는 기관으로 전환되었다.195)
이때 양향청이 접수한 훈련도감 둔전의 총계는 4,496結 30負 7束에 달
하였다.196)

　그런데 비록 양향청이 훈련도감의 군수조달 기관이라고는 하지만
양향청은 호조판서가 그 提調를 例兼하는 기관으로서 훈련도감 요구
에 따르지 않는 경우가 많았다. 영조 11년(1735) 5월 영돈녕부사 魚有
龜는 양향청은 훈련도감의 군수를 책임지기 위해 설치하였는데 호조
에서는 그 설치 본의를 망각하고 훈련도감의 군수를 제대로 조달하지
않는다고 호조를 비판하고 있다.197) 이러한 사정은 그 전 시기에도 마

193)『宣祖實錄』권76, 선조 29년 6월 庚戌, 23책 11쪽.
194) 위와 같음.
195)『顯宗改修實錄』권8, 현종 4년 11월 戊寅, 37책 353쪽 ;『萬機要覽』財用編
　　4, 糧餉, "宣祖癸巳 設訓鍊都監 又置糧餉廳(在苧廛洞) 或以閑曠土地折受作
　　屯 或以籍沒田畓劃付收稅 以備訓局軍兵服色·器械·旌旗·金鼓造繕之資
　　與各色員役料布之需".
196)『萬機要覽』財用編 4, 粮餉廳 屯土. "設廳時 折受 元結 四千四百九十六結
　　三十負 七束".

찬가지였다. 즉 인조 5년(1627)에도 훈련도감에서 필요한 炭價를 양향
청은 재정이 고갈되었다고 지급하지 않고 있었다.[198] 훈련도감과 양향
청은 심지어 "粮餉廳與訓局有異"[199]라고 하여 양향청과 훈련도감은
다른 기관이라고까지 인식되었다.

따라서 양향청으로 둔전을 모두 넘겨준 이후 훈련도감이 받은 경제
적 타격은 매우 컸던 것으로 보인다. 李恒福은 "훈련도감은 둔전 혁파
이후 남아있는 것이 아무 것도 없어서 활자를 제작하고 책을 출간하여
경비로 삼았다"라 할 정도였다.[200] 둔전 혁파 이후 재정 궁핍으로 곤란
을 겪던 훈련도감은 곧 양향청과는 별도의 둔전을 다시 확보할 수 있
게 되었다. 국왕의 친병으로서 국왕의 적극적인 지원을 받고 있었기
때문에 가능하였던 것이다. 광해군 즉위년(1608) 9월 사헌부에서는 우
리 나라에서 養兵하는 곳은 오직 훈련도감뿐인데 훈련도감의 둔전이
양향청으로 귀속된 이후 훈련도감의 제반 시설과 기구들이 점차 해이
해져 가고 있다고 지적하였다. 그래서 사헌부는 반역으로 인해 몰수된
田畓이나 堤堰, 魚箭, 鹽盆 등을 모두 훈련도감에 지급하여 군수에 보
충하도록 하자고 주장하여 국왕의 허락을 얻었다.[201] 이로써 훈련도감
은 다시 둔전을 확보할 수 있었다.

특히 훈련도감의 둔전은 인조대에 들어 광범위하게 확대되어 갔다.
인조반정 이후 인조정권은 광해군대에 설치된 말썽 많은 둔전들은 모
두 혁파한다고 했으나 그 후 둔전은 오히려 증가하고 있었다.[202] 이것
은 인조대의 끊임없는 국내외 정치적 위기 속에서 훈련도감의 정비·

197) 『訓局事例撮要』 下卷, 粮餉廳 (영조 11년 5월 초2일).
198) 『承政院日記』 17, 인조 5년 5월 12일, 1책 830쪽.
199) 『英祖實錄』 권35, 영조 9년 9월 癸未, 42책 377쪽.
200) 李恒福, 『白沙集』 권2, 跋 「訓鍊都監印韓昌黎集跋」 (한국문집총간62책 196
　　쪽), "都監自罷屯田 思所以足食者 必毛擧而錐撫之無有 間印諸書 鬻之爲軍
　　儲".
201) 『光海君日記』 권8, 광해군 즉위년 9월 丙午, 31책 356쪽.
202) 『仁祖實錄』 권46, 인조 23년 10월 戊申, 35책 247쪽.

강화에 소홀할 수 없었던 이유에서였다.203) 인조대에 들어와 훈련도감
의 둔전은 "八道州縣 無處不在"204)라고 할 만큼 확대되어 갔다. 실제
『萬機要覽』에 기록된 훈련도감의 諸鎭·諸屯 중 龍津陣(경기도 광
주), 仙源庫(강화도), 加羅洞屯(春川), 甘勿岳屯(洪川), 水邊山屯(楊
根) 등이 인조대에 설치된 것이다.205) 효종 2년(1651) 훈련도감 제조로
있던 金堉은 이 당시 전국에 설치된 훈련도감의 둔전이 모두 63處에
달하고 있다고 말하였다.206)

　인조대에는 훈련도감 둔전과 아울러 宮家와 여타 營衙門 둔전도 함
께 확대되고 있었다. 이에 상응하여 정부 내에서는 이러한 宮房田과
營衙門 둔전을 혁파하라는 요구도 끊임없이 제기되었다.207) 이것들은
국가세입의 감소, 民田冒占 등 허다한 폐해를 야기하고 있었기 때문이
었다. 여러 둔전 중 특히 훈련도감 둔전에 의해 나타나는 폐단은 이루
말할 수 없었다. 임진왜란 중 둔전 발생 시에 나타났던 변칙적인 둔전
경영 형태가 이 시기에 이르면 더욱 확대되고 있었다. 즉 民田의 冒占
과 投托이 광범위하게 전개되었던 것이다. 임란 후 복구사업이 진척되
면서 無主의 陳荒地는 개간되고 閑曠地도 개척되어 有主의 경작지가
늘어나서 정상적인 둔전절수 대상지가 희소해지기 때문에 나타나는
현상이었다.208) 이 과정에서 훈련도감은 국왕의 親兵, 중앙 최대의 군
문이라는 지위를 이용하여 민전을 빼앗고 지방관을 협박하는 등 지나

---

203)『增補文獻備考』권145, 田賦考5 屯田, 中冊 672쪽, "(肅宗)六年 筵臣李敏敍
　　筵啓 自仁祖改紀之後 國勢單弱 南北有虞 增置軍府 重臣摠領 而國儲虛櫃
　　不能供給 爲軍府者 各設屯田 收聚逋逃 廣占山峽 甚至恣行".
204)『孝宗實錄』권8, 효종 3년 3월 甲申, 35책 537쪽 ;『承政院日記』123, 효종 3
　　년 3월 16일, 6책 967쪽.
205)『萬機要覽』軍政編 2, 訓鍊都監 諸鎭·諸屯.
206) 金堉,『潛谷遺稿』권5, 辭訓鍊都監提調箚 (한국문집총간 86책 97쪽).
207) 이 시기 둔전 혁파론에 대해서는 李景植, 앞의 글, 1987이 자세하다.
208)『宣祖實錄』권165, 선조 36년 8월 癸丑, 24책 530쪽, "德馨曰 …… 屯田一事
　　勢有不然者 經亂之初 則滿野良田 皆無其主 如欲開屯 無處不可 今則人民
　　漸聚".

치게 권력을 행사하는 폐단도 일으키고 있었다.209)

그러나 仁祖는 훈련도감 둔전의 혁파 요구에 대하여, "둔전은 군수를 위한 것인데 이것을 혁파하자는 것은 遠慮가 아니다"라거나,210) 도감 둔전만은 절대 혁파할 수 없다고 고집하였다.211) 이러한 국왕의 의지에 의해 훈련도감 둔전은 존속하였다. 孝宗 역시 훈련도감 둔전의 혁파론에 대하여 비록 훈련도감 둔전에 의해 민들이 고통을 겪고 있지만 군수의 조달을 위해서는 어쩔 수 없다고 대응하였다.212) 효종대는 북벌론이 전개된 시기로 이러한 분위기에서는 훈련도감 둔전의 혁파 논의가 강력하게 제기될 수 없었다. 단지 효종 8년 領中樞府事 李敬輿는 훈련도감의 둔전의 설치가 '公稅日縮'213)하고 있다면서 둔전의 축소를 제기할 따름이다.

훈련도감 둔전을 혁파하라는 주장은 顯宗代에 들어와 본격적으로 전개되었다. 이때는 효종대의 군비 강화를 반성하는 시기로서 다음에 살펴보는 바와 같이 훈련도감 變通論도 함께 제기되기 시작하였다. 현종 원년(1660) 8월 應敎 沈世鼎 등 弘文館 관료들은 훈련도감 등의 군문 둔전을 혁파하여 호조로 歸屬시키자고 주장하였다.214) 즉 免稅의 특혜가 있는 屯田의 성격을 타파하고 호조에서 수세하는 일반 民田으로 전환시키자는 것이었다. 그런데 훈련도감 둔전 혁파론은 여타 군문 둔전이나 궁방전 혁파론과는 차이가 있었다. 여타 군문 둔전이나 궁방

---

209) 『承政院日記』 27, 인조 7년 7월 12일, 2책 234쪽, "都監之差官 劫奪民田 橫占阡陌 折辱守宰 驅迫官吏 桁楊狼藉 人不堪命 奸細之民 叛主之奴 因緣請託 投入于鎭奴".
210) 『承政院日記』 56, 인조 15년 3월 26일, 3책 631쪽.
211) 『仁祖實錄』 권46, 인조 23년 10월 戊申, 35책 247쪽, "宮家所置者 罷之 都監屯田 姑置之".
212) 『孝宗實錄』 권8, 효종 3년 3월 甲申, 35책 537쪽.
213) 『孝宗實錄』 권18, 효종 8년 5월 丁未, 36책 90쪽 ; 李敬輿, 『白江集』 권11, 因旱災應旨箚 (한국문집총간 87책 429쪽).
214) 『顯宗改修實錄』 권4, 현종 원년 8월 丙戌, 37책 189쪽, "革罷 訓局·御營·守禦·摠戎等 軍門屯田 盡歸之地部".

전과는 달리 호조에는 훈련도감 軍需를 전담하는 粮餉廳이 별도로 설립되어 있었다. 이러한 양향청이 존재하고 있음에도 불구하고 훈련도감은 둔전을 설치·확장하여 더욱 문제가 되고 있었던 것이다. 따라서 훈련도감 둔전을 혁파하고 호조로 귀속시키자는 주장은 둔전을 일반 民田으로 전환시키는 것에 그치는 것이 아니라, 토지 소유권까지 호조의 양향청으로 귀속시키자는 것을 의미하였다. 그러나 이 때의 홍문관 관리들의 둔전 혁파 요구는 의정부 3정승들의 반대에 부딪쳐 無爲로 끝나고 말았다.[215]

  그 후 현종 5년(1664)에 들어서서 정부 관료들의 훈국 둔전 혁파 요구는 한층 거세어졌다. 그 해 11월 부제학 李慶億은 각 아문둔전은 백년 동안의 고질적인 폐단이라고 주장하면서 그 變通을 요구하였다.[216] 그는 陽智縣을 예로 들면서 양지현은 모두 4개의 面이 있는데 그중 2개의 面이 아문 둔전으로 들어가 읍의 형태를 유지할 수 없을 정도라고 주장하였다. 특히 이때 아문 둔전 중 훈련도감의 둔전이 最多라고 지적되면서 이에 대한 변통을 집중 요구하였다.[217] 정부관료들의 이러한 요구 속에서 결국 훈련도감 둔전의 혁파조치가 취해지게 된다. 즉 현종 5년 11월에는 우선 훈련도감 둔전 중 훈련도감에 소유권이 있는 屯土를 제외한 靈光, 德山, 龍仁, 陰竹 등지의 民田收稅處가 혁파되었다.[218] 民田 收稅處가 호조로 귀속된 지 2년 후인 현종 7년(1666)에는 또 다시 훈련도감에서 소유권을 가진 토지도 양향청으로 이속되는 조

---

215)『顯宗實錄』권3, 현종 원년 8월 戊子, 36책 272쪽, "領相鄭太和 左相沈之源 及元斗杓 皆 …… 革罷訓局屯田爲難";『顯宗實錄』권3, 현종 원년 9월 戊辰, 36책 278, "訓局都提調沈之源以爲 嶺西春川等五邑 屯田設置雖不久 大有補於都監 不宜遽罷".

216)『顯宗改修實錄』권12, 현종 5년 11월 庚寅, 37책 411쪽.

217)『顯宗實錄』권9, 현종 5년 11월 丙午, 36책 440쪽, "李慶徵曰 屯田之弊 言之久矣 今若不罷 則更無可罷之時 都監屯田 宜先罷也".

218)『承政院日記』186, 현종 5년 11월 23일, 10책 274쪽, "都監屯田中 如靈光·德山·龍仁·陰竹 等處 皆以民田收稅 所當革罷".

치가 이루어졌다.[219] 이것 역시 문반 관료들의 집요한 요구 속에서 취해진 조치였다.[220] 그런데 이때 훈련도감 둔전이 모두 혁파되어 양향청으로 이속된 것이 아니라 훈련도감 내 군수 부서의 하나인 火藥色의 둔전만이 이속되었다.[221] 훈련도감 내에는 鳥銃色, 火藥色, 弓箭色 등의 軍需部署가 있었는데 이중 화약색은 화약제조에 소요되는 木炭, 땔감, 유황 등을 확보하기 위해 광대한 屯田과 柴場, 硫黃店 등을 소유하고 있었다. 따라서 비록 훈련도감 내 火藥色의 둔전만이 양향청으로 移屬되었다고 하나 이것은 상당한 규모에 달하는 것으로 추측된다.

그러나 이러한 火藥色 둔전 혁파 조치도 그 이듬해 정월에 가면 수정되어 그 의미가 퇴색하게 된다. 즉 현종 8년 정월 호조판서 金壽興은 훈련도감 둔전 내에 有主 民田이 混入된 것은 그 주인에게 돌려주고, 그 나머지는 훈련도감의 소유권 하에 양향청은 단지 둔전에서의 收取 등 관리 업무만을 담당하게 하자고 건의하여 국왕의 허락을 얻었다.[222] 이로써 훈련도감은 둔전 관리만을 양향청으로 넘겨준 채 둔전 소유권은 다시 되찾을 수 있었다. 이것은 비록 훈련도감 差官들의 둔전에서의 횡포, 民田 冒占 등을 차단하는 효과는 있으나 훈련도감이 다시 자신의 소유 둔전을 관리할 수 있는 餘地를 남겨두었다는 점에서 둔전 혁파 조치가 일보 후퇴한 것이다.

훈련도감이 소유권을 되찾자 둔전을 다시 관리하려는 의도는 곧바로 표명되었다. 훈련도감 소유의 둔전을 양향청에서 관리하자 차츰 둔

---

219) 『增補文獻備考』 권145, 田賦考 5, 屯田, "(顯宗) 七年 罷訓局屯田 移屬粮餉廳 於戶曹策應本營軍需".
220) 『顯宗改修實錄』 권14, 현종 7년 정월 庚子, 37책 480쪽.
221) 『顯宗實錄』 권13, 현종 8년 정월 己卯, 36책 536쪽, "副護軍李浣曰 年前有各衙門屯田革罷之意 他衙門則事勢所拘 皆不革罷 而獨罷都監火藥色屯田 歸之地部".
222) 『顯宗改修實錄』 권16, 현종 8년 정월 己卯, 37책 536쪽, "屯田中 或有民田之混入者 或有無主處開墾者 或有屬公籍沒者 宜先査有主田 歸之本主 其他屬諸訓局 使粮餉色 收其穀物 策應火藥色所需 似便矣".

전 경영이 不實해지는 결과가 초래되었다. 종래 훈련도감의 둔전은 監官, 別將 등을 파견하여 관리하였기 때문에 둔전의 운영과 관리가 철저히 이루어졌는데, 훈련도감 둔전의 관리가 양향청으로 이속한 후 둔전 관리가 각 지방관의 책임으로 돌아가자 종래와 같이 철저한 관리가 이루어지지 않은 것이다. 이에 현종 10년 7월 훈련대장 유혁연은

훈련도감의 수요는 모두 粮餉廳에서 갖추어 지급합니다. 그러나 지금 양향청의 物力이 도감의 수요에 응하기 어려울 정도니 지극히 염려됩니다. 혹자는 양향청의 둔전을 各官으로 하여금 관리하게 하여 그 둔전이 虛疎해졌다고 합니다. 이전처럼 훈련도감에서 別將을 파견한다면 둔전이 허소해지는 폐단을 수습할 수 있을 것이고 또 도감의 수요에도 충분히 응할 수 있을 것입니다.[223]

라고 하면서 훈련도감에서 이전처럼 別將을 파견하여 둔전을 관리하겠다는 뜻을 비쳤다. 이에 호조판서 金佐明은 훈련도감의 別將을 이미 없앤 이후에 다시 파견한다는 것은 문제가 없지 않지만 田結이 가장 많은 둔전에 한하여 이전처럼 별장을 파견하도록 하자고 하여 결국 다시 둔전에 별장이 파견되었다.[224] 즉 훈련도감의 둔전 관리가 양향청으로 귀속되었지만 그중 田結 最多處에 한하여 훈련도감에서 별장을 파견하여 관리하는 체제가 된 것이었다. 이것은 현종대에 끊임없이 제기되고 시도도 해보았던 둔전 혁파 조치가 완전히 무효가 되어버린 것을 의미하였다.

숙종대 이후에도 둔전 혁파론이 다시 제기되고는 있었으나,[225] 이 시기에는 둔전 혁파론이 끊임없이 제기되는 가운데 이것에 비해 보다 현실성을 갖춘 둔전 운영 개선안이 제시되고 있었다. 각 군문의 실정을 고려하지 않고 "軍門屯田 盡歸之地部"를 주장하는 둔전 혁파론은

---

223)『顯宗改修實錄』권21, 현종 10년 7월 甲寅, 37책 678쪽.
224) 위와 같음.
225)『肅宗實錄』권6, 숙종 3년 2월 壬戌, 38책 348쪽.

그 정당성에도 불구하고 실현성이 없기 때문이었다. 前代에 전개된 지
식인 관료들의 둔전 혁파 요구와 정부의 미봉적인 혁파 조치, 그 이후
반드시 뒤따르는 혁파 조치의 후퇴와 포기를 경험하면서 둔전 운영 개
선안이 주목되었던 것이다.

숙종대 이후 둔전 운영 개선안은 두 가지 방향으로 전개되었다. 둔
전의 免稅結數에 일정한 제한을 두자는 제안226)과 지방관이 屯稅를
수취하여 군문에 납부하도록 하자는 방안227)이 제기된 것이다. 전자는
民田의 冒入 · 投托과 둔전의 확대를 방지하려는 의도에서 였고, 후자
는 監官 · 別將 · 屯監 등으로 칭해지는 군문에서 파견한 둔전 관리자
들의 武斷과 횡포를 차단하자는 목적에서 나온 것이었다. 이러한 두
가지 방향의 둔전 운영 개선안은 정부 내에서 설득력 있게 제시되면서
肅宗代를 거쳐 英祖代에 구체적인 결실을 보게 되었다. 즉 후자의 개
선안은 景宗 3년(1723) 감관 · 별장 · 둔감 등의 파견이 폐지되고 둔세
의 수취는 지방관의 책임으로 하는 조치로써 실현되었다.228) 이러한
조치는 영조 4년 "訓局 令本官 收納屯稅"229)라는 말에 의해 확인된다.
그리고 전자의 개선안은 영조 5년 12월에 제정된 「諸衙門田畓出免稅
別單」230)에 의해서 확정되었다. 이로써 국가와 民 모두에게 많은 폐해
를 끼치던 軍門 屯田의 무절제한 확대는 차츰 시정되고, 그 운영 역시
정비되어 갔다.

훈련도감은 이러한 둔전 설치 이외에도 전국 각처에 柴場을 설치하
여 柴場 안이나 근처의 民人들에게 柴場내의 농지를 개간 · 경작하게
하고, 그 대가로 所耕多少에 따라 일정량의 薪 · 炭 · 草를 징수하여

---

226) 『肅宗實錄』 권6 숙종 3년 4월 丁未 38책 353쪽, "玉堂上箚曰 …… 屯田定限
　　之議 已發於前席".
227) 『肅宗實錄』 권17, 숙종 12년 4월 庚子, 39책 64쪽, "各衙門屯田 革去別將 使
　　守宰主管".
228) 『增補文獻備考』 권145, 田賦考5 屯田, 中冊 673쪽.
229) 『英祖實錄』 권19, 영조 4년 8월 乙酉, 42책 76쪽.
230) 『備邊司謄錄』 86, 영조 5년 12월 13일, 8책 777쪽.

도감의 군수 물자를 조달하기도 하고,[231] 또 각처의 蘆田, 芦田에서 수세하는 價木으로 이를 보충하기도 하였다.[232] 한편 훈련도감은 漁船·鹽盆·漁場 등을 확보하고, 그로부터 생산되는 물자들을 출납·매매하여 재정에 충당하였다. 이 과정에서 漁民들에게 막대한 피해를 끼치기도 하였다. 한 예로 인조 4년(1626) 정월 훈련도감은 종래 확보한 시설들 이외에 또 전라도 扶安縣 연해 邊山半島 일대의 많은 염분들과 蝟島·群山島 일대의 漁場·鹽盆을 독점하였다.[233] 이에 인조 10년 吏曹佐郎 朴潢은 "훈련도감은 이미 둔전이 있는데 어찌 魚利를 독점한단 말인가"[234]라고 주장하고 훈련도감의 어장·염분 등을 폐지할 것을 주장하여 국왕의 허락을 얻었다. 그러나 이러한 조치에도 불구하고 훈련도감은 이후 어장·염분을 계속 확대하여 갔다.

한편 훈련도감은 待變船 40여 隻도 확보하여 稅穀賃運活動도 전개하였다.[235] 陸戰에만 대비하던 훈련도감은 광해군이래 海防政策에 따라 待變船을 운영하였다. 이러한 대변선은 전국 각처에 위치한 훈련도감 屯田·柴場에서 나오는 木材 등 물자를 운송하는 데도 이용되었다.[236] 그런데 대변선의 운영에는 적지 않은 비용이 소용되어 그 대책으로서 대변선을 세곡 임운에 동원하였던 것이다. 즉 훈련도감은 자신들의 급료인 三南의 삼수미세를 대변선에 의해 자체적으로 운송하고는 그 船價를 취득하여 선박건조비, 사공과 격군의 粮料 등에 충당하

---

231) 李景植,「朝鮮後期 王室·營衙門의 柴場私占과 火田經營」,『東方學志』77·78·79 合輯, 1993.
232)『承政院日記』17, 인조 5년 5월 12일, 1책 830쪽 ; 156, 효종 10년 4월 17일, 8책 638쪽.
233)『仁祖實錄』권11, 인조 4년 정월 乙卯, 34책 55쪽.
234)『仁祖實錄』권27, 인조 10년 9월 丁巳, 34책 498쪽.
235) 훈련도감 선박의 세곡임운활동에 대해서는 다음 글 참조. 姜萬吉,「京江商人과 造船都賈」,『朝鮮後期 商業資本의 發達』, 고려대 출판부, 1973, 60~62쪽 ; 崔完基,「都監船의 稅穀賃運活動」,『朝鮮後期 船運業史硏究』, 一潮閣, 1989.
236)『訓局事例撮要』上卷, 待變船 (顯廟朝 원년 4월 27일).

고 있었다.[237] 그런데 비록 처음에는 이와 같이 삼수미세의 운반만을 취급하였으나 숙종 30년(1704)에 이르러 훈련도감은 여타의 세곡 운임에도 본격적으로 참여하였다. 그러나 이것은 당시 貰運界에서 주도적 위치에 있던 경강상인들의 반발과 견제를 받았다. 이에 훈련도감에서는 정부의 정책적 배려를 요구하여 마침내 전라도 연해안 일부 지역의 세곡 운송권을 독점하기에 이르렀다.[238]

훈련도감은 이외에도 각 지방이나 정부기관에 요청하여 軍需 문제를 해결하기도 하였다.[239] 또 훈련도감에서는 필요한 물품을 각 지방에서 구입해서 쓰기도 하였다. 이러한 경우 훈련도감은 그 가격을 터무니없이 낮게 책정하여 지불하였다. 한 예로서 인조 8년(1630) 정월 李貴는 "훈련도감에서 陽根 지방에 면포 1필을 주고는 10石의 炭을 바치라고 하여 양근 백성들이 이를 감당할 수가 없다"[240]라고 말하고 있다. 훈련도감은 자신의 권력을 이용하여 물품을 强徵한 것이었다. 또 훈련도감은 각 물품을 운반할 때 운반비도 제대로 지급하지 않았다. 인조 14년(1636) 5월 漢城府에서는 舡所에서 훈련도감의 軍物을 운반한 마차가 무려 25輛에 달하였는데, 훈련도감에서는 이 車價와 馬價를 지불하지 않아 都城 民人들이 고통을 겪고 있다고 하면서, 이것을 납부하게 하여 民人들의 고통을 덜어달라고 국왕에게 상계하고 있었다.[241]

훈련도감은 군수 물자를 정부 내 他 官署에 요청하여 조달하기도 하였다. 조선전기 군인들이 자체적으로 군장을 준비한 것과는 달리 훈련도감에서는 그 군인들에게 군장을 지급하여 주었다. 따라서 훈련도감에서는 갑옷을 생산하여 군인들에게 공급해야 했는데, 훈련도감 군

---

237) 『訓局事例撮要』上卷, 待變船 (肅廟朝 32년 4월 24일).
238) 崔完基, 앞의 책, 244쪽.
239) 『宣祖實錄』 권192, 선조 38년 10월 丁卯, 25책 132쪽, "都監及各衙門 分定之 物 各官皆分徵於民結 富民僅存 貧者不能奠居".
240) 『承政院日記』 29, 인조 8년 정월 28일, 2책 352쪽.
241) 『承政院日記』 52, 인조 14년 5월 초9일, 3책 343쪽.

인 중 步軍은 皮甲胄, 馬兵은 鐵甲을 착용하였다.[242] 효종 3년 10월 훈련도감에서는 연차적으로 步軍, 馬兵 5,000명에게 모두 갑옷을 공급할 계획으로 우선 1,000부에 달하는 갑옷을 생산하기로 하고 여기에 들어갈 生牛皮, 表裡木 등을 호조와 병조에게 요청하였다.[243] 이 이외에도 훈련도감에서 호조, 병조, 공조, 선혜청 등에 물품을 요구한 것은 이루 헤아릴 수 없을 정도이다.[244]

2) 鳥銃·火藥의 제조와 공급

훈련도감은 둔전 등에서 나오는 軍需 財源을 이용하여 조총·화약·鉛丸 등과 더불어 각종 무기를 제조·공급하였다. 3장에서 검토한 바와 같이 훈련도감의 설립은 조총을 주 무기로 사용하는 포수의 양성에서 비롯되었다. 조선전기의 주무기였던 弓矢를 대신하여 조총을 주무기로 하는 훈련도감의 설립은 조총과 火藥, 鉛丸의 생산을 위한 군수 산업의 성장을 가져왔고, 조선후기 사회·경제 전반에 많은 영향을 미치게 된다.[245]

---

242) 『承政院日記』128, 효종 4년 8월 4일, 7책 233쪽.

243) 『承政院日記』125, 효종 3년 10월 18일, 7책 87쪽.

244) 훈련도감에서 정부내 각 부서에 물품을 요구한 내역은 『訓局事例撮要』下卷 取來條에 정리되어 있다. 이것들의 제목만 제시하면 다음과 같다.
    鑄鍋生銅請得戶曹, 皮甲物力請得戶·兵曹, 甲衣物力請得兵曹, 甲胄所入司僕馬皮·工曹獐鹿皮·戶曹鑌鐵 生苧·黃蜜·麻絲·匠料布 請得, 布袋木請得戶·兵曹, 弓矢鳥銃匠布鐵炭價依前請得戶·兵曹, 環刀鞘所着全漆請得工曹, 環刀修粧銅鐵請得戶曹, 鉛丸所入常鑌請得東萊, 拒馬作打造匠料請得惠廳, 漏水桶令工曹鑄送, 紙籠所入小好紙請得戶曹 등.

245) 조총의 등장으로 인한 조선후기 군수광공업의 발전은 柳承宙 교수의 아래 논문 참조. 柳承宙, 「朝鮮後期 軍需鑛工業의 發展 - 鳥銃問題를 中心으로」, 『史學志』3, 1969. 7 ; 柳承宙, 「朝鮮後期 硫黃鑛業에 관한 硏究 - 특히 17·8世紀 軍衙門의 設店收稅店을 中心으로」, 『李弘稙博士 回甲紀念 韓國史學論叢』, 1969. 10 ; 柳承宙, 「朝鮮後期 軍需工業에 관한 一硏究 - 軍營門의 火藥製造實態를 中心으로」, 『軍史』3, 1981 ; 柳承宙, 「17세기 監官制下의 官營軍需鑛業實態」, 『朝鮮後期鑛業史硏究』, 고려대학교 출판부, 1993.

조총의 등장이 조선후기 사회에 미친 영향은 매우 컸다. 조총은 "나는 새도 맞출 수 있어 鳥銃이라고 한다"246)라고 하는 바와 같이 당시로서는 명중률이 대단히 높은 무기였다. 또한 조총은 종래 조선의 銃砲와 같이 손으로 藥線에 불을 붙여 발사하는 것이 아니라, 방아쇠를 당겨서 발사하는 것으로 명중률뿐만 아니라 발사 속도에 있어서도 종래 조선의 총포에 비해 2~3배나 빠른 우수한 무기였다.247) 또 사정거리도 멀었고, 소리도 위력적이었으며,248) 사용법도 간단하였다.249) 이와 같이 조총은 종래의 무기에 비해 월등히 우수한 무기였다.

조총의 등장은 弓矢를 위주로 하는 조선전기 무기·군사체제에 대한 일대 전환을 요구하였다. 비록 조선전기에도 개인 휴대용 小火器인 勝字銃筒 등이 개발되어 실전에도 사용되었으나 임진왜란 전까지는 여전히 궁시 위주의 무기체제를 유지하고 있었다. 말을 타고 달리면서 활을 쏘는 무사의 모습이 조선전기 군인의 전형적인 모습이었던 것이다. 조선전기의 대표적인 군사였던 갑사는 바로 이러한 무사를 試取하여 편성한 군대였다. 그러나 궁시는 상당한 근력과 고도의 숙련을 요구하였으며, 이에 숙달하기 위해서는 끊임없는 훈련을 하여야 했다. 육체적 힘뿐만 아니라 생산 활동에 종사하지 않고 궁시 연습을 할 수 있는 경제적 여유가 있어야 했다. 또한 무사는 弓矢를 비롯하여 말과 鞍裝, 갑옷 그리고 從者까지 보유해야 했다. 조선전기에는 이러한 것들을 갖출 수 있는 경제력을 보유한 무사를 甲士로 흡수하여, 軍職을 수여하고 科田과 祿俸을 지급하면서, 국왕에 대한 충성과 봉사를 요구하

---

246) 『宣祖實錄』 권71 선조 29년 정월 丁酉 22책 643쪽, "能中飛鳥 故曰鳥銃".
247) 『星湖僿說』 권4 萬物門 陸若漢, "鳥銃不用火繩 而石火自發 其放丸 比我國二放之間 可放四五丸".
248) 『仁祖實錄』 권16 인조 5년 5월 丙寅 34책 198쪽, "禦敵之備 莫如用砲 其力可以及遠 其巧可以命中 其威聲 又可以僻易人馬".
249) 『承政院日記』 109, 효종 즉위년 11월 13일, 6책 199쪽, "鳥銃易於習熟 不在多放 可以成材"; 鄭經世, 『愚伏集』 권5 玉堂論時務箚 (한국문집총간 68책 90쪽), "砲非難習之技 人人可學".

는 군사체제를 이루고 있었다.

그러나 조총의 등장은 이러한 무사의 존재를 더 이상 필요로 하지 않았다. 조총은 弓矢보다 5배나 성능이 뛰어났다.[250] 비싼 갑옷으로 무장하고 말을 타고 활을 쏘는 무사들도 조총 앞에서는 힘을 못쓰고 죽어간 것이 임진왜란 戰場에서의 모습이었다. 아무리 항우 장사처럼 힘이 세다 하여도 조총 앞에서는 당해낼 수가 없었다. 그래서 조선후기에는 "鳥銃出而 項羽無以容其力"[251]이라는 속담까지 생겼다.

조총의 등장은 말을 타고 활을 쏘는 豪快한 武士의 모습에서 隊伍를 갖춘 步兵들이 조총을 쏘는 모습으로 군대의 모습을 변화시켰다. 또 전투 형태도 개인의 무예가 중시되던 것에서 이제는 조직적인 집단의 운용이 중요하게 되었다. 그러나 조총의 등장은 군사체제 뿐만 아니라 경제·산업부문에도 심각한 변화를 초래하였다. 조총은 弓矢와 같이 단순한 무기가 아니라 복잡한 제조 공정을 거쳐서 제작되는 무기였다. 또 조총은 역시 복잡한 공정을 거쳐 제작되는 火藥과 鉛丸을 필요로 하였다. 훈련도감은 이러한 것들을 마련하기 위해 分業과 協業으로 운영되는 무기제조장을 설립하고, 그 원료 조달을 위해 屯田, 柴場을 설치하였으며, 鐵鑛, 硫黃鑛, 鉛鑛 등의 광산 개발을 진행하였다.

조선 정부는 임란 발발 즉시 明과 왜군으로부터 조총에 관한 기술을 알아내기 위해 노력하여, 그 제조 및 사용법을 傳習하게 된 것은 임란 이듬해인 선조 26년(1593) 2월이었다.[252] 그리고 조총의 발사에 필요한 화약 제조술도 습득하기 위해 노력하여,[253] 그 다음달인 3월에는 화약 제조술까지 입수할 수 있었다.[254] 그 후 선조 26년 6월 선조는 평안·황해·충청·전라도 등지에 都會를 설치하여 화약을 제조하도록

250) 『宣祖實錄』 권68, 선조 28년 10월 丁未, 22책 575쪽, "鳥銃五倍于弓矢".
251) 『英祖實錄』 권47, 영조 14년 8월 乙丑, 42책 602쪽.
252) 『宣祖實錄』 권35, 宣祖 26년 2월 乙未, 21책 628쪽.
253) 『宣祖實錄』 권36, 선조 26년 3월 丙寅, 21책 661쪽.
254) 『宣祖實錄』 권36, 선조 26년 3월 壬午, 21책 675쪽.

지시를 내렸고, 비변사 역시 각 道의 監司·兵使·水使의 책임 하에
本營에는 都會를 설치하고, 또 道內의 大處에는 都護를 설치하여 각
종 화포 등 무기 생산체제를 갖추게 하겠다고 보고하였다.255) 그러나
이것들은 실행에 옮기지는 못한 것으로 보인다. 비록 조총과 화약의
제작 방법을 알아내었다 하더라도 생산체제를 갖추기에는 미흡하였던
것이다. 이후에도 정부에서는 끊임없이 항복한 왜군과 明으로부터 조
총과 화약의 제작법에 대한 정보를 얻기 위해 노력하였다.256)

이런 가운데 조총과 화약의 생산은 훈련도감 설립 이후 본격적으로
이루어지게 된다. 정부는 훈련도감이 설립되자 도감 내에 조총과 화약
제조를 담당하는 부서를 별도로 설치하고 그 생산 방법을 강구하도록
하였다. 즉 軍需部署로 鳥銃色과 火藥色을 설치하고 종6품 郞廳을 두
어 관리하도록 하였던 것이다. 선조 27년 2월에는 항복한 왜군을 여기
에 入屬시키고 급료를 지급하면서 조총과 화약의 제작방법을 전수하
게 하였다.257) 이러한 정부의 노력으로 선조 27년 3월경에는 훈련도감
의 조총과 화약의 생산체제가 갖추어지게 된 것으로 보인다. 즉 이때
정부는 서울에 있는 水鐵匠들을 훈련도감에 입속시켜 조총과 화약의
생산기술을 익히도록 한 뒤 황해도와 충청도의 炭鐵産地에 分送하여
都會를 설치하고 조총과 화약을 만들도록 조처하고 있었던 것이다.258)
한편 훈련도감도 이 무렵 황해도 載寧의 産鐵地에 '鐵峴屯'을 설치하
여 철을 공급받으면서 조총 생산에 들어갔다.259) 서울에는 훈련도감,
지방에는 炭鐵産地에 위치한 都會에서 조총의 생산이 이루어지게 된

255)『宣祖實錄』권39, 선조 26년 6월 壬子, 22책 21쪽.
256)『宣祖實錄』권40, 선조 26년 7월 辛酉, 22책 30쪽 ; 권43, 26년 10월 壬寅, 22
   책 113쪽.
257)『宣祖實錄』권49, 선조 27년 2월 戊寅, 22책 231쪽 ; 3월 己亥, 22책 240쪽.
258)『宣祖實錄』권49, 선조 27년 3월 己卯, 22책 231쪽.
259)『承政院日記』247 숙종 원년 5월 25일 13책 50쪽, "訓鍊都監 設立之初 設店
   於載寧鐵峴地 募軍數百戶 定爲鎭軍 以其身役 徵其鐵物 軍門前後器械之打
   造 皆以此鐵取用".

것이다. 이렇게 하여 임진왜란 중 훈련도감에 의해 시작된 무기 생산 기술은 전국적으로 확산되어갔다.

선조 27년 4월 정부는 훈련도감의 설립이래 공로가 있는 자를 포상하는 가운데 郎廳 李自海는 조총을 제작한 공로로, 郎廳 鄭士榮은 화약 제조를 전담한 공로로 상을 받았다.[260] 훈련도감이 설립되어 조총·화약의 제조 작업이 실시된 지 불과 6개월만에 각 제조장의 운영을 맡아왔던 낭청들을 포상할 만큼 생산체제가 정비되었던 것이다. 비록 이때 훈련도감에서 생산한 총포들이 아직 그 성능이 왜군이 소지한 것에 비해 뛰어나지는 않았지만,[261] 이처럼 불과 6개월만에 조총을 생산할 수 있었다는 것은 이 당시 조선의 수공업 기술이 상당한 수준에 도달하고 있었다는 것을 말해준다.

훈련도감은 이후에도 계속 조총과 화약 제작기술을 개발하기 위해 노력하였다. 선조 28년 6월 훈련도감이 海土를 이용한 焰硝煮取術을 개발한 林夢에 대해 상을 줄 것을 아뢰자, 국왕은 파격적으로 그를 東班 6품 實職에 제수하기도 하였다.[262] 이러한 훈련도감의 기술개발 의지와 기술자 우대 조치는 수많은 匠人들을 훈련도감으로 모이게 하였다. 또 훈련도감은 부역에 시달리던 장인들을 유치하여 급료를 주면서 우대하여 신무기 개발에 참여하도록 하였다. 장인들의 급료는 호조에서 별도로 지급하지 않았기 때문에 훈련도감은 앞에서 살핀 바와 같이 屯田을 설치하여 이들의 급료를 마련하였다.[263] 이러한 노력으로 훈련도감은 국내 최고의 무기 제작기술을 보유한 기관으로 자리잡았다. 그래서 임란 중 조총 생산을 개시한 지 30년이 지난 인조 3년(1625)에 이르면, 국내에서 생산된 조총이 일본의 것보다 더 우수하다는 자신감까

---

260)『宣祖實錄』권50, 선조 27년 4월 癸亥, 22책 252쪽.
261)『宣祖實錄』권55, 선조 27년 9월 戊寅, 22책 340쪽.
262)『宣祖實錄』권64, 선조 28년 6월 丁巳, 22책 518쪽.
263)『宣祖實錄』권108, 선조 32년 정월 戊戌, 23책 560쪽, "訓鍊都監啓曰 ……
    都監軍匠 戶曹旣不能給料 繼餉無策 今欲廣設屯田".

지 표명되게 된다.264)

임진왜란이 종식된 이후에도 무기 생산에 대한 조선정부의 관심은 계속되었다. 왜란이 비록 끝나기는 하였지만 왜적이 재침할 우려가 있었고, 만주에서 홍기한 후금(청)의 세력도 위협적이었기 때문이었다. 또 호란 이후 북벌정책의 추진 속에서 軍備 增强이 최우선적인 과제였다. 이에 정부는 무기 생산에 진력하였고, 특히 훈련도감과 軍器寺를 중심으로 무기의 생산·공급이 이루어지도록 하였다.265) 그런데 軍器寺는 조선초기부터 무기 제조업무를 담당한 官署였지만, 17세기에 들어오면 점차 훈련도감에 그 기능을 넘겨주면서 유사시에 대비한 비축무기를 보관하는 업무와 매년 정기적으로 왕실과 淸에 封進하는 무기 등 극소수의 정교한 제품을 생산하는 한산한 관서로 전락하고 있었다.266) 따라서 훈련도감은 조선후기에 있어서 최고의 무기 제작기술을 보유한 기관임과 동시에 최대의 무기 생산처였다.

조선후기를 통해 신무기 개발은 훈련도감을 중심으로 추진되었다. 그래서 정부는 인조 6년(1628)에 호남 지방에 표류해온 네덜란드人 벨테브레(Weltevree : 후에 朴延[淵]으로 改名)나, 효종 4년(1653) 제주도에 표착한 네덜란드人 하멜(Hamel) 일행을 서울로 압송하여 훈련도감에 입속시킨 후 신무기 기술을 전수하도록 조처하기도 하였다.267) 이에 벨테브레(朴延)는 훈련대장 具仁垕의 휘하에서 화포 제작에 참여하였고 그의 후손들은 훈련도감 군적에 편입되었으며,268) 하멜은 도

264) 『承政院日記』10, 인조 3년 11월 일, 1책 449쪽, "臣別造百柄 亦極爲精緻 或勝倭人所賣鳥銃矣";『承政院日記』251, 숙종 2년 2월 20일, 13책 309쪽, "我國鳥銃 自壬辰倭亂之後 依倣體制 造作習熟 銃之微妙精銳 不下於倭物".

265) 『仁祖實錄』권6, 인조 2년 5월 辛巳, 33책 621쪽 ; 권25, 인조 9년 8월 甲辰, 34책 439쪽, "如軍器則 訓局與軍器寺 當措備".

266) 柳承宙, 앞의 책, 1993, 198쪽.

267) 벨테브레(朴延, 朴淵)나 하멜에 대해서는 G. Ledyard編, 朴允熙 譯, 『하멜漂流記』, 三中堂文庫, 1975 참조.

268) 『碩齋稿』권9 海東外史(레드야드編, 앞의 책, 60쪽 재인용), "朴延者 阿蘭陀人也 崇禎元年(인조 6년, 1628 ; 필자주) 漂流至湖南 朝廷隷訓局 …… 大將

감군과 같은 給料와 保布를 지급 받으면서 新制 鳥銃의 개발에 참여하기도 하였다.269) 이러한 훈련도감의 신무기 개발 노력에 의해, 숙종 5년(1679)에는 훈련도감에서 50개의 조총이 일제히 발사되는 火車를 개발하여 국왕 앞에서 발사 시범을 보였다.270) 또 영조 7년(1731)에 훈련도감은 사정거리가 10여 里에 이르는 紅夷砲를 개발하였다고 국왕에게 보고하였다.271) 이와 같이 훈련도감은 조선후기 신무기 개발의 중심 기관이었다.

훈련도감의 무기 생산은 鳥銃色, 弓箭色, 火藥色으로 나뉘어 이루어졌는데, 우선 조총의 생산부터 살펴보면, 17세기에 들어서면서 생산기술의 발전에 따라 훈련도감의 조총 생산량은 계속 증가되어 갔다. 인조 5년(1627)에는 年間 조총 생산량이 1,000柄이었는데,272) 10년 후인 인조 14년(1636)에는 그 두 배인 2,000柄 이상이 생산되고 있었다.273) 이와 같이 조총 생산량이 증가함에 따라 국내의 조총 가격도 引下되어 갔다. 광해군 무렵 조총 1柄의 가격이 15疋이었는데, 인조 3년(1625)에는 10疋,274) 인조 27년(1649)에는 8疋로 인하되고 있었다.275) 훈련도감이 이렇게 조총 생산량을 증가시킬 수 있었던 것은 무기 제작 기술의 발전뿐만 아니라 생산시설의 확장에 의한 것이기도 하였다. 조

具仁垕麾下 其子孫遂編訓局之軍籍 …… 阿蘭陀 一名荷蘭 一名紅夷 …… 朴延爲國其效能 遂傳紅夷礮之制".
269)『備邊司謄錄』17, 효종 5년 5월 13일, 2책 421~422쪽, "啓曰 臣等來會賓廳 招朴延問之 則此人等 …… 依前定奪 隷名訓局 令朴延定將領率 敎習技藝 料布則自訓局依砲手例支放";『孝宗實錄』권14, 효종 6년 5월 己卯, 36책 12쪽, "初南蠻人三十餘人漂到濟州 牧使李元鎭 執送于京師 朝廷給廩料 分隷 於都監軍伍";『孝宗實錄』권17, 효종 7년 7월 甲子, 36책 61쪽, "造新制鳥銃 先是蠻人之漂到也 得其鳥銃 其制甚巧 命訓局倣而造之".
270)『肅宗實錄』권8, 숙종 5년 9월 癸卯, 38책 422쪽.
271)『英祖實錄』권30, 영조 7년 9월 辛巳, 42책 279쪽.
272)『承政院日記』17, 인조 5년 5월 12일, 1책 830쪽.
273)『承政院日記』53, 인조 14년 8월 14일, 3책 425쪽.
274)『承政院日記』10, 인조 3년 11월 10일, 1책 449쪽.
275)『承政院日記』105, 인조 27년 3월 20일, 5책 973쪽.

총색의 전체 생산시설 규모를 자세히 확인할 수는 없지만, 인조 13년 (1635)에는 2개의 가마(爐)를 加設하고,[276] 인조 16년(1638)에는 3~4 개의 가마를 증설할 계획을 수립하고 공사에 들어가고 있었다.[277] 물론 위에서 언급한 조총 가격의 인하는 훈련도감의 생산량 증가뿐만 아니라, 당시 국내 조총 수요의 증가에 따라 다른 군문이나 민간 제조업 자들이 출현하여 조총 생산에 참여하고 있었기 때문에 나타난 결과일 것이다.[278]

다음으로 조총의 분배와 원료 확보 문제에 대하여 살펴보면, 훈련도 감에서 생산된 조총은 우선 도감군에게 無償으로 分給되었다. 陞戶制 나 別陞戶, 京募集 등으로 新兵이 들어올 경우 훈련도감에서는 조총 과 軍裝 등을 즉시 지급해 주어야 했다. 또 오래된 것이나 망가지고 부 서진 조총은 새로 지급하거나 수선해 주어야 했다.[279] 17세기에 들어 도감군액은 계속 증가하고 있었으므로 이렇게 도감군에게 지급해야 하는 조총은 상당한 수량에 달하였다.[280] 이에 훈련도감은 조총 제작 원료인 熟鐵(正鐵 ; 시우쇠)을 비롯하여 生鐵(水鐵 ; 무쇠), 木炭, 숫돌, 加時木(조총 자루에 쓰이는 나무) 등을 확보하여야 했고, 이러한 것들 은 원래 糧餉廳에서 마련해주어야 했으나 양향청의 物力이 부족하여 훈련도감 자체 내에서 광산과 둔전을 확보하여 나갔다. 이것이 앞에서 살펴본 屯田의 折受와 확대가 진행된 까닭이다.

---

276) 『承政院日記』 47, 인조 13년 4월 22일, 3책 127쪽, "都監 加設二爐".
277) 『承政院日記』 64, 인조 16년 5월 2일, 4책 52쪽, "訓鍊都監啓曰 …… 方擬貿 得鐵炭 廣造鳥銃 欲加三四爐冶".
278) 17세기 이후 조총의 수요 증가에 따른 민간 조총제조업자의 출현에 대해서는 柳承宙, 앞의 글, 1969.7 참조.
279) 『光海君日記』 권24, 광해군 2년 정월 己亥, (太白山本) 1책 283쪽, "訓鍊都監 啓曰 …… 都監鳥銃 …… 而本爲哨軍日用之需 故隨造隨給 隨毁隨代".
280) 『承政院日記』 53, 인조 14년 9월 24일, 3책 471쪽, "都監鳥銃色 …… 上番軍 鍊習與本監新壯軍兵 換器鳥銃及破銃換給之數 亦過千柄"; 『承政院日記』 104, 인조 27년 2월 13일, 5책 943쪽, "砲手作隊 五千四百四十餘名 而無鳥銃 者 自訓鍊都監 給八百柄".

특히 훈련도감은 선조 27년(1594)에 황해도 재령의 鐵産地에 鐵峴
屯을 折受하여 鐵物을 공급하게 하였다. 철현둔은 長壽山城을 수비해
야 하는 군사적 임무도 맡고 있었기 때문에 흔히 鐵峴鎭이라고도 불렀
고, 철현둔의 募軍은 鎭軍이라 칭하였다.[281] 철현둔의 규모는 門岩·
彌勒山·大水磨嶺·白樂山을 잇는 그 둘레의 길이가 120里에 달하
였으며, 처음 설치될 때 절수한 屯田은 21結 37負 7束이었으나 차츰
그 면적이 증가하여 영조 33년(1757) 현재 총 52結 38負 13束에 달하
였다고 한다.[282] 훈련도감은 이러한 철현둔 내에 鐵店을 설치하여 募
軍 350명을 두고 身役으로써 매년 일정량의 철을 생산·납부하도록
하였고, 철점의 운영비는 屯田에서 수취하는 地稅로 충당하도록 하였
다. 募軍은 훈련도감의 철점에서 신역을 지고 있다는 이유로 소속 읍
의 각종 稅役에서 면제되었고, 만약 이들이 철물을 생산·납부하지 못
할 경우 자신들의 身役價를 훈련도감에 납부하여야 했다.[283] 당시 군
문 내 둔전, 광산의 운영 형태는 이러하였다. 훈련도감은 철현둔 이외
에도 효종 8년(1657)에는 蔚山의 達川鐵店을 설치하고,[284] 숙종 연간
에는 충청도의 藍浦에도 鐵店을 설치하면서 鐵을 확보하여 나갔다.[285]

한편 훈련도감에서 생산된 조총은 자체 내의 도감군에게 지급할 뿐
만 아니라 餘他의 중앙군에게도 貸與·供給되었다. 즉 병조의 上番軍,
精抄軍이나 摠戎廳 군사들에게도 지급되었던 것이다. 병조 上番 騎兵
중 壯健한 자를 뽑아서 편성한 정초군은 丙子年間(1636)에 창설되었
는데, 처음에 이들 정초군에게는 조총이 지급되지 않았다. 정부에서는

281) 『訓局事例撮要』 下卷, 鐵峴條 (영조 8년 7월 4일), "都監所管鐵峴鎭 在於黃
海道載寧地 長水山城之下 故設鎭之初 募得鎭軍 三百五十名 平時則 以其
身役鐵物各樣軍器打造 脫有緩急則 別將領率鎭軍 入守本城".
282) 『訓局事例撮要』 下卷, 鐵峴條 丁丑(영조 33년) 12월 18일 ; 柳承宙, 앞의 책,
1993, 215쪽.
283) 柳承宙, 앞의 책, 1993, 223쪽.
284) 『備邊司謄錄』 20, 현종 원년 8월 24일, 2책 628쪽.
285) 柳承宙, 앞의 책, 1993, 209쪽.

한때 이들에게 조총을 스스로 마련한 자는 그 번상 일수를 감해주겠다
고 하면서 조총을 自費로 갖출 것을 유도하였으나,286) 이들이 10죤에
달하는 조총을 마련하는 것은 쉽지 않았다. 이에 정부에서는 훈련도감
으로 하여금 정초군에게 조총과 화약 등을 지급하도록 하였다.287) 이
러한 이유로 훈련도감은 병조와 호조로부터 별도로 鳥銃·弓箭色 匠
人들에게 지급할 급료를 받기도 하였다.288)

한편 훈련도감은 摠戎廳의 군사들에게도 조총을 지급하였다. 인조
27년(1649) 2월 훈련도감은 총융청 군인 중 조총이 없는 이들에게 800
柄의 조총을 공급해 주었다.289) 훈련도감은 총융청 설립이후 총융청에
게 조총 생산기술을 이전시키면서 조총을 생산토록 하였다. 이에 총융
청은 인조 3년(1625) 南漢山城 外 山谷間에 5개의 가마(爐)를 설치하
고 조총생산에 들어가고 있었다.290) 그런데 총융청이 자체의 생산만으
로 그 군인의 조총 공급을 충당하지 못할 경우 이처럼 훈련도감이 보
조해주고 있는 것이다. 훈련도감의 조총 생산기술은 총융청뿐만 아니
라 이후 守禦廳, 御營廳, 禁衛營 등이 증설됨에 따라 이러한 각 군문
에게도 이전되어 갔다. 인조 16년(1638) 5월 훈련도감은 정부에서 조총
색 장인 10여 명을 摠戎廳, 守禦廳 등으로 移屬시킴으로써 훈련도감
의 조총 생산에 많은 차질이 생겼다고 하면서 앞으로는 장인을 다른
기관에 移轉시키지 말 것을 요구하여 국왕의 허락을 얻고 있다.291) 정

---

286)『承政院日記』73, 인조 18년 2월 7일, 4책 572쪽.
287)『承政院日記』79, 인조 19년 9월 17일, 4책 828쪽, "今此精抄 創設於丙子年
　　間 而經亂以後 始爲完局 自初本曹 專掌揀選 而其鳥銃敎習之方 藥丸題給
　　之事 則訓鍊都監主之".
288)『備邊司謄錄』14, 효종 원년 10월 1일, 2책 223쪽. 여기에서 호조와 병조는
　　훈련도감에게 鳥銃·弓箭色의 員役料布로서 매년 大米 510石 9斗, 田米 283
　　石 6斗 2升, 太 121石 3斗 8升, 步木 13同, 常木 4同을 지급하고 있다고 한
　　다.
289)『承政院日記』104, 인조 27년 2월 13일, 5책 943쪽, "摠戎使所啓 …… 砲手作
　　隊五千四百四十餘名 而無鳥銃者 自訓鍊都監 給八百柄".
290)『承政院日記』10, 인조 3년 11월 14일, 1책 458쪽.

부의 이러한 조치로서 훈련도감의 조총 생산 기술은 중앙 각 軍門으로 확산되어 갔다. 그런데 각 군문은 훈련도감으로부터 조총 생산 기술만을 전수받는 것이 아니라, 훈련도감이 각종 광산·둔전을 절수하고 제조장을 설치하여 무기를 생산하는 先例를 그대로 이어받아 시행해 나갔다. 이로써 조선후기의 많은 광산, 둔전들이 군문에 의해 점거되어 갔다.

또한 훈련도감에서 생산된 조총은 開城府나 황해·평안·함경도 등의 국방상 요지에 공급되었다. 인조 3년 훈련도감은 개성부에 1,000柄의 조총을 下送하였다고 보고하고 있고,[292] 인조 14년 9월 훈련도감은 6개월 동안 兩西 諸城에 보낸 조총이 1,920柄에 달한다고 보고하고 있다.[293] 또 현종 6년 5월에는 황해감사의 요청에 따라 監營에 조총 1,000병을 移給하였다.[294] 그런데 이와 같이 조총을 외방에 공급할 경우 대체로 훈련도감은 병조로부터 鳥銃價에 상당하는 '價銀'을 지급받는 것으로 보인다.[295]

한편 훈련도감은 각 지방에 月課軍器를 공급하기도 하였다.[296] '月課軍器'라는 것은 각 지방으로 하여금 매월 일정량의 무기를 제작·준비하게 하여 지방군의 훈련과 유사시에 대비하도록 하는 것으로서 고려시기 이래 시행되어 왔던 것으로 보인다.[297] 이것은 임진왜란 이후 선조 말년과 광해군 대에 이르러 각 지방에서 조총, 화약, 鉛丸 등을 자체적으로 마련하게 하는 '各邑月課軍器法'으로 정비되었다. 각 지방

---

291)『承政院日記』64, 인조 16년 5월 2일, 4책 52쪽.
292)『承政院日記』5, 인조 3년 4월 5일, 1책 158쪽.
293)『承政院日記』53, 인조 14년 9월 24일, 3책 471쪽.
294)『顯宗實錄』권10, 현종 6년 5월 壬寅, 36책 466쪽.
295)『承政院日記』53, 인조 14년 9월 24일, 3책 471쪽.
296) 各邑月課軍器法에 대해서는 柳承宙,「朝鮮後期 貢人에 관한 一研究(上·中·下)」,『歷史學報』71·78·79, 1976~1978 ; 앞의 책, 1993, 184~203쪽 참조.
297)『三峯集』권8,「朝鮮經國典」下, 政典 整點 (한국문집총간 5책 434쪽), "每月課·軍器監所作弓矢戈甲 驗其利鈍堅弊 可謂得整點之意矣".

에는 지방군으로서 역시 조총병을 중심으로 편제된 束伍軍이 조직되
어 있었으므로, 이들의 훈련이나 유사시에 대비하여 지방관 책임 하에
매월 일정한 수의 조총과 화약, 鉛丸 등을 준비하도록 한 것이 이 법의
취지였다. 그런데 월과군기법은 지방관이 자체적으로 무기제조장을 설
치하여 월과군기를 생산하도록 하는 것이 원칙이었으나, 차츰 각 지방
에서는 원료 확보와 무기 제작의 어려움 등을 이유로 외방에서 구입하
여 의무 수량을 채우고 있는 형편이었다. 즉 각 지방에서는 民間에서
田結收布하여 중앙의 각 軍門이나 營門, 민간제조업자 등에게 軍器를
구입하여 배정된 수량을 마련하고 있었다.298) 이 과정에서 각 지방관
들의 過徵과 중간 수탈, 불량 무기의 구입 등의 문제가 발생하였고, 民
人들의 불만과 반발도 잇따랐다.

　이에 정부는 광해군 즉위년(1608)부터 점차 대동법이 시행되어 가
자, 각 읍에서 자체적으로 月課軍器를 구입하던 軍器價를 아예 大同
米에 포함시켜 합법적인 稅目으로 만들고,299) 대동미를 총괄하던 宣惠
廳에서 전문적인 무기 생산 기관인 軍門들에게 貢價를 지불하여 군문
으로 하여금 각 읍에 월과군기를 공급하게 하는 체제를 갖추었다. 이
와 같은 月課軍器價의 대동미 편입은 종래 軍器價의 過徵에 시달리던
각 邑民들에게 법정 세액만을 납부하게 하여 민생을 안정시키는 효과
가 있었으며, 또 각 지방에서 개별적으로 민간 제조업자들에게 무기를
구입할 때 不良武器를 염가로 사들이는 폐단도 제거하는 一石二鳥의
利點이 있었다. 훈련도감은 이러한 월과군기의 공급에 주도적으로 참
여하였다. 그리하여 대동법이 실시되기 이전에는 각 읍으로부터, 대동
법이 실시된 이후에는 선혜청으로부터 그 軍器의 代價, 즉 貢價를 받

---

298) 『承政院日記』 1, 인조 원년 4월 13일, 1책 21쪽, "李适曰 …… 且如各官月課
　　軍器 當初之意 欲其不費民力 自官中措備 而今則皆責出民間 以田結收布
　　苟充備納".
299) 『備邊司謄錄』 123, 영조 27년 8월 9일, 12책 189쪽, "月課米 非別件物也 乃
　　是大同米十二斗中 磨鍊者也".

아내었다. 인조 13년(1635) 4월 훈련도감의 啓辭를 보면 조총색은 삼
남 월과군기에 和賣한 조총대가를 柴炭價와 장인들의 朔布에 충당했
다고 한다.300)

그런데 이 당시 各邑 月課軍器의 貢價는 생산비에 비해 훨씬 높게
책정되어 군기 납품, 貢價의 확보는 엄청난 이윤획득을 보장하였
다.301) 또 貢價와 생산가의 차이는 생산기술의 발전에 따라 더욱 확대
되어 나갈 수 있었다. 이러한 貢價와 생산비의 차이를 통해 훈련도감
이 많은 이득을 얻게 되자, 차츰 조총 생산체제를 갖춘 다른 군문에서
도 월과군기를 납품할 권리를 요구하였다. 이에 많은 논의를 거쳐 결
국 현종 7년(1679) 정부는 충청·전라도의 월과군기 908柄(價米 3,026
石)을 훈련도감과 御營廳, 軍器寺, 守禦廳에 각각 분배하였다. 그 분
배량을 보면 훈련도감 300柄(價米 1,000石), 어영청 300柄(1,000石), 군
기시 200柄(666石), 수어청 108柄(360石)으로 규정되었다.302)

한편 조총을 비롯한 훈련도감의 각종 무기들은 조총색, 궁전색, 화약
색 등의 무기 제조장에서 생산되고 있었다. 이러한 무기 제조장에 동
원되는 노동력은 여러 부류가 있었다. 우선 무기 제조 전문가인 匠人
이 있었고, 도감군도 동원되었으며 兵曹 上番軍, 각종 役軍 등 다양한
층으로 구성되어 있었던 것이다.

우선 훈련도감의 무기 제조는 전문적인 匠人을 주축으로 이루어지
고 있었다. 훈련도감의 鳥銃·弓箭·火藥色에 종사하는 匠人은 인조
19년(1641) 현재 140여 명으로 보고되고 있다.303) 이중 조총·궁전색

300) 『承政院日記』 47, 인조 13년 4월 22일, 3책 127쪽.
301) 柳承宙, 앞의 책, 1993, 200쪽 ; 『顯宗實錄』 권15, 현종 9년 8월 丙子, 36책
587쪽, "掌令鄭始成 持平尹敬敎等 啓曰 …… 訓鍊都監 打造鳥銃 分送于各
邑 勒定其價 使以月課米上送 各邑雖或已備鳥銃 而不敢違都監之令 至於還
賣已備之銃 備價米納于都監 而本米不足以充其價 故各邑拮据添價 各邑之
弊 民生之怨 不可勝言".
302) 『備邊司謄錄』 29, 현종 11년 4월 17일, 3책 53쪽.
303) 『備邊司謄錄』 6, 인조 19년 5월 2일, 1책 462쪽.

에는 90여 명,304) 화약색에는 50여 명이 있었던 것으로 추정된다. 이들
은 훈련도감으로부터 매월 12斗의 급료와 朔布를 지급받으면서 무기
제조 작업에 종사하였다.305) 즉 도감군과 비슷한 수준의 대우를 받으
면서 무기 제조에 임하고 있었던 것이다. 이들은 전문적인 기술을 가
지고 분업적인 제조 공정에 참여하였으리라 추측되나, 이들의 분업 조
직을 살필 수 있는 자료를 아직 발견할 수 없으므로, 우선 숙종 8년
(1682) 訓鍊別隊와 精抄廳이 통합되어 나타난 禁衛營의 장인 조직을
예로 들면 다음 <표 4-2>와 같다.

<표 4-2> 禁衛營의 官匠 組織

	冶匠	鑽穴匠	鍊磨匠	造家匠	粧家匠	照星匠	穿穴匠	取色匠	豆錫匠	起畫匠	皮·漆匠	螺絲釘匠	初鍊木匠	耳藥桶匠	燒爐匠	計
邊首	1	1	1	1	1	1										6
匠人	18	61	36	15	15	4	2	3	2	1	3	2	1	1	1	165
計	19	62	37	16	16	5	2	3	2	1	3	2	1	1	1	171

典據 : 『禁衛營謄錄 上』 숙종 10년 10월 6일조 ; 柳承宙, 「朝鮮後期 軍需鑛工業
의 發展 - 鳥銃問題를 中心으로」, 『史學志』 3, 1969, 21쪽 재인용

위 표는 금위영 설치 2년 후인 숙종 10년(1684)에 1,000여 柄의 조총
을 제조했을 당시의 규모로서, 1명의 都邊首 밑에서 제조에 종사하였
던 各色 匠人들이다. 위 표를 보면 장인의 직종은 16종류로 나뉘어져
있고 이것들은 邊首 6명과 장인 165명으로 구성되어, 조직적이고 분업
적으로 조총 제조가 이루어지고 있음을 알 수 있다. 훈련도감 역시 이
와 유사한 匠人 조직을 갖추고 무기 생산을 진행시켰을 것으로 추정된
다. 그리고 英祖 5년(1729)에 반포된 「鳥銃火藥製造節目」에서는 조총

---

304) 『承政院日記』 47, 인조 13년 4월 22일, 3책 127쪽.
305) 훈련도감에서는 匠人들에게 給料와 朔布뿐만 아니라 鹽·醬·乾魚까지 지
　　급하였다(『仁祖實錄』 권23, 인조 8년 7월 庚辰, 35책 387쪽, "訓局匠人之加
　　給 鹽·醬·乾魚 亦非古例 雖謂之浮費可也").

의 겉면에 그 조총의 제작에 참여한 監造邊首, 打造匠人, 鑽穴匠 등의 성명과 제작 연월을 새겨 조총 품질의 책임 소재를 분명히 하도록 조처하였다. 그리하여 만약 불량품이 발생할 경우 그것을 제작한 장인은 철저한 책임 추궁을 당하였다.[306]

당시 장인들은 官廳 匠籍에 등록되어 관청에 부역 동원되거나, 그렇지 않을 경우 身役價로서 價布를 납부하여야 했다. 그러나 훈련도감에 입속하면 이러한 관청 의무에서 해방될 수 있었다. 훈련도감 장인들은 부역이나 신역 가포를 면제받고 급료와 朔布를 지급받으면서 수공업 제작에 임하였던 것이다. 장인들에 대한 급료와 삭포의 지급은 임진왜란 중 훈련도감에서 무기 생산이 시작되고 公·私 匠人들을 유치한 이래 계속되어온 것이었다. 이에 당시 장인들은 훈련도감에 다투어 입속하였다. 현종 2년(1661) 工曹에서는 水鐵匠籍에 등록된 인원이 모두 30인이었는데 이들이 모두 훈련도감으로 들어가서 공조 업무를 수행할 수 없으니 변통해줄 것을 요구하고 있다.[307] 이처럼 훈련도감은 公·私 장인들을 흡수하면서 무기생산을 확대하고 있었다.

다음으로 훈련도감의 무기제조에는 도감군도 동원되었다. 鳥銃·弓箭·화약 등 무기제조는 앞에서 본 바와 같이 많은 분업 과정을 거쳐야 하기 때문에 140여 명의 匠人만으로 충당할 수 없어서 도감군이 다수 제조 과정에 참여하고 있었다. 효종 즉위년(1649)에 훈련도감은 무기제작에 도감군이 과반수 이상 참여하고 있다고 보고하고 있다.[308] 한편 인조 13년(1635) 훈련도감에서는 도감 아동군을 무기 제조장에 들여보내 匠人으로부터 기술을 전수 받도록 조처하는 등,[309] 훈련도감은 자체 내에서 장인을 양성하려고 노력하였다.[310] 이와 같이 무기제

306) 『備邊司謄錄』85, 영조 5년 5월 25일, 「鳥銃火藥製造節目」, 8책 599~600쪽.
307) 『承政院日記』167, 현종 2년 4월 5일, 9책 238쪽.
308) 『承政院日記』106, 효종 즉위년 6월 23일, 6책 29쪽, "匠人之數 雖似數多 過半受料砲手".
309) 『承政院日記』47, 인조 13년 3월 13일, 3책 109쪽.
310) 『訓局事例撮要』上卷, 軍兵勿爲出使條 (孝廟朝 3년 3월 16일), "火藥合劑

조장에서 수공업 기술을 익힌 도감군들은 '閭閻工匠'과 같이 개별적으로 물건을 제조하여 시장에 판매하고도 있었다.311) 그래서 숙종 46년 (1720) 工曹 啓辭에서 도감군들이 무쇠솥을 제작하여 팔기 때문에 水鐵匠들이 도산하게 되었다 라고 말하는 것처럼 도감군의 수공업품 제작과 판매는 활발하게 전개되었다.312)

장인과 도감군 이외에 훈련도감 무기 제조장에서의 잡다한 일 등은 兵曹 上番軍과 役軍들이 동원되어 맡아보았다. 병조 소관의 보병은 16개월 당 2필의 군역세를 납부하였고, 기병은 조선전기와 마찬가지로 8番 2朔의 상번 근무를 계속하였다. 그러나 이때 상번군은 주로 각 처의 使喚 役軍으로 불려 다니고 있었다. 숙종 8년(1682) 병조판서 南九萬이 "상번 기병은 본래 宿衛之軍이었는데 오늘날은 使役之卒로 변하여 각 처에 사환으로 보내지고 있다"313)라고 한 말은 이러한 실정을 잘 보여주고 있다. 인조 25년(1647) 前僉使 池遇龍도 그의 상소문 속에서 병조의 상번군들이 훈련도감 설립 이후 각 守直處에 보내지고 役處에서 분주한 실정이라고 하면서 여기에서 받는 이들의 고통이 막심하다고 말하고 있다.314)

병조 상번군들은 훈련도감의 각 무기 제조장에도 파견되어 잡다한 일들을 맡아 하였는데, 이들은 그 役의 苦重으로 말미암아 役所에서의 도망을 일삼았다. 효종 즉위년(1649) 병조는 훈련도감 焰硝廳(火藥色)에 燃火軍으로 파견된 상번군 9명중 3명이 도망을 쳐 그 대신 營內에 대기하고 있던 상번군 3명을 보낸다고 보고하였다.315) 이를 통해 훈련

火箭打造 弓箭·鳥銃等役 則都監抄定軍人 使之傳習 是亦兵家之事".
311)『仁祖實錄』권25, 인조 9년 7월 庚申, 34책 436쪽.
312)『承政院日記』522, 숙종 46년 4월 5일, 28책 291쪽.
313)『備邊司謄錄』36, 숙종 8년 11월 25일, 3책 578쪽.
314)『承政院日記』97, 인조 25년 6월 4일, 5책 637쪽, "祖宗朝則 上番軍人 分爲五衛 作束駐統·戰統 以此鍊習 故稱之以上將 少無侵侮之事 自設都監後 上番之軍 皆分派於守直 奔走於役處 其分派之際 應役之時 侵侮鞭撲之苦 誠如疏內所陳".

도감의 무기 제조장에는 상번군들이 동원되어 사역 당하고 있었고, 상
번군들은 그 역의 苦重으로 고통받고 있었음을 알 수 있다. 한편 훈련
도감 무기 제조장에는 工匠 助役으로서 나이 어린 역군들도 동원되고
있었다.[316] 이들은 給價 雇立軍과 無給價 雇立軍 등으로 구성되어 있
었는데 무급가 고립군은 장인들로부터 수공업 기술을 전수받기 위해
훈련도감 무기 제조장에 있었던 것으로 추측된다.

훈련도감의 군수생산에는 火藥 역시 중요한 품목이었다. 화약도 조
총과 동일하게 도감군이나 병조 精抄軍, 국방상 요지, 각 읍의 月課火
藥 등에 분급되어야 했다. 특히 도감군들은 항상 50개의 鉛丸과 이에
필요한 화약을 지참하고 入番 근무를 하여야 했고,[317] 도감군의 훈련
시에도 많은 화약이 소모되었다.[318] 또 인조 16년(1638) 5월 훈련도감
의 보고에 의하면, 병조 精抄軍에게 공급하여야 할 화약의 수량만 1년
에 1,200斤에 달한다고 한다.[319] 이와 같은 화약을 공급하기 위해 훈련
도감은 설립과 동시에 火藥色을 설치하여 화약생산에 많은 노력을 기
울였다.[320] 당시 화약은 焰硝와 柳灰 및 硫黃을 배합하여 제조하였는
데 배합 비율은 焰硝 16兩, 柳灰 3兩, 硫黃 1兩 4錢이었다.[321] 훈련도
감은 각처에서 이러한 원료들을 확보한 후, 光熙門(南小門, 속칭 水口

315) 『承政院日記』 108, 효종 즉위년 9월 6일, 6책 107쪽, "今月初三日 各處派定
     軍士交替時 訓鍊都監焰硝廳 燃火軍 九名中 禮安正兵 金繼男·琴應善·權
     應男等 終無去處 燃火之役 一日爲急 故其代三名 以留營軍 爲先定送".
316) 『備邊司謄錄』 17, 효종 5년 2월 11일, 2책 404쪽, "如焰硝煮取 鳥銃打造等處
     工匠助役 旣無給價雇立 非此軍則無以成形 故不得不 因循舊例而爲之 其數
     數百名 其中亦有年少壯健者".
317) 『承政院日記』 57, 인조 15년 4월 16일, 3책 667쪽, "訓鍊都監啓曰 砲手等 例
     以每名 五十枚所用藥丸分授 恒常佩持入番矣".
318) 『承政院日記』 156, 효종 10년 4월 17일, 8책 638쪽, "特進官李浣所啓 都監軍
     兵 …… 一番中旬所用火藥 多至五百餘斤 鉛丸三萬數千餘介".
319) 『承政院日記』 64, 인조 16년 5월 12일, 4책 68쪽.
320) 훈련도감의 화약 생산 실태에 대해서는 柳承宙, 「朝鮮後期 軍需工業에 관한
     一硏究 - 軍營門의 火藥製造實態를 中心으로 -」, 『軍史』 3, 1981 참조.
321) 『新傳煮硝方』 得硝法始末 ; 柳承宙, 앞의 책, 1993, 180쪽.

門이라 함) 근처에 위치한 下都監에 부속된 화약색 건물 내에서 이를 배합하여 화약을 생산하였다.322) 그런데 화약의 원료 중 柳灰는 국내 어디에서나 손쉽게 제조할 수 있었으나 유황과 염초의 확보는 쉬운 문제가 아니었다.

화약 제조 시 염초는 가장 많은 양을 필요로 했기 때문에 임진왜란 당시부터 훈련도감은 염초의 생산에 많은 노력을 기울였다. 明과 降倭로부터 그 생산 기술을 알아내려고 하였고, 특히 降倭를 훈련도감에 입속시켜 급료를 주면서 염초를 생산하게 하기도 하였다. 선조 28년에는 훈련도감에 소속된 林夢이 海土를 이용한 염초 자취술을 개발하였고, 江華牧子와 서울의 民戶까지 염초 생산에 투입하였다. 그러나 염초의 수요량 역시 계속 증가하여 훈련도감에서 생산되는 염초로는 모두 충당할 수 없을 때가 많았다. 이에 仁祖 初까지 훈련도감은 주로 明으로부터 많은 염초를 수입하였다. 명으로부터의 염초 수입은 주로 使行 貿易을 이용하였다.323) 인조 2년 이괄의 난 이후 훈련도감은 명으로부터 3,000근의 염초를 구입하기도 하였다.324) 그러나 淸의 등장으로 明으로부터의 염초 수입이 어려워지자 이후 훈련도감은 염초의 자체 생산에 힘을 기울였다. 인조 13년(1635) 황해도 安岳에서 염초 650斤을 생산한 이래 信川, 文化, 載寧 등으로 염초 생산지를 확대하여 갔던 것이다.325) 이후 훈련도감은 염초 생산지에 火藥色 屯田을 설치하여 염초와 염초 생산에 소요되는 吐木을 제공하도록 하였다.

화약 생산에 필수적인 硫黃은 현종 2년(1661)에야 비로소 국내의 硫黃鑛이 발굴되었으므로, 그 이전까지는 자체 생산이 거의 이루어지지 않은 채 주로 명과 일본의 무역에 의존하였다. 유황은 특히 일본과의

322)『訓局謄錄』(藏 2-3401) 將官軍兵入番所.
323)『承政院日記』7, 인조 3년 7월 2일, 1책 281쪽, "都監焰硝之用 小不下四五百斤 繼用無策 都監旗牌官一人 例於各行次 入送貿來矣".
324)『仁祖實錄』권6, 인조 2년 7월 甲寅, 33책 626쪽, "訓鍊都監 請於赴京之行 例貿焰硝一千斤外 別付二千斤 所貿之價 使之貿來 從之".
325)『承政院日記』50, 인조 13년 9월 17일, 3책 251쪽.

밀무역 거래를 통해서 다량 구입하였다. 현종 5년(1664) 2월 훈련도감
의 지시를 받은 京居富商 李應祥은 왜의 潛商에게서 유황 4萬斤을 남
해안 加德島에서 구입하였다.[326] 이러한 밀무역 이후 국왕 현종은 밀
무역에 종사한 사람들에게 포상을 내렸고, 領相 元斗杓는 "과거에는
유황 100斤의 가격이 銀 80兩이었는데, 지금은 70兩에 불과하다"고 하
면서 이번의 밀무역 통로를 계속 유지시켜야 한다고까지 말하고 있었
다.[327] 즉 국가가 인정하고 지원하는 가운데 유황 밀무역이 이루어지
고 있었던 것이다.

   그러나 이러한 일본으로부터의 유황 구입에 대한 반발도 적지 않았
다. 현종 5년 위의 밀무역이 이루어질 때 어영대장 柳赫然은 端川과
淸州에 유황이 출토되고 있는데 銀을 일본으로 流出하는 것은 현명하
지 못한 처사라고 비난하면서 유황의 밀무역에 반대하고 나섰다.[328]
사실 이전부터 유혁연은 유황의 밀무역 구매에는 반대 입장이었다. 현
종 2년 珍山에서 유황광이 처음으로 발견된 이후 유혁연은 유황의 수
입을 반대하고 국내의 유황 광산 개발을 촉진시키자고 주장하였다.[329]
이후 전국에서 유황광의 개발이 활발하게 진행되었다. 현종 4년에는
沃川, 西原, 咸昌 등지에서 유황광이 개발되었고 求禮, 慶州 등지에서
도 훈련도감의 유황광이 개발되었다.[330] 이에 현종 10년(1669)에 이르
면 "硫黃則 多有産處 不患不足"[331]이라고 할 만큼 유황의 조달 문제
가 해결되었다. 이후 유황의 밀무역은 현저히 줄어들고 훈련도감을 비
롯한 각 군문들은 국내 유황광의 개발과 유황 생산에 박차를 가하였
다. 훈련도감은 유황 생산처에 감관을 파견하여 硫黃軍을 募聚하여 생
산하게 하였는데 그 수를 보면 慶州 硫黃店에 265명, 求禮店에 164명,

326)『顯宗實錄』권8, 현종 5년 2월 辛酉, 36책 401쪽.
327)『顯宗實錄』권8, 현종 5년 3월 乙丑, 36책 401쪽.
328)『顯宗實錄』권8, 현종 5년 2월 辛酉, 36책 401쪽.
329)『顯宗改修實錄』권5, 현종 2년 6월 庚寅, 37책 237쪽.
330) 柳承宙, 앞의 책, 1993, 211쪽.
331)『承政院日記』212, 현종 10년 정월 6일, 11책 388쪽.

忠原 寶連山店에 97명의 유황군이 있었다.[332]

　이상과 같이 훈련도감은 屯田, 柴場 등을 통해 군수 재원을 확보한 후, 조총, 화약 제조장을 설치·운영하여 각 군인들에게 軍需를 보급하였다. 이러한 훈련도감의 운영 방식은 조선후기 군수 광공업 발전에 많은 기여를 하게 되지만, 또한 국가 재정과 민생에 막대한 부담으로도 작용하였다.

---

332) 柳承宙, 앞의 글, 1969. 10, 396쪽.

제5장 訓鍊都監의 職務와 都監軍의 활동

1. 國王 侍衛와 政治的 動向

1) 國王 侍衛

훈련도감은 중앙군으로서 국왕 시위의 임무를 맡고 있었다. 조선시대에 있어서 국왕은 국가 권력과 等値되는 존재였다. 따라서 국왕 시위임무는 국가권력의 수호와 동일하게 인식되었다. 조선은 건국이래 이러한 국왕 시위에 만전을 기하였다. 즉 조선전기에는 국왕의 측근에서 중앙군과는 별도로 長番으로 근무하는 內禁衛(190명), 兼司僕(50명), 羽林衛(50명) 등의 禁軍을 설치하여 국왕을 호위하도록 하였다. 또한 국왕의 시위와 왕성의 방위를 전담하는 중앙군으로서 甲士(元額 14,800명, 5番 6朔 相遞 立役), 別侍衛(元額 1,500명, 5番 6朔 相遞 立役) 등을 설치하였고, 양인 농민의 의무군역인 正兵을 番上 立役하게 하여 중앙군의 군사력을 보충하도록 하였다. 이외에도 주로 양반의 자제로 구성된 忠順衛, 忠義衛, 忠贊衛, 族親衛 등으로 하여금 국왕의 시위를 보조하도록 하였다.[1] 한편 유사시에는 五衛制에서 보는 바와 같이 전국의 군사들이 국왕 시위와 王城의 방위에 동원되었다.

그러나 16세기에 들어와 조선초기에 마련되었던 군제·군역제가 동요되면서 국왕 시위 군사력은 허약해져 갔다. 科田制의 소멸과 지주·전호제의 발달, 賤武意識의 확산 등 사회경제적 변동 속에서 중앙군의

---

1) 『經國大典』 권4, 兵典 京官職, 番次都目, 侍衛條.

주력이었던 갑사가 소멸되었고, 양인 농민의 의무 군역이었던 正兵 역시 役軍化, 收布軍化의 길을 걷고 있었다. 이처럼 중앙군의 부실로 인해 국왕 시위 군사력은 무력하게 되어갔으나, 16세기 조선 정부는 국가 재정의 부족 등으로 인해 이에 대한 적극적인 대책을 마련하지 못하였다. 단지 소수에 불과하였던 금군을 강화하는 데 머물고 있는 실정이었다.[2] 그래서 임진왜란 무렵에 오면 국왕을 시위하는 군사력은 禁軍 3백여 명에 불과한 형편이었다고 한다.[3] 이러한 국왕 시위 군사력의 문제점으로 인해 임란 중 훈련도감이 설립된 것이다.

　長番制(常備兵制)로 운영되는 훈련도감 설립 이후 도감군은 국왕의 시위에 중요한 비중을 차지하였다. 그래서 도감군들은 輦下親兵,[4] 禁兵[5]이라고도 불렸다. 이들의 국왕 시위 임무는 훈련도감 설립 즉시 부과되었다. 선조 26년(1593) 10월에 설치된 훈련도감의 포수들은 2개월 후인 그 해 12월 각 처의 戰場으로 보내지고 있었지만, 또한 임진왜란 당시 국왕의 임시 거처인 貞陵洞 行宮(오늘날 덕수궁 일대에 있던 月山大君의 집과 그 주위의 민가를 개조하여 만든 行宮)을 시위하고 있음이 확인된다.[6] 이후 선조 27년(1594) 정월 국왕은 도감군 入直을 정식으로 命하고,[7] 3일 후 다시 국왕은 도감군과 금군의 입직 규정을 정하였다.[8] 이것은 훈련도감의 설치 목적이 국왕의 시위에 있음을 말해

---

2) 李泰鎭,「제2장 近世朝鮮前期 軍事制度의 動搖, 제2절 中央 및 地方 軍制의 變化」,『韓國軍制史 - 近世朝鮮前期篇』, 陸軍本部, 1968.

3)『宣祖實錄』권45, 선조 26년 윤11월 癸巳, 22책 138쪽.

4)『宣祖實錄』권121, 선조 33년 정월 丙寅, 24책 27쪽, "京中所恃 以爲緩急之用者 只有砲殺手耳 此乃輦下親兵也".
　실제 조선후기에는 훈련도감 군인을 도감군이라고 하기보다는 '輦下親兵'이라고 호칭하는 경향이 더 많았다. 그리고 輦下親兵은 오직 도감군을 칭할 때만 사용하였다.

5)『宣祖實錄』권167, 선조 36년 10월 甲申, 24책 543쪽, "砲手則禁兵".

6)『宣祖實錄』권46, 선조 26년 12월 丁卯, 22책 188쪽.

7)『宣祖實錄』권47, 선조 27년 정월 己丑, 22책 203쪽, "砲手 令其將率領 依禁軍例 量數入直".

8)『宣祖實錄』권47, 선조 27년 정월 壬辰, 22책 203쪽.

주는 것이다. 그래서 조선후기에는 "輦下親兵 初欲衛王室也"[9]라고 하여 훈련도감의 설립 목적이 왕실을 시위하기 위한 것이라고 인식되었다.

16세기에 있어서 국왕의 시위는 앞에서 살펴본 바와 같이 중앙군이 부실한 상태에서 금군이 강화되어 이들이 주로 담당하는 형편이었지만, 임진왜란 당시에는 금군 역시 질적으로 저하되고 있었고,[10] 군액도 소수에 불과하였다. 조선전기에 內禁衛, 兼司僕 등의 禁軍은 주로 사족들로 충원되어 정치적, 사회·경제적으로 우월한 위치에 있었지만, 16세기 말에 이르면 금군은 '人皆賤之'[11]라 할 만큼 사족들로부터 외면당했다. 賤武 의식의 만연과 이들에 대한 대우의 저하로 인한 것이었다. 또한 이 시기에 이르면 금군은 녹봉조차 제대로 지급되지 못하여 "남아있는 사람이 거의 없다"라고 하는 실정이었다.[12] 수적, 질적으로 열악해진 금군으로는 도저히 국왕의 시위 임무를 감당할 수 없었고 이에 훈련도감이 설립되어 그 임무를 담당하게 된 것이다. 임진왜란 중에는 기근에 시달린 농민들이 도적 떼로 변신하여 왕성 주위까지 도적이 출몰하는 등 治安 不在의 상태에 있었다.[13] 심지어 각 지방에는 宋儒眞의 난이나 李夢鶴의 난과 같은 민중 반란도 전개되고 있었다.[14] 이러한 상태에서 도감군은 국왕 신변의 안전과 정권을 보위하는

9) 『肅宗實錄』 권21, 숙종 15년 12월 戊辰, 39책 208쪽.
10) 『宣祖實錄』 권73, 선조 29년 3월 壬申, 22책 657쪽, "亂離之後 禁衛之士 皆是外方冗雜之人 不精無比".
11) 『宣祖實錄』 권68, 선조 28년 10월 癸丑, 22책 577쪽.
12) 『宣祖實錄』 권49, 선조 27년 3월 甲申, 22책 234쪽 ; 권102, 선조 31년 7월 甲午, 23책 467쪽, "禁軍·聽用等官 皆以無食之故 相繼解發 今之餘存者 無幾".
13) 『宣祖實錄』 권46, 선조 26년 12월 己丑, 22책 186쪽, "軍資監啓曰 近日京城近處 饑饉已甚 丁壯聚爲盜賊";『宣祖實錄』 권218, 선조 40년 11월 庚寅, 25책 372쪽, "王宮咫尺之地 强賊結黨橫行 連夜劫奪 …… 令兵曹·訓鍊都監別樣措置".
14) 임진왜란 중의 사회 상황에 대해서는 다음 글 참조. 李章熙,「壬辰倭亂中 民間叛亂에 관하여」,『향토서울』32, 1968 ; 崔永禧,「제3장 倭亂의 長期化와

주요한 무력이었다.[15]

임진왜란 중에 부여된 도감군의 국왕 시위 임무는 이후 국가체제의 정비와 아울러 차츰 정비되어 갔다. 이들의 평상시 시위 임무는 국왕의 殿座 주위를 호위하며, 궁궐 各門을 把守·入直하는 것이었다.[16] 국왕이 궁궐 내를 거둥할 때 국왕 측근에서 그 시위 임무를 담당하였고, 국왕이 거주하고 있는 궁궐 문을 파수하면서 雜人의 출입을 금하였다. 임진왜란 중 도감군은 국왕의 處所에 晝間에는 2隊(60명), 夜間에는 1隊(30명)씩 入直하고 있었다.[17] 이 시기 입직 군사는 이들에 불과한 실정이었다고 한다.[18] 이후 禁軍이 수습·정비되면서 도감군은 금군과 더불어 입직에 임하도록 조치되었다.[19] 그리고 훈련도감의 확대·강화와 함께 국왕의 시위도 차츰 강화되어갔다. 조선후기에 있어서 도감장관과 군병의 入直, 闕門 把守 상황을 『訓局謄錄』「將官軍兵入番所」를 통해 살펴보면 <표 5-1>과 같다.

이 표와 같이 도감군들은 국왕의 거주 궁궐에 따라 달리 배치되어 입번하고 있었고, 입번 도감군을 통솔하는 파총, 초관 등 將官들은 궁궐의 기밀 유지를 위해 국왕의 落點을 받아 교체되었다.[20] 그런데 표의 都監將官·軍兵入番所는 시기에 따라 변동이 있었던 것으로 보인다.[21] 국왕이 正宮 이외에 別宮으로 거둥할 때도 도감군은 국왕을

社會動態」, 『壬辰倭亂中의 社會動態 - 義兵을 中心으로 - 』, 韓國硏究院, 1975.

15) 『宣祖實錄』 권88, 선조 30년 5월 乙巳, 23책 223쪽, "京中侍衛虛疎 若無訓鍊隊伍 則何以成形".

16) 『萬機要覽』 軍政篇2, 訓鍊都監, 陪扈 '凡動駕陪扈·殿座環衛 本局專任之'.

17) 『宣祖實錄』 권60, 선조 28년 2월 壬戌, 22책 445쪽.

18) 『宣祖實錄』 권69, 선조 27년 9월 壬寅, 22책 355쪽, "常時入直 只砲殺手 數十人外 無一軍士".

19) 『宣祖實錄』 권94, 선조 30년 11월 戊戌, 23책 338쪽, "扈衛之事 …… (訓鍊大將)趙儆爲前衛大將 領都監軍 崔遠爲後衛大將 領聽用·訓鍊院官及禁軍".

20) 『肅宗實錄』 권19, 숙종 14년 2월 壬子, 39책 122쪽, "宿衛將校之入直 必待落點替代 乃所以嚴宮闕重信地".

21) 『承政院日記』 40, 인조 11년 7월 25일, 2책 842쪽.

<표 5-1> 都監將官·軍兵入番所

國王이 昌德宮에 거주할 경우	國王이 慶熙宮에 거주할 경우	入番 狀況
金虎門	興化門 北邊	把摠·哨官 各 1員, 軍 100名
弘化門	興化門 南邊	哨官 1員, 軍 100名
永肅門	崇義門·金商門	局別將 1員, 局出身 25人
崇智門	崇義門	局出身 25人
南 營	北一營	哨官 1員, 馬兵 55名
廣智營	西 營	哨官 1員, 軍 50名
北 營	新 營	堂上將官·把摠·旗牌官 各 1員, 軍 45名
新 營	北 營	執事 1人, 巡牢 4名, 軍 20名

典據 : 『訓局謄錄』(藏 2-3401) 將官軍兵入番所 22쪽.

따라 이동하여 별궁을 시위하였다.[22] 闕內에 入直하는 도감군의 임무
는 궁궐 담을 순찰하거나 일정한 장소에 대기하면서 외부인의 침입 등
만약의 사태에 대비하는 것이었지만, 이들은 궁궐 뒷산에 나타나는 호
랑이의 출입을 막거나,[23] 궐내의 우거진 수풀을 제거하는 데도 동원되
었다.[24]

한편 궁궐문을 把守하는 도감군은 궁궐 출입자의 信符와 소지품을
검사하고, 출입자를 제지·防禁하는 업무를 담당하였다.[25] 궁궐은 국
왕의 통치 행위가 이루어지는 곳이고 왕실 가족이 거주하는 곳이어서
많은 사람들이 출입하였다. 따라서 정부에서는 궁궐의 보안과 질서 유
지를 위해 궁궐 출입자들에게 출입 허가증을 발급하여 출입할 때마다

인조 11년경에는 昌德宮에 국왕이 거주하는 경우 把摠 1명과 哨官 3명이 거
느리는 도감군 300명이 建陽門과 永康門, 金虎門에 각각 100명씩 입직하였
다.

22) 『仁祖實錄』 권22, 인조 8년 3월 庚子, 34책 369쪽, "上幸仁慶宮 …… 大駕將
累日 留駐此宮 訓鍊都監軍兵 宜依舊例 合番侍衛".

23) 『宣祖實錄』 권160, 선조 36년 3월 甲戌, 24책 459쪽 ; 『仁祖實錄』 권14, 인조
4년 12월 己卯, 34책 153쪽.

24) 『承政院日記』 124, 효종 3년 7월 20일, 7책 33쪽.

25) 『仁祖實錄』 권19, 인조 6년 9월 戊寅, 34책 291쪽, "兵曹啓曰 …… 今則白晝
殿門 列砲手數百人 徒駭瞻視 夫防禁之道 不在人之多寡".

제시하도록 하였다. 紗帽角帶를 착용한 자, 즉 양반 관료를 제외한 나머지 모든 사람은 궁궐문을 들어갈 때는 출입 허가증인 信符・漢符를 쓰도록 법전에 규정되었던 것이다.26) 『經國大典』에는 信符만이 있었는데, 英祖代에 편찬된 『續大典』에는 漢符가 새로이 추가되었다.27) 신부, 한부는 앞면에 각각 「信符」, 「漢符」라는 글자와 그 해의 干支를, 뒷면에는 소속 군대나 관서 이름을 각인하였다. 도감군은 궁궐 문에 도열하여 출입자의 信符를 검사하여 이를 소지한 자에 한하여 통행을 허가하였다. 숙종 원년(1675)의 경우 이와 같이 궐문을 파수하는 도감군의 수는 敦化門 10명, 金虎門 7명, 景秋門 4명, 丹鳳門 6명, 弘化門 4명, 曜金門 5명, 通化門 5명으로서, 이들은 식사 때 교대하면서 파수에 임하고 있다고 보고되었다.28)

　그런데 도감군이 궁궐문을 파수할 때 양반 관료들과의 갈등도 적지 않았다. 信符가 없는 관료 시종들의 궁궐 출입을 금하거나, 또는 말을 타고 궁궐에 들어오는 관료의 출입을 금지하였기 때문이다. 인조 10년 (1632) 6월 궁궐문을 수위하는 도감군들이 말을 타고 궐내에 들어오는 侍臣을 문에서 막고 衣冠을 손상시키는 등 무례한 행동을 하였다고 하면서 담당 作門哨官을 파직할 것을 요구하는 사간원의 上啓가 올라오자, 仁祖는 오히려 이들이 '守法盡職'하였다고 칭찬하면서 施賞하였다.29) 이와 같이 궁궐문을 파수하는 도감군들과 궁궐을 출입하는 문반 관료사이에서 갈등이 빈발하였다. 이때 국왕은 도감군을 두둔하면서 은근히 문반 관료들을 견제하는 태도를 취하곤 하였다.

　도감군은 국왕의 궁궐 밖으로의 거둥, 行幸의 시위도 담당하였다. 임진왜란 전에는 禁軍과 갑사, 정병 등의 중앙군에 의해 수행되던 국

---

26) 信符에 대해서는 홍순민, 『역사기행 서울궁궐』, 서울학연구소, 1994, 90~93 쪽 참조.

27) 『經國大典』권4, 兵典, 符信, "入闕門 用信符" ; 『續大典』권4, 兵典, 符信, "信・漢符 每歲首 入直堂上官 依常定數 親監烙印 內入外頒".

28) 『肅宗實錄』권2, 숙종 원년 2월 丙午, 38책 245쪽.

29) 『仁祖實錄』권26, 인조 10년 6월 丁卯, 34책 488쪽.

왕의 거둥·행행에서의 시위는 임란 후 도감군의 임무로 전환되고 있
었다.[30] 국왕이 사신의 영접, 陵幸, 온천 행차 등으로 궁궐 밖으로 거
둥할 때 도감군은 행렬 앞에서 국왕의 행차를 알리는 辟除와 행차 상
황을 알리는 傳語軍으로 활동했고,[31] 행렬 중간에서는 국왕의 前後左
右에서 국왕을 호위하였다.[32] 예를 들어 인조 6년(1628) 後金의 사신
을 맞이할 때 도감군 300명은 국왕을 시위하면서 崇政門 밖에 늘어서
있었고,[33] 현종 8년(1667)에는 국왕의 온천 行幸시 도감군 800명을 뽑
아 600명은 大駕를 호위하고 200명은 慈殿을 호위하는 것을 규정으로
정하기도 하였다.[34] 또한 이들은 국왕 행차에서 斥堠와 伏兵의 임무도
담당하였다. 즉 국왕이 郊外로 거둥할 때 그 지방의 동·서·남·북
방향에 따라 각각 일정한 지점에 도감군이 배치되어 경계 근무를 하였
던 것이다.[35] 물론 조선후기에 훈련도감 이외에도 御營廳, 精抄廳(禁
衛營) 등 군영이 증설됨에 따라 도감군은 이들과 업무를 분담하게 되
지만, 국왕의 호위에서 도감군은 여전히 중요한 위치를 차지하고 있었
다.

그런데 도감군이 국왕 이외의 인물을 호위하는 것은 금지되었다. 선
조 39년(1606) 6월 일본으로 가는 사신들이 도감군을 군관으로 정하여
데리고 가는 것을 요청했을 때, 훈련도감은 "輦下親兵을 사신이 데리
고 가는 것은 불가하다"면서 반대하고 있다.[36] 한편 선조 36년과 39년

30)『宣祖實錄』권121, 선조 33년 정월 甲戌, 24책 33쪽 ; 권142, 선조 34년 11월
丙午, 24책 316쪽, "自亂後 一應擧動時 以訓鍊都監隊伍軍 侍衛".
31)『承政院日記』17, 인조 5년 5월 1일, 1책 824쪽.
32)『承政院日記』27, 인조 7년 7월 24일, 2책 256쪽 ; 175, 현종 3년 8월 23일, 9
책 728쪽, "都監馬兵 道路狹窄處外 左右邊各百步 侍衛".
33)『仁祖實錄』권19, 인조 6년 12월 庚寅, 34책 308쪽.
34)『顯宗實錄』권13, 현종 8년 3월 丁亥, 36책 548쪽.
35) 훈련도감의 斥堠와 伏兵處는『萬機要覽』軍政編 2, 訓鍊都監, 斥堠·伏兵
條에 자세히 기록되어 있다.
36)『宣祖實錄』권200, 선조 39년 6월 甲寅, 25책 210쪽, "都監軍人等 雖赴京使
臣 一切不得軍官自望".

에는 도감군들이 順和君, 臨海君, 義昌君, 定遠君(후에 元宗), 達城尉, 全昌尉 등 宣祖의 여러 王子와 駙馬家에 投入하여 이들을 호위·수행하면서 갖가지 불법 행위를 자행한 사건이 발생하였다. 이에 대해 선조는 "지금 이것을 엄하게 다스리지 않으면 장차 막을 수 없다"라고 하면서 王子家 등에 투입한 도감군들을 重治하라고 지시하였다.[37] 훈련도감에서도 王子·駙馬家에 투입하여 이들을 수행한 도감군들을 "論以叛卒 梟首徇示"[38]한다고 발표하고 있었다. 즉 국왕의 시위 이외에 사적으로 도감군들이 동원되는 것은 금지되었다. 비록 도감군들이 왕자·부마 등 왕족을 수행하였다 하더라도 이것이 사적으로 이루어질 때는 국왕에 대한 반역행위로 간주되었던 것이다.

위에서 살펴본 것은 평상시의 경우이지만 국가비상사태가 발생했을 때 도감군은 국왕이 거주한 궁궐 전체의 수비를 맡기도 하였다. 선조 34년(1601) 정월 명나라 도망군이 도성에서 亂을 일으켰을 때 도감군 600명이 吹角令에 의해 즉시 聚會結陣하여 궁궐 앞에서 국왕을 호위하였고, 일부는 明의 도망군을 소탕하는 활약을 벌였다.[39] 또 광해군 5년(1613) 4월에는 이른바 '七庶之獄'이라고 불리는 朴應犀, 徐羊甲 등의 모역 사건이 일어났을 때 도감군은 궁궐 전체의 방위에 들어갔다. 이때 銀을 모아 仁穆大妃의 아버지인 金悌男을 영입하고 永昌大君을 국왕으로 추대하려고 했다는 박응서, 서양갑의 공초 내용은 당시 朝野에 큰 파문을 몰고 왔다.[40] 이 사건으로 결국 김제남이 賜死되고 영창대군이 廢庶·살해되지만, 광해군은 사건 발생 시기부터 도감군으로 하여금 3개월 동안 주야로 궁성을 둘러싸서 방위하도록 하였다.[41] 이때 도감군은 장마비가 쏟아지고 흙탕물이 넘쳐나는 궁궐 담 밖에서 주

---

37) 『宣祖實錄』 권167, 선조 36년 10월 甲申, 24책 543쪽.
38) 『宣祖實錄』 권199, 선조 39년 5월 癸巳, 25책 201쪽.
39) 『宣祖實錄』 권133, 선조 34년 정월 癸卯, 24책 175쪽.
40) 光海君代의 정치 상황에 대해서는 韓明基, 「光海君代의 大北勢力과 政局의 動向」, 『韓國史論』 20, 1988 참조.
41) 『光海君日記』 권66, 광해군 5년 5월 壬戌, (태백산본) 2책 93쪽.

야로 경계 근무를 하였다.42) 도감군이 비상시 주야로 궁궐 전체를 방
위하는 모습은 비단 이때만이 아니었다. 모역 사건이나 국왕의 薨去43)
등 비상 사태가 발생하였을 때마다 나타나는 현상이었다.

특히 인조반정이 일어난 직후에는 각종 모역 사건들이 빈발하였다.
이것은 "도성 안에는 원망하는 자들이 매우 많다. 대개 刑을 받거나 失
職한 자들은 모두 불평하고 있다. 市井謀利輩에 이르기까지 하루아침
에 失業하여 원망하고 비방하는 자가 매우 많으니 심히 걱정이다."44)
라는 金瑬의 말과 같이 반정이후 광해군측 인사들의 被刑, 失職, 失業
등으로 인한 것이었다. 이에 훈련대장 申景禛은 비상 사태가 발생하였
을 때 砲聲을 신호로 서울에서 거주하고 있는 도감군들은 일제히 집결
하여 궁궐을 호위할 것을 命하였다. 그런데 이때 反正에 불만을 품은
무리들이 몰래 放砲하여 軍의 집결 상태를 시험하기도 하였다고 한
다.45) 이러한 도감군의 비상시 궁궐 호위는 차츰 중앙 군영들이 갖추
어짐에 따라 다른 군영들과 분담하게 되었다.46)

한편 내란이나 외적의 침입으로 인해 국왕이 부득이하여 궁궐을 떠

---

42) 『光海君日記』 권68, 광해군 5년 7월 己卯, (태백산본) 2책 152쪽.

43) 『孝宗實錄』 권21, 효종 10년 5월 甲子, 36책 191쪽, "上昇遐于大造殿 ……
訓鍊大將李浣 率都監軍兵 扈衛宮城".

44) 『仁祖實錄』 권2, 인조 원년 7월 己亥, 33책 541쪽.

45) 위와 같음.

46) 『萬機要覽』 軍政篇 2, 訓鍊都監 扈衛信地 ; 軍政篇 3, 禁衛營 扈衛信地, 御
營廳 扈衛信地 등에 나타난 비상시 각 군영의 扈衛 信地는 다음과 같다.
○국왕이 昌德宮에 있을 때
訓鍊都監 : 敦化門(昌德宮正門)에서 弘化門(昌慶宮正門)까지
御營廳 : 弘化門에서 集春門까지
摠戎廳 : 集春門에서 廣智營(昌德宮 鷹峰)까지
禁衛營 : 廣智營에서 金虎門(昌德宮 西門)까지
○국왕이 慶熙宮에 있을 때
訓鍊都監 : 開陽門 東쪽에서 武德門까지 = 步軍, 六曹洞口 = 馬兵
禁衛營 : 開陽門에서 崇義門까지
御營廳 : 武德門에서 崇義門까지.

나 播遷을 할 때에도 도감군은 국왕의 호위를 담당하였다. 인조 2년 (1624) 정월 李适의 난이 일어나자 도감군들은 국왕을 호위하면서 한강을 건너 公州로 내려갔다. 이때 영의정 李元翼 등 일부 관료들은 南下하고 있는 반란군을 저지하는 전투에 도감군을 투입할 것을 주장하였으나,47) 훈련대장 申景禛은 국왕 신변의 안전이 최우선이라고 하면서 도감군을 이끌고 국왕 호위에 나서고 있었다.48) 그런데 뒤에서 다시 서술하는 바와 같이 이때 도감군 900여 명이 국왕의 호위 대열을 따르지 않고 도망가는 일이 벌어져 亂後 이들의 처리를 둘러싸고 논란이 일어나기도 하였다. 그리고 이괄의 난이 진압된 이후에 국왕은 도감군의 호위를 받으면서 다시 還宮하였다.49)

또 인조 5년(1627) 정월 정묘호란이 발발하였을 때 도감군 중 일부는 南下하는 後金軍을 저지하기 위해 각처에 分送되었고, 이들을 제외한 2,700여 명의 도감군은 국왕을 호위하면서 강화도로 入據하였다.50) 그리고 동년 3월 後金과 강화조약을 맺어 국왕이 還都할 때도 역시 도감군은 국왕을 호위하면서 '隨駕還京'하고 있었다.51) 인조 14년(1636) 12월에 일어난 병자호란에서도 도감군은 국왕을 호위하면서 남한산성으로 들어갔다. 그러나 후술하는 바와 같이 남한산성에서 도감군들은 자신들의 희생만을 강요하는 가망 없는 전쟁에 반대하여 斥和臣을 淸側에 縛送하여 전쟁을 중지하자는 집단 시위를 벌여 결국 굴욕적인 항복을 맺게 하는 원인을 제공하기도 하였다.52)

---

47) 『仁祖實錄』 권4, 인조 2년 2월 辛卯, 33책 577쪽.
48) 『仁祖實錄』 권4, 인조 2년 2월 壬辰, 33책 578쪽.
49) 『仁祖實錄』 권4, 인조 2년 2월 壬寅, 33책 584쪽.
50) 『仁祖實錄』 권16, 인조 5년 7월 辛巳, 34책 216쪽.
51) 『仁祖實錄』 권15, 인조 5년 3월 丙申, 34책 188쪽.
52) 『仁祖實錄』 권34, 인조 15년 정월 丙寅, 34책 670쪽, "訓鍊都監將卒 及御營軍兵 自城上相率而來 會于闕門外 請送斥和臣於虜營" ; 권34, 인조 15년 5월 壬午, 34책 689쪽, "右議政崔鳴吉 上箚 …… 江都敗報忽至 俄頃之間 軍情洶洶 不測之變 迫在目前".

2) 政治的 動向

훈련도감이 설립된 이후 將官과 軍兵은 조선전기와는 달리 정치적으로 중요한 영향력을 행사하게 된다. 이들의 정치적 향배에 따라 정권의 변동이 가능하였던 것이다. 17세기 초에 발생한 무력적 정권 교체인 인조반정에서 이러한 사실을 확인할 수 있다. 인조반정에 의해 무너진 광해군 정권은 臨海君과 永昌大君의 살해, 仁穆大妃의 廢妃와 幽閉 등 패륜 행위로 인해 사림 세력으로부터의 지지를 상실하여 단명할 소지가 있었다. 사림 세력의 대부분은 본래 성리학적인 명분 의식을 강하게 소지하고 있었으므로 이러한 패륜 행위는 反正의 구실이 되기에 족한 것이었다.[53] 그러나 반정은 명분만으로 이루어질 수 없는 것으로 반드시 군사력이 뒷받침되어야 했다.

실제 당시 반정주모자들은 "都監軍可畏 必得興立乃可"라고 하면서 반드시 訓鍊大將 李興立을 자신들의 편으로 끌어들여야 反正이 성공된다고 말하고 있다.[54] 이때 反正軍은 1,000여 명에 불과하였으나,[55] 도감군은 훈련된 정예 군사로서 약 4,000여 명에 달하고 있었다(<표 3-4> 참조). 만약 도감군이 반정군에 맞서 싸운다면 반정의 成事는 기대할 수 없었다. 그래서 반정 주도 세력은 미리 훈련대장 이흥립과 내통하여 반정을 도모하였고, 반정군이 궁성으로 몰려올 때 이미 이들과 내통한 훈련대장 이흥립은 도감군을 움직이지 못하게 한 다음 궁궐 문을 열고 반정군을 맞이하여 반정은 성공할 수 있었다.[56] 이러한 역사

---

53) 仁祖反正의 경과에 대해서는 李泰鎭, 「17세기 朋黨政治의 전개와 中央軍營制의 발달」, 『朝鮮後期의 政治와 軍營制 變遷』, 韓國研究院, 1985, 50~85쪽 참조.

54) 『仁祖實錄』 권1, 인조 원년 3월 癸卯, 33책 501쪽, "至是約日擧事 而訓鍊大將李興立 與時相朴承宗爲姻家 群議以爲 都監軍可畏 必得興立 乃可".

55) 『光海君日記』 권187, 광해군 15년 3월 壬寅, 33책 496쪽, "文武將士 二百餘人 兵合 千餘人".

56) 上同, "都監大將 李興立 領兵扈衛宮城(興立 本朴承宗姻家 爲其薦任 密與義師合) …… 夜三鼓 入自彰義門 進至昌德宮門外 李興立 放仗來迎".

적 경험으로 인해 조선후기에 훈련도감은 중요한 정치적 위치를 차지
하게 되었다.

원래 조선 정부는 건국이래 장관과 군병의 정치 개입을 차단하기 위
해 철저한 조치를 취하였다. 조선왕조 건국 직후에 왕자·종친·훈신
들의 사병 통솔로 인해 1·2차 왕자의 난 등 정치적 혼란이 일어났고,
이러한 가운데 왕위에 오른 태종은 軍의 정치 개입을 차단하기 위해
사병 혁파를 단행하였다. 고려말이래 장수와 병사의 사적 유대 관계를
해체하고 국가 기관에 의한 공적인 군사의 통솔만을 가능하게 한 것이
다. 그러나 이러한 군사 체제는 "將不知軍 軍不知將"이라는 상황을 가
져와 임진왜란 초기 왜군의 침입에 대한 효과적인 대응을 불가능하게
했다. 이러한 결점을 극복하기 위해 훈련도감은 大將-中軍-別將·千
摠-把摠-哨官-군병으로 이어지는 將官과 군인의 명확한 지휘체계를
수립하였다.[57] 그러나 이것은 장관과 군병의 동향이 정국의 변화에 일
정한 영향을 주게 되는 계기가 되었다.

물론 훈련도감 설립 이후 장관과 군병이 정치에 영향을 끼칠 것을
우려하여 이에 대한 조치를 취하지 않은 것은 아니었다. 훈련도감 설
립 이후 선조는 도감군의 정치적 영향력을 차단하는 선례를 남기려 하
였다. 즉 선조 33년(1600) 6월 洪汝諄과 李山海가 肉北과 骨北으로 분
열·대립하고 있을 때, 이산해 측에서 병조판서로 재직중인 홍여순이
무반 인사권과 병권을 쥐고 비리를 자행하고 있다고 하면서 그에 대한
治罪를 요청하였다.[58] 이 때 哨官 李鎰, 崔漢, 李希聖, 李挺臣 등도 도
감군을 이끌고 홍여순을 治罪하라는 상소를 올리려는 움직임이 있었

『仁祖實錄』권1, 인조 원년 3월 癸卯, 33책 501쪽, "訓鍊大將 李興立 與時相
朴承宗爲姻家 群議以爲 都監軍可畏 必得興立乃可 張維之弟紳 爲興立女婿
維乃見興立 喩以大義 興立卽許爲內應 …… 李興立 陣於闕門洞口 按兵不
動 哨官李沆 開敦化門 義兵直入闕內".

57) 이 점에 대해서는 본서, 「3장 1절 1) 훈련도감의 설립」참조.
58) 선조대 후반의 정치 상황에 대해서는 具德會,「宣祖代후반(1594~1608)의 政
治體制 재편과 政局動向」,『韓國史論』20, 1988 참조.

다. 그러자 국왕은 즉시 哨官들을 잡아들여 推鞫定罪하라고 지시하였
다.[59] 이에 대해 부원군 尹斗壽, 우의정 李憲國 등은 실행에 옮기지
않고 未遂로 그친 일을 가지고 국왕의 처사가 너무 심하지 않느냐고
하면서 哨官들을 용서해 줄 것을 청하자, 선조는 "이것은 결코 가벼운
일이 아니다"라고 하면서 강경하게 처벌할 것을 고집하였다.[60] 사헌
부, 사간원에서도 국왕의 초관에 대한 지나친 처벌에 대해 비판했으나
국왕의 태도에는 변함이 없었다.[61] 이후 이항복이 국왕과 면대한 자리
에서 초관의 처벌에 대해 "일어나지도 않은 일을 가지고 형벌을 내리
시니 너무 지나치지 않습니까"라고 따졌을 때, 宣祖는

> 이들의 죄는 결코 가볍지 않다. 장차 將官들이 군인들을 이끌고 陳
> 疏하는 일이 있으면 어찌 하겠는가. 지금 懲治하지 않으면 아마 군인
> 들의 跋扈가 점점 거세어 질 것이다.[62]

라고 하면서 자신의 의도를 말하고 있다. 즉 선조는 도감군의 정치 개
입을 심각하게 우려하였고 이것을 철저히 방지하려 한 것이다. 그러나
장수와 군졸의 명확한 지휘 체계가 설립된 이후 훈련도감은 정국의 변
화에 중요한 변수로 작용하게 된다. 인조반정의 예에서 살펴본 바와
같이 이들의 향배는 정권의 운명과 관계되었던 것이다.

훈련도감의 정치적 위상이 높아지게 된 것은 이와 같이 將官과 軍
人간에 명확한 지휘·복종 체계가 설정되었기 때문이다. 조선전기에
장관과 군인을 끊임없이 교체하는 군대 편제와는 달리, 임진왜란 이후
훈련도감은 장관과 군인을 영속적·일원적인 지휘체계로 편제하였고,
이러한 군제 하에서 上命下服은 보다 철저하게 관철될 수 있었다. 영
속적·일원적인 지휘 체계에 편제된 군인들은 지휘관의 명령에 선악

---

59) 『宣祖實錄』권125, 선조 33년 5월 申酉, 24책 72쪽.
60) 『宣祖實錄』권126, 선조 33년 6월 癸酉, 24책 75쪽.
61) 『宣祖實錄』권126, 선조 33년 6월 甲戌·戊寅, 24책 75~76쪽.
62) 『宣祖實錄』권126, 선조 33년 6월 丙戌, 24책 79쪽.

을 판단하지 않고 복종하게 되었던 것이다.[63] 이러한 군대 조직의 성격으로 인해 훈련대장의 정치적 영향력은 막대하였다. 훈련도감의 실질적인 지휘 책임자는 훈련대장이었기 때문이다. 훈련대장 위에 정1품 都提調와 정2품 提調가 설정되어 있었지만, 도제조의 임무는 군사 행정을 감독하고 훈련대장에게 사고가 생겼을 때 일시적으로 그 직무를 대행하는 정도로 제한되었고,[64] 兵曹·戶曹判書가 例兼하는 제조의 임무 역시 훈련도감의 군사 행정과 재정만을 관할하고 있었다. 훈련대장은 도감군에 대한 실질적인 지휘권을 갖고 있을 뿐만 아니라, 종2품 中軍 이하 종9품 哨官에 이르는 지휘관 전체에 대한 임명권을 갖고 있었다.[65] 이와 같이 훈련대장은 훈련도감의 지휘권과 인사권을 장악하고 있었으므로 중요한 정치적 영향력을 행사할 수 있었다.

인조반정 이후 즉위한 仁祖는 훈련대장의 정치적 위상을 고려하여 주로 勳戚 武臣을 훈련대장으로 임명하였다.[66] 광해군 시기의 전철을 밟지 않기 위해서였다. 광해군은 宣祖代의 관행에 따라 주로 武班 관료들을 훈련대장으로 임명하였다. 그런데 광해군 후반기에 들어 훈련대장의 역모 가담설이 끊임없이 제기되면서 훈련대장은 계속 교체되었다.[67] 광해군 10년(1618)부터 인조반정이 일어나는 광해군 15년

---

63) 柳赫然,『野堂遺稿』권3, 附錄, 遺事 (한국문집총간 122책 345쪽), "上嘗欲觀
    李浣軍令 密敎迫浣 浣於演場 麾旗向江 士爭赴水 如是者三 遂翻麾直向都
    城 …… 浣兵直入 時水橋市人姓黃者 拔折草刀向浣 爲所縛 上御敦化門觀
    之 兵到咫尺 鳴金始散 三司請浣罪 上不允".
    위 사료에서 보이는 것처럼 도감군들은 훈련대장 李浣의 명령에 따라 강물속
    에 뛰어들기를 세 번이나 하고, 심지어 국왕의 지척까지 돌진하기도 하였다.

64)『顯宗改修實錄』권21, 현종 10년 5월 乙巳, 37책 669쪽, "上敎曰 都監旣無大
    將 …… 使都提調主管".

65)『萬機要覽』軍政編 2, 訓鍊都監, 員額 '中軍以下 竝大將自辟 啓下'.

66)『顯宗改修實錄』권5, 현종 2년 6월 癸巳, 37책 237쪽, "盖以輦下掌兵之任 自
    仁祖以來 連付勳戚".

67)『光海君日記』권131, 광해군 10년 8월 乙酉, 33책 155쪽 ; 권134, 광해군 10년
    11월 辛卯, 33책 187쪽, "合啓 訓鍊都監大將 金遵階 本以兇悖無狀之人 曾與
    逆㺚 交遊親密 …… 答曰只遞大將".

(1623)까지 6년동안 李時言, 李璲, 李箕賓, 成允文, 具思稷, 李純信, 李文筌, 邊應星, 金遵階, 元守身, 李興立 등 무려 11명의 훈련대장이 교체되었던 것이다.[68] 이러한 빈번한 大將職의 교체 속에서 국왕은 훈련대장을 확실하게 신임하기 어려웠고, 훈련대장 또한 국왕에 대한 확고한 충성심을 갖기 힘들었을 것이다. 따라서 인조반정 이후 仁祖는 外戚과 功臣들을 훈련대장으로 임명하였다(<표 5-2> 참조). 이들은 인조의 姻戚이었고 인조와 더불어 反正을 주도하였으며, 반정의 성공 이후 功臣으로 책훈되어 고위직에 오르고 있었다. 즉 이들은 仁祖와 운명을 함께 한 자들로서 특별한 경우가 아니면 역모에 가담할 이유가 없었던 것이다. 따라서 인조대 훈련대장에 임명된 申景禛, 具宏, 具仁垕, 李時白 등은 勳戚 武臣으로서 국왕의 확실한 신임 하에 비교적 오랜 기간 동안 대장 직에 在任하고 있었다.

　다음 <표 5-2>는 인조반정 이후 숙종 대까지의 훈련대장의 명단과 재임기간을 살펴본 것이다. 이 표에서 보는 바와 같이 인조 즉위년 (1623) 이후 숙종 8년(1682)까지 60년 동안 柳赫然을 제외하고 주로 훈척 출신이 훈련대장에 임명되고 있었다. 이 기간에 훈련대장으로 임명된 申景禛, 具宏, 具仁垕, 金萬基, 金錫胄 등은 모두 국왕의 외척이었고, 또 李時白과 李浣은 勳臣이었다. 이러한 현상은 비단 훈련대장뿐만 아니라 병조판서직이나 다른 군영의 대장에서도 마찬가지였다. 그러나 이와 같이 국왕의 외척들이 병권을 잡고 있는 것에 대해 당시 정부 관료들은 끊임없이 이를 비판하면서 시정과 개혁을 요구하여,[69] 대체로 숙종 8년 이후에는 徐文重을 제외하고 무반 출신들이 훈련대장을 담당하게 된다.[70]

68) 『登壇年表』(奎 3635).
69) 『顯宗實錄』권18, 현종 11년 정월 丙午, 36책 658쪽 ; 『肅宗實錄』권7, 숙종 4년 윤3월 辛酉, 38책 383쪽 ; 『肅宗實錄』권11, 숙종 7년 5월 乙卯, 38책 528 쪽, "前古未嘗有以國舅以典戎兵 以外戚而長銓部者".
70) 18세기 이후 세도정치 이전까지의 훈련대장직은 대부분 武班출신들이 담당하고 있었고, 文班宰臣 혹은 宗戚은 관행상 기피되었다고 한다(裵祐晟, 「正

<표 5-2> 仁祖~肅宗 年間의 훈련대장 명단과 재임기간

임명 일자	명단	재임기간	비 고
仁祖 원년 3월 12일	申景禛	13년 11개월	武臣, 申砬의 子, 反正 1등공신 仁獻王后(仁祖母)의 外叔
仁祖 15년 2월 26일	具 宏	5년 8개월	武臣, 仁祖의 外叔, 1등공신
仁祖 20년 11월 3일	具仁垕	5년 5개월	武臣, 仁祖의 外從兄 反正 2등공신
仁祖 26년 4월 18일	李時白	2년 4개월	勳臣, 李貴의 子,반정 2등공신
孝宗 원년 8월 28일	具仁垕	3년 2개월	再任
孝宗 4년 10월 20일	李 浣	15년 8개월	武臣, 振武공신 李守一의 子
顯宗 10년 6월 22일	柳赫然	10년 9개월	武臣, 庚申換局으로 처형
肅宗 6년 3월 29일	金萬基	1년 11개월	文臣, 肅宗의 國舅
肅宗 8년 2월 19일	金錫冑	3개월	文臣, 肅宗의 外從叔
5월 19일	申汝哲	6년 9개월	武臣, 申景禛의 孫子
肅宗 15년 2월 3일	李 鏶	2년 3개월	武臣, 己巳換局으로 임명
肅宗 17년 5월 9일	李義徵	2년 11개월	武臣, 甲戌換局으로 처형
肅宗 20년 4월 2일	申汝哲	5개월	再任
9월 13일	徐文重	5개월	文臣
肅宗 21년 2월 14일	申汝哲	1년 2개월	三任
肅宗 22년 4월 18일	徐文重	4개월	再任
8월 12일	申汝哲	4년 6개월	四任
肅宗 27년 2월 20일	李基夏	4년 5개월	武臣
肅宗 30년 7월 15일	尹就商	1개월	武臣, 英祖 즉위후(1724) 처형
8월 21일	李基夏	10년 10개월	再任
肅宗 41년 6월 19일	尹就商	1년 3개월	再任
肅宗 42년 9월 28일	李弘述	5년 2개월	武臣, 辛壬獄으로 처형
景宗 원년 12월 6일	尹就商	2년 1개월	三任
景宗 4년 정월 11일	金重器		武臣, 戊申亂이후 처형

典據 : 登壇錄(서울대 古4650-133), 登壇年表(奎3635)

한편 인조대 이후 훈련대장들은 빈번히 兵曹判書를 겸임하기도 하였다. 훈련대장이 병조판서를 겸임할 경우 국가의 모든 군권을 장악하게 되는 것으로, 이것은 국왕의 확고한 신임이 없으면 불가능한 일이었다. 『萬機要覽』에서는 인조대 이후 훈련대장이 빈번히 병조판서를 겸임하였음을 다음과 같이 말하고 있다.

祖代 武班軍營大將과 軍營政策」, 『韓國史論』 24, 1991).

인조 14년 丙子에 申景禛, 15년 丁丑에 具宏, 22년 甲申에 具仁垕
는 모두 훈련대장으로 병조판서를 겸임하였고, 효종 원년 庚寅에 李
時白이 훈련대장으로 병조판서에 임명되니, 병조판서로서 대장군을
겸임함이 옳지 못하다 하여 여러 번 상소하여 辭避하였으나 허락되
지 않았다. 현종 7년 丙午에 훈련대장 李浣을 병조판서에 임명하였더
니, 비변사에 상주하여 병조판서직을 면하게 하였고, 숙종 8년 壬戌
에 金錫冑와 동 20년 甲戌에 徐文重, 동 22년 丙子에 申汝哲은 모두
훈련대장으로서 병조판서를 겸임하였다.71)

이상과 같이 인조반정 이후 숙종 초기에 이르기까지 훈련대장은 대
체로 훈척 중에서 임명되었으며 때때로 병조판서를 겸하기도 하였다.
이렇게 국왕이 가장 신임할 수 있는 자에게 병권을 집중시켜 주는 것
은 정권의 안정을 위해 필요한 일이었을 것이다. 이에 훈련대장은 국
왕의 심복으로서 왕권의 확립·강화에 기여하였다. 실제 인조 24년
(1646) 昭顯世子嬪 姜氏 賜死 사건72)에 대한 정부 관료와 儒者들의
반대 여론이 비등할 때, 인조는 정부 대신들을 모두 궐문 밖으로 쫓아
내고 훈련대장으로 하여금 궁궐 내에서 入直할 것을 명하고 있었다.73)
훈련대장은 국왕이 믿을 수 있는 최후의 보루였던 것이다. 그래서 顯
宗은 훈련대장과 관련하여 "국가가 믿는 것은 대장이다",74) "국가가
의지하는 것은 오로지 卿(訓鍊大將 李浣을 가리킴)이다"75)라고 말 할
정도였다.
그러나 조선후기에 국왕들은 아무리 훈련대장들을 신임하고 모든
군권을 집중시켜 주었다고 하더라도 결코 이들에 대한 감시와 견제를

71)『萬機要覽』軍政篇 2, 訓鍊都監, 員額.
72) 昭顯世子嬪 姜氏를 賜死한 '姜嬪의 獄'에 대해서는 金龍德,「昭顯世子硏
究」,『朝鮮後期思想史硏究』, 乙酉文化社, 1977 참조.
73)『仁祖實錄』권47, 인조 24년 2월 癸未, 35책 258쪽, "大臣屛黜門外 訓將入直
禁中".
74)『顯宗實錄』권7, 현종 4년 12월 甲午, 36책 390쪽.
75)『顯宗改修實錄』권10, 현종 4년 12월 乙未, 37책 356쪽.

소홀히 하지 않았다. 예를 들어 인조 16년(1638) 具宏은 仁祖의 外叔으로서 훈련대장, 병조판서, 총융대장을 겸임하고 있었다. 구굉 자신이 "一國의 兵權이 모두 臣에게 모였습니다"76)라고 말할 정도로 국가의 軍權을 모두 장악하고 있었다. 그런데 동년 6월 호랑이가 仁慶宮안으로 들어왔다는 소문이 돌아 국왕은 도감군으로 하여금 이것을 포획하도록 명한 일이 있었다. 이에 훈련대장 具宏은 국왕에게 별도로 啓禀을 올리지 않고 즉시 도감군 400명을 發兵하여 宮內를 수색하도록 하였다. 그러자 仁祖는 "發兵은 국가의 大事인데 啓禀하지 않고 마음대로 처리한 것은 심히 부당하다"라고 下敎하였다. 이후 사헌부에서 구굉을 推考하라는 요구가 잇따르면서 국왕은 구굉에게 推考 처분을 내렸다.77) 비록 훈련대장이라고 하더라도 마음대로 도감군을 발동시킬 수 없는 것이 당시의 군법이었다.78) 구굉은 비록 국왕의 外叔이요 군권을 장악하고 있었으나 이러한 군법을 어긴 죄로 처벌받았던 것이다.

또 李浣은 勳武 출신으로서 효종대와 현종대에 걸쳐 15년 8개월동안 훈련대장을 역임하였던 宿將이었다. 그는 무장 중에서 가장 '守法奉公'하는 인물로 평가받았으며,79) 謹愼하는 생활 자세로 효종과 현종의 두터운 신임을 받았다. 그리고 효종의 駙馬 興平尉 元夢鱗이 그의 從孫으로서 이완은 왕실과도 인연이 있었다.80) 그런데 효종 7년(1656) 5월 天安郡守 徐忭이 許積, 李浣, 元斗杓 등이 모역을 꾀하고 있다고 무고하는 글을 올린 일이 있었다. 이때 孝宗은 이것이 誣告인 줄 알면서도 즉시 훈련대장 이완으로 하여금 허리에 차고있는 大將兵符를 풀고 鞠廳에 들 것을 명하였다.81) 그리고 이튿날 효종은 이 사건을 종결

---

76) 『仁祖實錄』 권38, 인조 17년 2월 壬寅, 35책 51쪽.
77) 『仁祖實錄』 권36, 인조 16년 6월 丙申, 35책 22쪽.
78) 『承政院日記』 81, 인조 20년 3월 4일, 4책 899쪽, "軍令至嚴 訓鍊之兵 雖大將 亦不敢擅發".
79) 『顯宗改修實錄』 권4, 현종 원년 11월 庚申, 37책 205쪽.
80) 『顯宗改修實錄』 권26, 현종 13년 12월 辛未, 38책 134쪽.
81) 『孝宗實錄』 권16, 효종 7년 5월 庚寅, 36책 54쪽, "天安郡守 徐忭上書 誣告

지으면서 이완에게 '安心察職'하라 하면서 大將兵符를 다시 내려주었다.[82] 이것은 아무리 국왕의 신임을 받는 신하라 하더라도 왕권의 專制性·超越性에서 자유로울 수 없음을 보여주는 사건이었다. 국왕은 훈련대장을 신임하면서도 결코 마음속까지 신임하는 것이 아니라 자신의 초월성을 의식하면서 그들을 대하고 있는 것이었다.

이러한 具宏과 李浣의 예 이외에도 국왕의 훈련대장에 대한 견제는 흔하게 발견된다. 숙종 9년(1683) 정월 都監將官 중 한 사람이 말을 잃어버리자 훈련대장 申汝哲은 국왕에게 啓禀을 올리지 않고 즉시 군사를 동원하여 말을 수색하여 사로잡은 일이 있었다. 이때 閔鼎重은 "輦下親兵은 비록 1명이라도 마음대로 발동할 수 없다"라 하면서 훈련대장의 治罪를 요청하였고 숙종은 이에 신여철을 파직시켰다.[83] 그리고는 20일후 숙종은 신여철을 다시 훈련대장으로 임명하고 있다.[84] 국왕의 승인 없이 도감군을 發兵할 수는 없었던 것이다. 그래서 숙종 4년 8월 훈련대장 柳赫然은 용산에 위치한 훈련도감의 別營이 비좁아 군인들이 급료를 받는데 불편하므로 이것을 확장하려고 하였을 때, "도감군을 하루씩 교대로 사역시키면 3~4일이면 확장 공사를 끝낼 수 있습니다"라 하면서 국왕에게 병력 동원을 승인해 줄 것을 요청하는 禀啓를 올리고 있다. 이때 유혁연은 "軍兵을 내어 쓰는 것은 아래에 있는 자가 감히 마음대로 할 수 없는 것이므로 이와 같이 품계를 올립니다."라고 말하고 있었다.[85] 이처럼 도감군의 동원은 국왕의 결재 사항으로서 훈련대장이라 하더라도 자의적으로 행사할 수 있는 것이 아니었다.

훈련대장은 국왕의 심복인 동시에 집권세력의 권력 기반이기도 하

吳挺一·許積·李浣·元斗杓等 謀逆 …… 上知其誣 …… 命李浣 解所牌大將兵符 使中軍金是聲 代領其衆 扈衛宮城".
82) 『孝宗實錄』 권16, 효종 7년 5월 辛卯, 36책 54쪽.
83) 『肅宗實錄』 권14上, 숙종 9년 정월 丁未, 38책 619쪽.
84) 『肅宗實錄』 권14上, 숙종 9년 정월 戊辰, 38책 624쪽.
85) 『承政院日記』 266, 숙종 4년 8월 14일, 14책 126쪽.

였다. 훈련대장은 왕권의 확립·강화에 기여할 뿐만 아니라, 집권세력 내의 인물로 임명되어 집권세력의 정치질서 안정에도 중요한 역할을 담당하였던 것이다. 따라서 집권세력이 교체되는 換局이 일어날 때 훈련대장 역시 교체되었다. 인조반정(1623)이후 숙종이 즉위할 때까지 60년 동안은 환국과 같은 격심한 정치적 변동은 나타나지 않았다. 따라서 이 기간에 훈련대장의 교체는 급격하게 이루어지지 않았다. 그러나 숙종대에 들어서 西人과 南人, 老論과 少論의 정쟁이 심화되면서 換局이 거듭되었고,[86] 이러한 환국이 발생할 때마다 훈련대장은 교체되고 있었다. 그리고 환국 이후에는 이전의 훈련대장은 처형되는 것이 常例가 되다시피 하였다.

즉 앞의 <표 5-2>에서 보는 바와 같이 庚申換局 이후에는 남인 출신의 훈련대장이었던 柳赫然이 처형되었고, 甲戌換局으로 李義徵[87]이, 辛壬獄으로 李弘述이, 그리고 영조 즉위 후에는 소론 출신의 尹就商이 처형되고 있다. 예외적으로 己巳換局 때 申汝哲만은 처형을 면하고 갑술환국 이후 다시 훈련대장으로 임명되고 있었다. 이와 같이 환국 때마다 훈련대장이 처형되는 것은 훈련대장은 국왕의 심복이지만 또한 집권세력의 권력기반이었기 때문이다. 훈련대장은 재임 시 훈련도감에 대한 지휘권과 인사권을 장악하고 都監將官들을 自派의 인물로 심어 놓았으며 都監軍들과 친밀한 관계를 유지하였다.[88] 따라서 환국으로 등장한 새로운 집권세력은 만약 훈련대장을 제거하지 않으면 정권의 안전은 기대할 수 없다고 판단하여 훈련대장을 처형한 것으로 보인다.

86) 숙종대의 환국에 대해서는 鄭景姬, 「肅宗代 蕩平論과 '蕩平'의 시도」, 『韓國史論』 30, 1993 참조.
87) 英祖 4년(1728) 戊申亂의 주동자인 李麟佐, 李能佐, 李日佐 등은 李義徵의 후손이다.(李鍾範, 「1728年 戊申亂의 性格」, 『朝鮮時代 政治史의 再照明』, 汎潮社, 1985, 190쪽 참조)
88) 『顯宗改修實錄』 권20, 현종 10년 3월 壬子, 37책 662쪽, "(訓鍊大將) 柳赫然 常時與士卒有恩".

조선후기 정부는 훈련대장에 이어 中軍, 千摠, 別將, 把摠, 哨官 등 훈련도감의 將官에 대한 우대와 통제에도 많은 관심을 기울였다. 이들은 직접 도감군을 통솔하고 훈련시키며 궁궐의 入直, 도성의 경비, 赴防 등을 담당하고 있는 자들이었다.[89] 따라서 정권의 안정을 위해서는 이들의 국왕에 대한 확고한 충성과 정부의 이들에 대한 확실한 장악이 무엇보다 필요하였던 것이다. 정부는 도감 설립이래 훈련도감 將官을 우대하는 조치를 계속 발표하였다. 즉 都監將官들은 임기 만료 후 守令이나 邊將으로 진출할 수 있도록 하였으며,[90] 국왕이 친림하는 觀武才에서도 다른 武臣이나 禁軍軍官들과는 달리 初試가 면제되는 특혜가 주어졌다.[91] 그리고 이러한 관무재에서 우수한 성적을 보였을 경우 일약 종9품에서 종6품으로 遷轉하기도 하였다.[92] 이와 같이 정부는 도감장관들에 대한 우대와 더불어 이들의 정치 개입을 철저히 막기 위해 여러 가지 조치를 취하였다. 앞에서 살펴본 바와 같이 선조 33년 6월 宣祖는 도감군을 이끌고 洪汝諄의 처벌을 요청하는 상소를 올리려는 哨官들을 강경하게 처벌하였다. 이후 도감장관들은 私的으로 모이는 것도 금지되었다.[93] 즉 이들은 文臣, 儒者들과는 달리 정치적 의견을 제시하거나, 私的인 모임·집회 등을 가질 수 없었던 것이다.

또 도감장관들은 훈련대장의 入啓와 국왕의 명령 없이 단 한 명의 도감군이라도 마음대로 움직일 수 없는 것이 군법이었다.[94] 즉 도감군

---

89) 『光海君日記』권180, 광해군 14년 8월 壬午, 33책 468쪽, "將官之任 逐日操鍊 出則領兵赴西 入則長立扈衛".
90) 『宣祖實錄』권88, 선조 30년 5월 乙卯, 23책 229쪽 ;『光海君日記』권180, 광해군 14년 8월 壬午, 33책 468쪽, "兵曹啓曰 …… 輦下親兵將官 則所當優恤 以慰其心 請令都監 久勤勤慢 査出啓下後 守令邊將 隨闕調用 傳曰 允".
91) 『孝宗實錄』권9, 효종 3년 7월 壬午, 35책 565쪽, "都監將官等 除初試許赴 武臣及禁軍軍官等 則初試入格然後 方許試才矣".
92) 『仁祖實錄』권19, 인조 6년 10월 丁酉, 34책 297쪽.
93) 『肅宗實錄』권21, 숙종 15년 5월 丙午, 39책 188쪽, "大司諫 權瑍 …… 將校輩之私自聚會 前所未有也 宜加重究".
94) 『光海君日記』권163, 광해군 13년 3월 戊午, 33책 369쪽.

의 發兵은 國王→訓鍊大將→中軍→千摠·別將→把摠→哨官의 명령
계통에 따라 시행되도록 하였던 것이다. 비록 역적을 잡는 일이라도
이러한 명령 계통을 위반하였을 경우 엄중한 처벌을 받았다. 인조 20
년 3월 右司前哨官 崔鳴後가 李适의 난 때 군관으로 활약한 張天奎
가 사직동 근처에 있는 그의 어머니 집에 몰래 숨어있다는 정보를 듣
고 이를 급히 잡기 위해 훈련대장에게 알리지 않고 자신의 哨軍들을
동원하여 張天奎를 잡았다. 그러나 그 후 최명후는 훈련대장에게도 알
리지 않고 마음대로 초군을 움직였다하여 처벌을 받았다.[95] 또 숙종
36년에 都監千摠 閔任重이 자신의 처를 葬事 지내기 위해 훈련대장에
게 알리지 않고 도감군 100여 명을 동원하여 분묘를 助役하도록 한 일
이 있었다. 후에 이 일을 보고 받은 국왕은 천총 민임중을 군율에 따라
처벌하라는 지시를 내렸다.[96] 그러나 이러한 군법에도 불구하고 도감
장관들의 불법적인 도감군 사역은 그치지 않았다.

이와 같이 정부에서는 都監將官들에 대해 우대와 통제라는 양면책
을 구사하면서 정치 질서의 안정을 도모하였다. 그러나 이러한 정부의
우대와 통제 속에서도 조선후기의 크고 작은 逆謀 사건에서 도감군과
그 將官들이 연루되었다는 말이 끊임없이 나오고 있었다. 또 이러한
사정으로 도감장관에 대한 우대와 통제가 더욱 절실하였을 것이다.

예를 들면 인조 2년(1624) 정월 이괄의 난이 일어날 때 도감장관 중
이괄과 내통하여 휘하 哨軍을 거느리고 이괄의 거사에 응하겠다고 약
속한 자들이 매우 많았다고 한다. 이들은 군사 훈련을 행한다고 하면
서 도감군을 箭串, 延曙 등으로 집결하게 한 다음, 鍾街로 진격하여
인조 정권을 무너뜨리고 광해군을 복위시키려는 계획을 세우고 있었

---

95) 『承政院日記』 81, 인조 20년 3월 4일, 4책 899쪽, "軍令至嚴 訓監之兵 雖大
   將 亦不敢擅發 而哨官崔鳴後 不告於大將 及捕盜廳 擅 發其哨軍 雖有跟捕
   逆賊之事 擅發其罪 自有其律 不可容貸 請崔鳴後拿鞫定罪 答曰 依啓".
96) 『肅宗實錄』 권49, 숙종 36년 윤7월 甲午, 40책 361쪽 ; 권49, 숙종 36년 8월
   丁巳, 40책 364쪽.

다.97) 한편 인조 2년 11월에는 朴弘耈 등이 도감군졸 1~2哨를 동원하
여 인조 정권을 무너뜨리고 선조의 7男인 仁城君을 왕으로 추대하려
한다는 上變이 있었고,98) 인조 3년 9월에도 都監別將 閔仁佺, 仁佶 형
제와 哨官 李廷彦, 南宮煜 등이 군인들을 거느리고 대궐에 침입하여
仁城君을 추대하려 한다는 고변 사건이 있었다.99) 또 인조 6년 정월에
는 李友明, 柳孝立 등이 역시 仁城君을 왕으로 추대하기 위해 모반군
을 모으고 있다는 역모사건이 발생하였는데,100) 이때 역모자들은 훈련
도감 中軍, 千摠, 把摠등과 연결하여 도감군들을 동원하려 했다고 한
다.101) 인조 7년에는 도감군 6~7명이 歃血同盟을 맺어 모역을 꾀하려
한 사건이 일어났다.102) 또 인조 22년(1644) 3월에 발생한 沈器遠 역모
사건103)에서도 이 사건을 고변한 行護軍 黃瀷, 李元老 등은 심기원이
자신의 측근인 哨官 金應鉉으로 하여금 포수 100명을 이끌고 弘化門
을 열게 하여 外兵을 끌어들여 인조를 폐위시키려는 계획을 하였다고
말하고 있다.104)

이러한 역모 사건의 사실 여부는 차치하고라도 이들 사건에서 항상
도감장관과 도감군이 거론되고 있다는 것은 이들의 정치적 중요성을
증명하는 것이다. 즉 도감군은 집권세력의 정치질서 안정에 필수적인
무력 기반이었지만, 또한 정치질서의 안정을 깨뜨릴 가능성이 있는 양

97)『仁祖實錄』권4, 인조 2년 정월 壬申, 33책 570쪽, “都監將官 亦多相應 吾輩
　各率哨軍 稱以私鍊 東則屯於箭串 西則屯於延曙 東西俱入 陣於鍾街 建復
　讐旗 曉諭都下 分遣徒黨 剪除功臣 …… 迎廢主復位”.
98)『仁祖實錄』권7, 인조 2년 11월 戊午, 33책 654쪽.
99)『仁祖實錄』권10, 인조 3년 9월 癸丑, 34책 29쪽.
100) 仁祖代의 정치 상황에 대해서는 吳洙彰,「仁祖代 政治勢力의 動向」,『朝鮮
　時代 政治史의 再照明』, 汎潮社, 1985 참조.
101)『仁祖實錄』권18, 인조 6년 정월 乙丑, 34책 246쪽 ;『承政院日記』20, 인조
　6년 정월 4일, 1책 917쪽.
102)『承政院日記』26, 인조 7년 윤4월 12일, 2책 164쪽.
103) 沈器遠 逆謀事件에 대해서는 이태진, 앞의 책, 1985, 143~145쪽 참조.
104)『承政院日記』88, 인조 22년 4월 16일, 5책 200쪽.

면성을 가지고 있었던 것이다.

都監將官에 이어 都監軍 역시 국왕의 輦下親兵이라 하여 다른 어느 군인보다 우대 받았다.[105] 국가에서는 서울에 상주하는 도감군들의 의·식·주 문제를 해결해 주었고, 이들에게 免稅·免役의 혜택도 부여하였다.[106] 또 이들은 국왕의 친병이라 하여 犯法으로 인한 처벌에서도 특별 대우를 받았다. 도감군의 범법으로 인한 처벌에는 반드시 국왕의 재가를 받아 시행하도록 규정되었고,[107] 또 일반 양인들에 비해 가벼운 처벌을 내리도록 배려되었던 것이다.[108] 한편 도감군들은 試才·武科 등에도 참여하여 우수한 자는 除職·免賤되었고 兒馬·綿布 등도 상으로 받았다.[109] 그리고 국왕은 수시로 이들에 대한 특별한 관심을 표명하면서 충성심을 고취시키기도 하였다.[110] 이러한 대우를 통해 도감군은 국왕과 집권 세력의 권력 기반으로서 정치 질서의 유지에 진력하였던 것이다.

그러나 도감군의 국왕에 대한 충성은 절대 불변한 것은 아니었다. 이들은 사태의 추이에 따라, 또는 지휘관의 명령에 따라 자신들의 향방을 정하였던 것이다. 앞에서 살펴본 바와 같이 인조반정에서 도감군들은 훈련대장 李興立과 都監將官들의 명령에 따라 반정군이 몰려올 때 국왕 광해군에 대한 시위를 포기하여 결국 반정을 성공하게 하였다. 그 후 인조 2년 정월에 발발한 이괄의 난에서는 무려 900명에 이르

---

105) 『顯宗實錄』 권8, 현종 4년 4월 癸巳, 36책 406쪽, "輦下親兵 比他軍尤重".
106) 『顯宗改修實錄』 권12, 현종 5년 11월 戊戌, 37책 413쪽, "砲手率丁不差役".
107) 『訓局事例撮要』 上卷, 軍兵推治進來條 (仁廟朝 26년 6월 29일), "啓曰 都監 設立初事目 凡軍士雖有罪犯 必先呈進來公事後 捉去事 非不嚴明矣".
108) 『光海君日記』 권103, 광해군 8년 5월 丁丑, 32책 474쪽 ; 권175, 광해군 14년 3월 丙辰, 33책 431쪽.
109) 『承政院日記』 41, 인조 11년 10월 22일, 2책 878쪽.
110) 『宣祖實錄』 권217, 선조 40년 10월 壬午, 25책 371쪽, "都監軍士 如此日寒之時 露宿扈衛 凍傷可慮" ; 『光海君日記』 권73, 광해군 5년 12월 丙申, 32책 268쪽, "訓鍊都監軍兵 十分優恤" ; 『仁祖實錄』 권2, 인조 원년 7월 丙戌, 33책 538쪽, "當此霖雨 都監將卒 入直頻數 想其勞苦 予心不寧".

는 도감군들이 인조의 호위에 응하지 않고 도망을 가는 사태가 벌어졌다. 당시 公州에 파천하고 있던 국왕은 이들에 대해 분노를 나타내면서 이들의 처리를 대신들에게 물어보자, 영의정 李元翼은 이들은 처자를 염려하여 도망간 것이지 반역한 것은 아니라고 변호하였고, 金瑬는 만약 이들을 처벌할 경우 軍情이 불안해질 것이라고 하면서 이들의 처벌에 대해 반대하였다.111) 그 후 정부에서는 도망한 도감군에 대해 그 罰로서 築城役에 동원시키기도 하고, 매월 木炭 1石을 징수하거나 赴防을 보내기도 하고, 또 월급을 감봉하기도 하다가,112) 결국 그 해 9월 국왕은 "逃軍罰役 盡爲蕩滌"113)한다는 왕명을 내리면서 도망군을 용서하기로 하였다. 이 문제를 계속 거론하는 것은 오히려 軍情을 불안하게 하여 정권의 안정에 아무런 보탬이 안 된다는 판단에서였다.

한편 도감군은 정부의 정책에 대해 반기를 들고 집단 행동을 통해 자신들의 뜻을 관철하기도 하였다. 앞에서 본 바와 같이 병자호란 당시 도감군들은 전쟁을 중지하자는 집단 시위를 벌였다. 이러한 도감군의 행동에 대해서, 후일 검토관 朴宗阜등 정부 관료들은 "軍卒들이 君父를 협박하고, 斥和臣을 縛出하라고 하니 古今天下에 어찌 이런 일이 있는가"114)라 하면서 철저한 사실 규명과 관련자의 처벌을 요구하였으나, 이번에도 軍情의 불안을 염려하는 국왕과 당국자들의 뜻에 따라 덮어두기로 하였다. 이 이외에도 도감군들은 앞에서 살펴본 바와 같이 병자호란 이후 군사들을 위로하기 위해 실시한 武科에 합격하고는 무과 출신자로서 대우해 줄 것을 요구하는 집단 행동을 하였고, 給料米의 質이 나쁘다는 이유로 집단 시위를 벌이기도 하였다.

도감군은 현 정치 질서를 유지시켜주는 정권의 무력적 기반이었지

---

111) 『仁祖實錄』 권4, 인조 2년 2월 己亥, 33책 582쪽.
112) 『仁祖實錄』 권7, 인조 2년 9월 丁巳, 33책 640쪽, "李貴 …… 又曰 都監逃軍之數 多至九百餘名 豈可盡用軍律乎 初欲築城而未果 又欲埋炭而中止 又欲罰防而還止 其後又有減料收米之事云矣".
113) 『仁祖實錄』 권7, 인조 2년 9월 庚午, 33책 643쪽.
114) 『仁祖實錄』 권36, 인조 16년 3월 丁丑, 35책 13쪽.

만, 또한 역으로 정권에 危害를 가할 수 있는 존재이기도 하였다. 따라서 조선후기 정부에서는 끊임없이 이들의 동태에 대해 관심을 기울이며 이들을 우대하는 한편, 이들에 대한 제재 조치도 구비하였다. 즉 도감군들로 하여금 서울의 10里 밖의 지역은 마음대로 왕래할 수 없게 하였고,115) 도망군에 대해서 "初逃則決棍一百度 再逃則習陣之日 梟示警衆"이라는 처벌 규정을 마련하였다.116) 또 전쟁이 일어났을 때 도망한 군사에 대해서는 처음이나 두 번째를 불문하고 극형으로 처단한다는 규정도 정하였다.117) 그러나 앞에서 본 바와 같이 이들이 집단 행동을 감행할 경우에는 정부로서도 束手無策이었던 것으로 보인다. 이러한 도감군들의 집단 행동은 우리 나라 近代시기에 발생한 壬午軍亂에서도 볼 수 있다.

2. 都城의 警備와 赴防

1) 都城의 警備·防衛 업무

국왕의 시위와 더불어 훈련도감이 맡은 중요한 임무로는 서울의 경비와 방위를 들 수 있다. 중앙집권적 통치체제를 지향한 조선왕조에서 서울은 국왕과 관료층이 거주하는 수도였으며 정치·경제·문화의 심장부에 해당하였다. 따라서 조선은 건국이래 서울의 방위와 경비에 특별한 주의를 기울였다. 조선전기의 五衛制나 조선후기의 五軍營制는 모두 서울의 방위와 경비를 주목적으로 설정한 군사편제인 것이다. 오위제는 조선전기 중앙군을 이루는 모든 兵種을 五衛(義興衛·龍驤衛

---

115)『承政院日記』298, 숙종 9년 4월 22일, 15책 871쪽.
116)『承政院日記』244, 숙종 원년 정월 19일, 13책 954쪽.
   이 규정은 숙종 28년(1702)에 이르면 "初犯決棍五十 再犯八十 三犯梟示 軍物偸取逃亡者 勿論初再梟示"(『肅宗實錄』권37, 숙종 28년 11월 丁卯, 39책 702쪽)로 약간 완화하게 된다.
117)『萬機要覽』軍政編 2, 訓鍊都監, 逃律, "軍興之時 勿拘初·再 竝斷一律".

·虎賁衛·忠佐衛·忠武衛)에 分屬시켰을 뿐만 아니라, 전국의 鎭管에 소속된 지방군까지 五衛의 각 衛에 분속하여 수도 방위에 동원토록 한 군 편제였다. 조선후기의 오군영제 역시 訓鍊都監, 御營廳, 禁衛營 등의 군영은 都城 3軍門이라 칭해지면서 국왕의 시위와 서울의 방위를 전담토록 하였고, 摠戎廳, 守禦廳 등의 군영은 서울의 울타리인 경기도에 배치하여 서울의 방어를 담당하도록 한 것이었다.

지방 세력의 반란을 상정하지 않는 현대의 민주주의 국가에서는 수도의 위치가 특별히 전략상의 요새일 필요도 없을 뿐 아니라, 인적·물적 자원이 수도에 과도하게 집중되는 것을 오히려 방지한다. 이에 비해 조선시대에는 중앙의 수도에 인적·물적 자원을 가능한 집중시켰다. 조선은 건국 이후 수도 서울을 인구 10만이 수용할 수 있도록 계획하였다.[118] 이에 한양으로 천도하면서 왕족·현직관리를 비롯하여 科田을 받은 한량관과 각종 侍衛軍士·御用 商工人·公私奴婢 등과 그들의 가족들을 이주시켰다. 한편 서울에는 궁궐과 종묘, 사직 그리고 각종 통치 관서가 설치되었으며, 3천 여 칸의 시전행랑도 갖추어졌다. '强幹弱枝', '內重外輕', '以重御輕', '以內御外' 등으로 표현되는 바와 같이 서울을 강력하게 하고, 서울을 중심으로 하여 지방을 통제한다는 것이 이 시기의 통치 방향이었던 것이다. 따라서 서울에 위치한 중앙군은 전국 어느 군대보다 강력한 정예병으로 구성되어야 했다.[119]

조선전기에 서울의 경비·방위를 담당한 군사는 甲士와 正兵이었다. 이들은 兵農一致制에 따라 지방에 거주하면서 當番이 되면 서울

---

118) 李泰鎭, 「조선 시대 서울의 都市 발달 단계」, 『서울학연구』 창간호, 1994, 31쪽.

119) 金壽興, 『退憂堂集』 권6, 疏箚, 陳所懷箚 (한국문집총간 127책 120쪽), "自古經國之遠猷 無不以根本爲先 京師必宿重兵 以制四方".
조선시대에는 國防과 관련하여 兩界의 군사 역시 중시되었으나, 양계 군사들에 대한 대우나 그 군사들의 질은 중앙군에 비해 떨어졌다. 예를 들어 세종 30년에 규정된 京甲士와 兩界甲士의 去官·遞兒職數를 비교하면 3 : 2의 비율로 京甲士에게 보다 많은 인원과 관직을 배정하고 있었다.(『世宗實錄』 권120, 세종 30년 5월 庚寅, 5책 64쪽)

에 番上하여 兵曹의 分軍 행정에 따라 각 근무처로 배속되어 근무하
였다.120) 그러나 앞에서 살펴본 바와 같이 16세기에 들어와 갑사는 소
멸되어 갔고, 정병 중 騎兵은 步軍化·役軍化하였고 步兵은 收布軍化
되었다. 군사력이 전반적으로 저하되어갔던 것이다. 이런 상태에서 조
선은 임진왜란을 맞이하였고, 임진왜란 당시 국왕의 시위와 서울의 방
위·경비는 갑사, 정병 등 병조의 上番軍으로는 도저히 감당할 수 없
는 상태였다.121) 이에 따라 훈련도감이 설치된 것이다. 그런데 훈련도
감이 설립되자 서울의 방위·경비에 대한 병조 상번군의 군사력 비중
은 더욱 축소되었다. 즉 이들은 관청 守直과 각 役處에 파견되었고,122)
騎兵마저 수포군으로 전락되었다.123) 훈련도감은 조선전기 상번군의
군사력 저하에 따라 설립되었지만, 또 훈련도감의 설립으로 이러한 상
번군의 군사적 비중은 더욱 쇠퇴하게 된 것이 조선후기 중앙군의 실정
이었다.

훈련도감은 조선후기에 들어와 국왕의 시위뿐만 아니라 서울의 경
비·방위에도 중심적인 역할을 담당하였다. 훈련도감의 설치 동기에
대하여『西厓集』年譜의 훈련도감 설치 기사에는 임진왜란 중 도적이
봉기함에 따라 柳成龍의 건의에 의해 서울을 경비·방위하기 위해 훈
련도감이 설치되었다고도 전하고 있다.124) 임진왜란 중에는 앞에서 언

---

120)『光海君日記』권72, 광해군 5년 11월 乙卯, 32책 257쪽, "兵曹判書朴承宗啓
曰 上番軍士 …… 初分軍時 自第一名至第幾名 闕下某某處分送 其餘以次
分送 再分軍則 苦者歸歇 歇者歸苦 以此定爲恒規矣".
121)『宣祖實錄』권87, 선조 30년 4월 丁丑, 23책 201쪽, "備邊司啓曰 …… 今日
兵曹上番之軍 不能成形 只有訓鍊都監砲殺手 及聽用武士數百而已 京師根
本之地 軍兵之草草如此 寧不寒心".
122)『承政院日記』97, 인조 25년 6월 4일, 5책 637쪽, "自設都監後 上番之軍 皆
分派於守直 奔走於役處".
123)『肅宗實錄』권17, 숙종 12년 5월 丙戌, 39책 68쪽, "祖宗朝 騎正兵之規 今變
爲收布之軍".
124)『西厓集』年譜 권1, 癸巳 10월 (한국문집총간 52책 512쪽), "時兵燹之餘 重
以饑饉 盜賊蜂起 先生請設都監 鍊習軍士 以衛京師".
임진왜란과 서울의 방위 계획에 대해서는 金龍國,「壬辰倭亂 서울 收復戰과

급한 바와 같이 굶주림을 견디다 못한 농민들이 도적화하였으며, 이들
이 궁성 주위까지 출몰하는 등 서울의 치안은 극히 위태로운 상태에
있었다.125) 이에 조선정부는 훈련도감을 설치하여 서울의 경비를 강화
하려 한 것이다. 임진왜란 중 뿐만 아니라 亂後에도 도감군은 국왕 시
위의 임무와 아울러 국왕이 거주하고 있는 서울의 경비와 방위에 중요
한 비중을 차지하였다.126)

　도감군의 서울 경비와 방위는 도성 내에 이를 담당하는 5개의 軍營
이 설치되면서 체계화되어갔다. 선조 27년(1594) 4월 유성룡은 서울이
안정되어야 外方을 진정시킬 수 있다면서 도성 안에 5營을 설치할 것
을 건의하였다.127) 이것은 이때 국왕의 전폭적인 지지를 받았으나, 구
체적인 5영의 설치 계획은 그 해 11월에 가서 이루어졌다. 즉 선조 27
년 11월 비변사는 捕盜軍士의 수가 적어 서울 경비가 한심한 지경에
있다고 하면서 다시 5영의 설치를 구체적으로 제안하였고, 이에 대해
훈련도감 역시 찬동하여 5영의 설치가 추진되었다. 이 때 5영의 설치
계획을 보면, 우선 5영을 前(南)・後(北)・左・右・中營으로 나누어
여기에 각각 砲手 1哨와 殺手 1哨씩을 入番시키기로 하였다. 그리고
前營(또는 南營이라함)은 南大門內, 後營(또는 北營이라함)은 宗學
근처, 左營은 東大門內, 右營은 西小門內, 中營은 南別宮 근처에 설
치하기로 하였다. 도감군을 여기에 각각 分屬하고 이들의 旗幟와 服色
도 5영의 각 방위에 따라 5色으로 구분하기로 하였다. 그러나 이때 훈
련도감은 도감군의 군액이 부족한 관계로 각 營에 주간에는 1旗 60인,
야간에는 1隊 20인을 교대로 直宿하게 하자고 건의하여 국왕의 허락

　　防衛計劃 (上・下)」,『鄕土 서울』22・23, 1964 참조.
125) 본서, 4장 1절 註 15), 16) 참조.
126)『宣祖實錄』권77, 선조 29년 7월 丙子, 23책 30쪽, "京城 四方根本 而宿衛單
　　弱 所恃者 唯訓鍊都監 所鍊之兵耳".
　　『宣祖實錄』권153, 선조 35년 8월 辛丑, 24책 404쪽, "近來京中 緩急預養之
　　軍 專靠訓鍊都監".
127)『宣祖實錄』권50, 선조 27년 4월 乙丑, 22책 254쪽.

을 얻었다.[128]

그리고 선조 29년(1596) 정월 훈련도감은 조선전기 오위제를 설명하면서 5營을 五衛制와 같이 운영할 것을 주장하였다. 이때 훈련도감은 조선전기 오위제는 五衛 아래 전국의 모든 군대를 統屬시켰으니, 예를 들어 義興衛는 中衛로서 서울의 中部와 경기·강원·충청·황해도 각 所屬邑의 군사들이 이에 속했고, 龍驤衛는 左衛로서 서울의 東部와 경상도 5鎭管의 군사들이 여기에 속해 질서 정연한 체제를 갖추었다는 것이다. 따라서 훈련도감은 조선전기 5위제와 같이 지금의 5營에 서울 各部의 군인과 男丁들을 소속시키고 아울러 전국의 군인들도 이에 分屬시키자고 주장하였다.[129] 이때 훈련도감의 주장이 채택·실현되지는 못하였다. 그러나 이러한 훈련도감의 도성 방위 계획은 뒤에서 살펴보는 바와 같이 英祖代에 반포된「守城節目」에 의하여 부분적인 실현을 보게 된다.

도감군은 晝夜間에 걸쳐 5營에 입직하면서 도적의 방비와 체포, 禁火 등의 임무를 맡아보았다. 예를 들어 광해군 11년(1619) 4월 서울에 천여 채의 집을 태우고 수많은 사람들이 죽는 큰불이 일어나자 군영에 입직하고 있던 도감군은 즉시 진화 작업에 투입되었다.[130] 또 광해군 12년 10월 庫間 북쪽에 수상한 사람이 출현했다는 보고가 들어오자 병조는 그곳에 가까이 위치한 군영 도감군으로 체포하도록 하자는 啓를 올리고 있다.[131] 한편 인조 12년(1634) 12월 훈련도감은 南營에 入直하고 있던 도감군들이 三更에 竊盜罪를 범한 私奴 山立을 체포하고 그 臟物을 압수하였다고 보고하고 있다.[132] 이와 같이 도감군은 軍營에 입직하면서 서울의 경비 임무를 맡아보았다.

---

128)『宣祖實錄』권57, 선조 27년 11월 癸巳, 22책 403쪽.
129)『宣祖實錄』권71, 선조 29년 정월 辛卯, 22책 636쪽.
130)『光海君日記』권139, 광해군 11년 4월 甲戌, 33책 230쪽.
131)『光海君日記』권157, 광해군 12년 10월 庚戌, 33책 345쪽.
132)『承政院日記』45, 인조 12년 12월 18일, 3책 32쪽.

5營은 그 후 北營(苑洞에 위치, 235칸), 南營(敦化門 밖, 32칸), 廣知營(鷹峰 밑, 15칸), 新營(경희궁의 興化門 밖, 197칸), 北一營(경희궁의 武德門 밖 16칸), 西營(경희궁의 숭의문 밖, 9칸) 등으로 개편·증설하게 된다.[133] 이러한 군영의 위치를 보면 대개 왕궁을 중심으로 배치되고 있음을 알 수 있다. 즉 도감군의 군영 입직은 왕궁의 호위가 중요한 목적이었던 것으로 보인다. 그런데 도감군이 입직하는 군영의 모습을 보면 장소가 협소하고 제대로 숙직 시설도 갖추어있지 않은 것도 있는 것으로 보고되고 있다. 즉 어떤 것은 흙으로 지은 임시 건물로서 입직 군인들이 들어갈 수도 없을 정도로 좁았다고 한다.[134] 한편 이러한 도감군의 입직 근무는 18세기 이후 빈번히 시행되는 금위영·어영청 군사의 停番으로 인해 그 업무가 가중되어 갔다.[135]

도감군은 5營에 入直하여 서울의 경비·방위 임무를 담당할 뿐만 아니라 궁궐 담 밖과 도성내외의 巡邏 임무도 수행하였다. 원래 이러한 임무는 捕盜廳에서 관장하였으나, 포도청이 부실하여 도적이 횡행하자 도감군이 그 업무를 대행하게 된 것이다. 인조 3년(1625) 6월 綾城君 具宏은 포도청은 병조 上番軍이 守直하고 있었는데 지금은 그 인원도 감축되었을 뿐만 아니라 이들은 모두 老殘·代立人으로 제대로 捕盜 업무를 수행할 수 없다고 하면서 도감군으로 하여금 그 업무를 대행하게 할 것을 요청하였다. 즉 具宏은 "한때 도감군으로 서울 가로를 순라하게 한 적이 있었는데, 이때 약간의 폐단은 있었으나 이들은 도적이 나타나면 반드시 사로잡아 도적이 모두 사라졌는데, 도감군이 그 업무를 중단하니 도적들이 다시 횡행하고 있다"[136]고 말하였다. 서울의 치안 유지에는 도감군의 동원이 그 무엇보다 효과적이라는

---

133) 『萬機要覽』軍政篇 2, 訓鍊都監, 各處入直, 公廨條.
134) 『承政院日記』40, 인조 11년 8월 5일, 2책 843쪽.
135) 『肅宗實錄』권62, 숙종 44년 9월 庚辰, 41책 36쪽, "禁御兩營軍士 連歲停番 各處入直 皆以都監軍專當 故都監軍 無休息之時".
136) 『承政院日記』7, 인조 3년 6월 17일, 1책 266쪽.

것이다.

이후 도감군의 궁궐 담 밖 巡邏는 인조 6년(1628)부터 정례화되었다. 즉 인조 5년 정월에 도성 내외에 馬盜賊들이 횡행하여 士族, 婦女, 朝官들이 말을 타고 가면 이를 빼앗는 일이 빈발하자 정부에서는 도감군들로 하여금 다시 가로를 순라하게 하였다.[137] 그래서 이듬해인 인조 6년부터 도감군의 宮墻外巡邏에 대한 규정이 정하여졌다. 이 규정에 따라 初更에 南營의 哨官이 입직 마병 20명을 거느리고 궁궐 담 밖을 2회 순찰하였으며 3更에 廣智營의 초관이 입직 군사 20명을 거느리고 2회 순찰하였다. 그리고 영조 9년(1733)에 別巡邏가 추가되었는데 이에 의해 훈련도감은 集春門 북쪽, 上水門 서쪽에서 拱北門에 이르기까지 別騎隊 1명과 광지영 입직군 5명이 순찰하도록 규정되었다.[138]

그 후 현종 11년(1670) 도감군은 도성 내외를 걸쳐 순라하는 것으로 그 순찰 담당 지역이 확대되었다. 물론 宮墻外巡邏와 더불어 도성 내외의 순라도 어영청·精抄廳(금위영) 등이 설립된 후 이들과 분담하게 된다.[139] 즉 3군문에서 3일에 한번씩 교대로 순찰하게 되는데 훈련도감은 初日(寅·申·巳·亥日), 금위영은 中日(子·卯·午·酉日), 어영청은 終日(丑·辰·未·戌日)에 각각 순찰하였다. 훈련도감이 담당한 성 내외 순찰 지역은 다음과 같다.[140]

1牌 : 館峴·梨峴·孝橋·山林洞·鑄洞으로부터 동쪽
2牌 : 掌苑署·安洞·典洞·鐘閣·銅峴·明洞·南山洞으로부터 동쪽

---

137) 『承政院日記』 17, 인조 5년 정월 20일, 1책 800쪽.
138) 『訓局事例撮要』 上卷, 巡邏 (癸丑[영조 9년 ; 1733] 4월 16일).
139) 『訓局事例撮要』 上卷, 巡邏 (顯廟朝 11년 10월 27일), "訓鍊都監啓曰 …… 京中各坊 三軍門 分三牌 巡審而 不必連夜爲之 上曰 …… 今日都監巡 則後日御營·精抄廳 迭相循還".
140) 『萬機要覽』 軍政編 2, 訓鍊都監, 城內外巡邏字內.

3牌 : 鐘閣에서 敦義門에 이르는 남쪽과 종각에서 駱洞·長興洞에
    이르는 서쪽
4牌 : 종각에서 돈의문에 이르는 북쪽
5牌 : 남대문 밖 哨橋·阿峴·勒橋에서 북으로 西江에 이르는 지역
6牌 : 남대문 밖의 초교·萬里峴 남쪽에서 蘆閣里·屯之山·梨太院
    ·瓦署·氷庫·漢江까지
7牌 : 동대문 밖 安巖洞에서 왕십리·豆毛浦·東水鐵里·纛島 등지
8牌 : 萬里峴에서 西三江에 이르는 지역

이러한 순라의 실시 상황을 보면, 훈련도감은 당번 일이 되면 都城
內는 도감장관 1명이 12명의 도감군을 인솔하고, 都城 外는 장관 1명
이 8명을 거느리고 순찰하였는데, 위와 같이 8牌로 나뉘어 罷漏(통금
해제)가 되기까지 각 지역을 순찰하였다. 이때 도감군을 인솔하는 도
감장관은 기밀 유지를 위해 훈련도감에서 將官의 명단을 올려 국왕의
受點을 받아 임명되었다.141) 그리고 이들은 병조로부터 매일 새로이
入直 堂上官이 정한 軍號(言的이라고도 함)를 받아 순찰시 만난 통행
인들에게 이를 확인하였는데, 군호를 물어 대답하지 못하면 犯夜人으
로 체포하였다.142) 군호는 대체로 두 글자로 작성되었는데 成敗라든가
興亡, 得喪과 같은 불길한 글자는 사용하지 못하도록 하였다.143) 한편
이들은 밝은 횃불을 들고 큰 소리를 내면서 순찰하여 범죄를 억제하였
다. 또 범인들이 어둠을 타고 은밀히 범행을 저지를 것을 우려하여 앞
에서 언급한 바와 같이 영조 9년의 別巡邏가 규정되기도 하였다.144)

---

141) 『訓局事例撮要』 上卷, 巡邏 (肅廟朝 9년 3월 25일), "入侍時 內入番訓鍊都
    監·禁衛營將官 依守門將例 列名書入 受點後 入番事 榻前下敎".
142) 『肅宗實錄』 권15下, 숙종 10년 10월 丙辰, 39책 17쪽 ; 『續大典』 권4, 兵典,
    行巡, "城內外行巡 牌將軍士 或相遇問 軍號不通者 則以犯夜人捕治'".
143) 『肅宗實錄』 권32下, 숙종 24년 12월 甲午, 39책 516쪽, "上下敎曰 文字不爲
    不多 而今日軍號 以成敗二字書入 事極無據 兵曹當該堂上罷職 …… 軍號
    例不用興亡·得喪等字".
144) 『訓局事例撮要』 上卷, 巡邏, (當宁[英祖] 6년 5월 일 ; 9년 4월 18일).

이러한 순라군은 국가에서 그 권위를 인정하여 太廟와 궁궐 문을 지날 때에도 말에서 내리지 않고, 또 길에서 왕명을 전달하는 官人을 만나도 회피하지 않는 것을 규칙으로 하였다.[145] 따라서 순라군의 위세는 대단하여 현종 6년(1665)에는 成均館 奴가 夜禁을 범하자 순라를 담당한 도감군들이 성균관 안으로까지 돌입하여 이들을 체포한 적도 있었다.[146] 이것은 후에 문반 관료와 유생들이 거세게 항의하는 등 사회문제가 되기도 하였다.

이상과 같이 도감군은 5營에 입직하여 서울의 경비를 담당하였고 또 捕盜와 巡邏 업무도 아울러 수행하였다. 이와 더불어 훈련도감은 서울의 방위를 책임지고 있었기 때문에 도성과 북한산성의 수축과 관리도 담당하였다. 물론 이것도 御營廳・禁衛營과 분담하였다. 도감군은 설립이래 도성이 무너진 곳을 수축하는데 동원되었다.[147] 이것은 훈련도감이 서울의 방위를 담당하였기 때문이지만 일반 민을 徭役이나 募立制로 동원하는 것보다 도감군을 동원하는 것이 국가로서는 부담이 적은 이유에서였다. 그런데 숙종 17년 江都 築城 문제가 거론되었을 때 도감군은 輦下親兵으로서 서울을 벗어나면 안 된다는 이유로 강화도 築城役이 면제되기도 하였다.[148] 훈련도감은 서울의 방위를 주목적으로 하는 군대였기 때문이다.

그 후 숙종 29년(1703)부터 都城을 母城으로 하고, 이에 인접한 北漢山城을 子城으로 하여 수도 방위체제를 확고히 하자는 주장이 제시되면서 도성과 북한산성의 축조가 이루어지는데 훈련도감은 이러한 築城役에 참여하였다.[149] 이 무렵에 이르러 이와 같이 국가방위 태세

---

145) 『訓局事例撮要』 上卷, 巡邏 (肅廟朝 18년 9월 27일), "巡邏將官 經過闕門 不爲下馬 自是軍門通行之規".

146) 『顯宗改修實錄』 권13, 현종 6년 6월 庚申, 37책 450쪽.

147) 『肅宗實錄』 권10, 숙종 6년 9월 戊辰, 486쪽.

148) 『肅宗實錄』 권23, 숙종 17년 6월 丁丑, 39책 247쪽, "領議政權大運 以江都築城事陳白日 訓鍊都監之軍 乃輦下親兵 固不可赴役於遠外".

149) 都城과 北漢山城의 修築에 대해서는 다음 글이 자세하다. 李泰鎭, 「英祖代

가 종전의 남한산성과 江都를 중심으로 하던 체제에서 도성중심 체제
로 전환하게 되는 데, 이에 대한 이유는 이미 지적된 바 있다. 즉 이 시
기에 잇따른 흉년으로 내란이 우려되었고, 또 이러한 상황에서 번상군
인 禁衛營・御營廳의 잦은 停番으로 중앙군영의 군사력이 약화되자
도성을 견고히 하여 도성 민을 동원하는 방어체제가 주목되었다는 것
이다. 특히 18세기 초의 도성은 상업적 분위기가 크게 조성되어 이 시
기에 대두된 都城과 北漢山城의 築城論은 중앙 도성의 방위를 軍營
에 전적으로 의존하지 않고, 도성 내에 재산과 이권을 가진 도성 민에
기대를 두고 그들을 동원하는 새로운 방어책을 모색한 형태였다고 한
다.[150]

이에 덧붙여 도성중심의 방위체제로 전환하게 되는 이유로는 도성
주민 내에 군인 가족들이 다수 존재하고 있다는 군제의 변화도 생각할
수 있다. 앞에서 살펴본 바와 같이 인조 2년에 발발한 이괄의 난에서
도감군 900여 명이 국왕의 호위에 응하지 않고 도망갔는데, 이것은 도
성 내에 자신들의 가족이 거주하고 있었기 때문이었다.[151] 이괄의 반
군이 남하해올 때 張維는 公州로 播遷하는 국왕의 扈從에 도감군이
동원되어야 한다는 훈련대장 申景禛 등의 주장에 대해

　　都監砲手의 父母妻子는 모두 京中에 있으니 도감군들은 부모처자
　　를 버리고 호종에 따르지는 않을 것이다. 적이 만약 入城하면 이들은
　　반드시 적에게 투입할 것이니 이것이 이른바 적을 도와주는 것이
　　다.[152]

　　의 王權 신장과 都城守備體制의 확립」, 앞의 책, 1985 ; 元永煥, 「都城과 首
　　都防衛」, 『朝鮮時代 漢城府 研究』, 江原大 出版部, 1990 ; 李珥秀, 「18세기
　　北漢山城의 축조와 經理廳」, 『淸溪史學』8, 1991.
150) 李泰鎭, 앞의 글, 232~236쪽 ; 李珥秀, 앞의 글, 167~168쪽.
151) 『仁祖實錄』권4, 인조 2년 2월 己亥, 33책 582쪽, "上在公州 上曰 …… 都監
　　軍士逃亡者甚多 何以處之 元翼曰 逃者戀妻子也 非眞叛也 上曰 臨亂逃走
　　何異於叛 築曰 若——罪之 恐軍情不安".
152) 『仁祖實錄』권4, 인조 2년 2월 辛卯, 33책 577쪽.

라고 반박하면서, 도성에서 결전을 치를 수밖에 없다고 주장하였다. 17
세기 후반이후 도감군 가족이 서울 주민에서 차지하는 비율은 더욱 증
가하였다. 후술하는 바와 같이 현종 4년(1663)에 이르러 도감군은 한성
부 戶數의 10% 내외를 차지하였고, 新兵도 서울 주민으로 충원되고
있는 실정이었다. 이처럼 조선후기에는 도감군이 서울에서 가족을 거
느리고 생활하였으므로 방위 체제도 자연히 조선전기와 같을 수 없었
다. 조선전기의 중앙군인 甲士와 正兵등은 모두 지방에서 거주하면서
번상하고 있는 자들로서 국왕과 지배층은 유사시 도성을 버리고 이들
을 이끌고 전쟁 수행을 할 수 있었으나 이제는 그럴 수 없었다. 군인들
이 가족을 버리고 전쟁에 참여하려 하지 않기 때문이었다. 이에 정부
내에서 "一城內外 便是父子 兵以死戰之"153)라 하여 도성중심의 방위
체제를 강화하자는 주장이 대두하게 되고 결국 정부는 이러한 방향으
로 나아갔던 것이다.

위와 같이 숙종대에 주목된 도성중심 방위체제의 강화로 인해 동왕
29년(1703)의 북한산성 始築, 同王 30년의 都城 修築, 동왕 37년의 북
한산성 축조, 동왕 44년의 蕩春臺 土城 축조 등이 착수되었다. 그런데
이때 完築을 본 것은 37년(1711)의 북한산성 축조뿐이었고, 나머지는
거의 완성 단계에서 그치고 英祖代에 가서 완성되었다고 한다.154) 이
러한 축성 사업은 주로 군영의 재력으로 추진하였는데 특히 북한산성
의 축성은 훈련도감, 어영청, 금위영 등 3군문을 중심으로 추진되었다.
북한산성 축성 시 3군문이 담당했던 구역과 축성의 규모, 그리고 축성
경비 내역을 살펴보면 다음 <표 5-3>, <표 5-4>와 같다. 이와 같이 3
군문에 의해 완성된 북한산성은 그 후 經理廳에서 관리하다가, 영조
23년(1747)에 摠戎廳의 소관으로 넘어갔다. 그러나 3군문의 군수창고

---

153)『肅宗實錄』권38上, 숙종 29년 3월 庚申, 40책 10쪽, "右議政申玩曰 …… 苟
能築斯城 鍊器械峙饒糧 君臣上下 一心堅守 宗社免播越之辱 都民無渙散之
慮 一城內外 便是父子 兵以死戰之 卒守天險之地 豈非萬全之策也".
154) 李泰鎭, 앞의 책, 1985, 236쪽.

를 산성 내에 설치하였고, 산성의 각 지역을 분담하여 把守와 補修의 책임을 맡아보았다.[155]

<표 5-3> 3軍門 담당 북한산성 축성 구역 및 규모

軍營	담당 구역	길 이 (步)					合女墻	城門數
		高築	半築	半半築	女墻	計	(堞)	
訓鍊都監	水門北邊~龍 巖	1,052	771		469	2,292	704	4
禁衛營	龍巖南邊~普賢峯	474	1,836	511		2,821	1,107	4
御營廳	普賢峯~水門南邊	1,220	299		988	2,507	986	5
計		2,746	2,906	511	1,475	7,620	2,707	13

<표 5-4> 3軍門의 북한산성 축성 經費[156]

軍營	米	木	錢文	正鐵	薪鐵	石灰	炭
訓鍊都監	5,381石	246同47疋	11,200兩	1,255斤	84,426斤	2,813石	5,259石
禁衛營	6,000石	286同34疋	12,900兩	900斤	78,233斤	4,829石	4,905石
御營廳	5,000石	233同31疋	10,500兩	630斤	66,621斤	1,996石	4,659石
計	16,381石	767同12疋	34,600兩	2,785斤	229,180斤	9,638石	14,859石

典據 : 『備邊司謄錄』63, 숙종 37년 10월 18일, 「北漢築城別單」, 6책 290~291
쪽.

숙종대의 이러한 도성 중심 방위체제는 영조대에 들어 더욱 내실을 다지게 된다. 숙종대에는 都城과 北漢山城의 축조라는 물적인 면에 관심을 집중시킨 반면, 영조대에 들어와서는 도성민 전체를 방위체제에 편입시키는 인적 관리에 보다 많은 관심을 기울였다. 우선 영조 21년 (1745)에 숙종대에 축조된 도성의 보수를 위해 훈련도감·금위영·어 영청의 담당구역이 획정되었다. 이 획정은 보수의 책임뿐만 아니라, 守 堞의 책임까지 부여한 것으로 그 구역은 다음과 같다.[157]

155) 『萬機要覽』軍政編 2, 訓鍊都監, 都城分守字內, 北漢山城分守字內 ; 軍政編 3, 摠戎廳, 北漢山城.
156) 축성경비에는 이 이외에도 生葛, 四升布, 小帽子 등이 더 소요되었는데 이 표에서는 생략하였다.
157) 李泰鎭, 앞의 책, 1985, 252쪽 ;『英祖實錄』권62, 영조 21년 7월 丙子, 43책 186쪽.

訓鍊都監 : 肅靖門 東邊~敦義門 北邊에 이르는 4,850步
禁 衛 營 : 敦義門~光熙門 南村家後에 이르는 5,042步半
御 營 廳 : 光熙門~肅靖門에 이르는 5,042步半

영조는 3군문의 도성 담당 구역을 위와 같이 나눈 이후, 5部民들을 여기에 分屬시켜 유사시 도성 방위에 가담하게 하는 계획을 수립하도록 하였다. 이러한 도성 방위책은 이미 조선전기 오위제에서 시행된 바 있었다. 오위제는 五衛의 각 衛에 중앙군과 아울러 서울의 5部民, 지방군을 分屬시킨 군 편제였다. 그러나 오위제의 붕괴 이후 앞에서 살펴본 바와 같이 선조 29년(1596) 훈련도감에서 5營에 5部民과 지방군을 분속시키자는 주장이 있었으나 주목을 받지 못하다가, 숙종대 후반에 들어 다시 5部 坊民을 軍門에 분속하자는 주장이 李光迪에 의해 제기되었다. 이광적은 숙종 30년(1704) 3월 兵曹參判 재직 시 '內守外禦之策 14條'를 올리는 가운데 5부 방민을 각 군영에 분속시키자고 주장하였고,158) 숙종 36년 10월에도 같은 주장을 담은 長文의 상소를 올렸다.159) 그러나 이 때에도 이광적의 주장은 채택되지 못하였다. 그런데 이것은 영조대에 들어 국왕의 적극적인 의지에 따라 실현을 보게된다. 즉 영조는 도성 수비에 대한 확고한 의지를 여러 차례 강조하였고, 이러한 국왕의 의지에 따라 영조 22년(1746) 12월 「守城節目」이 반포되었다. 이로써 5부민의 군영 분속이 다시 이루어지게 되었다.

「守城節目」은 모두 5조로 구성되었는데 그 내용은 다음과 같다.160) 첫째, 도성 안 5부 民戶를 거주지 부근의 3영(훈련도감·어영청·금위영)에 분속시킨다. 둘째, 3營이 담당하는 城堞는 前·左·中·右·後의 차례로 5停으로 나누고 순차대로 訓前·訓左·訓中·訓右·訓後 식으로 刻字한 돌을 세워 담당 구역을 표시한다. 셋째, 군문이 수비해

---

158) 『肅宗實錄』 권39, 숙종 30년 3월 癸卯, 40책 72쪽, "坊民不可不分屬各營也".
159) 『肅宗實錄』 권49, 숙종 36년 10월 甲子 40책, 370쪽.
160) 『英祖實錄』 권64, 영조 22년 12월 丁卯, 43책 230~231쪽.

야 하는 성타를 이미 다섯 구간으로 나누었으니 만약 군영 전체가 수
비하게 되면 군영의 5部가 5停을 나누어 지키고, 1部가 수비하게 되면
5司가 5停을 나누어 지키고 1司가 수비하게 되면 5哨가 5停을 나누어
지킨다. 넷째, 도성의 5部 各契는 모두 小旗를 준비하는데 그 바탕색
은 훈련도감에 속하면 黃色, 금위영은 靑色, 어영청은 白色으로 하고
여기에 각각 某部 某契와 訓前·訓左 등의 글자를 적어 표식으로 삼
는다. 다섯째, 비상시 每戶마다 노약자와 守家人을 제외하고 모두 守
城에 나서 힘을 합쳐 도성을 지킨다.

　영조 22년 12월 「수성절목」이 반포된 이후, 그 이듬해인 영조 23년
4월에는 구체적인 시행규칙으로서 「五部分屬三營節目」161)이 작성되
었다. 여기에서는 훈련도감이 관장하는 肅靖門~敦義門까지의 城堞에
한성부 中部와 北部 民戶 8,501호를 분속시킨다고 규정하였다. 그래서
每 式年마다 한성부에서는 군문에 분속된 坊·契의 戶口 總數를 조사
하여 군문과 병조에 보고하고, 비상시에는 各部의 관리가 부민을 이끌
고 分屬된 성타에 올라 守城 활동에 참여하도록 규정하였다. 그 후 同
王 27년(1751)에는 5部 坊民에게 이러한 사항을 주지시키기 위해 「御
製守城綸音」, 「都城三軍門分界之圖」, 「都城三軍門分界總錄」, 「守城
節目」 등을 간행·반포하였다.162) 그런데 영조 27년(1751)의 3軍門分
界는 영조 23년의 「五部分屬三營節目」과는 약간의 차이가 있으니 훈
련도감은 北部를 중심으로 西部·中部의 일부, 금위영은 남부를 중심
으로 中部·西部의 일부, 어영청은 東部를 중심으로 中部·西部의 일
부를 담당하도록 하였다. <표 5-5>와 <지도 5-1>은 위와 같은 조치
에 의해 훈련도감에 분속된 한성부의 部·坊·契와 그 구역을 지도로
표시한 것이다. 이 표와 지도에서 보는 바와 같이 훈련도감은 각종 궁
궐과 정부기관이 위치한 정치적으로 중요한 지역을 담당하고 있었다.

161) 『備邊司謄錄』 117, 영조 23년 4월 19일, 11책 722~723쪽.
162) 『守城綸音』(奎3756).

<지도 5-1> 都城三軍門分界之圖(模寫) [典據：『守成綸音』(奎 3756)]

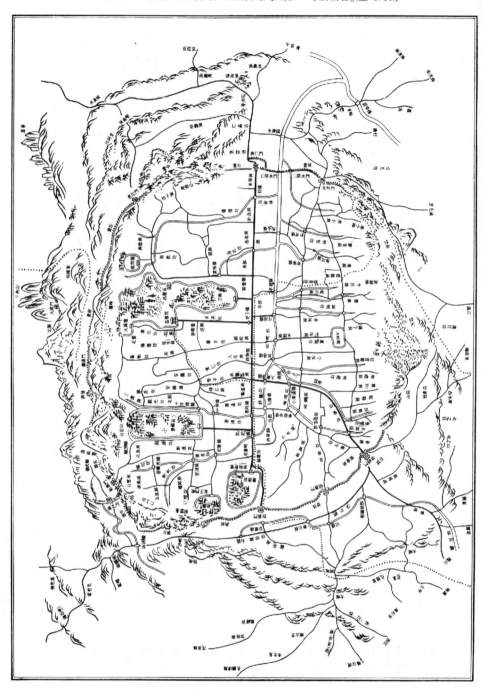

<표 5-5> 훈련도감에 分屬된 漢城府 部・坊・契

所屬	部	坊	契
訓前	西部 (城內)	여경방	신문내계
		적선방	야주현계・당피동계・필전계・공조후동계・사역원계・율학청계・도염동계・사헌부내계・병조내계・형조내계
		인달방	분선공내계・사직동계・내수사계・내행랑계・내섬내계・봉상시계
	(城外)	반송방	지하계・경영고계
		용산방	마포계
訓左	北部 (城內)	순화방	사재감계
		의통방	왕정리계・후동계
	西部 (城外)	반송방	조판부사계・수근전계・노첨정계・권정승계・청성군계
		용산방	공덕리계・토정리계
訓中	西部 (城內) (城外)	인달방	수성궁내계
		적선방	원변계・사온동계・중추부내계・예조내계・종각계・십자각계
		용산방	옹리상계・하계
		서강방	흑석리계・율도계・신정리계
	北部 (城內)	준수방	준수방계
		의통방	연추문계
		관광방	관광방계
訓右	北部 (城內)	진장방	진장방계・관광방계・중학내계・의정부내계
	(城外)	無坊	합정리계・망원정일계・이계・여의도계・세교리계
	西部 (城外)	서강방	신수철리계・구수철리계・창전리계・하중계・수일리계・당인리계
	中部 (城內)	징청방	이조내계・한성부내계・후동계・호조내계・후문계・고례조계・판정동계・전함사계・변종견계・두석동계・비변사계
		수진방	수진궁내계・행랑계・간동계・송현계・제용하계・사복전계・천변계・개정동계・상사동계・청성군계・종현병문계・상어물전계
訓後	北部 (城內)	광화방	광화방계
		양덕방	양덕방계
		가회방	가회방계
		안국방	안국동계
	(城外)	無坊	아현계・연희궁계・성산리계・가좌동계・증산리계・신사동계・갈고개계・역계・사계・불광리계・수암리계・수생리계・조지서계・경리청계・선혜청계・양철리계・구리계・말흘산계・홍제원계
	中部 (城內)	수진방	상미전계
		견평방	금부내계・후동계・전의감동계

典據:『守城綸音』(奎 3756) 都城三軍門 分界總錄.

2) 胡亂時의 赴防과 기타 군사 활동

(1) 胡亂時의 赴防

도감군은 중앙군이었지만 병자호란 전까지 국경의 수비를 위한 赴防에도 동원되었다. 중앙군의 중추적 군사력이 서울을 떠나 부방에 동원되는 것은 드문 일이었다. 조선전기의 경우에는 부방을 전담하는 兩界甲士가 京甲士와는 별도로 성립되어 분리·운영되고 있었다.163) 따라서 중앙군의 중추적 군사력이었던 경갑사는 부방의 의무에서 제외되고 있었다. 그러나 갑사의 소멸에 따라 양계갑사 역시 소멸되어 갔으며, 이에 따른 국경 수비 군사력의 공백을 일시적으로 도감군의 부방으로 보충하였던 것이다.

도감군의 부방 임무는 이들이 임진왜란 시 각 처의 戰場에 투입되었던 것에서 비롯되었다. 즉 도감군은 훈련도감 설립 즉시 "訓鍊都監 砲手중 무예가 뛰어난 자를 선발하여 下送하십시오"164)라는 비변사의 上啓에 의해 각 처의 戰場으로 투입되었다. 이에 따라 훈련도감이 설립된 이듬해인 선조 27년 7월 영의정 유성룡은 도감군 600명중 270명이 경상도 등 각 처의 戰場에 투입되어 서울에 남아있는 인원은 단지 330여 명에 불과하다고 말하고 있다.165) 당시 도감군 군액의 절반 가량이 각 지방에 내려가 있는 것이다. 이러한 도감군의 지방 파견은 임진왜란 말기까지 계속되었다. 정유재란 시 남원이 함락되자 정부에서는 도감군을 全州·公州 등에 투입하여 왜군의 북상을 저지하려 하였다.166) 당시 도감군은 국내에서 가장 우수한 정예병으로 인식되어,167) 이들이 동원되어야 왜적의 방어를 효과적으로 수행하리라는 전시정부

---

163) 兩界甲士에 대해서는 吳宗祿, 「제V장 兩界의 兵種과 軍役」, 「朝鮮初期 兩界의 軍事制度와 國防體制」, 고려대 박사학위 논문, 1992, 274~288쪽 참조.
164) 『宣祖實錄』 권46, 선조 26년 12월 丁卯, 22책 188쪽.
165) 『宣祖實錄』 권53, 선조 27년 7월 己卯, 22책 306쪽.
166) 『宣祖實錄』 권91, 선조 30년 8월 乙酉, 23책 285쪽.
167) 『宣祖實錄』 권102, 선조 31년 7월 壬寅, 23책 471쪽, "成龍曰 …… 此軍 唐將亦稱其可用 自經蔚山戰之後 盆加稱賞曰 此軍一千 足當唐 砲手 五千云矣".

의 판단에서였다. 그러나 도감군의 지방 파견으로 그들의 본 임무인 서울의 경비와 방위가 소홀하게 되어, 도감군은 수도 방어에만 전념해야 된다는 지적도 계속 제기되었다.[168] 임진왜란 시 이러한 도감군의 지방 파견이 국경 수비를 위한 赴防의 선례가 되었다.

도감군은 가족을 거느리고 서울에 상주하면서 급료를 받고 생활하는 군인이었기 때문에, 도감군이 지방으로 파견되었을 경우 급료는 그 가족들의 생활을 위해 가족에게 지급되어야 했다. 이렇게 赴防軍의 가족에게 지급하는 급료를 妻料라고 하였다. 지방에 파견되는 도감군은 정부에서 별도로 지급한 식량을 가지고 가거나, 각 지방의 군량으로 防所에서 생활하였고,[169] 그의 급료 전체가 妻料로서 서울에 거주한 가족들에게 지급되었던 것이다.[170] 그러나 임란 중에는 국가 재정의 결핍으로 인해 妻料가 제대로 지급되지 않아 도감군 가족들이 정부 당국에 몰려와 항의를 하기도 하였다.[171] 한편 선조 30년 10월 정유재란으로 각 지방에 파견된 도감군들이 서울로 다시 돌아왔을 때, 서울에 살던 가족들이 피난을 가서 그 소재를 알 수 없게 되자 군인들이 '日夜號泣'하는 경우도 있었다. 이때 정부에서는 도감군들에게 별도의 휴가를 주어 그 가족들을 찾아보도록 조처하였다.[172]

임진왜란 당시 도감군들은 주로 南道에 赴防하여 왜적을 방어하였다. 그러나 임진왜란이 종결된 후에도 부방은 중지되지 않았다. 다시 여진족의 위협에 대비하기 위해 北道로 赴防을 가기 시작한 것이다. 도감군의 北道 赴防은 선조 32년(1599) 7월 함경도 부방을 위해 500명이 파견된 것으로 시작하였다.[173] 그 후 북도 부방은 계속되어 선조 33

---

168) 『宣祖實錄』 권92, 선조 30년 9월 戊戌, 23책 292쪽, "城中空虛 軍士甚少 砲殺手 八百餘名 今又南下 非徒宿衛虛疎".

169) 『仁祖實錄』 권23, 인조 8년 7월 庚辰, 34책 387쪽.

170) 『宣祖實錄』 권54, 선조 27년 8월 壬子, 22책 322쪽 ; 『仁祖實錄』 권7, 인조 2년 9월 壬子, 33책 639쪽, "入防軍廩料 則例給其妻子".

171) 『宣祖實錄』 권75, 선조 29년 5월 癸巳, 22책 713쪽.

172) 『宣祖實錄』 권93, 선조 30년 10월 庚辰, 23책 325쪽.

년 정월에는 "都監砲手들이 모두 北道로 赴防하여 서울에 남아있는 군인은 거의 없다"라 할 정도였다.174) 이와 같이 중앙군인 도감군이 南道·北道 등에 부방으로 동원되자, 실록 편찬 시 史官은 "兵이라는 것은 衛國의 바탕인데 중앙군(京師) 수백 명이 북방, 남방 등으로 파견되어 나라의 방위를 전담하는 실정이니, 비록 나라가 아니라고 말해도 할 말이 없을 것이다"175)라고 비난하기도 하였다.

북방의 정세가 위급할 때는 증액하기도 했지만, 선조 33년부터 선조 말까지 대략 150~200명의 도감군들이 교대로 부방 하였다. 그러나 교대가 순조롭게 시행되지 않아 도감군들이 고통을 겪기도 하였다.176) 이러한 도감군의 부방에 대해 선조 36년 9월 선조는 "훈련도감은 원래 부방을 위해 만든 것이 아닌 데 매년 부방을 하여 군인들이 원망하고, 王都를 지키는 군대를 지방으로 보내니 서울의 방위가 근심스럽다"고 하고는, "지금까지 훈련시킨 지방군은 어디에 쓰느냐"고 하면서 신하들을 질책하였다.177) 광해군 원년 10월 광해군 역시 "邊臣들이 비록 매번 京砲手 入防軍의 증액을 요청하지만 輦下親兵을 변방으로 보내는 것은 不可하다"178)라고 하였다. 그러나 "今之賊勢 非砲手則 不能當"179)이라는 인조대 備邊司의 판단과 같이 당시 여진족의 방어에는 도감군이 가장 효과적이었기 때문에 국왕의 불만에도 불구하고 도감군의 부방은 계속되었다.

도감군의 부방은 인조대에 들어와 그 중요성이 더욱 강조되었다. 이것은 親明反淸(後金)의 명분을 표방하면서 출범한 인조 정권으로서는 예상되는 후금의 침입에 대한 대비에 만전을 기하여야 했기 때문이었

---

173) 『宣祖實錄』 권115, 선조 32년 7월 丙子, 23책 656쪽.
174) 『宣祖實錄』 권121, 선조 33년 정월 丁卯, 24책 27쪽.
175) 위와 같음.
176) 『宣祖實錄』 권126, 선조 33년 6월 己卯, 24책 76쪽.
177) 『宣祖實錄』 권166, 선조 36년 9월 戊午, 24책 536쪽.
178) 『光海君日記』 권21, 광해군 원년 10월 甲子, (太白山本) 1책 251쪽.
179) 『承政院日記』 51, 인조 14년 2월 30일, 3책 312쪽.

다. 특히 인조 2년(1624)에 발발한 이괄의 난에 의해 국경 수비 군사력
은 크게 손상을 입은 실정이었다.[180] 이에 따라 국경 수비를 책임지고
있던 지휘관들은 도감군의 병력과 군수 지원을 계속 요청하였고,[181]
훈련도감은 이에 응하여 군인과 무기・화약 등을 派送하였다. 이 시기
도감군의 부방은 例防과 別防으로 구분되었다. 例防은 年例的으로 하
는 부방으로서, 압록강과 두만강의 강물이 얼어붙는 동절기에 실시되
었다. 例防에는 대개 도감군 1~3哨가 동원되었다.[182] 한편 別防은
정세가 위급할 때 수시로 실시하였으며, 동원되는 군인의 수도 일정하
지 않았다. 그러나 인조대에 들어 후금의 침입이 끊임없이 우려되는
속에서 부방 군인의 교체가 정상적으로 실시되지 않아, 그 군인의 가
족들이 관청으로 몰려와 도감군을 빨리 교체하여 이들을 보내줄 것을
요청하는 일들이 벌어지곤 하였다.[183]

　도감군의 赴防에 대한 정부의 부담도 적지 않았다. 이들이 부방할
때마다 병조에서는 도감군 1인당 步木을 1疋씩 별도로 지급하였고, 또
3명당 刷馬 1匹과 每哨당 軍器載持馬 3~4필을 지급하여야 했다. 한
편 戶曹에서도 亢羅鞋나 落幅紙를 이들에게 지급하였다.[184] 落幅紙는
文科 등 각종 시험에서 낙방한 시험지나 休紙로서 당시 사람들은 이
것을 이용하여 紙衣를 만들거나 이불솜으로도 사용하였다.[185] 즉 防寒

180) 정묘・병자호란시 방어체제의 실태에 대해서는 李泰鎭, 「一章 17세기 朋黨
　　政治의 전개와 中央軍營制의 발달, 二節 丁卯・丙子胡亂과 軍營體制의 발
　　전」, 앞의 책, 1985 참조.
181)『仁祖實錄』권6, 인조 2년 7월 己未, 33책 628쪽 ; 권7, 인조 2년 12월 丁末,
　　33책 666쪽, "都元帥李弘胄馳啓 請得訓鍊都監成才砲手 及軍器火藥 以爲防
　　備之用".
182)『仁祖實錄』권6, 인조 2년 8월 甲午, 33책 636쪽, "都監砲手 三哨 合氷之後
　　例爲入防".
　　『仁祖實錄』권14, 인조 4년 8월 丙辰, 34책 132쪽, "京砲手 年例入防者 一
　　哨".
183)『承政院日記』40, 인조 11년 8월 4일, 2책 843쪽.
184)『承政院日記』1, 인조 원년 4월 3일, 1책 12쪽 ; 9, 인조 3년 9월 25일, 1책
　　387쪽 ; 17, 인조 5년 정월 19일, 1책 800쪽 ; 23, 인조 6년 10월 7일, 2책 25쪽.

用으로 이것을 도감군에게 지급한 것으로 보인다. 또 赴防을 떠나는 군인들을 국가에서는 試才論賞하여 이들의 사기를 올려주었다.[186]

그러나 도감군의 赴防 임무는 고된 것이었다. 국경 지역에서 여진족의 침입이 우려되는 긴박한 상황이 발생했을 경우나 전투가 진행될 경우에는 정상적인 교체가 이루어지지 않아 몇 년씩 가족과 떨어져 있어야 했다. 또 전투 중에 생명을 잃는 일도 비일비재하였다. 정묘호란이 발발했을 때 義州・昌城・安州가 함락되어 도감군 4哨가 전멸되기도 하였다.[187] 이에 수많은 도감군들이 도망병에 대한 엄벌에도 불구하고 赴防地에서 도망을 감행하였다.[188] 그러나 도감군의 赴防은 병자호란에서의 항복으로 병자호란 이듬해인 인조 15년(1637)에 '無防守之事'[189]라는 이유로 종료되었다. 이후 도감군의 부방 임무는 사라지게 되었다.

(2) 지방군 훈련

훈련도감은 중앙군으로서 궁궐의 시위와 서울 방어를 주임무로 했지만, 임진왜란 당시 훈련도감은 지방군 훈련에 관한 일에도 관여하였다. 훈련도감은 당시 조선 내에서 가장 일찍 최신의 무기와 최신의 전술을 익힌 군대로서 이러한 무기와 전술을 지방으로 보급・확산하는 일을 담당하였던 것이다.

즉 훈련도감은 각종 兵書를 편찬하여 신 전술을 각지에 보급하고,[190] 地方軍制의 개혁에도 관여하였으며,[191] 지방군 훈련의 임무도

---

185) 李圭泰, 「우리 옷의 재료」, 『한국인의 생활구조』, 기린원, 1991, 89～93쪽.
186) 『仁祖實錄』 권6, 인조 2년 5월 己卯, 33책 620쪽.
　　 『仁祖實錄』 권12, 인조 4년 3월 戊午, 34책 82쪽, "命訓鍊都監砲殺手赴西者試才論賞".
187) 『承政院日記』 40, 인조 11년 8월 18일, 2책 844쪽.
188) 『仁祖實錄』 권23, 인조 8년 7월 己卯, 34책 386쪽.
189) 『承政院日記』 56, 인조 15년 3월 28일, 3책 633쪽.
190) 『宣祖實錄』 권64, 선조 28년 6월 甲寅, 22책 510쪽, "訓鍊都監啓曰 都監方抄

맡고 있었다.192) 이때 지방군의 훈련은 훈련도감이 직접 담당한 것이
아니라 지방 監司의 책임 아래 守令 및 各面의 勸農·里正 등이 그
실무를 맡아보았다. 그래서 監司는 관할 지역의 지방군 훈련 상황을
훈련도감에 보고하면, 훈련도감은 때때로 郎廳 등을 파견하여 훈련 상
황을 점검한 후 성적이 좋은 지방 수령은 파격적으로 施賞하고 그렇지
않을 경우 罷職論罪하는 형태를 취하였다.193)

지방군 훈련을 책임진 지방관들은 중앙 정부에 조총 사격술을 지방
군에게 가르칠 敎師들을 파견해 줄 것을 요청하였고,194) 이에 따라 훈
련도감에서는 조총술에 능숙한 도감군을 선발하여 敎師隊를 편성하고
이들을 전국 각지에 파견하였다.195) 한편 훈련도감은 지방군 훈련 이
외에도 인조대에 들어 새로이 설립된 총융청 군사들의 교련을 맡기도
하였고,196) 지방에서 번상으로 上京한 正兵들의 훈련도 일시적으로 관
장하였다.197)

  (3) 捉虎

훈련도감은 서울과 경기도 각처에서 호랑이를 잡는 임무도 맡아보
았다. 호랑이는 조선시대 전 시기를 통해 전국 각지에서 인명과 가축

紀效新書 爲撮要一卷 以便觀覽 又抄操鍊變陣之法爲一書 且逐條圖畫".
191) 『宣祖實錄』 권73, 선조 29년 3월 乙酉, 22책 661쪽.
192) 『宣祖實錄』 권62, 선조 28년 4월 丙寅, 22책 487쪽, "大槪都監 旣任訓鍊之責
  則使不但勾管 京中累百之卒 外方所鍊之兵 亦當總領".
193) 『宣祖實錄』 권58, 선조 27년 12월 己酉, 22책 407쪽.
194) 『宣祖實錄』 권123, 선조 33년 3월 庚午, 24책 52쪽 ; 권133, 선조 34년 정월
  庚戌, 24책 179쪽, "備邊司啓曰 …… 今全羅道諸處 方請敎師 令訓鍊都監
  精抄成才 砲殺手各十名 陣法殼者 一二人 或一時跟行分送 或留待文以下送
  觀其所爲 以施賞罰何如 傳曰允".
195) 敎師隊의 명칭은 『宣祖實錄』 권187, 선조 38년 5월 壬辰, 25책 66쪽에 보인
  다. 그런데 이후 교사대의 명칭을 實錄에서 찾을 수 없어 宣祖末에 이르러
  폐지 된 것으로 보인다.
196) 『仁祖實錄』 권8, 인조 3년 정월 壬子, 33책 667쪽.
197) 『仁祖實錄』 권19, 인조 6년 9월 丙戌, 34책 294쪽.

을 살상하는 대표적인 惡獸로 지목되었다. 그래서 조선전기에는 중앙 군 중에서 가장 무예가 뛰어난 병종인 甲士내에 捉虎甲士 440員을 별 도로 설치하여 호랑이 사냥을 전담하도록 하였다.198) 또 각 지방에서 호랑이를 잡은 守令은 品階를 올려주고, 鄕吏·驛吏·賤人 등에게는 身役을 면제해주거나 綿布를 지급한다고 하면서 호랑이 사냥을 장려 하였다.199) 그런데 조선전기 갑사의 소멸과 더불어 捉虎甲士 역시 소 멸되자, 조선후기에서의 捉虎의 임무는 도감군으로 대체되었다.

조선후기에도 虎患은 적지 않았다. 호랑이는 昌德宮 後苑과 含春苑 등 궁성 주위까지 출몰하였고,200) 仁王山 성밖에서 나무하는 사람을 잡아먹기도 하였다.201) 또 숙종대에는 동대문 밖에 있는 祭基里에 호 랑이가 나타나 民家에 침입하여 인명을 해쳤으며,202) 西郊 근처에서도 사람을 해쳤다.203) 이 이외에도 "惡虎害人 八路同然",204) "惡虎嚙殺 人命之患 遍於八路"205)라 하여 호랑이로 인한 人命 피해가 전국에 걸 쳐 자못 심각한 상태였다고 한다. 이러한 상황에서 특히 서울과 경기 도 근처의 虎患을 막는데 도감군이 동원되었다.

훈련도감의 착호 임무는 그 후 3군문 체제의 확립과 함께 어영청· 금위영 등과 분담하게 되었다. 그리고 숙종 25년(1699) 11월 「捉虎節 目」이 반포된 후 삼군문의 착호 구역이 구체적으로 설정되었다.206) 이

---

198) 『經國大典』 兵典, 試取, 捉虎甲士 ; 番次都目, 甲士.
199) 『經國大典』 兵典, 軍士給仕, 捕虎.
200) 『宣祖實錄』 권160, 선조 36년 3월 甲戌, 24책 459쪽, "昌德宮後苑 及含春苑 等處 虎豹出入 …… 令訓鍊都監 善手砲人 尋蹤必捕".
201) 『仁祖實錄』 권14, 인조 4년 12월 乙卯, 34책 153쪽.
202) 『肅宗實錄』 권32上, 숙종 24년 7월 庚辰, 39책 497쪽.
203) 『肅宗實錄』 권37, 숙종 28년 10월 丁酉, 39책 701쪽, "右議政申玩曰 近來虎 患滋多 西郊至近之地 至有嚙殺人者 請令三軍門砲手 因御供 山猪獵行 兼 捕惡虎 上曰申飭軍門 使之捕捉".
204) 『肅宗實錄』 권32上, 숙종 24년 7월 庚辰, 39책 497쪽.
205) 『肅宗實錄』 권36, 숙종 27년 정월 丁酉, 39책 672쪽.
206) 『備邊司謄錄』 50, 숙종 25년 11월 12일, 「捉虎節目」, 4책 843~844쪽.

때 훈련도감의 착호 지역은 高陽·坡州·長湍·開城·豊德·交河·積城·麻田·朔寧·加平·永平·漣川 등으로 정해졌다.[207] 훈련도감은 이 지역 내에서 일체의 虎患을 방지하는 임무를 담당했으며, 이 지역 내에서 호랑이를 잡은 장관과 도감군들에게는 綿布 등을 施賞하였다.

⑷ 禁松과 濬川

훈련도감은 도성 내외 산에서의 禁松과 도성 내 하천의 준설 업무도 담당하였다. 조선전기 이래로 도성 내외 산에서의 伐木과 採石 행위는 일체 금지되었다.[208] 이것은 도성 주위의 산이 황폐해지면 한양의 地氣가 쇠한다고 하는 풍수지리설에 의한 것이지만,[209] 인구밀도가 높은 서울에서 材木이나 땔감용으로 주민들이 도성 주위 산림을 마구 벌목할 경우 산림이 급속히 황폐되고, 홍수 시 토사의 유실, 개천의 범람 등의 피해가 일어나기 때문에 취한 조치라고 생각된다. 이러한 禁松을 위해 한성부에서는 監役官과 山直을 두어 그 업무를 담당하게 하였다.

조선후기에 들어 도성 내외 산의 禁松 규정은 더욱 강화되었다.『續大典』에서는 "京城十里內 入葬者", "空闕松木 偸斫者", "京城十里內 松木犯斫者", "四山標內 木根莎根採取者 土石掘取者" 등은 모두 법에 따라 처벌한다고 규정하고 있다.[210] 심지어『續大典』에서는 枯死한 소나무라도 2株 이상 斫伐할 경우 杖 100, 徒 3년의 엄벌에 처한다고 규정하였다. 이와 같이 금송 처벌규정이 강화된 것은 조선후기 농

---

207)『訓局事例撮要』上卷, 捉虎 (當宁[英祖] 15년 5월 11일).
　　『萬機要覽』軍政篇 2, 訓鍊都監, 捉虎分授.
208)『經國大典』권6, 工典, 栽植. "都城內外山 立標分授旁近人 禁伐木石 定監役官·山直看守".
209)『芝峰類說』권3, 君道部, 法禁.
210)『續大典』권5, 刑典, 禁制.

촌인구의 서울 집중과 서울에서의 목재·땔감의 수요 증가에 따라 주
민들이 국법을 어기고 서울 주위의 산에서 入葬·偸斫·冒耕 등을 행
하는 일이 빈번하였기 때문이었다.[211]

그러나 조선후기의 이러한 금송 정책은 별 실효를 거두지 못하고 있
었다. 증가하고 있는 서울 주민의 수에 비해 禁護를 담당할 山直이나
監役官의 수가 부족하였고,[212] 그나마 있던 산직이란 자들도 소나무
偸賣를 일삼고, 禁松을 담당한 한성부 禁吏도 뇌물을 받고 소나무를
潛賣하는 등 관리들에 의한 背任 행위가 비일비재하였기 때문이다.[213]
이에 따라 영조 30년(1754) 10월 금송의 업무가 한성부에서 훈련도감
·어영청·금위영·총융청 4군문으로 移轉·分授되었다.[214] 그리고
禁松 책임자를 監役官에서 參軍으로 개칭하였다. 이때 마련된 훈련도
감, 금위영, 어영청, 총융청 등 중앙군문의 禁松 담당구역과 牌數를 보
면 <표 5-6>과 같다.

훈련도감은 이러한 담당 구역과 牌數에 따라 內山[215]에는 元禁松軍
4명, 別禁松軍 4명(別武士 1명, 군졸 3명)을, 外山[216]에는 元禁松軍 6
명, 別禁松軍 5명(別武士 1명, 군졸 4명)을 두고 1개월마다 교대하였
다.

조선후기 중앙 군문들은 하천 준설에도 참여하였다. 조선후기에 들
어와 도성 내 인구 집중에 따라 하천에 생활 폐기물들이 쌓이고, 四山

---

211) 조선후기 목재 수요의 증대에 대해서는 黃美淑, 「朝鮮後期 木材需要의 增大
와 國用木材의 調達」, 서울대 석사학위논문, 1994 참조.
212) 『備邊司謄錄』 91, 영조 8년 윤5월 21일, 9책 347쪽, "山直定額 不過十名 其
數甚少 難於禁護".
213) 『備邊司謄錄』 127, 영조 30년 10월 16일, 12책 548쪽.
214) 위와 같음.
215) 內四山이라고도 함. 북쪽의 白岳山, 동쪽의 駱駝山, 남쪽의 木覓山, 서쪽의
仁王山을 가리킴(서울特別市史編纂委員會, 『서울六百年史』 제2권, 1977, 53
쪽 참조).
216) 外四山이라고도 함. 북쪽의 北漢山, 동쪽의 龍馬山, 남쪽의 冠岳山, 서쪽의
德陽山을 가리킴.

<표 5-6> 中央軍門의 禁松 담당구역과 牌數

訓鍊都監	內山	1牌 : 肅靖門, 三淸洞川 서쪽, 北岳에서 彰義門 大路의 동쪽까지
		2牌 : 창의문 대로의 서쪽에서 敦義門 북쪽까지
	外山	1牌 : 沙峴 북쪽에서 西谷城까지, 남으로 鞍峴 제 1·2·3峯의 안까지
		2牌 : 沙峴 서쪽에서 弘濟院橋 大川 上下의 동쪽까지
		3牌 : 弘濟院橋 大川 上下의 서쪽에서 梁鐵坪·末屹山·淨土·加佐洞·城山里까지
禁衛營	內山	1牌 : 돈의문 남쪽에서 承傳路까지
		2牌 : 승전로에서 兄弟井洞의 서쪽까지
		3牌 : 형제정동의 동쪽에서 광희문의 남쪽까지
	外山	1牌 : 萬里倉에서 高山寺基洞의 서쪽까지
		2牌 : 寺垈洞의 동쪽에서 한강로의 서쪽까지
		3牌 : 한강로의 동쪽에서 豆毛浦의 서쪽까지
		4牌 : 두모포의 동쪽에서 院峴의 서쪽까지
御營廳		1牌 : 광희문 안 북쪽에서 숙정문 남쪽까지
		2牌 : 혜화문 밖 남쪽에서 胡踰峴까지
		3牌 : 홍인문 밖 북쪽에서 安巖洞과 車峴 대로까지
		4牌 : 안암동과 祭基峴에서 호유현 삼거리까지
		5牌 : 小墨兒에서 伐里와 수유현 동쪽까지
摠戎廳		北山을 전담한다.

典據 : 『備邊司謄錄』 127, 영조 30년 10월 16일, 四山禁松分屬軍門節目, 12책 548쪽 ; 『萬機要覽』 軍政篇 2, 訓鍊都監, 禁松字內 ; 軍政篇 3, 禁衛營, 禁松字內 ; 御營廳, 禁松字內 ; 摠戎廳, 禁松

에서 흘러내린 토사가 퇴적하여 河床이 상승하였다.[217] 이에 따라 큰 비가 오면 개천이 범람하여 도성 안이 자주 홍수 피해를 입었다. 이에 영조 36년(1760) 2월부터 4월까지 대대적인 개천 준설사업을 실시하였다.[218] 이러한 개천 준설의 大役을 마친 후 사후 관리를 위해 濬川司를 설치하고,[219] 하천 준설의 실무는 3군문에게 분담시켰는데, 이때 훈련도감은 松杞橋에서 長通橋까지 768步, 금위영은 長通橋에서 太平

217) 『英祖實錄』 권75, 영조 28년 2월 己丑, 43책 432쪽, "命召坊民 詢濬川便否 …… 諸民曰 臣等少時 見騎馬過橋下矣 今則橋與沙接矣".
218) 英祖代 개천 浚渫에 대해서는 孫禎睦, 「X. 生活用水 및 排水施設」, 『朝鮮時代都市社會硏究』, 一志社, 1977, 369~374쪽 참조.
219) 『備邊司謄錄』 138, 영조 36년 5월 16일, 「濬川司節目」, 13책 421쪽.

橋까지 1,181步, 어영청에서는 太平橋에서 永渡橋까지 1,174보를 각각
담당·관리하게 되었다.[220] 각 군문은 담당구역 내를 禁松 參軍이 아
울러 담당하도록 하였다. 그래서 參軍은 항상 巡川할 때 橋梁과 石築,
流沙의 퇴적 상태 등을 상세히 堂上에게 보고하여 그 때마다 修改하
도록 하였다.

(5) 무예 연습과 試藝

도감군은 앞에서 살펴본 여러 가지 활동 이외에도 군사로서의 본 임
무인 전투수행을 위한 끊임없는 군사훈련을 하였다. 도감군의 군사훈
련으로는 私習과 習陣 등의 무예 연습이 있었고, 또 中旬과 觀武才 등
의 試藝가 있었다.

도감 馬兵과 步軍은 私習이라 하여 1개월에 3차례의 砲術과 劍術
연습을 하여야 했고, 도감 將官 역시 매월 1~2차에 걸쳐 궁술 훈련인
射講에 참여해야 했다. 이러한 私習과 射講은 모두 개인 무예훈련에
해당하는 것으로, 훈련도감은 매년 10월에 1년 간 사습·사강에서 우
수한 성적을 올린 사람에게 시상하였다.[221] 한편 도감군들은 習陣(혹
은 習操·操鍊·閱武·敎閱이라고도 함)이라고 하는 기동훈련에 참
여하여 집단 전투훈련을 받았다. 특히 조선후기에는 새로운 무기와 전
술의 도입으로 인해 군사 훈련에서 習陣이 차지하는 비중은 매우 높아
졌다. 조총의 등장으로 인해 전투에서의 승패는 군사의 개인적인 무예
보다는 조직적인 집단의 운용에 의해 좌우되었기 때문이다. 훈련도감
三手兵制 역시 적이 원거리에 있을 때는 조총으로 제압하고, 다음은
射手의 弓矢로 이를 막으며, 적이 근거리에 왔을 때 殺手를 투입한다
는 전술에 의해 성립되었던 것이다.[222] 이러한 전술을 능숙하게 운용

---

220) 『萬機要覽』 財用編 5, 濬川, 大川分授字內.
221) 『萬機要覽』 軍政編 2, 訓鍊都監, 練習, "私習 馬·步軍 各部·司·哨 一朔
　　 三次設行 至十月 左·右馬兵 左·右部步軍 各計畫 抄優等者施賞 …… 將
　　 官射講計畫 施賞罰"

하기 위해서는 끊임없이 반복되는 부대 훈련이 필요하였다.

부대 기동훈련인 習陣은 현종 5년(1664) 이전까지는 隆冬 三朔(11
·12·정월)과 盛夏 三朔(5·6·7월)을 제외하고 1개월에 3차례(매월
9일, 10일, 29일[223])에 걸쳐 시행하였는데, 현종 5년 이후 2·3·4·8·
9·10월에는 1개월에 2차씩, 정월과 5월에는 1차씩하며, 6·7·11·12
월에는 정지하는 것으로 변경되었다.[224] 습진은 慕華館이나 鷺梁 백
사장에서 실시하였는데,[225] 특히 노량에는 훈련도감의 習陣 敎場이 있
어 주로 여기에서 습진을 실시하였다.[226] 習陣 時 훈련도감은 欄後別
哨 111명을 倭軍으로 분장시켜 실전을 방불케 하는 군사훈련을 실시
하였고,[227] 이때 부대 기동에 미숙한 장관은 처벌을 받았다.[228]

이러한 習陣·閱武는 훈련도감 설립 직후 시행되기 시작하였는데,
임진왜란 중에는 왜적과의 전투로 인해 제대로 이루어지지 않은 것으
로 보인다.[229] 한편 광해군 때에도 끊임없는 내란의 우려 속에서 도감
군이 궁성 호위를 담당하고 있었기 때문에 습진이 규정대로 실시되지
않고 있다고 보고되고 있다.[230] 습진은 인조대에도 내우외환 속에서
제대로 시행되지 못하다가, 효종·현종대에 들어와 국왕의 집중적인

222)『宣祖實錄』권49, 선조 27년 3월 癸卯, 22책 242쪽, "兵曹啓曰 …… 若使射
手各一哨 居鳥銃之後 殺手之前 敵至最遠 則以鳥銃制之 次以弓矢繼之 迫
近者 以長短相制".
223)『續大典』권4, 兵典, 敎閱.
224)『訓局事例撮要』上卷, 習陣 (顯廟朝 5년 10월 16일).
225)『孝宗實錄』권9, 효종 3년 7월 壬午, 35책 565쪽, "親臨慕華館習陣";『孝宗
實錄』권12, 효종 5년 3월 壬辰, 35책 666쪽, "習陣于鷺梁".
226)『肅宗實錄』권10, 숙종 6년 8월 己未, 38책 468쪽, "鷺梁有訓局敎場".
227)『訓局事例撮要』上卷, 創設 (肅廟朝 8년 3월 16일).
228)『顯宗實錄』권6, 현종 3년 9월 壬午, 36책 346쪽, "上幸鷺梁沙場閱武 左邊訓
局兵 變陣太遲 命拿中軍鄭傳賢 決棍二十".
229)『宣祖實錄』권99, 선조 31년 4월 丁丑, 23책 422쪽, "都監之軍 一月但一二遭
暫時習陣而罷".
230)『光海君日記』권126, 광해군 10년 4월 丙午, 33책 44쪽, "訓鍊都監啓曰 軍兵
自上年正月 宮城扈衛以後 每朔三次習陣 專廢不爲".

관심 속에서 철저히 시행되었다. 효종은 북벌운동의 일환으로서 문반
관료들의 강력한 반발에도 불구하고 끊임없이 습진을 실시하였고,[231]
현종 역시 "매일 군사훈련을 관람하여도 싫증내지 않았다"[232]라 하여
군사훈련에 많은 관심을 보였다. 현종 3년(1662) 9월에는 국왕의 親臨
하에 鷺梁에서 도감군 7,000명과 어영군 2,000명, 그리고 금군 10哨 합
계 만여 명의 군사가 일시에 습진을 실시하기도 하였다.[233] 이러한 습
진・閱武를 시행할 때 훈련도감은 中營으로서 5군문의 중심이 되
어[234] 軍中 號令을 전담하였다.[235] 그런데 습진은 숙종 말엽에 이르러
거의 시행되지 않고 있다고 보고되고 있다.[236] 전쟁의 위협이 사라지
고 북벌론이 쇠퇴함에 따라 나타난 결과였다.

　도감군은 私習과 習陣 등의 군사훈련 이외에 中旬・觀武才 등의 試
藝를 치렀다. 시예는 무예훈련과 더불어 도감군들의 사기를 높이기 위
해 실시하는 것으로 이것의 실시 후에는 많은 상품이 하사되었고, 또
도감군들에게 있어서는 승진과 급료 인상의 기회가 되기도 하였다.[237]
中旬은 戚繼光이 浙江 軍兵에 대해 月中에 試藝한데서 그 이름이 유
래되었다고 하는데, 훈련도감 설립 이후에는 1년에 4차례에 걸쳐 실시
하다가, 숙종 말엽에 들어 1년에 2차례 시행되었다.[238] 그리고 그 후에

---

231)『孝宗實錄』권12, 효종 5년 2월 庚寅, 35책 665쪽 ; 권12, 효종 5년 3월 辛卯,
　　 35책 665쪽.
232)『顯宗實錄』권16, 현종 10년 3월 己亥, 36책 619쪽.
233)『顯宗改修實錄』권7, 현종 3년 9월 壬午, 37책 287쪽.
234)『萬機要覽』軍政篇 1, 京營陣式條.
　　 국왕이 五營을 合陣할 때 훈련도감이 圓陣으로 中營이 되고, 守禦廳이 銳陣
　　 으로 前營이 되고, 禁衛營이 直陣으로 左營, 御營廳이 方陣으로 右營, 摠戎
　　 廳이 曲陣으로 後營이 되었다.
235)『肅宗實錄』권24, 숙종 18년 8월 丙寅, 39책 268쪽, "閱武時 軍中號令節奏
　　 訓局當專掌".
236)『訓局事例撮要』上卷, 習陣 (肅廟朝 41년 2월 21일). "訓鍊都監所啓 各軍門
　　 習操 近久停止矣".
237)『訓局事例撮要』下卷, 中旬 (當宁[英祖] 41년 8월 16일), "軍兵陞料 皆係於
　　 中旬".

는 국가재정의 결핍과 관심 부족으로 인해 2·3년에 1차, 5·6년에 1차씩 시행되기도 하다가 수년에 걸쳐 1차례도 시행되지 않은 적도 있다고 한다.239) 이것도 국가의 昇平이 지속되면서 군사훈련의 중요성이 감소함에 따라 나타난 결과인 것이다. 중순은 마병과 보군으로 나뉘어 마병은 騎芻, 柳葉箭, 片箭, 鞭芻 등을 시험하고 특별 과목으로는 月刀, 梨花槍, 雙劍, 馬才, 雙馬才, 騎槍交戰 등을 치렀다. 보군은 鳥銃(6발), 柳葉箭, 劍, 拳法 등을 시험하고 특별 과목으로는 倭劍交戰, 銳刀, 挾刀 등이 있었다.240) 중순이 실시된 이후에는 다음 표와 같이 종합점수를 매기고 등급을 나누어 시상하였다.

<표 5-7> 中旬 施賞 규정

軍種 \ 等級·施賞	종합점수	等級	賞給
馬 兵	騎芻 5中, 馬上才 超等 兼藝 9分	超等	給兒馬帖 二隻
	7分以上	上上等	良人則陞兼司僕 已陞兼司僕者 則給兒馬帖 一隻
	6分	上中等	給木棉 二疋
	5分	上下等	給木棉 一疋
步 軍	鳥銃 6放9中, 用劍 超等 兼藝 9分	超等	給兒馬帖 二隻
	6分以上	上上等	良人則陞兼司僕 已陞兼司僕者 則給兒馬帖 一隻
	5分	上中等	給木棉 二疋
	4分	上下等	給木棉 一疋

典據 : 『訓局事例撮要』 下卷, 中旬 (肅廟朝 4년 윤3월 16일)

---

238) 『訓局事例撮要』 下卷, 中旬 (肅廟朝 29년 9월 15일), "上曰 都監中旬 本有一年四等之規 而厥後減爲二等矣 今以無賞布之故 二等中旬 亦不得行 則軍兵必有落莫之歎".
　　『訓局事例撮要』 下卷, 中旬 (肅廟朝 44년 9월 일), "令曰 在前訓鍊都監 中旬試才 一年四等 設行矣 今則只行 春秋兩等".
239) 『訓局事例撮要』 下卷, 中旬 (肅廟朝 4년 11월 2일, 肅廟朝 29년 9월 15일, 景廟朝 2년 3월 13일, 當宁[英祖] 32년 8월 6일, 當宁[英祖] 41년 8월 16일).
　　『萬機要覽』 軍政編 2, 訓鍊都監, 試藝, 中旬.
240) 『萬機要覽』 軍政編 2, 訓鍊都監, 試藝, 中旬.

위 표에서 보는 바와 같이 中旬에서 馬兵이나 步軍은 超等일 때는 兒馬 2필, 上上等일 때는 兼司僕에 오르거나 兒馬 1필, 上中等일 때는 木棉 2필, 上下等일 때는 목면 1필을 상으로 받았다. 이 이외에도 각 과목에 따라 점수를 얻은 사람은 급료가 1斗씩 인상되었다.[241] 그런데 中旬 施賞 규정에서 주목되는 점은 上上等일 때 兼司僕職을 수여한다는 것이다. 이것은 물론 實職을 수여하는 것이 아니라 단지 그 職帖만을 주는 것이지만, 겸사복 직을 받은 사람은 돌아가면서 遞兒祿을 받는 특전을 누렸다. 도감군에게는 副護軍 2遞兒, 副司直 4遞兒, 副司果 7遞兒, 副司正 7遞兒, 합계 20 遞兒職이 마련되어 있었다. 이 20개의 체아직 중에서 砲手에게는 8체아, 殺手 5체아, 射手 1체아, 馬兵 3체아, 局出身 2체아, 雜色軍 1체아가 각각 분급되었다. 원래 이런 체아직은 조선전기 甲士에게 주어졌던 것으로 갑사의 소멸에 따라 그 체아직이 도감군에게 대신 지급되었던 것이다.[242] 여기에서 갑사의 소멸에 따른 중앙 군사력의 공백을 도감군이 채우고 있다는 사실을 다시 한번 확인할 수 있다.

한편 도감군들은 中旬 이외에도 궁궐 입직 근무때 後苑 試才에 참여하여 상을 받기도 하였고,[243] 또 훈련도감에서 별도로 실시하는 試才에도 참가하였다.[244] 또 효종 3년(1652)에는 국왕의 親臨下에 慕華館에서 도감군들의 무술을 試藝하였는데,[245] 이것은 왕의 특명으로 실시되는 것으로 觀武才라 한다. 관무재는 이후 부정기적이었지만 조선후기에 꾸준히 시행되었다.[246] 이러한 시재들은 모두 군사들의 훈련에 대한 의지와 사기를 높여주기 위해 실시된 것으로 보인다.

---

241) 『萬機要覽』軍政編 2, 訓鍊都監, 軍料, "中旬時 隨各技得分 每一分陞一斗".
242) 위와 같음. "今此祿遞兒 本是甲士所付之四十遞兒中 二十遞兒 則給軍器寺 別破陣 二十遞兒 則給都監軍兵者".
243) 『仁祖實錄』권3, 인조 원년 윤10월 己丑, 33책 556쪽.
244) 『仁祖實錄』권3, 인조 원년 윤10월 丙辰, 33책 564쪽.
245) 『孝宗實錄』권9, 효종 3년 7월 壬午, 35책 565쪽.
246) 『萬機要覽』軍政編 2, 訓鍊都監, 試藝, 觀武才.

　지금까지 도감군의 호란 시 부방 임무와 기타 군사활동에 대하여 알아보았다. 즉 도감군들은 병자호란까지의 부방 임무와 더불어 지방군의 훈련, 捉虎와 濬川, 禁松 등의 대민 업무도 담당하였다. 그리고 도감군은 그 본연의 임무인 군사훈련에 임하면서 각종 무예연습과 試藝에 참여하고 있었다. 그러나 현종, 숙종대를 거치면서 북벌론이 쇠퇴하고 대외적 안정이 지속되자 도감군의 군사훈련은 차츰 소홀해지는 경향이 있었다. 숙종 말엽에는 대규모 군사훈련을 거의 실시하지 않는다고 보고되고 있었다. 이 대신 도감군들은 앞에서 언급한 서울의 치안 유지를 위한 巡邏나 濬川, 禁松 등 대민 업무에 치중하게 된다. 이것은 군사력의 약화로 이어지는 것이기도 하였다.

제6장 軍制變通論과 訓鍊都監의 변화

1. 訓鍊都監 운영상의 문제와 폐단

1) 戶曹 財政의 악화

훈련도감은 兵農分離制로 운영되었다. 즉 훈련도감은 군인 각자에게 식량과 무기, 군장, 馬匹 등을 부담시키는 조선전기의 병농일치적 군역제와는 달리 모든 군수물자를 확보하여 군인들에게 지급하는 형태로 운영되었다. 훈련도감은 군인들의 衣・食 문제를 해결해 주어야 했으며, 이들에게 조총, 화약, 槍劍, 弓矢, 甲胄, 馬匹 등 군수물자를 제작・공급해 주어야 했다. 이러한 것들을 마련하기 위해 훈련도감에서 급료제와 급보제를 실시하고, 또 둔전 등을 통한 군수 재원의 확보와 조총・화약 등의 군수 생산을 수행하였음은 이미 본 논문 제4장에서 살펴본 바 있다. 그런데 이러한 훈련도감의 운영은 조선후기 국가 재정에 막대한 부담을 주었으며, 이로 인해 조선후기 호조 재정은 항상적인 결핍 상태를 면치 못했다.

조선후기의 국가 재정은 토지를 부과 대상으로 하는 田稅・三手米・大同米 등과 人身을 부과 대상으로 하는 軍役稅, 그리고 조선후기에 이르러 부세화한 還穀 등 이른바 삼정(전정・군정・환곡)을 기반으로 운영되고 있었다. 그런데 이러한 三政의 稅는 국가의 통일적인 재정체계 하에서 수입・지출이 이루어진 것이 아니라, 戶曹・兵曹・宣惠廳・均役廳 등 중앙의 재정 관련 기구와 각 중앙・지방 관서에서 별도로 수입·지출되고, 상호 取用·借用이 이루어지는 등 多岐한 형태로 운영되고 있었다. 훈련도감 역시 田稅·三手米를 수취하는 호조로부터 都監將官·軍의 급료를 지급받았으며, 병조로부터 관청 員役을 제공받았다. 또 大同米를 관장하는 宣惠廳으로부터 貢價를 지급받아 각 지방의 月課軍器를 제작·공급하였고, 균역법 실시 이후 均役廳의 給代를 받았으며, 6도의 砲保와 餉保로부터 군역세를 징수하였고, 각처의 屯田에서 屯稅를 수취하였으며, 환곡을 설치·운영하기도 하였다.1) 따라서 훈련도감과 관련된 국가재정 전모를 파악하기 위해서는 위에 열거한 모든 것들에 대하여 검토하여야 하겠지만, 여기에서는 주로 훈련도감 군제 변통론의 배경으로서 조선후기에 관료, 儒者들에 의해 집중적으로 거론되는 호조 재정에 초점을 맞추어 국가 재정상의 문제를 살펴보겠다.

조선후기에 있어서 호조 재정은 만성적인 적자 상태를 면치 못했다. 이것은 호조의 수입은 감소한 반면, 지출은 지나치게 증가한 상황에서 일면 당연한 결과였다. 조선후기 호조의 수입은 조선초기 그것의 1/3 수준에도 미치지 못하고 있는 것으로 말해지고 있었다. 즉 선조 34년(1601) 7월 李恒福은 "國初稅入 四十餘萬石"2)이라 하였고, 또 현종 12년(1671) 6월 正言 尹堦는 그의 상소 가운데 "조선초기의 세입은 30여 만 석이었는데, 조선후기에 이르러 호조의 1년 세입은 10여 만 석에 불과하고 그것도 태반이 군인들의 급료로 지출되고 있다"라고 하였다.3) 즉 조선초기 호조의 세입은 3~40만 석이었는데, 조선후기의 그것은 10여 만석으로 감축한 것이다. 그래서 현종 8년 7월 "호조의 재정 상태가 어떠한가"라고 묻는 국왕의 질문에 대하여, 당시 호조판서 金

1) 훈련도감의 세입에 관해서는 金玉根, 「제3장 兵曹·五軍營의 收布體系」, 『朝鮮王朝財政史研究 II』, 一潮閣, 1987, 75쪽 참조.
2) 『宣祖實錄』 권139, 선조 34년 7월 丙辰, 24책 279쪽.
3) 『顯宗改修實錄』 권24, 현종 12년 6월 戊戌, 38책 68쪽, "昇平時稅入 常至三十餘萬石 而只頒百官之祿 無一養兵之費 故府庫充溢 露積紅腐 今則一年稅入 不過十萬 太半歸於將士之廩料".

壽興은 "1년 稅米가 11만 석인데 經用은 12만 석에 이르러 1만 석이 항상 부족합니다"라고 대답하고 있었다.[4] 조선후기에 호조는 宣惠廳이나 평안·황해감영의 세곡, 강화의 軍餉米 등을 取用·借用하여 이러한 재정 적자를 메우고 있었다.[5]

조선후기에 이르러 호조의 수입이 이와 같이 10여 만 석으로 감축하게 된 원인에 대하여 현종 11년 정월 호조판서 閔鼎重은 다음과 같이 분석하였다.

호조의 稅入이 나날이 감축하고 있는 이유는 다름이 아니라, 오랫동안 量田을 시행하지 않아 田結을 대폭 상실했고, 또 매년 常稅도 豊·凶을 가리지 않고 항상 下下年의 稅率을 적용하여 단지 4斗만을 징수하니 이것은 國制의 上上年에 받는 것에 비하면 단지 5분의 1에 지나지 않는 것입니다. 한편 각 衙門과 諸 宮家에서 屯田과 庄土를 설치하여 免稅되고 있는데, 국토의 절반이 여기로 들어가고 있는 실정입니다. 이러한 연유에서 호조의 稅入은 일년에 겨우 10餘 萬 石에 지나지 않는 것입니다. 그런데 이 중에서 軍食으로 들어가는 것이 7, 8萬 石에 이르고, 그 나머지 관리의 녹봉과 上供, 종묘의 제사 비용에 충당하는 것은 3萬 餘 石에 불과한 실정입니다.[6]

즉 임진왜란 이후 양전이 철저하게 시행되지 않아 收稅 結數가 대폭 감소되었고, 下下年의 稅率로 전세를 징수하였으며, 둔전 등 免稅田의 증가로 인해 호조의 세입은 10여 만석으로 감축했다는 것이다. 이와 같이 조선후기 호조의 세입은 조선초기 그것의 1/3 이하로 감축한 반면, 조선후기에 들어 호조의 지출은 증가하고 있었다. 즉 위에서 인용한 尹堦와 閔鼎重의 말과 같이 조선전기에는 "無一養兵之費"였

4) 『顯宗改修實錄』 권17, 현종 8년 7월 戊辰, 37책 576쪽.
5) 『英祖實錄』 권82, 영조 30년 10월 丁未, 43책 542쪽, "戶曹以經用告匱 請貸用宣惠廳米 命許一萬石 又以別營放料之田米乏絶 許貸惠廳田米二千石 國用之耗竭類此".
6) 『顯宗改修實錄』 권22, 현종 11년 정월 庚寅, 38책 7쪽.

으나,7) 임진왜란 이후 병농분리제로 운영되는 훈련도감이 설립되어 養
兵의 비용으로 들어가는 것이 무려 7~8만 석에 이르고 있었다. 그래
서 尹堦는 앞에서 언급한 상소에서 재정 부족으로 인해 나라가 아닌
지경에 이를지도 모른다고 우려하고 있었다.8)

　　이와 같이 조선후기에는 호조의 세입은 감축한 반면, 양병의 비용으
로 인한 지출의 증가로 호조의 재정은 지극히 궁핍한 상태에 놓이게
되었다. 그런데 본래 도감군의 급료는 선조 35년(1602) 이래 평안·함
경도를 제외한 6도에서 삼수미세를 징수하여 이를 통해 조달하기로 되
어 있었다.9) 그러나 17세기 동안 도감군액은 계속 증가하는 실정이어
서 삼수미세만으로 도감군의 급료를 지급할 수 없는 경우가 많았다.
인조 2년 9월 호조판서 沈悅은 황해도의 삼수미세를 후금의 침략에 대
비한 군량미로 돌리자는 관료들의 주장에 대해 "도감군의 1개월 급료
는 거의 3,000석에 이르러, 비록 각도의 삼수미세를 모두 수납해도 오
히려 부족한 실정"이라 하면서 난색을 표명하였다.10). 실제 그 달에 호
조는 "砲殺手料布 常患不足"이라고 하면서 전라감영의 別備米를 모
두 서울로 운송하여 도감군의 급료로 충당하자고 제안할 정도였다.11)
이후 현종 13년(1672) 10월 호조판서 金壽興은 삼수미세와 도감군의
급료 상황을 보고하는 가운데 삼수미세의 수입은 인조 26년(1648)에는

---

7) 조선초기에도 군사에게 지출되는 호조의 비용은 상당하였다. 甲士 2,000명에
　게 주는 녹봉만해도 63,000餘 石에 달하고 있었다. 이것은 조선초기 京官의
　녹봉 10萬 石 중 63%에 해당하는 액수였다. 그러나 이것은 西班 관직자에게
　지급하는 녹봉으로서, 도감군과 같이 관직 체계와는 유리된 급료병을 위한
　養兵의 費用이 아니었다. 조선후기에는 西班 관직이 文班 散職 관료들의 대
　우직으로 변질되어 갔고, 이러한 관직과는 별도로 급료병을 양성하였기 때문
　에 국가 재정에 막대한 부담이 되는 養兵의 비용이 필요하게 된 것이다. 갑
　사의 녹봉에 대해서는 본서, 「2장 1절 갑사의 변질과 소멸」 참조.
8) 註 3)과 같음. "其入日縮 其費日加 其何不至於國非其國乎".
9) 본서, 「4장 1절 1) 給料制·給保制의 성립과 정비」 참조.
10) 『仁祖實錄』 권7, 인조 2년 9월 壬子, 33책 639쪽.
11) 『仁祖實錄』 권7, 인조 2년 9월 壬戌, 33책 641쪽.

39,041石, 현종 10년(1669)에는 35,583石, 현종 12년에는 25,791石으로
점점 감축하고 있는데 비해, 현종 12년까지 도감군의 1년 간 급료는 米
55,120石, 太 5,276石, 합계 60,396石에 달한다고 말하였다.[12] "三手之
米 僅給半年"[13]이라는 말이 결코 과장이 아니었다. 이러한 상태에서
호조에서는 田稅를 도감군의 급료로 지급하여 재정의 부족을 초래하
게 되었던 것이다.[14]

도감군의 급료 문제가 본격적으로 거론되는 것은 효종대부터였다.
효종은 북벌정책의 일환으로 도감군 군액의 증가를 도모하였고, 이에
따라 증액 지출되어야 하는 도감군의 급료는 국가재정에 압박을 가하
였다. 이에 효종 4년(1653) 호조에서는 그동안 면제된 경기도의 삼수미
세를 復設하여 도감군의 급료문제를 해결하려 하였으나 대신들의 반
대로 실행에 옮기지 못하였다.[15] 또 효종 9년(1658) 효종은 도망가거
나 隱漏한 公奴婢를 推刷하여 그 身貢으로 도감군의 급료를 마련한다
는 계획을 세우고 노비추쇄사업을 강력히 실시하기도 하였다.[16] 이러
한 국왕의 계획에 대해서 대사헌 金南重은

臣이 듣건대 上께서 奴婢를 推刷하여 그 貢米로써 새로이 증가된
도감군의 급료를 충당하고자 하신다는 데 이것은 不可한 일입니다.
臣이 일찍이 호조에서 근무한 적이 있어 經費의 出入에 대해 들어왔
는데 三手糧의 수입으로 항상 도감군 수개월 치의 급료를 지급하지
못하여 매번 他倉의 곡식으로써 充給해 왔습니다. …… 사정이 이러
한데 약간의 노비 貢米로 도감군을 증가하여 그 급료로 지급한다는
것은 이루기 어렵다고 생각합니다.[17]

12) 『顯宗改修實錄』 권26, 현종 13년 10월 甲辰, 38책 124쪽.
13) 『孝宗實錄』 권18, 효종 8년 5월 丁未, 36책 91쪽.
14) 『承政院日記』230, 현종 13년 9월 19일, 12책 213쪽, "三手粮 僅又七朔 故以
田稅 劃給別營矣".
15) 『孝宗實錄』 권11, 효종 4년 윤7월 丁巳, 35책 644쪽.
16) 孝宗代 노비추쇄 사업에 대해서는 全炯澤, 「公奴婢 推刷政策의 轉換」, 『朝
鮮後期奴婢身分研究』, 一潮閣, 1989, 122쪽 참조.

라고 말하면서 반대하고 있었다. 즉 여기서 김남중은 삼수미세가 항상 부족한 상태라는 것, 推刷奴婢貢米로는 도저히 도감군의 급료를 감당할 수 없다는 것을 강조하고 도감군의 增額을 중지해야 한다고 주장하고 있었다. 그러나 이러한 반대에도 불구하고 효종은 別陞戶를 강행하여 무려 700명에 달하는 도감군을 일시에 충원시켰다. 이에 따라 도감군 전체에게 지급해야할 급료 총액 역시 일시에 증가되었다.[18]

도감군의 급료 총액이 호조 재정에서 차지하는 비중은 막대하였다. 앞에서 현종 11년 호조판서 閔鼎重의 말에서 살펴본 바 있지만, 효종 9년(1658) 弘文館에서도 호조의 1년 경비 중 도감군의 급료로 지출되어야 하는 것이 8만여 石에 달한다고 上箚하였다.[19] 현종 즉위년 (1659) 공조판서 閔應亨 역시 '國中民力'이 모두 훈련도감으로 들어간다고 하면서 호조의 1년 경비 12만 석 중 훈련도감으로 들어가는 것이 8만 석이라고 주장하였다.[20] 호조의 1년 경비 중 무려 2/3에 달하는 것이었다. 이 시기의 실제 호조 경비 내역을 구체적으로 살필 수 있는 자료를 찾을 수 없으므로 참고로 정조 11년(1787)에 작성된 「戶曹經費 1 年分割恒式」을 통해 호조 경비의 전체 내역을 알아보겠다. 앞의 <표 6-1>은 正祖 11년(1787)에 작성된 것으로 1년 간의 호조 경비 지출 상황을 보여주고 있다.

이 표를 통해 戶曹는 廣興倉, 軍資監(別營), 別庫, 豊儲倉, 養賢庫, 典牲署, 司僕寺 등 재정 용도에 따라 별도의 창고를 설치하고, 이를 통해 각종 경비를 지출하고 있음을 알 수 있다. 도감군의 급료를 지급하는 창고는 군자감 別營으로서 여기에서 1년에 米 41,340石을 방출하고 있었다. 이것은 호조 전체의 分割米 110,121石의 38%에 해당하였

---

17) 『孝宗實錄』 권20, 효종 9년 8월 戊子, 36책 151쪽.

18) 李敬輿, 『白江集』 권10, 以登對時未盡所懷退上二十一條箚 (한국문집총간 87책 403쪽), "且聞訓局冗老居半 竭東南之血 費國力之半 安用此無用之兵 且三手原粮 不過三千之數 而增額之多 至於六千 經費之屈 不足怪也".

19) 『孝宗實錄』 권20, 효종 9년 10월 甲申, 36책 157쪽.

20) 『顯宗改修實錄』 권2, 현종 즉위년 12월 甲寅, 37책 136쪽.

<표 6-1> 戶曹經費 1年分劃恒式(正祖 11年 : 1787)

各倉庫	用途	米(石)	大豆(石)	田米(石)
廣興倉	百官實職軍職頒祿	19,200	10,800	
	內司年例輸送	1,278	77	
軍資監 (別營)	雜職散料,衙門將校員役料	24,000	13,200	1,800
	內司年例輸送	1,780		
	訓局軍兵放料・馬料,訓局兼司僕加料	41,340	9,700	256
別庫	各衙門員役散料, 兩西貢物別貿易價	16,814	3,440	2,241
豊儲倉	內官頒祿, 年例賜米	4,553	1,440	
養賢庫	居館儒生供饋	976	197	
典牲署	留養祭享犧牲料	180	1,716	
司僕寺	留養馬料		2,076	513
合　計		110,121	42,646	4,810

典據 :『增補文獻備考』권155, 財用考2, 國用2, 中책 813~814쪽.

다. 한편 종2품인 훈련대장 이하 종9품인 초관 등 훈련도감 將官들은 實職을 지닌 자들이어서 廣興倉에서 녹봉을 지급하였고, 훈련도감의 군액에 포함되지 않는 局出身, 別武士 등은 軍資監에서 녹봉을 별도로 지급하였을 것이므로,[21] 이 시기에 이르러서도 훈련도감이 호조 경비 전체에서 차지하는 비중은 막대하였다.[22] 후술하는 바와 같이 顯宗代와 肅宗, 英祖代 등에서 제기된 허다한 훈련도감 변통론과 군제 개편이 경과한 후의 결과가 이러하므로, 앞에서 훈련도감의 경비가 호조 전체 재정의 2/3에 달한다고 한 말들은 과장이 아닌 것으로 보인다.[23]

훈련도감에 지출되는 경비가 호조 재정의 2/3를 차지하면서, 조선후

---

21)『承政院日記』103, 인조 26년 10월 20일, 5책 887쪽, "戶曹啓曰 …… 且三手軍兵 自有其糧 此外局出身 各衙門將士 逐朔支放 皆出於歲入之中 而百官頒祿 減而又減".

22) 실제 인조 24년(1646) 호조에서는 局出身에게만 주는 급료 총액이 1개월에 1,200餘 石, 1年間 10,450餘 石에 달한다고 보고하고 있다(『仁祖實錄』권47, 인조 24년 11월 癸亥, 35책 290쪽).

23) 이후에도 "訓局砲手之料 幾至八萬石 朝臣頒祿 不過四萬石"(『肅宗實錄』권11, 숙종 7년 庚午, 38책 513쪽)이라거나, "國家以經費 三分之二 專養都監軍"(『肅宗實錄』권39, 숙종 30년 정월 己巳, 40책 68쪽)이라 하여 도감군의 급료가 호조 전체 재정의 2/3라는 주장은 계속 나타난다.

기에 들어와 정부 관료들의 녹봉은 계속 감축되었다. 『經國大典』 戶典 祿科條에 규정된 정부 관료들의 녹봉량은 "減而又減"[24]하면서, 『續大典』 단계에 오면 그 절반에도 미치지 못하게 되었다.[25] 한편 호조 재정상의 문제 이외에도 훈련도감의 보인 확보와 屯田, 柴場, 漁場, 鹽盆의 설치·운영 등으로 인한 세입의 감축과 民의 고통은 이루 말할 수 없었다. 이와 같이 훈련도감의 설립·운영이 국가재정에 막대한 부담이 되자 정부 관료들은 훈련도감의 군제 변통을 강력하게 제기하게 된다. 현종 원년(1660) 2월 영의정 鄭太和는 "나라에 1년 분의 비축이 없으면 나라가 아니라는데 지금은 도감군의 양성으로 인해 반년 분의 비축도 없다"라 하면서 도감군제의 변통을 요구하였다.[26] 이러한 鄭太和의 주장에 대해 顯宗은 "先祖代에 시행되었던 일들은 가벼이 바꾸는 것은 不可하고, 또 도감군들을 해산하면 後慮가 있다"라 하면서 반대하고 있었다.[27] 여기에서 '後慮'라는 것은 급료의 지급이 중단되었을 때 도감군들이 서울에서 절도와 약탈 등 각종 범죄 행위를 자행할 우려가 있다는 말이다.[28]

그러나 당시 儒者 관료, 특히 효종 말 절약 위주의 수취체제, 養民優

---

24) 註 21)과 같음.

25) 일례로 『經國大典』 戶典 祿科條에 규정된 第1科 正一品의 年間 總祿俸量이 米 64石, 大豆 23石임에 비해, 『續大典』 戶典 祿科條에 규정된 제1과 정1품의 연간 총녹봉량은 米 30.4石, 大豆 16石에 불과하였다. 이에 현종 11년 호조판서 閔鼎重은 "國朝百官之祿 雖不及中朝常祿 旣倍於近日"(『顯宗改修實錄』 권22, 현종 11년 정월 庚寅, 38책 7쪽)이라 하여 조선초기의 百官 녹봉이 近日에 비해 2배에 달한다고 말하였다.

26) 『顯宗改修實錄』 권2, 현종 원년 2월 辛丑, 37책 141쪽.

27) 위와 같음. "先朝設施 不可輕易處之 且以年凶 放散軍卒 使之自食 非但可矜 且有後慮矣".

28) '後慮'를 우려하는 현종의 말과 같이 이 시기(현종 원년 5월)에 李惟泰 역시 「己亥封事」를 올리면서 "砲手之抄 擧家徙京 難食有甚 朝家待之 或不如一事變之來 難保其無 則或者之憂 不爲過慮也"(『草廬全集』 권3, 己亥封事)"라 하여 대우가 미흡할 경우 도감군에 의해 사변이 일어날 것이 결코 '過慮'가 아니라고 주장하고 있었다.

先의 민생 대책을 주장하며 등장한 山林勢力은 끊임없이 도감군으로 인해 국가 재정이 위기를 맞고 있다고 주장하면서 훈련도감의 변통을 요구하였다.[29] 즉 현종 2년(1661) 정월 부제학 兪棨는 "兵이라는 것은 나라의 큰 좀이다"라 하면서, 빈약한 국가 재정 형편에 훈련도감과 같은 급료병을 양성하고 있으니 "國用安得不竭 民生安得不困"[30]이라 하면서 군제의 변통을 요구하였다. 현종 10년 정월 宋時烈 역시 우리나라는 작은 나라에 불과한데 7,000명의 도감군을 양성하고 있으니 이것이야말로 바로 국가 재정이 고갈되는 원인이라고 주장하였다.[31] 이러한 山林勢力들에 의해 국가재정 문제가 부각되면서 顯宗代 이후 훈련도감 군제 변통론이 본격적으로 대두하게 된다.

2) 陞戶의 문제와 都監軍의 作弊

앞에서는 훈련도감의 兵農分離制, 給料兵制 운영이 조선후기 국가 재정에 막대한 부담을 주었다는 것을 살펴보았다. 이와 더불어 훈련도감의 常備軍制는 서울의 인구 증가와 각종 사회문제 발생의 원인이 되었다. 즉 훈련도감의 군인충원 방식인 陞戶制는 조선후기 서울의 인구증가의 한 원인이 되었으며, 또 서울에 상주하는 도감군들에 의해 각종 도시문제가 발생하기 시작하였고, 사회질서가 동요되었다. 이러한 것들도 국가 재정상의 문제와 함께 훈련도감 군제변통론이 대두하게 되는 배경이 되었다.

이미 본서 「3장 2절 1) 도감군의 충원」에서 살펴본 바와 같이 도감군은 陞戶制에 의해 충원되었다. 승호제는 선조 39년(1606)부터 실시된 것으로, 每 式年마다 평안도와 함경도를 제외한 전국 각도에 230명

29) 이 시기 산림 세력과 그들의 국정 운영론에 대해서는 鄭萬祚, 「17世紀 中葉 山林勢力(山黨)의 國政運營論」, 『擇窩許善道先生停年紀念韓國史學論叢』, 一潮閣, 1992 참조.
30) 『顯宗改修實錄』 권5, 현종 2년 정월 甲寅, 37책 212쪽.
31) 『顯宗實錄』 권16, 현종 10년 정월 辛亥, 36책 608쪽.

의 군액을 할당하여 군인을 서울로 올려보내도록 하는 제도였다. 즉 승호제에 의해 3년마다 경기 20, 황해 35, 전라 50, 경상 30, 충청 40, 강원 20, 한성부 30, 개성 5명의 장정들이 서울에 올라와 도감군이 되었다. 여기서 한성부의 30명을 제외한 200명의 장정들은 지방에서 살림살이와 토지를 모두 팔아버리고 妻子를 데리고 상경하여 서울에서 생활하면서 훈련도감에서 근무하여야 했다. 즉 3년마다 200戶가 정기적으로 서울로 이주하는 셈이었다. 한편 훈련도감은 이러한 정기적인 승호제 이외에 부정기적인 別陞戶에 의해서도 도감군을 충원하였다. 별승호는 효종 3년과 효종 9년 등의 시기에 실시되었는데, 특히 효종 9년(1658)에는 무려 700명의 도감군을 일시에 충원하는 別陞戶가 시행되었다. 이것은 지방에 散居하고 있던 700戶를 일시에 서울로 강제 이주시키는 조치였다. 이와 같이 지방민을 강제로 서울로 이주시키는 도감군의 충원 방식은 조선후기 서울의 인구를 증가시켰다.

한편 훈련도감은 長番制(常備軍制)로 운영되었다. 도감군은 서울에 상주하면서 국왕의 시위와 서울의 경비·방위 임무를 수행하였던 것이다. 이러한 상비군제는 도성 내에 소비 인구의 증가를 가져왔다. 農圃子 鄭尙驥(1678~1752)는 『農圃問答』에서 임진왜란 이후 군문이 증설되면서 '不耕之民'이 '聚于京師'하여 전국의 貢賦와 錢布를 소비하고 있다고 말하였다.[32] 이러한 서울의 소비인구 증가는 이들을 대상으로 한 서울의 상업 인구와 서울 근교의 상업적 농업을 경영하는 인구의 증가를 가져왔다.[33] 물론 후술하는 바와 같이 도감군과 그 가족들에 의해 亂廛이 設行되었지만, 그 이외에도 많은 사람들이 상업 활동을 위해 서울로 몰려들었던 것이다. 즉 훈련도감의 등장은 군인과 그 가족들만으로도 서울의 인구를 증가시켰을 뿐만 아니라, 군인과 그 가

---

32) 鄭尙驥, 『農圃問答』設兵制 (乙酉文庫 125, 乙酉文化社, 270쪽), "我國兵制 當初五衛 頗合古制 壬辰以後 權設軍門 至於今日 多至四五營 不耕之民 聚 于京師 食四方之貢賦 靡一國之錢布".

33) 서울 근교의 상업적 농업에 대해서는 金容燮, 「朝鮮後期의 經營型 富農과 商業的 農業」, 『朝鮮後期農業史研究 2』, 一潮閣, 1971 참조.

족을 대상으로 한 상업인구의 증가를 가져왔고, 이것이 조선후기 서울의 인구증가를 가져오게 한 원인이 되었던 것으로 보인다.

다음 <표 6-2>에서 보는 바와 같이 현종 10년(1669) 한성부의 戶數와 人口數는 효종 8년(1657)의 그것들에 비해 각각 1.5배, 2.4배씩 급증하고 있었다. 지금까지 현종 10년(1669)의 이러한 서울의 인구증가 원인에 대해서 다양한 설명이 시도되었다. 즉 이 시기의 호구 파악이 종전과는 달리 매우 철저하게 이루어져 인구가 급증한 것으로 나타났다는 주장[34]과 이 당시 전개된 서울의 상업 도시로의 성장으로 인해 실제 서울의 인구증가가 이루어졌다는 주장[35]이 제기되었으며, 또 최근에는 17세기 '小氷期(little ice age)'의 위기 속에서 정부의 특별한 비상 경제대책의 수행에 따라 농촌인구가 서울로 모여든 결과 인구가 급증했다고 분석한 연구[36]도 나오고 있다. 이와 더불어 훈련도감의 陞戶制 역시 이 시기 서울의 인구 증가를 가져오는 한 요인이 되었다. 그러나 17세기 후반 이후에는 지방관과 지방민의 승호제에 대한 반발로 승호제의 실시는 자주 중단되고, 京募集이나 待年軍 등으로 도감군을 충원하였다.[37] 훈련도감의 승호제는 서울의 인구 증가를 가져오는 한 요인이 되었으며, 또 서울의 인구 증가에 따라 훈련도감 군인의 충원방식에 새로운 방식이 첨가된 것이다.[38]

---

34) 金甲周, 「18世紀 서울의 都市生活의 一樣相 - 陸契를 중심으로」, 『東國大 論文集』 23, 1984 ; 조성윤, 「조선후기 서울주민의 신분구조와 그 변화 - 근대시민형성의 역사적 기원」, 연세대 박사학위 논문, 1992 ; 鄭演植, 「조선후기 '役摠'의 운영과 良役 變通」, 서울대 박사학위 논문, 1993.

35) 高東煥, 「18·19세기 서울京江地域의 商業發達」, 서울대 박사학위논문, 1993.

36) 李泰鎭, 「조선시대 서울의 都市발달 단계」, 『서울학연구』 창간호, 1994.

37) 본서, 「3장 2절 1) 都監軍의 充員」 참조.

38) 17세기 후반 이후 도감군의 충원에는 다음과 같이 도성민이 차지하는 비율이 점차 증가하고 있는 것으로 추측된다.
柳馨遠, 『磻溪隨錄』 권21, 兵制 (東國文化社 影印本 395~396쪽), "自數年以來 爲大將者 又啓請京兵之爲市井者 …… 故京兵盡化爲市井" ; 『肅宗實錄』 권38上, 숙종 29년 2월 癸未, 40책 4~5쪽, "我國訓局之制 卽宋之長征 馬步

그러면 실제 도감군이 서울 인구에서 차지하는 비중을 살펴보겠다. 3년마다 실시하는 승호제와 부정기적인 별승호에 의해 충원되는 도감 군은 仁祖初에는 4,000여 명, 효종대에는 5,650여 명, 현종초에는 7,000 명에 육박한다고 보고되고 있다. 陞戶에 의해 지방에서 올라온 도감군 들은 가족을 거느리고 서울에서 생활하였기 때문에 도감군과 그에 딸 린 식구들이 서울의 총인구에서 차지하는 비중을 결코 적지 않았다. 다음 <표 6-2>는 조선후기 한성부의 호구 수와 훈련도감의 군액을 비 교한 것이다.

<표 6-2> 조선후기 한성부의 호구수와 훈련도감 군액 비교

人口·軍額 年度	한성부의 인구 변동			훈련도감의 군액 변동	
	戶 數	口 數	戶當人口	對比 年度	軍額
선조 26년(1593)	-	39,931	-	선조 26년	500
인조 26년(1648)	10,066	95,565	9.0	인조 27년	5,440
효종 8년(1657)	15,760	80,572	5.1	효종 8년	5,650
현종 10년(1669)	23,899	194,030	8.1	현종 13년	5,500
숙종 4년(1678)	22,740	167,406	7.4	숙종 8년	5,000
숙종 43년(1717)	28,356	185,872	6.5	숙종 28년	6,314
경종 3년(1723)	31,859	199,018	6.2	-	-
영조 29년(1753)	34,953	174,203	5.0	-	-
순조 7년(1807)	45,707	204,886	4.5	萬機要覽(1808)	5,977
고종 13년(1876)	44,607	198,372	4.4		

출처 : 한성부의 戶口數는 조성윤, 「조선후기 서울주민의 신분구조와 그 변화 - 근 대 시민형성의 역사적 기원 - 」, 연세대 박사학위 논문, 1992, 42~43쪽 참 조. 훈련도감의 군액 변동은 本書 <표 3-4> 참조.

위 표를 보면, 인조 26년(1648) 한성부의 總 戶數가 10,066호인데 도 감군 군액은 5,440명이었고, 효종 8년(1657)의 한성부 총 호수가 15,760 호인데 도감군은 5,650명에 달하고 있다. 그러나 이때 도감군이 한성부 총 호수에서 어느 만큼의 비율을 차지하는 지는 확실하지 않다. 왜냐 하면 이 당시에는 각 지방에서 올라온 도감군은 당장은 거주할 집을

幾五千 生長市井 足不踏百里之地".

마련하지 못하여 타인의 挾戶로 들어가거나, 또는 婢夫로서 妻上典宅
의 행랑채에서 거주하는 경우가 상당히 많았기 때문이다.[39] 이렇게 타
인의 협호나 婢夫로서 妻上典집에서 거주하는 자들은 이 시기의 한성
부 호적에는 누락되었을 것으로 추측된다.

   그러나 현종대부터의 호적작성 방식은 이미 지적된 바와 같이 종전
과는 전혀 다른 것이었다. 현종 1년, 4년, 7년에 작성된 호적 조사는 그
이전에 비해 매우 엄격하였다.[40] 호적에 누락되면 '全家徙邊'의 律을
적용한다든지, 또는 호적 작성 과정에서 나이를 한살이라도 增減할 경
우 당사자와 家長을 처벌하였다.[41] 이러한 호적사목에 의해 호적이 작
성되자 현종 7년 한성부에서조차 "금년의 호적은 事目이 극히 엄하다.
이에 民戶 중 거의 漏落者가 없다"라고 말할 정도로 철저한 호구 파악
이 이루어졌다.[42] 이 결과 위 표에서 보는 바와 같이 현종 10년의 한성
부 戶數와 人口數가 효종 8년에 비해 각각 1.5배, 2.4배 이상이나 증가
하는 현상으로 나타났던 것이다. 이러한 호적 작성 방식에 의해 종래
挾戶나 婢夫로서 호적에 누락되고 있던 도감군도 모두 호적에 오르도
록 하는 조치가 취해졌다. 즉 현종 7년 7월 훈련대장 李浣은

   都監砲手 중 士夫家 行廊에 寄托하고 있는 자는 入籍할 수 없었는
   데, 妻 上典 戶籍에 率婢夫로 載錄하는 것이 마땅한 것 같습니다.[43]

라고 주장하였다. 승호제에 의해 상경하였으나 거주할 집을 마련하지
못해 사대부의 행랑에 의탁하고 있는 도감군들을 妻 上典 호적에 婢

39) 『承政院日記』 298, 숙종 9년 3월 23일, 15책 850쪽, "都監軍士等 借入於他人
   挾戶之類 甚多".
40) 이 시기 호적 조사의 엄밀성에 대해서는 鄭演植, 앞의 논문, 1993, 20~27쪽
   참조.
41) 『顯宗改修實錄』 권14, 현종 7년 3월 辛巳, 37책 489쪽, "漢城府戶籍事目 有
   年歲增減一年以上 抵罪之法".
42) 『顯宗改修實錄』 권15, 현종 7년 7월 甲辰, 37책 521쪽.
43) 『承政院日記』 193, 현종 7년 3월 22일, 10책 588쪽.

夫로서 載錄하자는 것이다. 李浣의 이러한 주장에 국왕 역시 동의함으로써,[44] 비부 신분의 도감군을 처 상전의 호적에 등재시키는 조치가 취해졌다. 이러한 경우 도감군 戶는 도감군이 戶主로서 직접 호적에 등재되는 것이 아니라 처 상전의 호적에 率婢夫로서 등재되었기 때문에 한성부의 戶數에 포함되는 것은 아니었다.

그런데 婢夫 도감군이라고 해서 모두 妻 上典의 호적에 등재되는 것은 아니었다. 자신의 집이 없어 처 상전의 행랑에서 거주하는 비부 도감군에 한하여 처 상전의 호적에 率婢夫로 등재되는 것이다. 따라서 자신의 家屋을 소유하고 있는 비부 도감군들은 앞에서 이미 살펴본 바 있는 「北部帳戶籍」에서와 같이 자신이 직접 戶主로서 호적에 올랐다. 한편 도감군중에는 良女를 妻로 맞이하여 자신이 호주로서 호적에 등재되는 자들도 상당수에 달하였다. 「북부장호적」에는 도감군 63명중 32명이 良女를 처로 맞이하고 있었다. 이와 같이 조선시대의 호적 작성에서의 등재단위를 이룬 戶는 신분과 더불어 家屋의 所有有無가 중요한 기준으로 작용하고 있었다.[45] 자신의 집이 없이 처 상전의 행랑에서 거주하는 도감군은 처 상전의 호적에, 그리고 자신의 집이 있는 도감군은 자신이 호주로서 호적에 등재되는 것이다.

그러면 도감군의 戶가 한성부의 總 戶數에서 차지하는 비율을 현종 4년(1663)에 작성된 한성부 북부의 호적을 통해 구체적으로 추정해 보겠다. 현존하는 17세기의 유일한 한성부 호적인 「康熙二年癸卯式年北部帳戶籍(奎19315)」은 앞에서 말한 현종대의 엄격한 戶籍事目에 의거하여 작성되었을 것이라고 생각된다. 본서 「3장 2절 2) 도감군의 신

---

44) 위와 같음. "如此之類 則自都監直爲成冊 移送於漢城府 而成冊中 以其家婢夫 ――載錄 可也".

45) 『續大典』 戶典, 戶籍條에 "士大夫・庶民 一從家座次序作統 入籍者戶口成給"이라는 규정된 바와 같이 조선후기 호적은 家座(집자리)의 차례에 따라 作統・入籍하였다. 조선시대의 戶口成籍時 登載單位인 戶가 '家屋'을 뜻하는 것이라는 것은 韓榮國, 「朝鮮王朝 戶籍의 基礎的 硏究」, 『韓國史學』 6, 1985 참조.

분 구성」에서 이미 살펴본 바와 같이 이 호적에는 坊의 명칭이 기록되지 않고, 阿耳古介契 등 16개 契와 이곳에 거주하는 681戶의 戶口에 관한 기록이 실려있다. 호적에 坊의 명칭이 기록되지 않은 것으로 보아, 이 호적은 서울 北部 전체의 호적이 아니라 북부 중에서도 '有契無坊'지역의 호적임을 알 수 있다.[46] 아직 한성부의 5부 밑에 각 坊으로 편제되지 않은 외곽 지역인 것이다. 오늘날 서울의 서대문구, 마포구, 은평구 일대에 해당하는 이 지역은 당시에는 인구 밀도가 낮은 城外의 지역이어서 이 호적으로 도감군 戶가 한성부 전체에서 차지하는 비율을 추정하는 것은 무리가 따르겠지만 城內의 호적이 발견되지 않으므로 이것을 분석의 자료로 삼았다.

이 호적의 특성과 상세한 내용에 대해서는 이미 연구된 바 있고, 또 앞에서 도감군의 신분 구성을 논할 때 이 호적을 이용하였으므로, 여기에서는 단지 이 호적에 나타난 전체 호구 수와 도감군의 호구 수를 비교하여 도감군이 한성부 호구 전체에 어느 만큼의 비율을 차지하는가에만 분석의 초점을 맞추겠다. 다음 <표 6-3>은 「北部帳戶籍」에 나타난 전체 호수와 인구수, 그리고 이 가운데 포함된 도감군의 호수와 인구수를 적출하여 비교한 표이다.

이 표를 보면 「北部帳戶籍」의 전체 戶數 681호, 인구수 2,302명 중 도감군이 차지하는 호수는 63戶, 인구수는 155명이었다. 비율로 따지면 「북부장호적」 전체 호수의 9.3%, 전체 인구수의 6.7%를 도감군이 차지하고 있었다. 한편 북부장 호적의 신분별 구성은 조성윤 교수의 분석에 따르면 양반 24%(상층-116호, 하층-48호), 중인 0.6%(4호), 평민 22.5%(153호), 노비 52.9%(360호)로 나타나고 있다.[47] 이를 통해 볼 때 도감군은 國役 담당층인 평민호의 41%를 차지하고 있었다.

「북부장호적」의 대상 지역은 앞에서 말한 바와 같이 도성 외곽의 인구 밀도가 낮은 지역이어서(오늘날 서울의 여의도에서 은평구 녹번동

---

46) 高東煥, 1993, 앞 논문 20쪽.
47) 조성윤, 앞의 글, 1992, 87쪽.

<표 6-3> 北部帳戶籍의 전체 戶口數와 도감군 戶口數 비교

地域 \ 戶口數	전체 戶口數		도감군 戶口數	
	戶 數	口 數	戶 數	口 數
阿耳古介契	9	19	2	6
衍禧宮契	17	77	-	-
加佐洞契	38	126	1	2
水色里契	43	97	6	17
城山里契	57	280	2	5
細橋里契	23	151	-	-
合掌里契	90	375	7	16
望遠亭契	142	340	5	12
汝義島契	44	94	-	-
甄山里契	33	143	1	2
弘濟院契	16	50	5	19
延暑契	103	285	21	45
新寺洞契	32	148	5	12
梁鐵里契	11	48	8	19
末屹山契	20	62	-	-
造紙署契	3	7	-	-
合計	681	2,302	63	155

에 이르는 지역에 681戶만이 거주하고 있었다), 여기에서는 婢夫 신분
의 도감군들도 모두 자신의 집을 소유하고 호적에 호주로 등재되었다.
따라서 이것을 곧바로 인구 밀도가 높고 가옥 확보가 어려운 城內의
지역과 동일하게 보는 것은 문제가 있지만, 위 표에서 신빙성이 있다
고 판단되는 것은 도감군戶가 전체戶에서 차지하는 비율이다. (위 호
적에서는 재산 관리 차원에서 주로 奴婢와 그 자녀만이 집중적으로 파
악될 뿐, 양반이나 일반 평민들의 자녀수, 率居人數는 소홀하게 취급
되고 있어 人口數의 비율은 그대로 取信하기가 어렵다.) 위 표에서 도
감군戶가 전체 戶數의 9.3%를 차지하고 있는 것을 볼 때, 당시에는 「
북부장호적」의 대상 지역인 城外보다 城內 지역에서 도감군들이 집중
적으로 거주하였기 때문에,[48] 한성부 전체 戶數에서 도감군의 戶가 차
지하는 비율은 적어도 10% 이상인 것으로 추측된다.[49]

---

48) 본서, 「3장 2절 2) 도감군의 신분 구성」 참조.

이들은 또한 한성부 인구의 여타 부류와는 달리 서울 거리를 활보하며 왕성하게 활동하는 사람들이었다. 그래서 도감군들로 인해 서울 거리는 무기를 지니고 군복을 입은 군인들로 넘치는 듯한 모습을 이루게 되었다. 이 당시의 정부 관료들도 이러한 서울의 모습을 "軍容滿城"[50]이라고 표현하였으며, "持兵之士 滿於街路"[51]라고도 하였다. 한편 도감군들은 비록 亂廛을 설치하여 상업 행위를 하였다고 하나 주로 소비 생활을 하는 사람들이었다. 즉 이들은 급료 이외에 훈련도감으로부터 砲保 價布를 지급 받아 이로써 물건을 구입하여 생활하였다.[52] 따라서 이들을 대상으로 한 서울의 상업경제 역시 활발하게 전개되면서 서울의 상업인구도 증가하였다. 이것이 17세기 후반 서울의 인구가 증가하는 한 원인이었던 것으로 보인다.

17세기에 들어 도감군들이 이와 같이 서울로 이주하게 되자 서울에는 종래 볼 수 없었던 여러 가지 새로운 현상과 문제점들이 등장하기

---

49) 그 이유를 다시 따져보면 <표 6-2>에서 보는 바와 같이 현종 10년 한성부 전체 戶數 23,899호에서 도감군 5,500명이 모두 戶主로서 戶를 구성하고 있었다면, 도감군戶가 한성부 전체의 戶數의 23%를 차지하는 셈이다. 그러나 「北部帳戶籍」의 분석에 의하면 도감군은 북부 전체 호수의 9.3%를 차지하고 있으므로 한성부 전체 戶數의 23%를 그대로 도감군戶가 차지하고 있었다고 추정하는 것은 無理이다. 또 앞에서 언급한 바와 같이 城內 지역에서는 婢夫로서 妻 上典 호적에 등재된 사람도 상당수에 달할 것이고, 한 戶에 2명 이상의 도감군이 거주하는 것도 상정할 수 있기 때문이다. 그래서 도감군 중 良女를 妻로 맞이하여 호주로서 호적에 등재한 사람이 최소한 도감군의 절반인 2,750명이라고 가정한다면(북부장 호적에는 도감군 63명 중 51%인 32명이 良女를 妻로 맞이하고 있다), 한성부 전체 戶數 23,899戶 중 11% 정도를 도감군이 차지하는 셈이다. 물론 「北部帳戶籍」에서는 婢夫들도 모두 戶를 구성하고 있으므로, 이것도 최소한의 비율을 추정한 것이다. 따라서 한성부 전체 호수에서 도감군의 호가 적어도 10% 이상을 차지하고 있다고 추정해도 무리는 아닌 것 같다.
50) 『孝宗實錄』 권18, 효종 8년 6월 丙子, 36책 98쪽.
51) 『顯宗實錄』 권1, 현종 즉위년 12월 甲寅, 36책 232쪽.
52) 『承政院日記』 111, 효종 원년 정월 10일, 6책 255쪽, "軍人等 受出奉足價布 轉賣於市廛".

시작하였다. 이른바 도시문제였다. 도감군들의 서울 집중은 우선 도성 내에서 주택 문제를 발생시켰다. 이 시기에 들어와 서울은 "집이 없는 小民들이 비록 尺寸의 땅을 얻고자 하여도 얻을 수 없다"[53]라고 할 만큼 宅地의 확보가 어렵게 되었다. 심지어 18세기 초에 이르면 사대부들도 집이 없어 세를 들어 사는 것이 보통이라는 상황까지 전개되었다.[54] 이것은 조선전기에는 볼 수 없었던 새로운 현상이었다. 승호제나 별승호에 의한 도감군들의 상경과 서울의 상품화폐 경제의 발달에 의한 유입 인구의 증가 속에서 서울의 택지가 점차 부족하게 된 것이다. 훈련도감에서도 각 지방에서 올라오는 도감군들을 위해 空垈를 立案 折受하여 택지를 제공하기도 하였다. 효종대에는 창경궁 동쪽의 땅을 제공하였고,[55] 숙종 9년(1683)에는 집이 없는 군병 334명에게 仁慶宮 舊基를 택지로 제공하였다.[56] 그러나 이러한 훈련도감의 노력에도 불구하고 점차 도성 내에서는 택지를 구하기 어렵게 되었다. 이에 도감군들은 「北部帳戶籍」에서 보이는 바와 같이 城外의 沿江山底한 곳으로 거주지를 마련하여 갔다.

또 도감군들의 서울 집중은 서울의 위생 문제를 야기했다. 도감군들은 주로 빈민층으로 구성되어 있었으므로 이들의 거주지는 불결하기 쉬웠다. 인구의 집중에 따라 안전한 식수의 확보나 오물의 청결한 처리 등도 제대로 이루어지지 않았다. 따라서 전염병이 유행하게 될 때 가장 피해를 받는 지역이 도감군이 거주하는 곳이었다. 숙종 44년(1718)에는 서울에 유행한 전염병으로 인해 京軍門 1哨의 군사 중 太半이 病死하는 상황이 발생하기도 하였다.[57] 이 때 훈련도감은 도감군

---

53) 『承政院日記』 270, 숙종 5년 6월 23일, 14책 372쪽.
54) 『景宗實錄』 권1, 경종 즉위년 10월 丙戌, 41책 416쪽, "士夫之無家者多 故貰入爲近來通行之規".
55) 『正祖實錄』 권37, 정조 17년 5월 丁巳, 46책 391쪽, "孝廟朝 分置漢人漁夫及訓局隊戶砲手等 於昌慶宮東 以實之".
56) 『承政院日記』 298, 숙종 9년 4월 8일, 15책 863쪽.
57) 『肅宗實錄』 권62, 숙종 44년 윤8월 戊申, 41책 33쪽.

460명이 전염병으로 사망했다고 보고하고 있다.58)

이와 같이 도감군의 서울 집중은 주택 문제, 위생 문제 등 이른바 도시 문제를 야기했다. 그러나 당시 정부 관료나 지배층들이 가장 우려했던 것은 이것보다 도감군으로 인한 각종 범죄의 빈발과 사회질서의 문란, 중세적 국가체제의 동요였다. 대략 한성부 전체 호수의 10% 이상을 도감군들이 점유하자, 이들이 도성 민의 생활이나 사회 분위기에서 차지하는 비중은 결코 적지 않았다. 도감군들은 군인 집단이어서 서울에 거주하는 다른 어느 부류보다 집단 행동이 용이하였다. 이들은 자신들의 이익이나 위신 등에 관계된 것이라면 집단 행동도 불사하였다. 앞 장에서 살펴본 바와 같이 정부에서 흉년으로 급료를 묵은 쌀이나 小米(좁쌀)로 지급하면 이들은 집단적으로 수령을 거부하였다. 또 局出身의 출현은 이들의 집단적인 신분상승 운동의 결과였다.

도감군은 무력을 숭상하는 집단으로서 도성 내에서 자신의 힘을 과시하기도 하였다. 또 무기를 손에 쥐고 집단을 형성하게 되자 종래 신분질서에 억눌린 감정을 표출하기도 하였다. 즉 이들은 서울 거리에서 떼를 지어 말을 타고 달리면서 사람을 다치게 하거나, 한밤중에 공연히 총포를 쏘면서 도성민을 놀라게 하였다.59) 심지어 이들은 자신들보다 훨씬 지위가 높은 禁軍을 집단적으로 구타하였다.60) 또 이들은 도성의 거리에서 사대부를 만나도 조금도 피하려는 기색이 없이 노려보고 지나가거나,61) 사소한 일로 화를 내어 갑옷을 입고 말을 타고 사대부가에 突入하여 사대부를 능욕하기도 했다.62) 현종 4년(1663) 10월에

58)『肅宗實錄』권61, 숙종 44년 5월 己未, 41책 19쪽.
59)『承政院日記』127, 효종 4년 6월 20일, 7책 208쪽.
60)『承政院日記』130, 효종 5년 3월 13일, 7책 343쪽.
61)『承政院日記』131, 효종 5년 5월 1일, 7책 371쪽.
62)『承政院日記』189, 현종 6년 6월 3일, 10책 394쪽, "執義 李程 又啓曰 近來人心風俗 漸至薄惡 而其中都監軍士 驕橫閭里之弊 有不可勝言矣 頃者馬兵一人 以微細事發怒 且甲胄騎戰馬 突入士夫家 凌辱之言 罔有紀極 瞻聆所及 莫不驚愕 其洞之人 聯名呈狀于該部".

는 술에 취해 횡포를 부리는 도감군을 刑曹 禁吏가 잡아 가두자 동료 도감군들이 떼를 지어 몰려와서 禁吏를 亂打하고 그 도감군을 빼내어 갔다. 이때 刑吏 使令들이 이들을 추적하자 도감군들은 뒤쫓던 使令 2 명을 집단 구타하여 "머리와 눈이 터지고 온몸에서 피가 났으며 목숨 이 위태로운" 상태로 만들어 놓기도 하였다.63) 도감군들에 의해 공권 력조차 무시당하는 실정이었다.

또한 도감군들은 빈민층으로서 집단을 이루고 서울에 거주하고 있 었기 때문에 강도와 강간 등 각종 범죄 행동도 서슴지 않았다. 인조 18 년(1640) 이조참판 李植은 도감군으로서 무과에 합격하여 출신이 된 局出身들이 무리를 지어 몰려다니면서 사대부를 구타하고 부인을 劫 取하고 있다고 말하였다.64) 또 이들은 "群行都市 毆辱士夫"65)한다고 보고되었다. 현종 7년(1666)에는 국왕의 온천 行幸을 수행하던 도감군 여러 명이 남편이 있는 村女를 劫奸하여 사회 문제로 비화한 적이 있 었다.66) 심지어 현종 11년에는 도감군 4명이 강도단을 결성하여 西學 洞에 있는 醫員 邊永熙의 집에 들어가 그 부인을 칼로 찔러 즉사시키 고 그 외 4명을 칼로 찌른 사건도 발생하였다.67)

도감군들은 서울에 상주하면서 위와 같이 집단적인 무력 과시, 각종 범죄 행동들을 저지를 뿐만 아니라, 서울의 각처에 亂廛을 설치하여 조선의 중세적 상업질서, 즉 市廛 체제를 위협하고 있었다.68) 도감군 들은 "官給料布 不足以資其生理", "所給料布 歲難支過"라고 말해지

63) 『顯宗實錄』 권7, 현종 4년 10월 癸亥, 36책 384쪽.
64) 『仁祖實錄』 권40, 인조 18년 3월 壬午, 35책 83쪽, "聚黨作拏 久益難制 至於 毆打士夫 劫取婦人".
65) 『仁祖實錄』 권49, 인조 26년 7월 辛巳, 35책 328쪽.
66) 『承政院日記』 194, 현종 7년 4월 23일, 10책 634쪽.
67) 『顯宗實錄』 권18, 현종 11년 10월 癸巳, 36책 677쪽 ;『顯宗改修實錄』 권23, 현종 11년 10월 甲午, 38책 36쪽.
68) 도감군의 상업 활동에 대해서는 拙稿, 「17세기 訓鍊都監 軍制와 都監軍의 활동」, 『서울학연구』 2, 1994, 184~191쪽 참조.

는 것처럼 국가에서 지급하는 給料와 保布로는 서울의 소비 생활을
유지하기가 힘들었다.[69] 따라서 이들은 서울에서 각종 상업활동을 전
개하여 생계비를 보충하였고, 국가 재정상 충분한 급료와 보포를 지급
할 수 없었던 정부로서도 이들의 생활 안정을 위하여 이러한 상업활동
을 묵인, 허용하지 않을 수 없었다. 그래서 훈련도감 설립 이후 정부에
서는 상업활동을 하는 도감군에게 市役을 면제해주고, 선조 33년
(1600)에는 市牌를 成給하기도 하였다.[70] 이러한 도감군들의 상업활동
은 조선후기에 있어서 非市廛系 상인의 대두, 亂廛의 등장을 의미하는
것이었다.

　도감군들은 輦下親兵이라는 신분을 이용하여 특권과 폭력을 행사하
며 상업활동에 임하였다. 당시 시전 상인들은 막중한 시역을 부담하면
서 상업을 하고 있는데 비해,[71] 도감군들은 시역 면제의 특권과 무력
을 행사하면서 상행위를 전개한 것이다. 이러한 상황에서 도감군과 시
전간에 마찰과 분규가 발생하고 있었다. 인조 3년(1625) 5월 李貴는

　　訓鍊都監 砲手들의 許市(상업 활동 허용)를 …… 臣은 不可하다고
　　생각합니다. 砲手 4,000여 명의 親屬들이 假名으로 장사를 하면 市民
　　들이 어찌 버텨내겠습니까? 지난번 砲手들이 그 族屬을 거느리고 市
　　人들을 亂打하지 않는 곳이 없었습니다.[72]

---

69) 『訓局事例撮要』上卷, 軍兵市業條 (孝廟朝 원년 5월 9일).
70) 『訓局事例撮要』上卷, 軍兵市業條 (仁廟朝 12년 5월 초8일), "都監軍兵 比
　　如獨身防戍之比 皆是率妻子 在家立役之類 雖有奉足給料 一年之資 不能以
　　此專仰 故自宣廟朝 設立時 量度其生活之計 京居之人則 凡爲市役專減 自
　　鄕來屬之軍 則一結復戶 事目已久 至今流行是白沙餘良 庚子年間 都監軍兵
　　之爲市者 容貌疤記 市牌成給 別無他意 欲爲辦別眞假 俾無假托之事"; 『增
　　補文獻備考』권163, 市糴考1(明文堂 影印本 中冊 914쪽), "宣祖朝 命訓局軍
　　兵 京居爲市業者 全減市役".
71) 『光海君日記』권116, 광해군 9년 6월 己未, (太白山本) 2책 559쪽, "近來以經
　　費不足 凡百國家所用 責辦於市廛".
72) 『承政院日記』6, 인조 3년 5월 20일, 1책 225쪽.

라고 하였다. 도감군들은 시전과 경쟁하면서 시전 상인을 난타하는 등 폭력도 서슴지 않았다. 이에 李貴는 국역을 부담하는 시전의 보호를 위해 도감군의 상업활동 금지를 요구하였던 것이다.

그러나 도감군의 상업활동은 이들의 생계 보장과 관련된 것이어서 정부에서 이들의 생계 보충을 위한 별도의 대책 없이 쉽사리 금지시킬 수 있는 문제가 아니었다. 따라서 정부에서는 도감군들의 상업활동을 전면 폐지하는 것이 아니라 이들의 상업상의 특권을 점차 감소시키려 는 방향으로 나아갔다. 즉 도감군의 상업상의 특권은 市廛의 관리·감 독을 담당하고 있는 平市署, 戶曹, 刑曹, 司憲府, 漢城府 등과 도감군 의 특권을 비호하려는 훈련도감 당국간의 대립·조정에 의해 점차 시 정되어갔다. 이에 따라 선조대 이래 시역 면제의 특권을 누리던 도감 군들은 효종대에 들어와 시전 상인이 부담하는 市役의 5분의 1을 부담 하게 되고, 현종 9년(1668)에 이르러 시역의 1/2을 부담하다가, 그 후 숙종 3년(1677)에는 시전 상인과 동일하게 市案에 등재되어 동일한 시 역을 부담하도록 조치되었다.73)

그러나 이러한 조치들에도 불구하고 많은 도감군들이 市案에 등재 되지도 않고 市役을 부담하지도 않으면서 계속 상업 활동을 하여 문제 를 일으키고 있었다. 숙종 10년(1684) 平市署提調 閔維重은 凉臺廛 (갓양대를 파는 가게)이 생긴 지 20여 년이라고 하면서, 城外의 과부들 과 砲手妻들이 凉臺를 제조하여 판매하다가 凉臺廛 市民들에게 적발 되어 평시서에서 砲手와 市民을 모두 잡아들여 조사하려고 할 때에, 都監將官이 10여 명의 軍牢를 거느리고 평시서 관청 건물로 갑자기 뛰어들어와 砲手들을 풀어주고 시민들을 잡아서 곤장까지 쳤다고 보 고하였다.74) 砲手들은 市役을 부담하지 않고 폭력을 동원하여 자신들 의 상업 활동을 보호하고 있는 것이었다. 이것은 훈련도감 당국의 권 력을 배경으로 가능하였을 것이다. 이에 포수들의 시역 면제는 관행화

---

73) 도감군의 市役 부담 조정에 관해서는 拙稿, 앞의 논문, 1994에 자세하다.
74) 『承政院日記』 304, 숙종 10년 6월 23일, 16책 119쪽.

하였다. 숙종 46년(1720) 4월 備邊司堂上 兪集一은 당시 匠人들이 한 마을에 포수 1인만 있어도 "포수의 手造品은 應役하지 않는 것"이라고 핑계를 대면서 국역에 응하지 않는다고 보고하고 있었다.[75] 포수들의 免役를 내세워 포수가 사는 한 마을 전체가 피역하려고까지 하는 것이었다. 이와 같이 도감군들의 상업 활동은 조선의 시전 체계를 위협하고 있었다.

도감군들의 집단적인 무력 과시, 각종 범죄 행동, 난전의 설치로 인한 중세적 상업 질서의 동요 등은 문반 관료들의 우려를 자아냈다. 문반 관료들은 도감군들을 서울에 상주시키는 훈련도감 군제에 문제가 있다고 지적하고 그 개편을 요구하였다. 효종 8년(1657) 8월 宋時烈은 그의 상소에서 "漢나라 때의 宿衛는 모두 子弟들이 담당했지 軍卒을 쓰지 않았다"라는 朱子의 말을 인용하면서 국왕의 숙위를 신분이 높은 양반자제로 하여금 담당하게 하는 것이 아니라 미천한 驕卒들로 담당하게 하는 지금의 제도는 마땅히 고쳐야 한다고 주장하였다. 그는 도감군들은 "이미 驕悍함이 성하여 搢紳들을 輕侮하고 사람들을 殺害하고 있다"라 하면서 이러한 도감군들을 계속 서울에 상주시키는 것은 심히 未便하다고 하였다.[76] 효종 8년 10월 許穆 역시 오늘날 훈련도감 군제는 亂을 키우는 것이지 養兵의 술책이 아니라고 비판하였다. 그는 또 무사들의 교만함이 나날이 심해지고 있다고 상소하면서, 군인들이 이렇게 교만 방자하여야 "防敵制變할 수 있는 것이냐"고 반문하고 있다.[77]

또 현종 2년(1661) 副提學 兪㮨는 군사라는 것은 나라에 해독을 끼치는 존재여서 聖王이 가장 심려하는 바이며, 戰亂이 일어날 경우에만

---

75) 『備邊司謄錄』 73, 숙종 46년 4월 6일, 7책 276쪽, "工曹給價分定於各樣匠人 則匠人輩苦其責應 一村中若有砲手一人 則輒稱砲手手造 不爲應役".
76) 『孝宗實錄』 권19, 효종 8년 8월 丙戌, 36책 109쪽.
77) 『孝宗實錄』 권19, 효종 8년 10월 庚辰, 36책 118쪽, "持平 許穆 上疏曰 …… 今徒貴勇力 而任殺伐 此養亂也 非養兵之術也 …… 武士之無知驕橫 日以益甚 防敵制變 必得此輩之驕橫 然後可能 則臣不敢知也".

때때로 동원하는 것이지 도감군처럼 서울에 항상 머물러있게 하는 것
은 아니라고 하였다.[78] 도감군으로 인한 각종 사회 문제의 발생을 염
두에 두고 이들을 서울에 상주시켜서는 안 된다는 것을 피력한 말이
다. 그래서 현종 6년 10월 鄭太和는 서울에 군인들이 상주하는 都監軍
制를 어영청과 같이 지방에서 番上하는 체제로 바꿀 것을 요구하였
다.[79] 또 현종 10년 정월 송시열 역시 도감군은 교만하여 국가에서 마
음대로 부릴 수 없으니 군제를 바꾸어야 한다고 주장하였다.[80] 숙종
원년 윤5월 尹鑴는 역시 "서울의 풍습이 나빠지고 기강이 무너지고 있
는 것은 도감군들의 소행으로 인한 것"이라고 지적하였다.[81]

이상과 같이 훈련도감의 陞戶制와 常備兵制는 서울의 인구 증가를
가져왔으며, 이에 수반하여 주택문제, 위생문제 등 도시문제도 출현시
켰다. 한편 도감군들은 집단적인 무력 과시와 각종 범죄 행동 등으로
서울의 사회 질서를 문란하게 하였고, 이들의 亂廛 설치와 상업 활동
은 중세적 상업 질서를 동요시키고 있었다. 이에 따라 당시 지식인, 정
부 관료들은 훈련도감 軍制의 變通을 강력히 요구하였다. 다음 장에서
는 이러한 훈련도감 군제변통론의 전개 과정에 대하여 살펴보겠다.

2. 軍制變通論의 전개와 訓鍊都監의 변화

1) 政局의 변화와 軍制變通論의 대두

앞에서는 훈련도감 운영에서 나타난 폐단으로서 호조 재정의 악화,

---

78)『顯宗改修實錄』권5, 현종 2년 정월 甲寅, 37책 212쪽, "兵者 國之大蠹 聖王
立制 最致甚慮 藏至險於至順之中 時用而不敢恒聚".
79)『承政院日記』191, 현종 6년 10월 23일, 10책 494쪽.
80)『承政院日記』212, 현종 10년 정월 10일, 11책 386쪽, "訓鍊之軍 驕不可使
必須改爲軍制".
81)『承政院日記』247, 숙종 원년 윤5월 10일, 13책 59쪽, "我國輦下之軍 幾至五
六千 坐食京師 橫行市里 都中庶民 風習之渝 紀綱之壞 亦 此輩之爲也".

陸戶의 문제와 도감군의 作弊 등에 대하여 살펴보았다. 즉 兵農分離制(給料兵制)로 운영되는 훈련도감으로 인해 호조 재정은 만성적인 적자 상태를 면치 못했으며, 훈련도감의 승호제, 長番兵制로 인해 서울은 인구 증가와 더불어 각종 도시문제가 출현하고, 사회질서가 문란하게 되는 등 조선전기와 다른 새로운 현상들이 나타나고 있었다. 조선후기에는 이러한 문제와 폐단에 대해 정국의 변화에 따라 여러 정치세력이 등장하여 자신들의 입장에 따라 다양한 변통책을 제시하고 있었다.

조선후기에는 훈련도감을 비롯한 군사문제·군사정책과 관련하여 두 가지 견해가 대립하고 있었다. 養兵優先論(軍備增强論)과 養民優先論(軍備減縮論)의 대립이었다.[82] 전자는 대체로 국왕과 훈척, 군영대장으로 대표되는 사람들의 견해였고, 후자는 山林勢力을 비롯한 문반 관료층의 견해였다.[83] 물론 문반 관료 중에도 養兵·强兵을 주장하는 사람들도 있었고, 또 養民·安民을 강조하는 논의도 후술하듯이 여러 방향으로 제기되었다. 그러나 이 시기에 대다수의 관료, 儒者들은 養民優先論에 동의하고 있었다. 특히 효종 말 이후 산림세력이 정계에 적극 포진하면서 養民優先論은 강력하게 제기된다.[84]

---

82) 養兵과 養民이 서로 대립되는 개념은 아니다. 여기에서는 단지 강조점의 차이를 가지고 養兵優先論과 養民優先論으로 나눈 것이다.

83) 17세기 중엽 산림세력의 대두와 이들의 국정 운영 방향을 養民優先主義로 파악한 것은 鄭萬祚, 「17世紀 中葉 山林勢力(山黨)의 國政運營論」, 『擇窩許善道先生停年紀念韓國史學論叢』, 一潮閣, 1992 참조.

84) 禹仁秀, 「17世紀 山林의 勢力 基盤과 政治的 機能」, 경북대학교 대학원 박사학위 논문, 1992, 112쪽, 125~140쪽 ; 鄭萬祚, 앞의 논문, 1992, 523~524쪽. 鄭 교수는 위 논문에서 "산림세력은 新政의 혁신을 꾀하던 효종 초에 잠시 정계로 진출, 道統說을 앞세우고 激濁揚淸을 표방하면서 침체된 정가에 새로운 바람을 불러일으키며 처음으로 山黨이란 정치세력으로서의 명칭을 얻기도 했으나, 洛黨系와 연결된 청의 간섭과 대동법 실시를 둘러싼 漢黨의 영수 金堉과의 불화와 갈등으로 인해 바로 물러나지 않을 수 없었다. 그러나 …… 효종 9년 송시열·송준길이 왕의 절대적 신임 하에 國政을 위임받음에 미쳐 가장 유력한 정치집단으로 등장, 사실상의 서인세력을 대표하여 현종

훈련도감 군제변통론(以下 도감변통론으로 略記함)은 養兵優先論
과 養民優先論의 대립 속에서 주로 養民·安民을 실현하기 위한 한
방법으로 전개되었다. 따라서 도감변통론을 살펴보기 전에 먼저 양민
우선론과 대립되는 양병우선론을 검토해 볼 필요가 있다. 조선후기에
養兵·强兵을 강조한 대표적 인물은 국왕이었다. 光海君, 仁祖, 孝宗,
顯宗, 肅宗 등 국왕들은 한결같이 국정 운영에서 양병 우선을 주장하
였다. 광해군에 이어 인조는 국내외의 변란 속에서 양병의 필요성을
뼈저리게 느꼈으며, 효종은 재위기간 내내 군비 증강에 몰두하였다. 현
종도 즉위하자마자 "予之所日夜勞思者 惟養兵一事"[85]라고 말할 정도
로 양병에 집착하였다. 숙종 역시 즉위 후 국방에 대해 생각하면 밤에
잠이 오지 않는다고 하면서,[86] 군비 감축을 주장하는 관료들을 질책하
였다.[87]

국왕들은 국내 정세에 따라 養民·安民을 강조하는 관료들의 주장
이 거세어질 때에는 한발 양보하거나 혹은 타협하면서도 자신의 입장
을 견지하였다. 한편 이러한 국왕의 견해를 동조·지지하는 사람은 훈
척이나 일부 관료층, 훈련대장을 비롯한 각 軍營大將, 武將들이었다.
이들은 유교적 이념과 民生의 안정을 강조하며 養民 優先을 주장하는
많은 儒者 관료들의 주장을 국방과 왕권의 보장을 명분으로 반박하면
서 국왕의 입장에 동조하고 있었다.

임진왜란 이후 광해군, 인조대 초기까지에는 양병·강병을 강조하는
학자들도 상당수에 달하였다. 芝峯 李晬光은 인조 3년(1625) 그의 箚

말까지 국정운영을 주도하는 위치에 있게 된다"라 하였다.
85) 『顯宗改修實錄』 권1, 현종 즉위년 9월 壬戌, 37책 124쪽.
86) 『肅宗實錄』 권4, 숙종 원년 9월 庚子, 38책 301쪽.
　　물론 이때 숙종의 나이가 13세라는 점도 고려되어야 한다.
87) 숙종 12년 좌참찬 趙師錫이 "京軍門太多"라고 하며 軍縮을 주장하자 국왕
　　숙종은 "이러한 말이 바로 胡亂을 불러일으킨다"라고 매우 불쾌한 반응을 보
　　이고, 즉석에서 趙師錫이 "惶悚縮伏 汗出霑背"할 정도로 질책하였다(『肅宗
　　實錄』 권17, 숙종 12년 5월 丙戌, 39책 68~69쪽).

子에서 고려 정종 때에는 거란의 침입을 30만 대군이 막아냈고, 공민왕 때에는 홍건적의 침입을 20만의 군사가 토벌하였는데 임란 이후 오늘날에 이르러 인구는 비록 고려말에 비해 증가했으나 군인은 격감하였다고 말하면서, 이것은 '制兵之道'의 不實로 말미암은 것이라고 지적하고 養兵論을 주장하였다.[88] 인조 9년 4월 李元翼도 국왕과의 대화에서 고려의 병세가 강성했던 것에 비해 조선에 들어와 병세가 약하게 된 이유를 묻는 仁祖의 질문에 고려는 兵農分離인데 반해 조선은 兵農一致를 취해 兵勢가 떨치지 못하게 되었다고 대답하였다.[89] 따라서 그는 병농분리를 통한 養兵·强兵을 주장하였다. 한편 鄭曄(1563~1625)은 그의 萬言疏에서 "우리 나라는 文敎에만 치중하고 군사에는 전연 관심이 없어 거의 亡國에 이르게 되었다"고 하면서 조선의 右文정책을 비판하고, 修武에 힘쓸 것을 건의하였다.[90]

조선의 군비 실태를 가장 신랄하게 비판한 사람은 許筠이었다. 허균은 광해군 대에 쓰여진 것으로 추정되는 「兵論」이라는 글에서 특유의 강력한 문체로 다음과 같이 조선의 군비 실태를 비판하고 있다.

天下에 兵이 없는 나라가 있는가? 없다. 나라에 兵이 없으면 무엇으로 외적을 물리치겠는가? 외적을 물리칠 수단이 없으면 나라는 어떻게 自立할 것이며, 국왕은 어떻게 自尊할 것이며, 民은 어찌 하루라도 잠을 편안하게 잘 수 있겠는가? 그런데도 天下에 兵이 없는 나라가 있다. 兵이 없으면서 수십 년을 지탱한 나라가 古今所無이지만 우리 나라가 지금 그러한 나라이다. 그런데 兵이 없으면서 오히려 나라가 유지되는 것은 무슨 기술이 있어서인가? 기술이 있어서가 아니다. 우연이다. 왜적이 물러간 뒤 우연히 다시 오지 않았고, 奴酋(누르

---

88) 李睟光, 『芝峯集』 권22, 條進懋實箚子, 乙丑(인조 3년) (한국문집총간 66책 222쪽).

89) 李元翼, 『梧里集』 別集 권2, 引見時奏事, 辛未 4월 5일 (한국문집총간 56책 496쪽), "前朝則 兵農分而爲二 故爲兵者 專業於兵 而其勢强 我朝則 兵農爲一 兵寓於農 農寓於兵 故業不專一 而兵勢不振矣".

90) 鄭曄, 『守夢集』 권4, 萬言疏 (한국문집총간 66책 509쪽).

하치 : 筆者註)가 아직 우연히 우리 나라를 침략하지 않았기 때문이
다.91)

위 말에 이어 허균은 고려와 조선의 군제를 비교하면서 조선의 문약
한 폐단을 시정하는 방법은 고려의 군제를 채택하는 것이라고 주장하
였다. 이와 같이 광해군대와 인조대 초기에 戰亂을 체험한 학자들 중
에서는 군비 증강을 주장하는 사람도 적지 않았다.

그러나 효종대에 들어와서 양병·강병 정책의 추진에 따라 많은 폐
단이 야기되면서 정부 내에서 이를 비판하는 여론도 漸增하였고, 도감
변통론도 이러한 가운데 제기되고 있었다. 양민우선론이 대두되기 시
작하는 효종대에 국왕의 입장을 지지하면서 양병우선론을 주장한 대
표적 이론가는 金益熙였다. 그는 도감변통론이 고개를 들고 養民·安
民 우선을 강조하는 儒者 관료들의 주장이 점차 거세어지자 이를 반박
하고 養兵 優先을 주장하여 국왕의 총애를 받았다.92) 김익희의 軍事
思想은 그가 효종 5년(1654) 11월 大司成으로 있을 때 제출한 상소문
에서 가장 집약적으로 나타나고 있다. 여기에서 김익희는 옛날의 聖王
이 가장 관심을 쏟은 것은 精兵, 養兵이라 하면서, 이것이야말로 "有
國之先務"라고 주장하였다.93) 이어서 그는 조선초기에는 비록 公卿大
夫의 子弟라도 모두 군역을 지고 있어서 閑遊하는 자가 한 명도 없었
다고 주장하면서 현재 진행되는 양반들의 避役, 免役을 비판하였다.
이에 따라 金益熙는 祖宗朝의 身役之法에 의거하여 관직이 없는 양반
들에게 그 군역의 대가로 庸布를 징수하는 儒布論을 제기하면서, 이를
통해 兵農分離로 대표되는 양병·강병을 실현하자고 하였다.94) 김익
희는 여기서 『周禮』 등 중국의 고전과 중국의 군제사, 그리고 조선초

91) 許筠, 『惺所覆瓿藁』 권11, 兵論 (한국문집총간 74책 230쪽).
92) 『孝宗實錄』 권17, 효종 7년 12월 壬午, 36책 73쪽, "金益熙 卒記".
93) 『孝宗實錄』 권13, 효종 5년 11월 壬寅, 35책 691쪽.
94) 위와 같음.

기 군제·군역제의 역사를 인용하면서 자신의 논리를 전개하고 있었다.

그러나 김익희의 이러한 논리는 조선초기의 군제·군역제를 자신에게 유리한 일면만을 인용했을 뿐 그 전체적인 구조를 제시한 것은 아니었다. 조선초기에는 良人皆兵制에 따라 비록 公卿大夫·兩班의 子弟라도 모두 군역을 부담하고 있는 것은 사실이지만, 그 군역이 일반 민인의 군역과 동일한 것은 아니었다. 즉 조선초기의 군역제는 두 가지 계열로 나뉘어져 있었다. 관료체계 내에 포섭되어 科田과 녹봉을 지급받는 특권적인 군역이 있었고, 無償으로 노동력을 제공하여야 하는 의무적인 군역으로 나뉘어져 있었다. 공경대부·양반의 자제들은 주로 특권적인 군역에 입속하였고, 16세기에 들어와 그 군역에서의 특권이 소멸됨에 따라 점차 군역에서 이탈하였던 것이다.[95] 따라서 김익희의 이러한 주장은 양인개병제라는 원칙만을 강조한 것으로 현실적으로 전개되는 신분제와는 배치되는 것이었다. 그러나 이것은 중세적인 신분제를 부정하는 진보적인 의미를 지니고 있었고, 또 양병우선론으로서 국왕의 적극적인 호응을 받았다.

김익희에 이어 養兵을 강조한 인사들은 勳戚과 軍營大將이었다. 현종대 도감변통론이 절정에 달할 무렵 元斗杓 등의 훈척들은 당시 만연된 賤武思想, 養民優先論에 대해 강한 불만을 토로하였다. 현종 3년 7월 좌의정이었던 元斗杓는

　　지금 武士들을 너무 薄待합니다. 그래서 비록 武弁 子弟라도 文科에 합격하면 다른 사람보다 무사들을 무시하고 있습니다. 武士들이 解體하고 있는 것은 이 때문일 것입니다. 오늘날 災變이 연이어 일어나고 있는데 武備가 이와 같이 虛疎한 것은 심히 우려되는 것입니다.[96]

---

95) 本書, 「2장 1절 甲士의 변질과 소멸」 참조.
96) 『顯宗實錄』 권5, 현종 3년 7월 甲申, 36책 340쪽.

라 하여, 당시 관료들이 지나치게 군비를 증강하여 국가 재정이 고갈
되고 있다고 주장한데 반하여 오히려 武備가 너무 허술하여 염려된다
고 말하고 있었다. 한편 군대의 실무자인 軍營大將 역시 養兵優先主
義者들이었다. 이들은 비록 국왕과 관료들간의 논의 과정에 개입하지
는 않았으나, 정책 결정 시에 국왕의 자문에 응하여 강력한 영향력을
행사하였다. 이들은 군대의 실무를 어느 누구보다 자세히 파악하고 있
다는 장점을 가지고 관료들의 양민우선론에 맞설 수 있었다.

효종·현종대에 있어서 국왕을 중심으로 훈척, 소수의 관료층, 군영
대장 등이 양병 우선을 주장한데 반해 대다수의 儒者 관료들은 養民
을 강조하였다. 학자 출신 관료들은 養民·安民의 강조에 대해서는 黨
色을 불문하고 유사한 견해를 피력하고 있었다. 이들은 유교 경전에
익숙한 자들로서 유교 이념에 입각하여 양민을 주장하였고, 일반 민인
들과 함께 생활하는 처지로서 민생의 안정을 위해 양민우선론을 제기
하였다. 이들은 비록 정책 결정 과정에서는 양병 우선주의자들에 비해
열세였지만, 여론에 있어서는 우세를 점하면서 자신들의 주장을 전개
하고 있었다. 이 시기 양민·안민을 우선해야 한다는 주장을 몇 개 예
시해 보면, 효종 5년(1654) 6월 領敦寧府事 李景奭은

> 軍兵을 民心과 비교하면, 軍兵은 末이요, 民心이 本입니다 …… 비
> 록 軍兵이 精强하다 하더라도 民心을 얻지 못하면 이들을 어떻게 부
> 리겠습니까? 그러한 즉 安民이야말로 今日의 急務입니다.97)

라고 주장하였다. 또 효종 8년 10월 持平 許穆 역시 민심의 지지를 얻
은 군대가 바로 王者의 군대이며 이러한 군대야말로 天下無敵이라고
주장하면서 민심과 이반된 양병우선 정책을 철회할 것을 요구하였
다.98)

---

97)『孝宗實錄』권12, 효종 5년 6월 乙亥, 35책 677쪽.
98)『孝宗實錄』권19, 효종 8년 10월 庚辰, 36책 118쪽, "山谿不足以固國 兵甲不

한편 양민우선론자들은 양병우선 정책이 그 所期하는 왕권의 보장
에 전혀 도움이 되지 않는다는 점도 지적하였다. 즉 효종 3년 예조참의
尹善道는 上疏文에서 "兵이라는 것은 衛國・禦敵의 역할을 담당하고
있어 그 존재의 정당성은 인정하지만 그 관리에 극히 신중해야 한다"
고 말하고 있다.[99] 여기에서 그는 "兵은 불과 같아서 제대로 관리하지
않으면 자신이 그 불에 타버린다"라는 左傳의 구절을 인용하고, "兵은
외방에 있을 때는 반란을 일으키고 내부에 있을 때는 찬탈을 도모하는
존재"라는 杜牧의 말을 인용하면서 양병우선 정책을 비판하였다. 효종
9년(1658) 10월 이조참판 宋浚吉 역시 국왕과의 面對에서 尹善道와
동일한 구절을 인용하면서 양병 정책을 반대하였다.[100] 이러한 주장에
대해 효종은 天命이 있는 사람은 반란을 두려워하지 않는다고 단언하
였다.[101] 당시 국왕들은 양병 정책은 민심의 이반 뿐만 아니라 정치적
불안도 가져온다는 말을 이와 같이 천명에 따를 뿐이라는 위협적인 말
로 반박하고 있었다.

이상과 같이 儒者 관료층은 양병우선 정책이 정치적 또는 민생의
안정에 위배된다고 하면서 養民優先論을 주장하였다. 바로 이러한 양
민우선론의 일환으로서 도감변통론이 제기되고 있었다. 당시 훈련도감
은 長番兵制에 의하여 도감군이 서울에 常住하고 있었으며, 給料兵制
에 의하여 도감군들은 국가로부터 급료를 지급받았다. 이러한 군제는
앞에서 본 바와 같이 王城인 서울에 많은 문제점을 야기했고, 국가 재
정을 궁핍하게 만들었다. 따라서 당시 도감변통론자들이 집중적으로

    足以强國 爲國之道 教訓爲大 必使民知親上死長之義 然後 可以用之 此王
    者之兵 所以無敵於天下也".
  99)『孝宗實錄』권9, 효종 3년 10월 庚申, 35책 579~580쪽, "夫兵者 居常而衛國
    臨亂而御敵 誠不可無者也 然傳曰 兵猶火也 不戢將自焚 杜牧曰 兵在外則
    叛 在內則簒 此皆至理之言 深可畏也 極可愼也 …… 京中常在之兵 猶患其
    多 而不患其少".
100)『孝宗實錄』권20, 효종 9년 10월 癸未, 36책 155쪽.
101) 위와 같음.

거론한 변통의 대상은 바로 이 훈련도감의 長番兵制와 給料兵制였다. 도감변통론자들은 훈련도감의 급료병제와 관련하여 급료로 유지되는 도감군액의 축소·동결을 통한 국가재정의 정상화를, 그리고 장번병제와 관련해서는 서울에 상주하는 도감군을 지방에서 거주하며 서울에 번상하는 체제로 전환하여 서울에서 야기되는 각종 문제점들을 종식시킬 것을 요구하였다. 즉 도감변통론은 급료병의 축소·동결과 長番兵制의 番上兵制로의 전환이라는 두 계열로 요약될 수 있다.

도감변통론의 한 계열인 도감군액의 축소·동결론은 도감군액이 확장 일로를 걷던 효종대에 집중 제기되었다. 효종은 "欲圖大攻 故不得不養兵"[102]이라는 바와 같이 북벌정책의 일환으로 도감군을 증강시키고 있었고, 이것은 국가재정을 위기로 몰고 갔던 것이다. 효종 3년(1652) 禮曹參議 尹善道의 "農夫百 不能養一兵"[103]이라는 발언이나, 효종 4년 領中樞府事 李敬輿의 "도감군이 …… 增額加倍되고 있으니 국가 경비가 부족하게 되는 것도 이상한 일이 아니다"[104]라는 말은 모두 도감군액의 확장으로 인한 국가 재정의 결핍을 설명한 것이다. 따라서 위의 말에 이어 윤선도는 '勿務益兵'이라 하여 군액의 동결을 요구하였고, 이경여는 도감군 1,000명을 감축하여 국가 재정에 여유를 가져오게 할 것을 주장하였다. 또 효종 5년 좌의정 金堉은 확장되고 있던 도감군액을 5,000명으로 定額할 것을 건의하였고,[105] 효종 8년 李敬輿는 다시 도감군액을 3,000명으로 축소시킬 것을 주장하였다.[106] 이와 같이 도감군액의 축소·동결론은 효종대 군비 강화책에 반발하여 집중적으로 제기되고 있었다.

그러나 효종대에 있어서 국왕의 양병에 대한 의지는 무엇보다 강력

---

102)『肅宗實錄』권11, 숙종 7년 6월 戊寅, 38책 534쪽.
103)『孝宗實錄』권9, 효종 3년 10월 庚申, 35책 579~580쪽.
104)『孝宗實錄』권11, 효종 4년 7월 乙丑, 35책 637쪽.
105)『孝宗實錄』권12, 효종 5년 정월 癸卯, 35책 659쪽.
106)『孝宗實錄』권18, 효종 8년 5월 丁未, 36책 91쪽.

하였다. 이러한 양병 정책은 오랑캐에 대한 復讐雪恥라는 시대적 명분
도 갖고 있었다. 따라서 이 시기에 제기된 도감군액의 축소·동결론은
별 효과를 얻지 못하였다. 오히려 도감군액은 계속 증액되는 실정이었
다. 이뿐 아니라 어영청의 확대 개편, 軍馬의 확충, 화약과 무기 제조
의 확대 등도 동시에 추진되었다.107) 이에 따라 이 시기에 국가재정은
군비의 축소·동결을 통해서가 아니라 다른 방편에 의해 확보하려고
하였다. 즉 앞에서 언급한 바와 같이 노비추쇄사업을 통해 국가재정을
보충하려고 하였고, 또 儒布論·戶布論도 등장하였다. 특히 이 시기에
유포론·호포론은 養兵의 財源으로서 주목받기 시작하였다.108) 유포
론은 당시 避役·免役하고 있는 사족들로부터 布를 징수하자는 의견
으로서 金堉,109) 沈摠,110) 金益熙, 兪棨111) 등에 의해서 제기되었다.
한편 호포론은 每 家戶에 布를 부과하여 養兵의 財源을 확보하자는
의견으로서 효종 7년 병조판서 元斗杓에 의해서 제기되었다.112)

2) 顯宗代 長番制 비판론과 훈련도감의 變通

효종대에 있어서 養民優先論, 도감변통론은 북벌이라는 大義 앞에
서 무력하였다. 오히려 군비는 더욱 확충되는 실정이었다. 그러나 현종
대에 들어와 山林勢力이 국정 운영을 주도하면서 물리적 방법에 의거
한 북벌 추진보다는 內修自强의 이념이 부각되기 시작하였다.113) 따라
서 현종대에는 이러한 內修自强과 安民의 논리로서 도감변통론이 본

---

107) 車文燮, 「孝宗朝의 軍備擴充」, 『朝鮮時代軍制研究』, 檀大出版部, 1973.
108) 儒布論·戶布論에 대해서는 다음 글 참조. 鄭萬祚, 「朝鮮後期의 良役變通論
    에 대한 檢討 - 均役法 成立의 背景」, 『同大論叢』 7, 1977 ; 鄭演植, 앞의 논
    문, 1992, 111~134쪽.
109) 『孝宗實錄』 권12, 효종 5년 정월 癸卯, 35책 659쪽.
110) 『孝宗實錄』 권12, 효종 5년 정월 癸丑, 35책 661쪽.
111) 『孝宗實錄』 권21, 효종 10년 2월 己巳, 36책 173쪽.
112) 『孝宗實錄』 권16, 효종 7년 2월 庚午, 36책 44쪽.
113) 이것에 대해서는 鄭萬祚, 앞의 논문, 1992 참조.

격적으로 전개되었다. 특히 이 시기의 도감변통론은 前代에 중점적으로 제기되었던 도감군액의 축소·동결론보다 훈련도감의 장번병제를 번상병제로 전환하자는 논의가 대세를 이루게 되는 것이 특징이었다. 현종대 장번제의 번상제로의 전환론을 선도한 사람은 산림세력의 영수 宋時烈이었다.

송시열은 현종 즉위년(1659) 9월 국왕의 "卿이 지난번에 養兵과 養民은 반드시 대립된다고 말하였는데 어떻게 하면 대립되지 않겠는가?"라는 질문에 대해 다음과 같이 답변하였다.

　이 말은 臣의 말이 아니고, 朱子의 말씀입니다. 그런데 臣의 생각은 다음과 같습니다. 무릇 財力과 관련되는 것은 무엇이든 낭비하지 말고, 모두 軍需로 돌리면 軍需는 점차 풍족해질 것입니다. 또 保伍法을 행하여 民丁이 戶籍에 漏失되지 않도록 하여 每 3인마다 丁壯 1인을 병사로 삼고 弓馬의 技藝를 익히도록 하며, 나머지 2인으로 하여금 布를 내게 하여 그 병사를 양성하도록 해야 합니다. 이것은 오늘날의 御營軍의 군제와 같은 것으로서 이렇게 하면 兵으로써 兵을 양성하는 것이 되어 농민을 侵害하는 일은 없을 것으로 생각합니다.114)

즉 송시열은 당시의 어영청 군제를 모델로 하여 훈련도감 군제를 어영청과 같은 番上兵制로 전환할 것을 요구하였다. 그는 이러한 번상병제야말로 '以兵養兵'으로서 국가와 민에게 전혀 해가 안 되는 最上의 군제라고 주장하였다. 그의 이러한 생각은 "以民養兵(訓局之制) 則國貧而民病 以兵養兵(御營之制) 然後 兵民兩便"115)이라는 글 속에서 집약적으로 표현된다. 훈련도감은 국가의 재정 고갈과 인민의 피폐를 가져오지만, 번상병제로 운영되는 어영청은 국가와 민 모두에게 편리

---

114) 『顯宗改修實錄』 권1, 현종 즉위년 9월 壬戌, 37책 124쪽.
115) 宋時烈, 『宋子大典』 권20, 擬進孝廟御札疏(己巳 2월) (한국문집총간 108책 472쪽).

한 제도라는 것이다. 이러한 확신에 따라 그는 심지어 여타 儒者 관료
들이 중앙 군문이 너무 많으니 번상병제로 운영되는 兵曹 精抄軍을
혁파하라는 주장에 대하여 국왕에게 따를 필요가 없다고 건의할 정도
였다.116)

　이러한 면에서 송시열은 군비 감축보다도 장번병제를 번상병제로
전환하는 것에 관심을 집중시킨 것으로 보인다. 그는 현종 15년(1674)
"우리 나라는 본래 無兵之國으로서 아침 저녁으로 변란에 대비해야
하는 처지에 있는데 이미 훈련된 군사를 파할 수 있느냐"117)라 하면서
柳赫然의 訓鍊別隊 1만 명 충원 계획을 찬성하고 있는 것에서 보듯이
軍縮을 위한 것이 아니었다.118) 그는 훈련도감의 장번제와 도감군을
극도로 혐오하였으며 이를 번상병제로 바꾸는 것에 전력을 기울였다.
그는 효종 8년(1657) 8월에는 도감군들이 "驕悍함이 성하여 搢紳들을
輕侮하고 人物을 殺害한다"고 하였고,119) 현종 10년 정월에는 "도감군
들의 驕悍이 日甚하니 장차 무엇에 쓰겠는가",120) "도감군들은 교만하
여 부릴 수 없으니 반드시 군제를 바꿔야 한다"121)라 하였다. 또 숙종
7년(1681) 2월에는 병제 중에서 훈련도감 제도가 가장 폐단이 심한 것
이라고 비판하였다.122) 즉 송시열의 군사사상은 훈련도감의 장번병제
를 혁파하고 이를 어영청과 같은 번상병제로 전환하는 것으로 일관하
였다고 볼 수 있다.

　그러면 송시열이 최상의 군제라고 평가하며 훈련도감 군제 개편의

---

116) 『顯宗改修實錄』 권25, 현종 12년 11월 丁丑, 38책 88쪽.
117) 宋時烈, 『宋子大全』 권52, 與金起之(甲寅 6월 14일) (한국문집총간 109책 552쪽).
118) 金駿錫, 「朝鮮後期 國家再造論의 擡頭와 그 展開」(중 「宋時烈의 世道政治 論과 賦稅制度釐正策」), 연세대 박사학위논문, 1990, 317쪽.
119) 『孝宗實錄』 권19, 효종 8년 8월 丙戌, 36책 109쪽.
120) 『顯宗實錄』 권16, 현종 10년 정월 乙卯, 36책 609쪽.
121) 『承政院日記』 212, 현종 10년 정월 10일, 11책 386쪽.
122) 宋時烈, 『宋子大全』 권16, 請變通貢物兵制箚 (辛酉 2월 4일) (한국문집총간 108책 398쪽).

모델로 삼고 있는 어영청 군제는 과연 어떠한 형태인지 검토해볼 필요
가 있다.[123] 어영청은 인조 2년(1624)에 창설되어 처음에는 후금의 침
입이 우려되는 合氷期(10월 15일~이듬해 2월 15일)에만 번상 근무하
는 군영이었다. 그 후 효종 3년(1652)에 확대 증설되어 年中 1,000명의
군인이 번상하는 군영으로 발전하였다. 즉 21,000명의 군인이 1,000명
씩 21개 그룹으로 나뉘어 2개월씩 근무하는 형태로, 어영군 한사람에
게는 3년 반만에 番次가 돌아오는 셈이다. 이러한 어영청은 番上 給料
制의 형태로 운영되었다. 즉 御營軍은 番次에 따라 番上立役하고 근
무 중 1개월에 米 9두의 급료를 지급받았던 것이다. 그리고 御營 正軍
1명당 資保 1명을 배당하여 軍裝의 마련, 번상 왕래의 경비와 正軍 不
在 時 농사일 등을 담당하게 하였으며, 정군 1명 당 2명 꼴로 산정된
官保로 하여금 군역세를 납부하게 하여 급료의 재원으로 삼았다.[124]
資保는 조선전기의 봉족제와 같이 番上旅費를 직접 정군에게 지급하
는 보인으로서 보통 '非子則弟'[125]라고 하듯이 정군과 혈연관계에 있
었고, 정군 스스로가 확보하여야 하는 것이었다.[126] 한편 官保는 정군
과는 직접적인 관계없이 어영청에서 확보하여 1년에 布 2필 또는 米
12斗를 군역세로서 각 군현에 납부하게 하였다. 그리고 각 군현에서
올라온 保布나 保米는 어영청의 京江倉庫에서 관리하였고 급료로 지

---

123) 御營廳에 대해서는 다음 글 참조. 李泰鎭, 앞의 책, 1977, 97~99쪽 ; 李泰鎭,
    앞의 책, 1985, 163~168쪽 ; 崔孝軾, 「御營廳研究」, 『韓國史研究』 40, 1983 ;
    拙稿, 「17세기 軍役制의 推移와 改革論」, 『韓國史論』 22, 1990.
124) 『孝宗實錄』 권8, 효종 3년 6월 己巳, 35책 564쪽, "增置御營軍 …… 就三保
    中 抽出一保 使戶首徵其番布 以爲本軍上番往來資裝之用 其餘二保則 在山
    郡者收布二匹 在海邑者收米十二斗 …… 設倉于京江 每歲輸納 以此繼餉
    而不煩於度支經費" ; 『英祖實錄』 권2 영조 즉위년 11월 壬戌, 41책 430쪽,
    "禁御兩營上番軍 …… 各有資裝保一名 以爲上番時道里費 而立番兩朔 厚
    給料廩".
125) 『孝宗實錄』 권8, 효종 3년 6월 己巳, 35책 564쪽.
126) 『備邊司謄錄』 17, 효종 5년 8월 9일, 2책 442쪽, "兵曹判書 元斗杓曰 …… 御
    營軍有奉足 而使軍兵 自爲充定 故幾盡充定云".

급되었다.

　이러한 어영청의 군제는 조선전기의 군역제에서 한층 발전한 형태였다. 정군과 보인으로 이루어진 軍戶로 하여금 軍裝과 番上 旅費, 滯京 時 비용 일체를 부담시키는 조선전기 군역제와는 달리 어영청 군제는 保人을 資保와 官保로 분리하여 자보는 전기 군역제와 같이 군장과 번상여비를 보조하도록 하고, 관보는 군역세를 어영청에 납부하고, 어영청에서 정군에게 급료를 지급하는 형태로 개편한 것이다. 이것은 조선전기 군역제에서 保人이 遊離逃散할 경우 정군의 立役 자체가 곤란해지는 결점을 보완한 것으로, 이로써 어영군들은 번상 시 군영으로부터 급료를 받으면서 軍務에 종사할 수 있었다. 그리고 어영청은 관보로부터 급료의 재원을 확보하였기 때문에 훈련도감과 같이 호조에서 경비를 지출할 필요가 없었다. 그래서 당시 관료들은 어영청 군제를 "호조의 경비가 들지 않는다"[127]라 하여 호평하였던 것이다.

　그러나 官保는 정군과는 직접적 관련이 없이 운영되고 있어서 여러 가지 폐단을 야기할 소지가 있었다. 즉 어영청에서는 정군의 수가 증가하지 않더라도 재정적 수입을 목적으로 관보를 계속 募入하였다. 또 관보는 다른 양역에 비하여 歇役이었고, 군역세 납부 이외에는 정군으로부터의 어떠한 경제외적 강제도 없었으므로 閑丁들이 다투어 入屬하였다. 인조 27년(1649) 원주목사 鄭知和는 다른 군역은 闕額이 많은데도 불구하고 어영청 봉족(官保)으로 사람들이 몰리고 있는 모습을 다음과 같이 말하고 있다.

　　臣이 보건대, 本 州의 諸色軍과 匠人에는 闕額이 매우 많습니다. 이것을 모두 합하면 百 餘 명이나 됩니다. 그런데 御營軍 奉足에 대해서는 民들이 모두 다투어 들어 가려하고 있습니다. 그래서 이들이 먼저 어영청에 투속하여 어영청의 公文이 계속 연이어 들어오고 있는 실정입니다.[128]

---

127) 『孝宗實錄』 권8, 효종 3년 6월 己巳, 35책 564쪽.

즉 本道나 本邑에 알리지 않고 良丁이 직접 어영청에 입속하고 어
영청에서 지방으로 이들의 입속을 확인하는 公文을 내리는 直定의 형
태가 빈번히 나타났던 것이다. 정부에서는 각 군영과 監營의 경쟁적인
군액 확보책인 直定을 금지하기 위해 「直定禁斷事目」을 반포하기도
하였으나 이러한 歇役으로의 冒屬은 役의 不均이 존재하는 한 그치지
않았다.129) 이러한 官保의 운영은 役摠의 증가를 가져와 조선후기 양
역의 폐단을 심화시키는 한 요인이 되었다.

한편 어영청은 官保의 수입으로 番上 어영군 1명당 월 米 9斗의 급
료를 지급하였는데, 이것은 어영군이 滯京하면서 군무를 수행하기에는
부족한 액수였다. 당시 어영군은 도감군처럼 서울에서 상주하면서 거
주할 집을 마련하여 군무에 임한 것이 아니라, 지방에서 상경하여 단
기간의 입역 근무를 할 뿐이었다. 따라서 이들은 서울에 거주지가 없
었고 주로 主人家에 宿所를 정해 房貰를 내면서 군무에 임하였다.130)
그리고 난방과 식사는 자기 스스로가 해결해야 했다. 이러한 것들을
충당하기에 월 9두의 급료는 턱없이 부족하였다. 그래서 효종 3년
(1652) 6월 좌의정 金堉은 어영군들은 9두의 급료로 식비, 숙박비, 연
료비 등을 모두 해결할 수 없을 것이며, 이들은 반드시 도성민의 재산
을 약탈하기에 이를 것이라고 우려하고 있었다.131) 그리고 이들의 번
상 과정에서 일어나는 폐단은 훈련도감으로 인한 폐단보다 오히려 심
하다고 운위될 정도였다.132)

---

128)『仁祖實錄』권50, 인조 27년 2월 壬辰, 35책 343쪽.
129) 각 군영의 直定에 대해서는 鄭演植, 「17·8세기 良役均一化政策의 推移」,
『韓國史論』13, 1985 참조.
130)『仁祖實錄』권45 인조 22년 정월 戊戌 33책 171쪽, "備局啓曰 外方之人 因
事到京者 及軍人當番上京者 皆接京中主人".
131)『孝宗實錄』권8, 효종 3년 6월 己巳, 35책 564쪽, "九斗之料 食且不飽 房錢
柴價 從何以辦 勢必至於剝掠都民之物".
132) 金弘郁,『鶴洲全集』권10, 論兵制, 御營軍 (한국문집총간 102책 144쪽), "累
千名軍人戶保 升降往來番次 皆委之於下吏之手 奸濫之弊 日滋月盛 反有甚
於訓鍊都監 或當其番次者 贈遺若干賂物 則任意減除 至于十年 而全無立番

또 官保와 正軍은 분리되었기 때문에 정부에서는 어영 정군을 停番시키고 그 급료분의 保米·保布를 流用하는 경우도 나타났다. 즉 흉년시 정부 관료들은 어영군을 停番시키고 그 官保米로써 빈민 救恤에 이용하자고 건의하였고,[133] 정부에서도 재정 결핍이 극심할 때는 재정 확보를 목적으로 停番을 시행하였다. 훈련도감과 같은 長番制에서는 정번이라는 것 자체가 불가능하였지만, 각 지방에 散居하는 군인들이 番次에 따라 번상하는 어영청 군제에서는 이것은 쉽게 이루어질 수 있었다. 그러나 이러한 停番의 시행은 군사력의 결손과 직결되었다. 仁祖~肅宗 년 간에 실시된 어영군의 停番 事例를 살펴보면 <표 6-4>와 같다.

<표 6-4> 仁祖~肅宗 年間의 御營軍 停番 事例[134]

停番 年·月·日	內 譯
仁祖 2년(1624) 7월 乙亥	軍糧의 결핍으로 500명 停番
仁祖 23년(1645) 10월 戊申	歲入 감소로 後運(780명) 停番
仁祖 25년(1647) 9월 庚子	年荒으로 停番
顯宗 2년(1661) 정월 乙卯	春·夏 停番, 그 保米로 경비 보충
顯宗 11년(1670) 8월 庚戌	今年 10월부터 明年 9월까지 停番
顯宗 12년(1671) 8월 丙戌	年凶으로 停番
肅宗 9년(1683) 정월 辛酉	前年 500명 停番, 今年 全數 停番
肅宗 10년(1684) 7월 丁亥	年凶으로 停番, 保米로 경비 보충
肅宗 18년(1692) 10월 丁亥	年凶으로 5哨 停番
肅宗 23년(1697) 8월 庚午	年凶으로 停番
肅宗 42년(1716) 8월 甲寅	年荒으로 停番
肅宗 44년(1718) 9월 庚辰	전염병 창궐로 停番
肅宗 45년(1717) 7월 己酉	2년동안 停番

者".

133) 『顯宗改修實錄』권4, 현종 원년 9월 乙丑, 37책 197쪽.

134) <표 6-4>는 『朝鮮王朝實錄』에서 찾을 수 있는 것만을 제시한 것이다. 이 이외에도 허다한 停番이 시행되었을 것으로 생각된다. 어영군의 停番 事例와 그 質的인 變化에 대해서는 李泰鎭, 「3장 2절 禁·御 兩營의 鄕軍 番上폐지와 常住京軍 확보」, 『朝鮮後期의 政治와 軍營制 變遷』, 韓國硏究院, 1985, 309~315쪽 참조.

한편 어영청의 운영은 御營 正軍과 資保, 官保로 이루어졌기 때문에 비록 戶曹의 재정 지출은 없었으나 수많은 양인을 확보하여야 하는 문제가 있었다. 따라서 어영청은 그 군역을 다른 양역보다 가볍게 하는 방법을 통해 양인을 확보하였다.135) 이에 어영청은 조선후기 최대의 軍摠을 보유한 군영으로 발전하게 되었다. 숙종 28년(1702)에 작성된 申琓의「八條萬言封事」에는 당시의 御營軍摠을 正軍 25,939명, 保人 74,089명, 합계 100,028명으로 제시하고 있고,136) 숙종 30년의「釐整廳變通節目」에서는 御營軍摠이 총 106,270인이라 하였다.137) 이와 같이 10만 명의 군액을 보유한 어영청에서 서울에 上番하여 常駐하는 군인은 매달 1,340인에 불과하였다. 이것도 숙종 30년(1704) 釐正廳의 군제개편에 의하여 다시 635명으로 감축되었다.138) 실제 서울의 상주하는 군인의 수는 훈련도감에 비하면 1/4~1/8에 지나지 않았다. 즉 어영청은 군사력의 효과에 비하여 지나치게 많은 良人을 확보·점유하고 있었던 것이다. 이러한 양인의 확보를 통한 어영청의 운영은 조선후기에 있어서 軍多民少, 族徵, 隣徵으로 표현되는 양역의 폐단을 야기한 주요한 요인이 되었다.

이상에서 어영청의 군제와 운영의 개략을 살펴보았다. 송시열은 이러한 어영군제를 '以兵養兵'으로서 국가와 民에게 해를 끼치지 않는 최상의 군제로 인식하였으나 실제 어영군제는 그렇지 않았다. '以兵養兵'이 아니라 이것 역시 '以民養兵'이었고, 비록 국가의 재정 부담은

---

135) 金弘郁,『鶴洲全集』권10, 論兵制, 御營軍 (한국문집총간 102책 143쪽), "御營軍 反正後所募之兵 …… 旣給三奉足 而番次四年一遞 其役最歇 故願屬者尤衆 或有厭避苦役而投屬者 亦容而受之 是國家減苦役之軍 增歇役之兵 未知其得失如何也".
136) 申琓,『絅菴集』권4, 疏箚, 八條萬言封事.
137)『肅宗實錄』권40, 숙종 30년 12월 甲午, 40책 127쪽, "御營廳 則舊軍制 五部各五司別三司 每司各五哨別中一哨 竝一百四十一哨 每哨一百三十四人 及資保馬保官保等諸色軍 通共十萬六千二百七十人".
138) 釐正廳 군제 개편의 내용에 대해서는 李泰鎭, 앞의 책, 1985, 225~232쪽 참조.

없었으나 民의 부담은 적지 않았다. 양인의 확보를 통한 군영의 운영
방법은 군액의 확대를 가져왔으며, 이것은 "오늘날의 군액은 옛날보다
3배나 많다. 한집안에 많으면 4~5명, 적어도 2~3명이 군역에 充定되
니 강보에 싸인 어린아이도 피할 수 없다"[139]라고 말해지는 상황을 초
래하였다. 즉 군액의 확대 속에서 민인들의 부담은 가중되었고 이것은
농민 경제를 파국으로 모는 원인이 되었던 것이다. 그래서 金弘郁
(1602~1654)은 "어영청 군제의 得失은 알 수 없다"라고 말하여 宋時
烈과는 다른 견해를 표명하기도 하였다.[140]

그러나 어영청 군제는 훈련도감에 비해 국가의 재정 부담뿐만 아니
라 서울에서 사회 문제를 일으킬 소지도 적은 것은 사실이었다. 또 番
上兵이기 때문에 상황에 따라서는 停番도 가능하였다. 즉 장번제에 비
해 운영 과정에서 융통의 여지가 있었다. 그리하여 당시 관료층들은
훈련도감의 장번병제를 어영청의 번상병제로 전환할 것을 요구하는
송시열의 주장에 적극적인 지지를 표명하였다. 현종 2년(1661) 정월 副
校理 金壽興은 "古今의 병제 가운데 番上制보다 좋은 것은 없고, 長
征制보다 나쁜 것은 없다"라 하였고,[141] 현종 6년 10월 司諫 李秞도
"도감군을 어영군과 같이 分番相替하도록 하라"고 주장하였다.[142] 또
현종 6년 9월 大司諫 李尙眞은 "어영군은 軍令이 嚴明하여 폐단을 일
으키지 않아 곳곳에서 칭송하는데 비해 도감군은 그 횡포가 거리낌없
어 길에 있는 사람들이 모두 분하고 원통해하지 않음이 없다"[143]라고
하면서 어영청 군제로의 전환을 요구하였다. 朴世堂도 현종 8년에 올
린 上疏文 속에서 다음과 같이 훈련도감과 어영청을 비교하면서 훈련
도감 군제를 어영청과 같은 番上兵制로 개편할 것을 주장하였다.

---

139) 『顯宗改修實錄』 권12, 현종 5년 12월 己未, 37책 418쪽.

140) 金弘郁, 『鶴洲全集』 권10, 論兵制, 御營軍 (한국문집총간 102책 143쪽).

141) 『顯宗實錄』 권4, 현종 2년 정월 乙丑, 36책 290쪽.

142) 『顯宗實錄』 권11, 현종 6년 10월 辛酉, 36책 486쪽.

143) 『顯宗實錄』 권11, 현종 6년 9월 戊申, 36책 483쪽.

新制로 말할 것 같으면 어영청보다 좋은 것은 없고, 훈련도감보다 좋지 않은 것은 없다. 훈련도감은 保人이 그 毒斂을 이기지 못하니 一不善이요, 戶首가 고향과 부모를 떠나니 二不善이요, 군사들의 습성이 奸頑하여 법도를 따르지 않으니 三不善이요, 국가에서 급료를 지급하여 국가의 큰 부담이 되니 四不善이다. 어영청은 戶首와 保人 간에 相虐의 근심이 없으니 一善이요, 고향과 부모를 떠나지 않으니 二善이요, 迭番迭休하여 奸頑의 습성이 없으니 三善이고, 보인에게서 米·布를 징수하여 번상할 때 급료로 지급함으로써 財用을 스스로 해결하여 국가의 재정을 소비하지 않으니 四善이다.144)

이와 같이 송시열의 어영청 군제로의 전환론이 제기된 이후 이것을 지지하는 주장들이 속출하였다. 그런데 어영청 군제로의 전환론을 가장 세련된 이론으로 정리한 사람은 草廬 李惟泰(1607~1684)였다. 그는 현종 원년(1660) 5월에 제출된 長文의 「己亥封事」가운데에서 조선전기의 군역제와 당시 군역제의 實狀을 검토·비판하고, 그의 군역제 개혁안을 제시하였다.145) 특히 그는 여기에서 "정부의 대우가 미흡할 경우 도감군들에 의한 事變이 일어날 것이라는 識者들의 걱정이 결코 過慮가 아니다"라고 말하면서 도감변통론의 일환으로서 군역제 개혁안을 제기하였다.146) 그의 군역제 개혁안을 보면, 그는 우선 군역제를 學制와 연결시킬 것을 생각하였다.

무릇 民은 貴賤을 勿論하고 모두 塾學에 입학시킨다. 15살이 되면 학교로 뽑아 올리고 그 나머지는 모두 5衛에 속하게 한다. 5衛의 병사는 반드시 武技가 능한 자만을 試取하고 不能한 자는 官에서 布 2 匹을 거둔다. 이것은 軍資別倉에서 관리하고 上番軍의 급료로 쓴다.

144) 朴世堂,『西溪全書』卷 5, 應求言疏 丁未(1667) (한국문집총간 134책 92쪽).
145) 李惟泰,『草廬全集』권3, 己亥封事 (한남대 충청문화연구소 上冊 65~83쪽).
146) 위 책, 70쪽.
　　 이유태의 이러한 주장과 같이 근대시기에 들어 도감군에 대한 정부의 薄待로 1882년 壬午軍亂이 발발하게 된다.

상번군은 1萬 명을 1番으로 하고 交相遞代하며 급료는 軍資別倉에
서 지급한다.[147]

이와 같이 그는 능력과 적성에 따른 직능의 분화를 주장하였다. 즉
貴賤을 막론하고 모두 塾學(書堂)에 보내 기본교육을 이수한 후 능력
에 따라 大學에 가거나, 5衛에 속하게 하자고 하였다. 이것을 그는 "15
歲가 되면 俊秀한 자를 택하여 대학에 들여보내니 이로써 士·農이
나뉘어진다"[148]라 하여 士와 農의 분기점이라고 보았다. 또 5衛에 속
하게 된 농민 중 무예에 능한 자를 군사로 삼고, 나머지는 官에서 2疋
을 收布하여 군사의 급료 재원으로 삼는다고 하였다. 한편 그는 수포
관리는 어영청의 군제에 따를 것을 주장하였다.[149] 이러한 이유태의
군역제 개혁안은 장번병제의 번상병제로의 전환론을 이론적으로 정비
한 것으로서 당시 정부 관료층이나 지식인들에게 많은 영향을 주었다.
   현종대에 들어와 도감변통론은 대세를 이루어갔다. 특히 장번병제의
번상병제로의 전환을 요구하는 주장은 이론적으로 정비되었으며 관료
들 사이에서의 공감대도 형성되고 있었다. 현종 즉위 후 同王 10년
(1669)에 이르기까지 11년 동안 도감군제를 번상병제로 전환하라는 정
부 관료와 지식인들의 요구는 그치지 않았다. 결국 현종 10년 정월 국
왕은 이들의 주장에 관심을 기울이고 도감군제를 어영청 군제와 같은
番上兵制로 전환하려는 뜻을 보였다. 이때 顯宗은 훈련대장 李浣에게

   訓局軍兵을 내가 지금 變通하고자 하는데 卿의 뜻은 어떠하오. 御
   營軍制는 卿이 만든 것이니 지금 다시 御營軍과 같은 군영을 만들면
   閑丁도 얻기 쉽고 급료의 폐단도 없앴을 수 있으니 좋지 않겠습니
   까?[150]

---

147) 위 책, 74쪽.
148) 위 책, 68쪽.
149) 위 책, 76쪽, "凡其收布 皆置于軍資別倉 如今現行御營廳之規".
150) 『顯宗實錄』권16, 현종 10년 정월 丁巳, 36책 609쪽.

라 하면서 훈련도감을 어영청 군제로 전환하는 것에 대한 이완의 意向
을 물어보았다. 이에 대해 이완은 다음과 같이 반대의 뜻을 분명히 밝
혔다.

> 閑丁을 募得하는 것은 지극히 어렵습니다. 만약 별도로 募軍할 수
> 있는 방법을 찾지 못한다면 불가능한 일입니다. 정부 관료들은 단지
> 어영군의 현재 모습만을 보고 이와 같은 일을 쉽게 생각하고 募軍의
> 방법은 전혀 고려하지 않는데 臣은 이해할 수 없습니다. 하물며 도감
> 군은 이미 훈련된 군사로서 이들을 돌려보내는 것은 군사력의 손실을
> 가져옵니다. 또 이들은 지방에서 陞戶로 인해 家藏과 田土를 모두 팔
> 아버리고 서울로 올라왔는데 지금 만약 돌려보낸다면 어떻게 생계를
> 이어갈 수 있겠습니까?151)

즉 이완은 閑丁 募得의 어려움과 군사력의 결손, 그리고 훈련도감
혁파 이후 도감군들의 생활상의 문제 등 현실적인 어려움을 들어 반대
하고 있었다. 이때 국왕은 어영청 군제로의 전환에 미련이 있어 이완
의 의향을 여러 번 타진했지만 그는 끝내 반대로 일관하였다.152)

위 국왕과의 대화 전에도 李浣은 여러 차례 문반 관료들에게 자신
의 견해를 피력하였다. 좌의정 許積은 자신의 病中에 이완이 문병을
왔기에 그 자리에서 이완에게 훈련도감 군제를 어영청 군제로 전환하
는 것에 대해 물어보았더니, 이완은 "이것은 不可하다. 가장 어려운 것
은 어영군은 6만인데 도감군은 겨우 8천에 불과하다. 장차 어찌 6만의
수를 채울 수 있겠는가"라고 대답하였다고 국왕과 문반 관료들에게 소
개하였다.153) 또 洪重普는 李浣이 "도감군은 갖은 고생을 다 겪은 사
람들이어서 성질이 강인하고 추위에도 잘 견디지만 어영군은 시골 농
부라서 飢寒을 견디지 못한다"라 하면서 도감군을 어영군으로 전환하

---

151) 위와 같음.
152) 위와 같음. "上累問而浣終難之".
153) 『承政院日記』 212, 현종 10년 정월 10일, 11책 386쪽.

는 것에 대해 반대했다고 국왕에게 전하고 있다.154)

李浣의 도감변통론에 대한 반대 이유는 두 가지였다. 우선 閑丁 募得이 어렵다는 이유였다. 당시에도 良役의 폐단으로 인민의 고통은 심각한데 다시 閑丁을 모집하여 군영을 별도로 설치한다는 것은 불가능하다고 보았다. 또 하나는 番上兵은 長番兵에 비해 군사력이 뒤떨어진다는 이유였다. 사실 번상병이 장번병에 비해 군사력이 劣勢라는 것은 임진왜란 이후 체득하였던 바이다. 그래서 임진왜란 시기와 그 직후에 군비 증강을 주장하는 관료들은 앞에서 본 바와 같이 조선의 병농일치 체제를 고려의 병농분리 체제로 전환할 것을 요구하거나, 또는 훈련도감 砲殺手가 번상병에 비해서 우수하다고 평가하면서 중앙군 전체를 이러한 체제로 개편할 것을 건의하기도 하였던 것이다.155)

李浣의 반대로 인해 한때 훈련도감 변통을 고려했던 顯宗은 "我國之兵 莫如訓局之精鍊矣"156)라 하면서 결국 이것을 철회하고 말았다. 이 시기에 이완에 대한 국왕의 신임은 상당하였다. 한 예로 현종 4년 12월 이완이 病으로 훈련대장을 辭職하려 하자 顯宗은 "나라에서 의지하는 바는 오로지 卿뿐인데, 경이 이처럼 들어가 버리려 한다면 짐은 장차 무엇에 의지하겠는가?"라고 말할 정도였다.157) 이러한 국왕의 말에 대해 실록 찬자는 "국왕이 국가의 安危가 일개 무신에 달려있다라고 말하는 것에서 조정에 의지할 신하가 없다는 것을 알 수 있으나, 이러한 聖敎는 失言이다. 그러나 이 시기 將兵의 權勢가 一世를 움직이는 것을 볼 수 있으니 가히 한탄스럽다"158)라고 史評하고 있었다.

---

154) 위와 같음. "京砲手 皆是西伐兒 而喫得辛苦者也 性强而耐寒 御營軍則乃鄕曲農夫 秋收之時從腹而食 冬寒之日 入處暖突 故不能耐饑寒也".

155) 『光海君日記』 권127, 광해군 10년 윤4월 辛巳, 33책 71쪽, "左議政 韓孝純議 …… 竊念 我國甲士·正兵 各樣之兵 皆是農畝之氓 無一可用 只有所謂 砲殺手者 隊伍有相維之制 春秋有敎鍊之法 比之於農畝之氓 則稍有間焉".

156) 『承政院日記』 212, 현종 10년 정월 23일, 11책 412쪽.

157) 『顯宗改修實錄』 권10, 현종 4년 12월 乙未, 37책 356쪽.

158) 위와 같음.

현종 재위기간 동안 국왕의 이러한 신임에 따라 이완은 항상 권력의 핵심부에 있었고 군사 정책에 막강한 영향력을 행사할 수 있었다.

훈련대장 이완의 반대로 훈련도감 변통이 무산된 이후, 번상병제로의 전환이라는 문반 관료들의 도감변통론은 의외의 사태로 발전하였다. 번상병제가 최선이라는 관료들의 주장에 훈련도감은 그대로 둔 채 번상병제로 운영되는 별도의 군대가 설립된 것이다. 이것은 좌의정 許積과 어영대장 柳赫然의 제안에 의해 추진되었다. 이들은 당시 정부 관료들 내에서 비주류였던 남인으로서 국왕이 '留心軍務'하다는 것을 간파하고 국왕의 환심을 얻기 위해 이것을 제안하였다고 실록 찬자는 말하고 있다.159) 서인이 주류였던 당시 정부 내에서 자신들의 권력을 유지·확장하는 방법은 국왕의 신임을 얻는 방법뿐이었을 것이다.

현종 10년(1669) 2월 국왕은 허적·유혁연의 새로운 군대를 만들자는 제안에 즉시 찬성을 표시하고는, 허적에게 각도의 監·兵·水營 및 營將에게 假屬된 閑丁(이것은 그동안 추진되었던 閑丁搜括의 결과였다)160)을 査出하여 新軍을 설립할 것을 명하였다. 이에 허적은 閑丁 54,000여 명 중 有職·有役人 및 公私賤을 제외한 10,158명을 뽑고, 다시 여기에서 西·北 兩道人을 제외한 나머지 6,665명을 新軍에 편입될 인원으로 확정하였다. 이들은 어영청의 예에 따라 13番으로 나뉘어 每番에 521명으로 편성되었다.161) 그리고 이 新軍은 현종 10년 7월 許積이 都提調이고, 李浣 대신 柳赫然이 大將으로 있는 훈련도감에 소속되어 訓鍊別隊라 命名되었다.162) 이로써 현종 즉위 후 11년 동안 제기되어온 어영청 군제로의 전환론은 별도의 군대를 添設한 결과만 낳게 되었다.

正軍의 편성만으로 시작된 훈련별대는 그 재정 기반인 保人을 확보

159)『顯宗實錄』권16, 현종 10년 2월 戊辰, 36책 612쪽.
160) 李泰鎭, 앞의 책, 1985, 182쪽.
161)『顯宗實錄』권16, 현종 10년 2월 戊辰, 36책 612쪽.
162)『顯宗實錄』권17, 현종 10년 7월 甲寅, 36책 636쪽.

하여야 했다. 훈련별대는 비록 훈련도감에 소속되어 있었으나 어영청 군제로 운영되었으므로 資保와 官保가 구비되어야 했기 때문이다. 資保는 어영청과 같이 정군 스스로가 구한다고 하더라도 번상군 급료의 재원인 官保는 훈련도감에서 확보하여야 했다. 정부에서는 처음에는 이러한 보인을 모집에 의하여 점차적으로 확보하고자 하였다.163) 그래서 국왕은 보인이 充定되기 전에 別隊軍의 급료는 호조에서 마련하라고 지시하였다.164) 그러나 호조의 재정 형편으로는 도감군의 급료도 부족한 터에 신설된 별대군의 급료까지 지급할 수 없었다. 이에 훈련도감에서는 官保의 확보에 부심 하였고, 각도의 兵使·營將들에게 보인 확보를 재촉하였다.

현종 10년 9월 훈련도감 도제조 許積은 국왕에게 보인 확보를 제대로 이행하지 않는 尙州營將 閔濯을 論罪할 것을 청하였고, 국왕은 이를 받아들여 "武將으로 있으면서 軍務를 게을리 하니 다른 것을 말할 필요도 없다"라 하면서 상주영장 민섬을 잡아다가 처벌할 것을 명하였다.165) 원래 훈련별대의 보인은 모집에 의해 점차 확보하고자 한 것이 설립 당시의 의도였지만 이제는 강제적인 充定으로 변하게 된 것이다. 이러한 정부 정책의 전환에 따라 당시 營將들은 처벌을 면하기 위해 서둘러 各官에 군액을 할당하여 훈련별대의 보인을 확보하고자 하였다.166) 또 兵使들도 將官으로 하여금 保人을 확보하도록 하였다.167) 심지어 훈련대장 유혁연은 자신의 심복 군사들이 下鄕하면 각자 邑內의 閑丁을 私的으로 파악, 보고하게 하고 이를 바탕으로 각 읍에 공식

---

163) 『顯宗實錄』권17, 현종 10년 12월 丙寅, 36책 655쪽, "當初本意 只欲隨便募得 以漸充補 而元無刻期充數".

164) 『承政院日記』213, 현종 10년 2월 5일, 11책 426쪽, "上曰 …… 保人未充定之前 則新軍之上番者 當戶曹拮据給粮 以此分付 擧行可也".

165) 『顯宗實錄』권17, 현종 10년 9월 壬辰, 36책 643쪽.

166) 『顯宗實錄』권17, 현종 10년 11월 甲寅, 36책 654쪽, "兵曹判書 洪重普白上曰 訓鍊別隊 自募之命已下 而慶州營將 睦林奇 使所屬各官 隨其殘盛 勒令定額充數 人心其不騷擾乎 不可不治罪 以慰民心也".

167) 『顯宗實錄』권17, 현종 10년 12월 壬戌, 36책 654쪽.

적으로 身役 有無를 照會함으로써 한정들을 보인으로 충정시켰다.168)

이러한 의외의 사태 전개에 대해서 養民優先論을 주장하였던 정부
관료들은 집단적으로 반발하였다. 이들은 훈련별대 설립 자체가 잘못
된 것이라고 주장하였고, 보인 확보 과정의 불법·비리를 탄핵하였다.
현종 10년 10월 부제학 李敏迪, 應敎 南二聖 등은

  본래 朝廷 관료들은 훈련도감이 長番兵制로 인해 여러 가지 폐단
  을 일으켜 그 군인들을 有闕勿補하여 번상병제로 전환시키고자 하였
  습니다. 그러나 지금 보니 도감군의 군액은 조금도 감축함이 없이 別
  隊軍을 또 充定하고 있습니다. 이렇게 양쪽 모두 存置하는 것이 어찌
  장번병제를 번상병제로 전환하려는 본 뜻이겠습니까?169)

라 하면서 훈련도감 군인의 충원을 중지할 것을 건의하였다. 이에 대
해 국왕은 "無採施之意"하였다고 한다. 이후에도 계속 관료들이 별대
군 충원을 정지할 것을 요구하여도 국왕은 따르지 않았다.170) 또 병조
판서 洪重普는 모집이라는 규정을 어기고 군액을 강제로 할당하여 훈
련별대 보인을 확보한 營將과 兵使를 처벌할 것을 요구하였고 홍문관
관리들도 이에 합세하여, 결국 이들은 좌의정 許積의 '伸救之言'에도
불구하고 처벌되었다.171) 이러한 국왕과 허적, 유혁연을 중심으로 하
는 養兵優先論者와 山林 세력을 주축으로 한 養民優先論者의 대립
속에서 당시 營將들은 규정대로 보인을 모집에 의해 확보하면 군무를
소홀히 했다고 처벌받고, 규정과는 달리 군액을 강제로 할당하여 충원
하면 규정을 위반했다고 처벌받는 모순된 처지에 놓이기도 하였다.172)

---

168) 『顯宗實錄』 권17, 현종 10년 12월 乙酉, 36책 656쪽.
169) 『顯宗實錄』 권17, 현종 10년 10월 乙丑, 36책 649쪽.
170) 『顯宗實錄』 권17, 현종 10년 11월 甲午, 36책 653쪽, "別隊添軍之弊 不可不
     停 反復陳達 上終不從".
171) 『顯宗實錄』 권17, 현종 10년 11월 甲寅, 36책 654쪽.
172) 위와 같음. "時尙州營將閔暹 以不謹奉行被拿 林奇以擾民 只被推考 人心益
     不服".

현종 10년 훈련별대의 설립을 계기로 국왕과 許積, 柳赫然 등 양병우선론자와 양민우선론자의 대립은 현종 말까지 치열하게 대립하였다. 현종 11년(1670) 2월 大司成 南九萬은 훈련별대의 설립으로 "온 나라가 물난리나 불난리가 난 것처럼 소란스럽다(遠近騷然 如在水火)"[173] 라고 상소하였고, 그 해 6월 大司憲 金壽恒도 훈련별대의 혁파를 요구하는 상소를 올렸다.[174] 또 동년 7월 부제학 金萬基를 비롯한 홍문관 관리들은 민인들은 훈련별대의 혁파를 가뭄에 비 오듯이 좋아할 것이라고 상소하였다.[175] 실제 현종 11년(庚戌年)은 '庚辛大饑饉'이라고 하는 미증유의 대기근과 전염병이 전국을 휩쓴 해였다.[176] 이러한 시기에 군대를 신설하여 군액을 확대하는 것은 무리였고, 따라서 이 시기의 양민우선론은 時宜適切한 것이었다. 그러나 국왕을 중심으로 한 양병우선론자들은 이 시기에도 군액 확대를 강행하였다. 이 당시에는 양민 중 상당수가 군역이나 제반 부세를 피해 山峽에서 火田을 일구는 등 유망민으로 생활하였는데, 許積은 이들 役이 없는 良丁 流民들을 단속하여 군사로 편성할 것을 제안하였고, 이 건의는 金佐明의 지지와 국왕의 재가를 얻어 시행되었다.[177] 또 현종 11년 5월에 훈련대장 유혁연은 冒稱 各衙門軍官과 保人을 샅샅이 찾아내어 군역을 부과하여 군액을 확보하려 하였다.[178]

현종 12년(辛亥年)도 '庚辛大饑饉'에 해당하는 해였다. 백년이래 일찍이 없었던 흉년이라고 일컬어지는 시기였다.[179] 따라서 양민우선론

173) 『顯宗改修實錄』 권22, 현종 11년 2월 丙子, 38책 11쪽.
174) 『顯宗實錄』 권18, 현종 11년 6월 庚寅, 36책 669쪽.
175) 『顯宗實錄』 권18, 현종 11년 7월 戊寅, 36책 671쪽, "京別隊之設 其弊甚夥 民間至以罷別隊 天乃雨爲言".
176) 현종 11, 12년의 庚辛大饑饉의 상황에 대해서는 鄭演植, 앞의 논문, 1992, 57~61쪽 참조.
177) 『顯宗改修實錄』 권22, 현종 11년 3월 己巳, 38책 17쪽.
178) 『顯宗改修實錄』 권22, 현종 11년 5월 戊辰, 38책 22쪽.
179) 『顯宗改修實錄』 권24, 현종 12년 6월 庚寅, 38책 67쪽, "今年之災 百年來所未嘗聞見者 而兩麥又無 此實天亡之秋".

은 그 어느 때보다 거세게 제기되었다. 이런 가운데 도감군액의 축소
론도 다시 등장하였다. 현종 12년 6월 대사헌 張善徵은 "國計의 匱乏
과 民生의 困悴"가 모두 훈련도감과 훈련별대로 인한 것이라고 하면
서 도감 군액의 축소와 훈련별대의 혁파를 주장하였고,[180] 正言 尹
楷,[181] 李端夏 등도 도감 군액의 축소를 주장하였다. 특히 李端夏는
송시열과 더불어 현종대 훈련도감 축소·혁파를 주장한 대표적인 사
람이다. 실록 撰者도 이단하의 인물평에서 "端夏는 時務를 논하기 좋
아한다. 특히 그가 중점을 둔 것은 訓局兵制를 변통하는 것이었다. 그
는 단지 養兵의 폐단만을 알지 減兵의 어려움을 알지 못했다"[182]라고
할 정도였다. 이단하는 이 때 훈련도감 군액을 3,000명으로 감축할 것
을 건의하였고, 이러한 건의는 守禦使 兼 兵曹判書 李浣의 동의를 얻
었다.[183] 즉 이완도 훈련도감을 완전히 혁파하는 것은 不可하지만 군
액을 약간 감축하는 것도 흉년의 위기를 넘기는 한 방법이라고 건의했
던 것이다.

  결국 현종 12년(1671) 7월 영의정 허적은 이단하와 尹楷의 상소를
국왕에게 올리면서 훈련도감군 1部를 감축할 것과 훈련별대의 상번을
정지할 것을 건의하여 국왕의 허락을 얻었다.[184] 그리고 이틀 후 5部
로 구성된 훈련도감 중 1部의 혁파가 이루어졌다. 이러한 1部의 혁파
로 절약된 경비는 1년에 米 10,000石과 목면 200同, 試射時 상품으로
주는 물건 등 상당수에 달하였다고 한다.[185] 그리고 이때 감축된 도감
군은 혁파된 1부의 군사 중 훈련도감에 그대로 존속하기를 원하는 사
람을 제외하고 千摠이하 將官 13員, 軍兵 878명에 달하였다.[186] 이러

180) 『顯宗改修實錄』 권24, 현종 12년 6월 癸未, 38책 66쪽.
181) 『顯宗改修實錄』 권24, 현종 12년 6월 戊戌, 38책 68쪽.
182) 『顯宗改修實錄』 권26, 현종 13년 9월 辛卯, 38책 124쪽.
183) 『顯宗改修實錄』 권24, 현종 12년 6월 庚寅, 38책 67쪽.
184) 『顯宗實錄』 권19, 현종 12년 7월 辛酉, 36책 701쪽.
185) 『顯宗實錄』 권19, 현종 12년 7월 癸亥, 36책 701쪽.
186) 『顯宗改修實錄』 권24, 현종 12년 7월 己巳, 38책 72쪽.

한 훈련도감 군액의 감축은 현종대에 들어와 끊임없이 제기된 훈련도
감 군액 축소론의 최초의 가시적 성과였다. 비록 예조참의 金萬基가
그동안 전개된 도감변통론의 결과가 겨우 도감군 1부의 감축으로 그치
고 만 것에 대해 강한 불만을 표시했지만,[187] 이것은 그동안 양병 우선
주의로 일관해온 국왕에게서 얻어낸 성과였던 것이다.[188]

현종 12년 훈련도감 군액의 1部 감축은 훈련별대의 설립에 의해 군
사력의 보강이 이루어졌다는 국왕 측의 판단에 의한 것으로도 보인
다.[189] 즉 현종 10년 설립된 훈련별대는 문반 관료들의 수많은 혁파 요
구에도 불구하고 꾸준히 제도 정비와 보인 확보가 이루어졌다. 4部로
구성된 훈련별대는 前部를 黃海道, 左部를 忠淸道, 右部를 全羅道, 後
部를 慶尙道로 편제하고 그 아래에 13司를 두었다. 그리고 현종 13년
(1672) 10월 최초의 番上 立役이 시행되었다.[190] 이 때의 번상 입역 상
황을 보면, 훈련별대 前部에 속한 황해도 黃州 軍士 277명과 鳳山 軍
士 283명이 1司를 이루어 9월 25일까지 서울에 올라와 點呼를 받고 10
월부터 立役에 들어갔다. 이때 훈련별대 군사들은 2개월씩 입역 근무
하게 되었는데, 훈련도감은 각 지방에서 올라온 이들에게 조총을 지급
하고,[191] 매일 군사훈련을 실시하였으며,[192] 下番하여 歸鄕할 때는 무

---

187) 『顯宗改修實錄』 권24, 현종 12년 7월 壬戌, 38책 71쪽.
188) 위와 같음.
　　예조참의 金萬基가 도감변통론의 결과로서 도감군 1부 감축에 그친 것에 대
　　해 불만을 표시하자 좌의정 鄭致和는 "臣意亦以罷精抄別隊爲宜 而今日入
　　侍 聖上旣已睿裁 臣不敢更有所煩達矣"라 하여 국왕의 뜻이 이미 정해져 또
　　다시 精抄廳과 訓鍊別隊 등의 혁파를 건의할 수 없었다고 말하고 있다.
189) 『承政院日記』 248, 숙종 원년 7월 26일, 13책 110쪽, "訓鍊都監啓曰 都監前
　　部 軍兵撤罷之後 以別隊十哨 輪番替直 以充前部之數".
190) 『承政院日記』 229, 현종 13년 8월 16일, 12책 177쪽, "今此訓鍊別隊 十月爲
　　始立番事 旣已定奪矣 前部屬 黃海道 黃州軍 二百七十七名 鳳山軍 二百八
　　十三名 合一司軍兵 來九月二十五日 京中逢點之意 黃海道兵使處 行移何如
　　傳曰 允".
191) 『顯宗實錄』 권22, 현종 15년 3월 己丑, 37책 62쪽, "別隊作八哨 官給鳥銃".
192) 『承政院日記』 241, 숙종 즉위년 9월 15일, 12책 820쪽, "日日敎鍊 技藝陳習".

예를 시험하여 등수에 따라 木棉을 分給해 주었다.193) 이후에도 훈련
별대는 숙종 8년(1682) 금위영으로 통합될 때까지 이러한 형식의 번상
입역을 계속하였다. 그런데 훈련별대는 어영청과 같이 年中 계속 번상
하는 것이 아니라 10월부터 이듬해 3월까지의 6개월 동안 1司가 2개월
씩 輪廻上番하는 형식으로 운영되었다.194)

이후 훈련별대는 正軍과 保人을 계속 충원하였다. 특히 훈련대장 유
혁연은 정군 10,000명, 1번의 군사 1,000명 확보를 목표로 閑丁 확보에
전력하였다. 그리하여 숙종 초에 이르면 正軍 13,700명이 확보되고 이
것은 4部 13司로 편제되어 1番(1司)이 1千여 명(10哨)에 이르게 된
다.195) 13番 중 1년에 3番만이 10월~이듬해 3월까지 6개월 동안 번상
하므로 한번 번상하면 5년 후에나 番次가 돌아오게 되었다. 그리고 훈
련별대는 어영청과 같이 정군 1인당 상번 입역을 보조하는 資保 1명을
지급하고, 정군 1명당 2명으로 算定된 官保를 확보하여 관보 1인당 米
12두를 납부하게 하여 상번군 급료의 재원으로 삼았다. 훈련별대 정군
의 경우 5년에 2개월 동안 입역 근무를 하므로 '軍役最輕'이라고 하는
바와 같이 다른 良役에 비해 매우 歇役이었다.196)

이와 같이 훈련별대는 정부의 계획에 따라 제도의 정비, 인원의 확
충 그리고 番上 立役이 이루어졌다. 그런데 훈련별대의 번상 입역이
시행된 이후 현종 말에 들어서 정부 내에서는 다시 도감변통론이 제기

193)『承政院日記』231, 현종 13년 12월 29일, 12책 281쪽.
194)『承政院日記』230, 현종 13년 10월 8일, 12책 233쪽 ; 231, 현종 13년 12월 10
일, 12책 286쪽 ; 235, 현종 14년 8월 10일, 12책 494쪽 ; 236, 현종 14년 10월
6일, 12책 550쪽 ; 237, 현종 14년 12월 6일, 12책 604쪽 ; 242, 숙종 즉위년 10
월 6일, 12책 847쪽 ; 243, 숙종 즉위년 12월 1일, 12책 893쪽 ; 255, 숙종 2년
7월 25일, 13책 496쪽 ; 257, 숙종 2년 12월 2일, 13책 625쪽 등에서 訓鍊別隊
의 番上立役 狀況을 알 수 있다.
195)『顯宗改修實錄』권10, 현종 4년 11월 丁丑, 37책 353쪽.
196)『承政院日記』259, 숙종 3년 4월 11일, 13책 744쪽, "外方別隊 當初充定之時
任事之人 多般敎誘 謂之不徵番布 五歲再番 軍役最輕 未有若此 分付列邑
使之自募 愚蠢之氓 利其役歇 爭相願入".

되었다. 특히 이때 훈련도감 변통을 가장 열성적으로 주장한 사람은
山黨 계열인 李端夏였다. 현종 13년(1672) 9월 吏曹判書로 있던 李端
夏는 현재 서울에 상주하는 군사는 도감군 5,500명, 훈련별대군 1,000
명, 어영군 1,000명, 정초군 500명, 금군 700명, 그리고 多數의 各廳軍
官 등이며 이들을 모두 합치면 1만 명에 달한다고 하면서, 이러한 군
사의 양성으로 국가 재정의 결핍이 극심하다고 주장하였다. 그래서 그
는 "지금 나라 살림을 넉넉하게 만드는 방법으로는 군병을 감축시키는
것보다 먼저 할 일이 없다(今裕國之道 莫先於減兵)"라고 하면서 도감
군을 "有闕勿補"할 것을 주장하였다.197) 한달 후 이단하는 다시 군역
을 변통한 연후에야 "國可支 民可保"할 수 있다고 주장하면서 도감군
의 감축을 요구하였다. 이러한 이단하의 끈질긴 도감 감축 요구에 대
해 현종은 이미 도감군 1,000여 명을 감축했다고 斷言하였다.198) 그리
고 나서 5일 후 이단하는 洪柱元 祭文 사건으로 被罪되면서 조정에서
물러나야 했다.199) 이후 현종 15년 8월 국왕이 승하할 때까지 도감변
통론은 거론되지 않았다.

　이상과 같이 현종대 도감변통론은 山林勢力(山黨)의 浮沈과 함께
하였다. 즉 孝宗末~顯宗初 산림세력이 중앙 정계에 진출할 때 도감변
통론 역시 浮上하였으며, 현종 말 산림세력이 퇴조하면서 도감변통론
은 거론되지 않게 되었다. 이후 숙종 초년의 남인정권기를 지나 숙종 6
년 庚申換局으로 산림세력이 재등장하면서 도감변통론은 재연하게 된
다.

3) 肅宗代 訓鍊都監 중심 三軍門體制의 확립

　숙종대에 들어와 훈련도감 군제변통론은 정국의 변화와 함께 복잡
한 양상을 띠게 된다. 숙종 즉위년(1674)~숙종 6년까지의 남인집권기

197)『顯宗改修實錄』권26, 현종 13년 9월 辛卯, 38책 124쪽.
198)『顯宗改修實錄』권26, 현종 13년 10월 丁卯, 38책 127쪽.
199)『顯宗改修實錄』권26, 현종 13년 11월 壬申, 38책 127쪽 ; 甲午, 38책 129쪽.

에 훈련도감 문제는 단순히 그 운영상 폐단의 변통이 아니라 군제 전
반의 개혁 차원에서 논의되었다. 한편 숙종 6년 이후에는 山黨세력들
이 정계에 복귀하면서 현종대와 마찬가지의 도감변통론이 제기되었다.
이러한 군제개혁과 변통론의 제기에 대해 국왕과 훈척들은 각각 현상
유지, 군비 유지를 고수하면서 대응하고 있었다. 여기에서는 이러한 숙
종대 도감변통론의 전개와 그 결과로서 나타나는 훈련도감 중심 삼군
문체제의 확립에 대하여 살펴보겠다.200)

　현종 15년(1674) 이른바 甲寅禮訟(제2차 예송)에 의해 서인에서 남
인으로 정권 교체가 이루어졌다는 것은 이미 先學의 연구에 의해 지적
된 바이다.201) 그런데 앞에서 살펴본 것처럼 현종 10년(1669) 훈련별대
설치 후 南人인 許積과 柳赫然은 국왕의 신임 하에 이미 軍權을 장악
하고 있었다. 이러한 남인의 군권 장악 하에서 숙종 즉위 후(1674) 서
인에서 남인으로의 정권 교체가 가능했던 것으로 추측된다.202) 그래서
숙종 원년에 이르면 영의정은 許積, 우의정은 權大運, 좌의정은 許穆
으로 三相을 모두 남인이 독점하고 있었으며,203) 또 훈련대장 역시 현
종 10년이래 유혁연이 차지하고 있어서 軍權도 남인이 장악하고 있는
실정이었다. 이와 같이 숙종대가 시작하면서 인조반정 이후 50년에 걸
친 서인의 장기집권이 일시에 몰락하고 새로이 남인에 의해 정국이 운
영되고 있었다.

　그러나 숙종 즉위 후 성립된 남인정권은 불안정한 국내외 정치적 상
황 속에서 정국을 운영하여야 했다. 즉 이때 남인정권은 국내적으로는
이미 50년에 걸친 장기집권 속에서 사회 곳곳에 뿌리를 깊게 내린 서

---

200) 숙종대 良役 전반의 변통론과 그 대책에 관해서는 鄭萬祚, 「肅宗朝 良役變
　　通論의 展開와 良役對策」, 『國史館論叢』17, 1990 참조.
201) 池斗煥, 「朝鮮後期 禮訟研究」, 『釜大史學』11, 1987 ; 鄭玉子, 「17세기 思想
　　界의 再編과 禮論」, 『韓國文化』10, 1989 ; 李迎春, 「服制禮訟과 政局變化 -
　　第二次禮訟을 중심으로」, 『國史館論叢』22, 1991.
202) 李泰鎭, 앞의 책, 1985, 175쪽.
203) 李迎春, 앞의 글, 1991, 256쪽.

인 세력과 훈척의 끊임없는 저항과 견제에 직면하였다. 정권에서 물러
난 "西人失志之徒"의 怨望은 집권 남인들에게 적지 않은 위협이 되고
있었다.[204] 한편 비록 남인은 당시 최대의 중앙군문인 훈련도감의 군
권을 장악하고 있었지만, 다른 중앙군영인 어영청, 총융청, 수어청의
군권은 여전히 西人 훈척이 장악하고 있었다. 즉 어영청은 申汝哲, 총
융청은 金萬基, 수어청은 金錫胄가 각각 맡고 있었던 것이다.[205] 이때
신여철은 武臣으로서, 김만기·김석주는 外戚으로서 군권이 맡겨지고
있었다. 특히 김석주는 수어사이면서 병조판서를 겸하고 있었다.[206]
이러한 서인 훈척의 군권 分掌과 견제로 남인 정권은 불완전하고 불안
정한 형세를 면치 못했다.

한편 대외적으로 남인정권은 때마침 발발한 중국 淸의 내란에 의해
불안정한 외교 상황에 직면하였다. 숙종 즉위 후 남인정권이 성립할
무렵 중국에는 청나라 건국 최대의 위기라 할 수 있는 三藩의 亂(167
3~1681)이 발생하였다. 일명 吳三桂의 亂이라고도 불리는 이 난에서
오삼계 등 청조 반란세력은 漢族復興을 내세우며 중국의 남부 일대를
장악하고 淸의 康熙帝에 대항하여 공동 전선을 전개하고 있었다. 한편
三藩에 호응하여 대만의 鄭氏 정권도 청조 타도의 기치를 세우고 연
안 지방으로 진출하였다.[207] 이러한 불안정한 대내외 정세 속에서 남
인정권은 출범하고 있었다.

숙종 즉위 후 불안정한 중국 정세는 그 때 그 때 정부에 보고되었다.
그래서 숙종 원년 정월 晝講 時에 特進官 金徽進은

지금 北京의 形勢를 듣건대 장차 (淸朝가) 쫓겨날 지경에 이르렀다

---

204) 洪順敏, 「肅宗初期의 政治構造와 '換局'」, 『韓國史論』 15, 1986, 176쪽.
205) 『肅宗實錄』 권1, 숙종 즉위년 9월 辛巳, 38책 209쪽 ; 권2, 숙종 원년 정월 丁
　　丑, 38책 237쪽.
206) 『肅宗實錄』 권2, 숙종 원년 2월 戊申, 38책 246쪽.
207) 金斗鉉, 「淸朝政權의 成立과 發展」, 『講座 中國史 IV』, 지식산업사, 1989,
　　164~169쪽.

고 합니다. 그런데 우리 나라 서쪽의 城池와 武備가 放置되어 황폐한
지 이미 오래되었습니다. 마땅히 급히 措置하여 만일의 사태에 대비
하는 것이 옳은 줄로 아옵니다.[208]

라 하면서 북경 형세에 따른 국내 대비의 시급함을 말하였다. 이런 가
운데 都體察使府의 復設,[209] 山城 修築論,[210] 신무기 개발 등이 논의
되고 있었다. 이와 같이 중국의 내란에 대한 국내 대비책이 강구되는
한편 남인정권 내에서는 북벌론도 강하게 제기되었다. 중국에서 내란
이 일어난 지금 단순히 그 영향에 대한 국내 대비책 마련에 그칠 것이
아니라 적극적으로 청을 정벌하여 병자호란에서의 치욕을 갚고 排淸
尊明의 大義를 완수하자는 것이었다. 이러한 북벌론의 제기는 남인정
권이 국내외 위기 속에서 야기된 불완전하고 불안정한 정국을 주도적
으로 장악하려는 의도도 포함되었을 것으로 추측된다.[211] 그러나 남인
정권의 군비증강 정책은 이후 정권 몰락의 원인을 제공하기도 하였다.
  남인정권의 북벌론을 선도한 사람은 산림 출신 尹鑴였다. 또한 윤휴
는 북벌의 기반으로서 군제개혁을 비롯한 총체적인 사회경제 개혁을
적극적으로 제기하였다.[212] 비록 그의 사회경제 정책은 같은 近畿 南

---

208) 『肅宗實錄』 권2, 숙종 원년 정월 辛巳, 38책 238쪽.
209) 李泰鎭, 앞의 책, 1985, 189~194쪽.
210) 이 시기에는 山城 修築論議가 활발히 이루어지고 또 상당수의 山城이 修築
  된다. 이때 거론되는 山城으로는 서울의 北漢山城, 開城의 大興山城, 江華墩
  臺, 都城, 南漢山城, 江華 文殊山城, 楊州 洪福山城 등이 있다. 이 가운데 北
  漢山城은 이때 수축되지는 않지만 숙종 말년에 가서 대대적인 수축이 이루
  어지고 그 결과 三軍門 都城 수비체제가 확립된다(洪順敏, 앞의 글, 1986,
  170쪽).
211) 李泰鎭, 「17세기 朋黨政治와 中央軍營의 兵權」, 『朝鮮後期 黨爭의 綜合的
  檢討』, 韓國精神文化硏究院, 1992, 384쪽.
  이 시기 남인 정권내 북벌론 제기에 대하여 실록 편찬자는 "盖鑴外假伐胡之
  名 而出脚 故强爲此高談 以掩人耳目 非實語也"(『肅宗實錄』 권2, 숙종 원년
  2월 丁酉, 38책 244쪽)라 하여 高談으로 사람의 耳目을 가린다고 비난하고
  있다.
212) 白湖 尹鑴의 政治·經濟·兵政의 개혁론에 대해서는 韓㳓劤, 「白湖 尹鑴

人이었던 許積이나 許穆 등과는 차이가 있었고, 이로 인해 이들과의
사이에서 不和도 적지 않았으나,[213] 윤휴의 국정 개혁안은 남인 정권
의 정책 방향에 지대한 영향을 미쳤다. 또 남인정권 기간 동안의 훈련
도감 개혁론은 윤휴에 의해서 가장 뚜렷하게 제시되고 있으므로 이 시
기의 훈련도감 문제를 윤휴의 주장을 중심으로 살펴보겠다.

 윤휴는 현종 15년 7월 중국의 吳三桂의 亂을 보고 이때가 바로 國
恥를 씻을 때라고 판단하고 北伐의 시행을 요구하는 장문의 密疏를
올렸다.[214] 또 이듬해인 숙종 원년 정월에는 "중국은 모두 청나라에 반
대하여 일어서고 있는데 우리만이 淸을 섬길 경우 後日에 무슨 말로
이것을 변명할 것이냐"고 반문하면서 청에 반대할 것을 주장하였
다.[215] 그래서 同年 2월 淸의 勅使에 대해 국왕이 出迎할 것인가의 與
否가 정부 내에서 논란되었을 때도 윤휴는 出迎하지 말 것을 주장하면
서 만약 淸側이 국왕이 出迎하지 않은 것을 의심하여 전쟁을 일으킬
경우 오히려 우리측에 승산이 있다고 말하였다.[216] 이어서 그는 지금
정부가 급히 해야 할 일은 첫째, 북벌의 시행, 둘째, 바다를 건너 대만
의 鄭氏 정권과의 通交, 셋째, 淸과의 絶和이며 국내적으로는 숙위를
강화해야 한다고 하였다.[217] 그러나 이러한 윤휴의 북벌론에 대해 幼
主 숙종은 시기가 부적절하다든가, "北伐이라는 虛名을 쫓다보면 實
禍를 입을 것"이라며 반대하고 있었다.[218]

    硏究(一·二·三)-特히 經世論을 中心하여」,『歷史學報』15·16·19집,
    1961·1962 참조.
213) 남인 정권내의 사회 경제 정책에서 尹鑴는 제일 적극적인 개혁론을, 전형적
    인 실무 관료였던 許積은 소극적인 개혁론을 펼쳤으며, 許穆은 거의 개혁적
    인 면을 보여주지 못하고 있다고 한다(고영진, 「17세기 후반 근기남인학자의
    사상-윤휴·허목·허적을 중심으로」,『역사와현실』13, 1994).
214)『顯宗實錄』권22, 현종 15년 7월 癸亥, 37책 68~69쪽.
215)『肅宗實錄』권2, 숙종 원년 2월 丁亥, 38책 242쪽.
216)『肅宗實錄』권2, 숙종 원년 2월 丁酉, 38책 244쪽.
217) 위와 같음.
218)『肅宗實錄』권4, 숙종 원년 10월 壬申, 38책 306쪽 ; 권5, 숙종 2년 정월 己丑,

윤휴는 이와 같이 북벌을 주장하면서 군사제도의 전반적인 개혁도 제기하였다. 즉 그는 조선초기의 五衛制 復舊와 萬科의 設行, 都體察使府의 설립, 戰車·火車의 제조 등을 주장하였고, 이러한 군제개혁의 일환으로 훈련도감의 개혁도 거론하였다.[219] 윤휴는 숙종 원년 정월 「時務九條」를 상소하면서 그의 군제개혁안을 다음과 같이 설명하였다.

> 옛날에는 庶子의 관직이 있었고, 中古에는 郞衛의 직책이 있었습니다. 지금 마땅히 이러한 제도를 본받아 京外大小 臣僚의 子弟와 出身者, 未出身者를 兩班·서얼을 不問하고 成冊하여 摠府에 속하게 합니다. 그 중 우수한 자를 선발하여 摠府郞이라는 직책을 수여합니다. 그리고 사방의 뛰어난 인재와 쓸만한 사람들을 모두 여기에 속하게 하여 分番 侍衛하게 합니다. 이들은 文·武를 구별하지 말고 모두 孝經·大學·司馬法·孫武 등의 책을 講讀하게 하고, 弓·馬·車乘 등의 기예를 익혀 宿衛의 임무와 京師의 직책을 감당하게 합니다. 그 중 우수한 자를 뽑아 郞僚에 입속 시키고 지방군을 관장하게 하며 그 徒隷·兵卒은 훈련도감 군인 數百 人으로 충당하면 五衛制의 복구가 이루어질 것입니다.[220]

윤휴는 위에서 당시 免役·避役되고 있는 양반들도 모두 조선초기와 같이 군역체계에 포함시킬 것을 주장하고 있다. 그리고 나서 散亂無統한 당시의 군제를 조선초기의 질서 정연한 五衛制 체제로 복구할 것을 요구하였다. 그런데 윤휴는 오위제의 복구를 주장하여도 조선초기 오위제 그대로 복구하자는 것은 아니었다. 조선초기의 오위제는 명확한 지휘체계 없이 각기 다른 兵種들이 5衛에 각각 分屬된 형태였다. 윤휴는 이러한 형태가 아니라 摠府郞-郞僚-兵卒로 이어지는 명확한

38책 318쪽.

219) 尹鑴의 군사제도 개혁에 대해서는 韓㳓劤, 「白湖 尹鑴 硏究(三) - 特히 經世論을 中心하여」, 『歷史學報』 19집, 1962 참조.

220) 『肅宗實錄』 권2, 숙종 원년 정월 壬午, 38책 239쪽 ; 尹鑴, 『白湖集』 권6, 疏, 應旨疏(正월 22일) (한국문집총간 123책 99쪽).

지휘체계를 수립할 것을 주장하였다. 그리고 도감군은 지방군을 관장하는 郞僚의 手下 병력으로서 이들에게 수백 명씩 分屬시키자고 하였다. 즉 윤휴는 5,000~6,000명에 달하는 도감군을 서울에 상주시키는 것이 아니라, 오위제의 말단 병력으로서 지방으로 확산시키고자 하였다. 이것은 훈련도감 長番制의 철폐를 의미하는 것이었다.

윤휴 역시 당시 儒者 관료들과 마찬가지로 훈련도감의 兵農分離制와 長番制에 대하여 부정적인 인식을 가지고 있었다. 숙종 원년 윤5월 晝講時에 大司憲으로 있던 윤휴는

　　도감군은 거의 5, 6천 명에 달하는데, 서울에서 坐食하고 市里를 橫行하여 서울 庶民들의 風習이 날로 거칠어지고 紀綱이 무너지는 것은 바로 이 때문입니다. 臣의 생각으로는 이러한 도감군들을 모두 御營軍과 마찬가지로 分番相替하여 농사를 짓도록 하면 務農과 訓武가 겸비되고 戶曹의 경비도 절약될 것입니다.[221]

라고 말하면서 훈련도감의 장번제를 번상제로 전환할 것을 요구하였다. 또한 그는 서울에 상주하는 도감군들의 상업행위를 일체 근절할 것을 주장하였다.[222] 그래서 윤휴는 이들에게 급료를 지급하는 병농분리제로 운영할 것이 아니라 둔전을 지급하여 병농일치제로 운영할 것을 주장하였다. 즉 숙종 원년 2월 윤휴는 下番 도감군들을 屯耕에 투입하여 생산 활동에 종사하게 하는 것이 편하다고 하였다. 그러나 이것은 국왕과 대신들의 반대로 끝내 채택되지 못했다고 한다.[223] 다시 그는 同年 10월 도감군을 둔전에 투입하자고 주장하고 있다. 이 때에도 "訓兵多 而屯田難"이라는 허적의 반대에 부딪혀 실행되지 못하였다.[224] 이와 같이 윤휴는 훈련도감을 병농일치 체제로 전환할 것을 일

221)『承政院日記』247, 숙종 원년 윤5월 10일, 13책 59~60쪽.
222)『肅宗實錄』권4, 숙종 원년 윤5월 丁酉, 38책 282쪽, "市民國之根本 市各有廛 兵民各異 而今聞訓局精抄軍出廛 有害於市民 罷之便".
223)『肅宗實錄』권2, 숙종 원년 2월 甲寅, 38책 247쪽.

관되게 주장하고 있었다. 이것은 임진왜란 중 훈련도감 설립을 주도한
柳成龍이 그 운영을 "有事則執兵 無事則分屯耕作"[225]으로 하자는 주
장과 일치하였다. 番上制, 兵農一致制로 요약되는 이러한 윤휴의 도감
개혁론은 西人들의 번상 급료제 형식의 도감변통론과는 많은 차이가
있는 것이었다.

이와 같이 윤휴의 도감개혁론은 五衛制 復舊와 밀접한 관련을 가지
고 있었다. 그는 위의 「時務九條」에서 양반·서얼들을 동등하게 군역
에 포함시키고, 이들을 대상으로 체계적인 將官의 양성을 계획하였다.
또 이렇게 양성된 장관에게 도감군을 兵卒로 분속시킬 것을 제안하였
다. 이러한 윤휴의 주장에 대하여 국왕 숙종과 대신들은 부정적이었다.
우선 우의정 權大運은 "사대부 子弟와 서얼을 함께 편성하여 摠府에
속하게 한다고 하였는데 어찌 이럴 수가 있는가"라고 반대하였고,[226]
영의정 許積은 "이러한 大變通은 행할 수 없다"라 하면서

우리 나라 宰相 子弟들은 화려한 집에서 편안히 讀書하고 있어서
비록 弘文郎이라 칭해도 오히려 고통스럽게 여기는데 하루아침에 摠
府郎이라 부르면서 禁軍과 더불어 똑같이 취급한다면 반드시 擾亂이
일어날 것이다.[227]

라고 반대하였다. 즉 윤휴의 개혁안은 당시 신분제의 실상과는 동떨어
진 주장이라는 것이다. 또 국왕 역시 숙종 2년 2월 오위제 복구를 주장
하는 윤휴에 대하여 "五衛法을 복구하고자 하여도 결코 이룰 수 없을
것이다"[228]라고 대답하고 있다. 그리고 다음날 다시 "오위의 법은 실
행될 수 없다. 내 생각으로는 오위의 법이 復設되려면 甲士·別侍衛

---

224)『肅宗實錄』권4, 숙종 원년 10월 乙丑, 38책 305쪽.
225)『宣祖實錄』권50, 선조 27년 4월 乙丑, 22책 254쪽.
226)『肅宗實錄』권2, 숙종 원년 정월 癸未, 38책 241쪽.
227) 위와 같음.
228)『承政院日記』251, 숙종 2년 2월 3일, 13책 280쪽.

•騎兵들이 있어야 하는데 지금으로는 결코 이들을 充額할 수 없다"
라는 비망기를 내리고 있었다.[229] 이와 같이 윤휴의 오위제 복설 주장
은 시세를 앞세운 국왕과 조정 대신들의 반대로 실행될 수 없었다. 단
지 그가 오위제 복설과 함께 주장한 兵車의 제작만이 이루어져 훈련도
감에서 제작한 火車와 함께 竝用되도록 조치되었을 뿐이었다.[230]

　이상과 같이 숙종 즉위 초의 남인정권은 국내외적 위기 속에서 북벌
을 통한 정국의 주도적인 장악을 도모하였다. 이러한 분위기에서 현종
대에 극히 성했던 養民優先論의 일환이었던 도감변통론은 제기되지
못하였다. 이 시기의 정책 제시는 윤휴에 의해 주도되었는데, 그는 北
伐의 기반, 군비증강의 방안으로서 오위제 복구, 훈련도감의 개혁을 주
장하고 있었다. 즉 그는 향촌에서 五家統制, 面里制를 시행하여 지속
적이고 법제적인 공적 사회제도를 확립하고,[231] 이를 기반으로 양반도
군역에 포함하는 五衛制를 복구한 후, 摠府郞-郞僚로 이어지는 지휘
체계의 말단 병력으로 도감군을 分屬할 것을 주장하였다. 그리고 도감
군에게 屯田을 지급하여 兵農一致에 따라 番上遞代하게 함으로써 서
울에서 일어나는 각종 폐단도 제거하고자 하였다.

　그러나 숙종 5년 3월 吳三桂의 사망 소식이 국내에 전해지고,[232] 이
에 따라 점차 三藩의 亂이 진압되고 있다는 정보가 들려오면서, 북벌
의 가능성은 희박해졌다. 특히 삼번의 난 평정과 대만 정벌을 통해 淸
의 중국 지배는 안정기에 들어갔으며 康熙帝 治下에서 중국 역사상
최대의 전성기를 누리고 있었다. 이에 따라 북벌과 이를 위한 군비 증
강 정책으로 정국을 장악하려던 남인정권의 입지는 약화되지 않을 수

---

229) 『承政院日記』 251, 숙종 2년 2월 4일, 13책 282쪽.
230) 『肅宗實錄』 권2, 숙종 원년 2월 己酉, 38책 246쪽.
231) 윤휴의 五家統制, 面里制 시행의 주장에 대해서는 吳永敎, 「朝鮮後期 鄕村
　　支配政策의 轉換 - 17世紀 國家再造와 관련하여 - 」, 연세대학교 박사학위논
　　문, 1992, 54~74쪽 참조.
232) 『肅宗實錄』 권8, 숙종 5년 3월 壬寅, 38책 405쪽, "禋等 探彼國情形別單曰
　　撫寧縣榜文云 吳三桂八月十七日身死".

없었다. 이와 아울러 당시 종친인 福昌君, 福善君, 福平君(仁祖의 孫, 麟平大君의 子)과 南人의 유착 관계는 국왕 숙종으로 하여금 왕위에 대한 불안감을 느끼게 하였을 것으로 추측된다. 종친은 왕권의 경쟁자였기 때문이다. 이에 국왕 숙종은 숙종 6년(1680) 3월 이른바 '油幄事件'을 빌미로 훈련대장을 柳赫然에서 戚臣인 金萬基로 교체하면서, 남인정권에서 서인정권으로 정국의 전환을 도모하였다.233) 이후 同年 4월 김석주는 許積의 아들 許堅이 복창군, 복선군, 복평군 등과 결탁해 大興山城의 병력을 동원하여 역모를 꾀하고 있다고 告變하였다. 이러한 김석주의 고변에 의해 許堅과 '三福'은 물론 허적, 윤휴 등도 모두 誅殺되면서 남인은 완전히 축출되고 서인정권이 다시 들어서는 '庚申換局'이 이루어졌다.234)

숙종 6년 경신환국으로 남인이 패퇴하고 서인정권이 들어서자 현종대와 마찬가지의 도감변통론이 다시 대두하기 시작하였다. 서인정권의 성립에 따라 숙종 즉위 후 '誤禮'로 유배되었던 山黨의 영수 송시열이 재등장하면서 그의 지론인 도감변통론을 제기하였고, 이외에 수많은 서인 관료들이 養民優先, 군비 감축을 주장하였던 것이다. 우선 숙종 7년(1681) 정월 송시열은 유배에서 풀려나 국왕을 入侍한 자리에서

臣이 일찍이 朱子의 글을 보건대 옛날의 軍兵은 모두 田野에 있으면서 단지 전쟁 등으로 동원될 때에만 국가로부터 식량을 지급 받았다고 합니다. 그런데 宋나라 때에 이르러 軍兵들이 항상 서울에 상주하여 公家로부터 급료를 지급 받게됨으로써 하루라도 전쟁이 없었던 때가 없게 되었다고 합니다. 지금 도감군의 급료는 무려 8萬 餘 石에 이르고, 朝臣들의 頒祿은 4萬 餘 石에 불과한 실정입니다. 도감군은 祖宗朝의 古制가 아닙니다. 임진왜란 후 柳成龍이 請하여 설치한 것

---

233) 『肅宗實錄』 권9, 숙종 6년 3월 丁巳, 38책 435쪽, "下備忘記曰 …… 輦下親兵將領之任 不可不以國家至親位高之人爲之 以光城府院君金萬基 爲訓鍊大將 卽日受符察任 柳赫然 …… 姑爲解任".

234) 李泰鎭, 앞의 책, 1985, 196~197쪽 ; 홍순민, 앞의 글, 1986, 168~180쪽.

입니다.235)

라 하면서 前代부터 일관된 자신의 도감변통론, 즉 番上兵制로의 전환
론을 개진하였다. 위의 말에 이어 송시열은 번상병인 어영군이 장번병
인 도감군보다 훨씬 정예한 군사라고 강변하면서, 도감군을 감축하고
어영군을 增置하여 점차 중앙군을 번상병제로 전환하자고 주장하였
다.236) 숙종 7년 2월에도 송시열은 箚子를 올려 前王인 顯宗은 훈련도
감을 혁파하려 하였으나 柳赫然이 성실하게 나라를 위하는 마음이 없
이 군제·군역제의 폐단을 증가시켰다고 주장하면서 훈련도감의 변통
을 요구하였고,237) 보름 후에 다시 도감군을 "有闕勿補"할 것을 요구
하는 箚子를 올렸다.238) 이렇듯 송시열은 경신환국으로 복권·등용된
이후 우선적으로 훈련도감의 변통에 온 힘을 기울였다.

　송시열의 이러한 주장 이후 숙종 7년 전반기에는 서인 관료 내에서
훈련도감의 변통을 요구하는 주장은 봇물처럼 터져 나왔다. 숙종 7년
4월 대사헌 李端夏는 당시 조정에서 검토되고 있는 戶布論에 대해 반
대하면서 이 대신 도감군을 감축할 것을 요구하는 상소를 올렸다.239)
또 同年 5월 副護軍 李敏敍는 도감군 양성을 위해 호조경비의 2/3를
지출하는 이러한 잘못된 군제를 "古今之所未聞也"라 말하고,240) 이러
한 제도를 지금 변통하지 않으면 나라가 망하고야 말 것이라고 강변하
기도 하였다.241) 李師命 역시 "양병의 비용이 호조경비의 ⅔를 차지하
니 국가가 어찌 궁핍하지 않겠느냐"고 하면서, 만약 내란이 일어나도

235)『肅宗實錄』권11, 숙종 7년 정월 庚午, 38책 513쪽.
236) 上同. "御營軍則居鄕習勞 砲手則安坐於家 故臣見溫泉行幸時 御營軍則能
　　疾走往返 而顚仆道路者 皆是訓局兵也".
237)『肅宗實錄』권11, 숙종 7년 2월 戊子, 38책 516쪽.
238)『肅宗實錄』권11, 숙종 7년 2월 甲辰, 38책 518쪽.
239)『肅宗實錄』권11, 숙종 7년 4월 丙戌, 38책 524쪽, "衛兵之耗匱國力者 減之".
240)『肅宗實錄』권11, 숙종 7년 5월 辛未, 38책 530쪽.
241)『肅宗實錄』권11, 숙종 7년 5월 乙亥, 38책 533쪽.

어영군으로 족히 제압할 수 있으니 도감군 1,000명을 감축하자고 주장
하였다.[242] 또 좌의정 閔鼎重도 長番軍인 도감군은 番上軍인 어영군
보다 군사력에서 떨어진다고 말하면서 훈련도감 변통을 요구하였
다.[243] 그러나 이러한 서인 관료들의 도감변통론은 金錫胄를 위시한
金萬基, 閔維重, 金壽恒 등 戚臣系의 심한 반발을 받았다.[244] 이들은
결코 훈련도감을 축소·변통하여 왕의 시위를 單弱하게 할 수 없다는
것이었다. 그래서 이들은 軍制變通 대신 국가재정을 정상화하기 위해
서는 사족에게도 收布해야 한다고 주장하면서 호포론을 제시하였다.
이것은 다시 서인 관료들의 반발을 받아 숙종 7년 말에 이르러 격렬한
戸布論爭이 재연되었다.[245]

숙종 7년 전반기에 이어 숙종 8년(1682)에도 도감변통론은 다시 제
기되었다. 숙종 8년 2월 그동안 쟁점의 대상이 된 호포제의 시행 여부
를 검토하는 자리에서 判中樞 鄭知和와 좌의정 閔鼎重은 訓鍊別隊의
감축·혁파를 주장하였다. 즉 정지화는 훈련별대는 柳赫然이 창설한
것으로 모두 쓸모 없는 군사라고 하면서 군액의 감축을 요구하였고,
민정중은 훈련별대를 혁파하여 여타 軍種의 逃故로 인한 闕額을 충정
하면 군역의 폐단을 시정할 수 있을 것이라고 주장하였다.[246] 숙종 8
년의 도감변통론에서는 이와 같이 훈련별대가 주목의 대상이 된 것이
특징이었다. 이러한 서인 관료들의 끊임없는 도감변통 요구에 의해 결
국 국왕과 훈척은 군제개편에 착수하게 된다. 우선 숙종 8년 2월 김석
주는 병조판서이면서 훈련대장으로 임명되어 군권을 모두 장악하였
다.[247] 이러한 군권을 바탕으로 김석주는 숙종 8년 3월 訓鍊別隊와 精

---

242) 『肅宗實錄』 권11, 숙종 7년 5월 戊寅, 38책 534쪽.
243) 『肅宗實錄』 권11, 숙종 7년 6월 甲辰, 38책 538쪽, "恒留都下 不習勞苦 不如
　　輪番之軍矣".
244) 鄭萬祚, 앞의 논문, 1990, 140~141쪽.
245) 숙종 7년말의 戸布論爭에 대해서는 鄭萬祚, 앞의 논문, 1990, 139~145쪽 ;
　　鄭演植, 앞의 논문, 1992, 126~131쪽 참조.
246) 『肅宗實錄』 권13上, 숙종 8년 2월 甲申, 38책 581쪽.

抄軍을 합하여 禁衛營을 신설한다는 「軍制變通節目」을 반포하였다.[248]

숙종 8년 3월 김석주가 반포한 「군제변통절목」에서는 그동안 서인 관료들이 끊임없이 요구하여 온 도감변통론, 즉 도감군액의 감축과 번 상병제로의 전환 주장을 일부 수용하였다. 즉 이 절목에서는 훈련도감 군액 5,707명중 707명을 減하여 번상병제로 운영되는 훈련별대로 보내고, 훈련별대와 정초청을 합하여 正軍 14,098명, 保人 78,000명(資保 14,000여 명, 官保 64,000여 명) 규모의 禁衛營을 설립한다고 하였다. 이로써 훈련도감 군액은 707명이 감축되어 5,000명으로 고정되었으며 (제3장, <표 3-4> 참조), 새로운 중앙군문으로서 금위영이 창설되었다.[249] 훈련도감으로서는 종래 都監元軍과 別隊軍을 함께 관장하던 상태에서 별대군을 금위영으로 移屬시키게 되어 군액의 감축과 기구의 축소가 이루어졌다. 그러나 훈련도감은 同年 8월 군제변통의 후속 조치로서 卜馬軍 371명을 加設하였고, 이들의 급료를 마련하기 위해 다시 別隊軍 4,000명을 회수하여 軍餉保(줄여서 餉保라고도 함)로 만들었다.[250] 그리고 軍餉保는 1인당 매년 12斗씩을 收捧하기로 정하였다.[251] 그러나 이렇게 4,000명으로 시작된 餉保도 砲保처럼 그 수가 계속 증가하였다.[252]

위 군제개편은 비록 서인 관료들의 주장을 일부 수용하기는 하였으나, 이것은 서인 관료들이 주장한 도감변통론과는 거리가 있는 것이었

---

247) 『肅宗實錄』 권13上, 숙종 8년 2월 丁酉, 38책 582쪽.

248) 『肅宗實錄』 권13上, 숙종 8년 3월 甲子, 38책 584쪽.

249) 숙종 8년의 禁衛營 설치 과정에 대해서는 아래 글이 자세하다. 李泰鎭, 앞의 책, 1985, 198~205쪽 ; 車文燮, 「禁衛營 研究」, 『朝鮮時代軍制研究』, 檀大出版部, 1973.

250) 『訓局事例撮要』 上卷, 創設 (肅廟朝 8년 8월).

251) 위와 같음, "一 今此保人名號段 稱以軍餉保人 每名精白米 十二斗式 收捧 爲白齊".

252) 『增補文獻備考』 권116, 兵考8, 軍門, 訓鍊都監 (明文堂刊, 中冊 376쪽).

다. 서인 관료들은 장번병제로 운영되는 훈련도감을 점차 감축하여 결과적으로 중앙군을 모두 번상병제로 전환하자는 것이 본 뜻이었다. 그러나 김석주의 「軍制變通節目」에서는 비록 훈련도감 군액을 일부 감축하기는 하였으나, 도감군액을 5,000명으로 고정하여 장번병제를 번상병제로 전환할 意思가 없음을 표명하였다. 따라서 서인 관료들은 위 군제변통을 반대하고 나섰다. 즉 숙종 8년 4월 좌의정 閔鼎重은

훈局軍兵들은 한갓 廩料만 소비하고 장사치와 다름없으므로 국가가 위급할 때 믿을 수 있는 군사가 못됩니다. 그러므로 先王께서는 이것을 염려하여 訓局別隊를 설립하여 점차 그 수를 늘리어 上下 輪番하는 御營軍의 제도와 같이 만들고 元軍을 혁파하여 국가 재정을 결핍하게 하는 폐단을 제거하고자 하였으나 미처 이루지 못하였습니다. 만약 지금 精抄軍과 別隊軍을 합하여 한 군영을 만들면 訓局軍制는 마침내 변통할 가망이 없게 됩니다. 이것이 어찌 先朝의 본 뜻과 크게 어긋나는 것이 아니겠습니까?253)

라 하여 이번 군제개편으로 장번병제로 운영되는 훈련도감 군제는 영영 번상병제로 전환할 수 없게 된다면서 김석주의 군제 변통안을 반대하였다. 그러나 이러한 민정중의 주장에 대해 金錫冑는 "도감군 700명을 감축함으로써 도감군의 급료 6,780餘 石이 절약하게 되었다"고 자신의 군제 변통안을 옹호하면서, 장번병제로 운영되는 도감군은 다음과 같은 이유로 절대 혁파할 수 없다고 주장하였다.

도감군은 서울에서 生長하여 영리할 뿐만 아니라 軍裝과 服色이 선명하여 항상 사용하기에는 외방의 군사보다 훨씬 우수합니다. 그래서 臣은 도감군을 모두 혁파하는 것은 不可하다고 생각합니다.254)

253)『肅宗實錄』권13上, 숙종 8년 4월 甲辰, 38책 588쪽.
　　이 당시 閔鼎重은 金錫冑의 軍權 장악과 지나친 독주에 대해 견제하고자 했다고 한다.(李泰鎭, 앞의 책, 1985, 205쪽)
254) 위와 같음.

이와 같이 좌의정 閔鼎重과 병조판서 겸 훈련대장 金錫冑의 의견이
대립하자 국왕은 여러 대신들의 의견을 물어보았고, 결국 이 군제 변
통안을 형조판서 李翊만이 반대하는 가운데 통과시키기로 결정하여
금위영의 설치가 이루어졌다. 이로써 일단 조선후기 도성 3군문(훈련
도감·어영청·금위영)의 完備가 이루어졌다.

숙종 8년의 군제변통, 금위영의 설치는 서인 관료들의 군비 감축론,
도감변통론이 끊임없이 제기되는 가운데 김석주가 이들의 주장을 일
부 수용하여 이루어졌다. 그러나 실제 이때의 군제변통은 훈척 김석주
의 군권 장악과 관련되어 진행된 것으로서,[255] 군제·군역제의 폐단을
변통, 개선하기보다는 군영의 증설로 인해 오히려 많은 문제를 야기했
다. 상비군인 도감군 700명을 감축한 대신 번상병제로 운영되는 금위
영을 설립함으로써 수많은 官保, 資保를 확보하여야 했고, 숙종 10년
에는 馬軍인 別驍衛까지 신설하였다.[256] 즉 이때의 군제변통으로써
양역의 폐단은 오히려 심화되고 있었던 것이다. 이에 서인 관료들은
이후 다시 이때 설립된 금위영의 혁파, 도감군의 감축과 장번병제의
번상병제로의 전환에 전력을 기울이게 된다.

서인 관료들의 금위영 혁파와 도감군 감축 요구가 나타나는 것은 숙
종 12년(1686)부터이다. 그런데 숙종 10년 김석주의 死後에는 국왕의
親政體制 강화에 따라 숙종이 전면에 나서서 서인 관료들의 군비 감
축론에 대항하여 군비유지를 고수하고 있었다. 숙종 12년 5월 금위영
제조로 있던 左參贊 趙師錫은 京軍門이 太多하며, 금위영이 창설된
이후 오히려 군역제의 폐단은 증가하고 있다고 말하면서 금위영 혁파
를 주장하였다. 최초의 금위영 혁파론이었다. 이에 대해 숙종은 "훈련
도감 제조는 훈련도감을 혁파하라고 하고, 어영청 제조는 어영청을 혁
파하라고 하는 등 군무를 맡은 자들이 자기가 맡은 군영을 혁파하라고
하는 것이 바로 胡亂을 불러일으키는 것이다"라 하면서 분노를 터뜨렸

---

255) 이태진, 앞의 책, 1985, 203쪽.
256) 『肅宗實錄』 권15上, 숙종 10년 정월 乙酉, 38책 677쪽.

다.257) 이러한 숙종의 말에 조사석은 "황공하여 움츠리고 엎드렸는데 땀이 나서 등을 온통 적셨다"고 한다. 즉 숙종은 서인 관료들의 군비 감축론에 대하여 강경하게 맞서고 있었던 것이다.

그러나 서인 관료들 역시 자신들의 주장을 굽히지 않았다. 위 사건이 있은 지 한달 후인 숙종 12년 6월 영의정 金壽恒은 서인관료 대부분이 금위영 설치 이전의 상태(別隊는 훈련도감으로, 精抄軍은 병조로)로 돌아갈 것을 요구하고 있다고 말하고 있다.258) 또 숙종 14년 6월 이조판서 朴世采는 辭職疏를 올리는 가운데 도감군을 3,000~4,000명으로 감축하고, 금위영을 어영청에 합속하여 漢의 南北軍制와 같은 형태를 갖추자고 주장하였다.259) 도감군 감축과 금위영 혁파를 동시에 제기하였던 것이다. 그러나 이것 역시 받아들여지지 않았다. 이런 상황에서 숙종 18년 7월 參贊官 權重經은 "근래 上께서 무예를 숭상하여 草野의 선비들이 모두 걱정하고 있습니다"라고 하여 국왕의 군사 정책을 비판하였다. 이에 대해 숙종은 "安不忘危 古人之至戒也"라 하면서 자신이 취한 정책의 정당성을 피력하였다.260) 즉 국왕은 왕권의 강화와 외적의 방어를 목표로 군비 유지를 고수하고 있었고, 관료들은 국왕의 권위에 맞서서 민생의 안정을 명분으로 군비 감축을 주장하고 있었던 것이다.

그러나 숙종 21년(1695)부터 5년간 지속된 乙丙大饑饉261)과 癘疫의 만연 등 재해를 겪으면서 肅宗은 부득이 관료들의 양민우선론, 군비감축론을 수용하지 않을 수 없었다. 심각한 자연 재해 앞에서 군비 유지를 고수한다는 것은 원래 목적인 정권의 안정에 反하여 오히려 정권의

257) 『肅宗實錄』 권17, 숙종 12년 5월 丙戌, 39책 69쪽.
258) 『肅宗實錄』 권17, 숙종 12년 6월 乙丑, 39책 70쪽, "群議欲罷送別隊于訓局 精抄于兵曹".
259) 『肅宗實錄補闕正誤』 권19, 숙종 14년 6월 乙卯, 39책 148쪽.
260) 『肅宗實錄』 권24, 숙종 18년 7월 壬子, 39책 267쪽.
261) 숙종 21년(乙亥年), 숙종 22년(丙子年)에 일어난 乙丙大饑饉에 대해서는 鄭演植, 앞의 논문, 1993, 88~90쪽 참조.

불안을 가져오기 때문이었다. 대기근의 참화 속에서 양역변통 논의가
진행되는 가운데 숙종 24년 3월 국왕은 군제변통의 뜻이 있음을 말하
고 구체적인 방안에 대해 관료들의 의견을 물어보았다. 이때 領敦寧府
事 徐文重은 금위영을 혁파하고 그 군인들을 훈련도감과 어영청 두
곳에 분산 수용할 것을 上箚하였고, 尹趾完도 戶布論과 더불어 3군문
을 2개의 군문으로 축소할 것을 주장하였다.[262] 한편 숙종 25년 4월 좌
의정 崔錫鼎은 그의 「上論事四條箚」에서 "군문을 혁파하는 것은 허다
한 문제가 있어 병존시키느니만 못하다"라 하면서 관료 내에서 제기되
는 금위영 혁파에 반대하고, 도감군을 일부 감축할 것과 훈련도감을
中營으로 하고 어영청과 금위영을 左·右軍으로 삼아 훈련도감 중심
의 삼군문 체제를 갖출 것을 주장하였다.[263] 이것은 이때 비록 주목받
지 못하였으나,[264] 숙종 30년에 이루어지는 군제개편의 방향을 제시했
다는 의의를 지닌다.

이후 숙종 28년 8월에는 영의정 徐文重이 辭職箚를 올리는 가운데
훈련도감 陞戶의 중지를 촉구하였고,[265] 우의정 申琓은 「八條萬言封
事」를 올려 훈련도감, 어영청, 금위영을 모두 번상제로 운영되는 南北
軍 二軍 체제로 개편할 것을 주장하였다.[266] 이것은 이 때 국왕의 긍
정적인 반응을 얻지는 못하였으나 良役, 軍制 문제의 중요성을 인식케
하는 계기가 되었다.[267] 이에 숙종 29년 정월 숙종은 "오늘날 백성들의
생활에 고통을 주는 것으로 양역과 군제 만한 것이 없다"라는 備忘記

---

262) 『肅宗實錄』 권32上, 숙종 24년 3월 辛巳, 39책 487쪽.
263) 『肅宗實錄』 권33, 숙종 25년 4월 乙丑, 39책 529쪽.
264) 이러한 최석정의 주장이 나온지 한달 후 이를 검토하는 자리에서 領敦寧 尹
趾完은 "京軍變通事 所見不同 不敢妄議"라 하였다(『肅宗實錄』 권33, 숙종
25년 5월 癸巳, 39책 530쪽).
265) 『肅宗實錄』 권37, 숙종 28년 8월 癸未, 39책 693쪽.
266) 『肅宗實錄』 권37, 숙종 28년 8월 庚寅, 39책 695쪽 ; 申琓, 『絅庵集』 권4, 疏
箚, 八條萬言封事.
267) 鄭萬祚, 앞의 논문, 1990, 148쪽.

를 내리면서 군제변통의 의사를 표명하였다.[268] 숙종의 비망기가 내린
지 4일 후, 李濡, 閔鎭厚, 李寅燁 등이 良役勾管堂上으로 임명되었고,
이 자리에서 이들 양역구관당상과 호조판서 金昌集은 금위영을 훈련
도감으로 移屬하고, 장번병제로 운영되는 도감군을 '有闕勿補'하여 결
국에는 모든 도감군을 번상병으로 만드는 것이, 士族에게도 收布를 강
요하는 戶布法의 시행보다 훨씬 수월한 것이라고 주장하여 국왕은 일
단 금위영을 혁파하기로 결정을 내렸다.[269]

그러나 이것은 곧 좌의정 李世白,[270] 훈련대장 李基夏[271] 등의 거
센 반발에 부딪쳤다. 군사는 나라의 大事인데 가벼이 결정을 내리는
것은 부당하며, 또 도감군들의 동요가 우려된다는 것이다. 한편 금위영
혁파 결정이 내린 지 10여 일 후 도감군 혁파를 주장하던 李濡와 申琓
은 새삼스럽게 삼수미세를 거론하면서 이전의 자신들의 발언을 번복
하였다. 도감군의 급료를 위해 삼수미세가 설정되어 있었으니 도감군
을 혁파할 필요가 없다는 것이다.[272] 이것은 이유, 신완 등 老・少 蕩
平論者들이 군문 혁파에 대한 숙종의 불만을 읽고 입장을 바꾼 것이라
한다.[273] 이로써 금위영 혁파 조치는 백지화되었다.

결국 군제변통 문제는 양역변통을 전담하기 위해 설치한 釐整廳에
서 총괄적으로 검토하게 되었고, 이정청은 숙종 30년(1704) 12월 종래
의 良役・軍制 변통 논의를 일단락 짓는 「進五軍門改軍制及水軍變通
節目」을 공표하였다.[274] 이 군제 변통안의 기본 방향은 중앙군영의 正

---

268) 『肅宗實錄』 권38上, 숙종 29년 정월 壬子, 40책 1쪽.
269) 『肅宗實錄』 권38上, 숙종 29년 정월 丙辰, 40책 1~2쪽.
270) 『肅宗實錄』 권38上, 숙종 29년 정월 庚申, 40책 2쪽.
271) 『肅宗實錄』 권38上, 숙종 29년 정월 丙寅, 40책 3쪽.
272) 『肅宗實錄』 권38上, 숙종 29년 정월 丙寅, 40책 3쪽 ; 2월 癸未, 40책 4~5쪽,
    "上曰 右相意何如 申琓曰 …… 臣則決謂不可罷也 濡曰 三手粮 乃是元稅外
    則訓局軍卒 自有應食之料 何可謂損於經費 而輕易變通乎".
273) 鄭景姬, 「肅宗後半期 蕩平政局의 變化」, 『韓國學報』 79, 1995, 167쪽.
274) 『肅宗實錄』 권40, 숙종 30년 12월 甲午, 40책 127쪽.

軍과 資保, 官保의 數를 줄여, 다른 양역의 虛額을 충당토록 하는 것
이었다. 이 군제변통안은 비록 훈련도감에 대해서는 아무런 조치도 취
하지 못했지만, 어영청과 금위영은 지금까지의 무질서한 軍編制를 개
혁하여 5部・25司・125哨로 통일하고, 훈련도감을 가운데로 한 兩翼
體制 즉 훈련도감 중심의 三軍門體制를 마련하였다는데 그 의의가 있
다.[275] 이 이정청의 군제 변통안은 훈련도감 군제에 대해서는 舊軍制
를 그대로 존속한다고 하면서 다음과 같이 훈련도감 군제를 평가를 하
고 있다.

   훈련도감 軍制를 논하건대, 훈련도감은 長番兵制이어서 군인들은
서울에 상주하면서 국가의 경비를 소모하고 있다. 그 軍額은 5,000여
명이니 이들을 1년 간 양성할 비용으로 족히 2년 2朔 番上軍 3萬餘
명을 양성할 수 있다. 또 도감군을 충원하는 陞戶制로 인해 백성들이
온 가족을 이끌고 上京하니 모두 客地에서 굶주림에 고통받고 있다.
또 서울에 올라와서는 그 四肢를 놀리고 있어 힘든 일을 할 수 있는
筋力도 상실되고 있으니 몇 년 동안 훈련시킨 군졸들이 장차 쓸모 없
이 돼버릴 것이다. 그래서 識者들은 모두 훈련도감을 혁파하고 번상
군을 增置하자고 하였으나, 훈련도감이 설립된 지 이미 오래되었고
그 규모 또한 확립되어 감히 (釐整廳에서) 의논해 혁파하기가 쉽지
않았다.[276]

   위와 같이 釐整廳의 변통안을 작성한 관료들은 훈련도감의 군제를
지극히 부정적으로 평가하고 있었다. 그러나 설립된 지 오래되었고, 그
군제가 이미 확립되어 혁파할 수 없다고 술회하였다. 이로써 현종대와
숙종대를 걸쳐 장구하게 논의된 도감변통론, 장번병제의 번상병제로의
전환론은 결국 좌절되고 말았다. 이후에도 물론 학자, 관료들에 의해

275) 釐整廳의 「進五軍門改軍制及水軍變通節目」에 대한 자세한 분석은 李泰鎭,
     앞의 책, 1985, 225~232쪽 참조.
276) 『肅宗實錄』 권40, 숙종 30년 12월 甲午, 40책 127쪽.

끊임없이 도감변통론이 제기되기도 하였으나,277) 이를 반영한 대대적인 군제 개편은 더 이상 이루어지지 않았다.

釐整廳의 군제변통이 이루어진 이후 훈련도감의 중요성은 오히려 증가되고 있는 실정이었다. 이 군제변통에 의해 확정된 어영청, 금위영의 새로운 立番制는 종전의 1番당 10哨의 병력을 반으로 줄여 5哨 (635명)씩 番上하게 하였다. 즉 禁·御 兩 軍營은 각각 125哨의 군사를 25哨로 나누어 1番에 5哨씩 2개월 동안 번상하게 하였던 것이다.278) 이로써 禁·御 兩營의 군사들은 4년에 한번씩 번상하게 된 셈이다. 禁·御 兩營의 上番軍이 종전에 비해 절반으로 감축됨에 따라, 이들이 담당했던 군사력의 공백을 도감군들이 채워야 했다. 따라서 長番兵인 도감군의 군사적 비중은 더욱 높아졌다. 한편 숙종 후반기 이후 흉년과 癘疫의 만연, 국가 재정상의 문제 등으로 禁·御 兩營 번상병의 停番이 빈번하게 시행되었다.279) 따라서 이들이 정번할 때 그 임무는 도감군들이 대신하여야 했다. 이러한 상황 속에서 영조대 이후 중앙군으로서의 도감군의 중요성은 더욱 증가하였고, 이에 따라 훈련도감 혁파론은 적극적으로 제기되지 못하였다. 오히려 영조대에는 번상병제를 혁파하고 장번병제를 증강하자는 논의가 차츰 나타나고 있었다.280)

277)『肅宗實錄』권45, 숙종 33년 11월 辛未, 40책 278쪽 ; 권50下, 숙종 37년 8월 甲戌, 40책 409쪽 ; 권63, 숙종 45년 정월 壬寅, 41책 55쪽 ; 권64, 숙종 45년 9월 辛未, 41책 81쪽.

278) 李泰鎭, 앞의 책, 1985, 228쪽.

279) 李泰鎭, 앞의 책, 1985, 309~313쪽 참조.

280)『英祖實錄』권3, 영조 원년 정월 庚戌, 41책 457쪽, "龍仁 幼學 安稅 上疏 …… 請禁衛營·御營廳 罷鄕軍 以都城·畿甸民 代之" ; 권31, 영조 8년 윤5월 己丑, 42책 305쪽, "副司直 嚴慶遐 上疏 …… 禁衛·御營軍 權罷輪番 擇丁壯長衛 如訓局陞戶砲手".

제7장 結 論

　지금까지 훈련도감 설립 이전 중앙군제의 실태, 훈련도감의 설립과 도감군의 구성, 훈련도감의 給料制・給保制 운영과 軍需, 훈련도감의 직무와 도감군의 활동, 훈련도감 군제변통론과 이에 따른 군제개편 등에 관하여 살펴보았다. 이상의 연구 결과를 정리하고 훈련도감의 설립・운영이 조선후기 사회에 끼친 영향을 살펴보는 것으로 이 작업을 매듭짓고자 한다.

　1) 훈련도감 설립의 역사적 배경으로는 우선 甲士의 변질과 양반층의 갑사 입속 기피, 이에 따른 갑사의 소멸을 들 수 있다. 조선초기에 갑사는 국왕의 시위와 서울의 방위・경비를 담당하는 중앙군 중에서 가장 중추적인 군사였다. 갑사는 이성계의 사병으로서 출발하여, 태종의 사병제 혁파와 復立 조치를 겪으면서 중앙군으로 정비되었다. 조선초기에 이들은 司直・副司直・司正・副司正 등 5~8품의 實職에 올라 科田과 祿俸을 받았다. 그러나 갑사의 과전 지급은 매우 불균등하게 이루어지고 있었고, 세조대 職田法이 시행되면서 그 지급 대상에서도 제외되었다. 한편 갑사의 녹봉은 한때 京官 전체 祿俸 중 63%를 차지하기도 하였다. 이에 국가에서는 재정 부담을 줄이기 위해 고위품계를 줄이고 하위품계를 늘이기도 하고, 녹봉이 아닌 月俸으로 그 대우를 격하시키고, 또 實職에서 遞兒職으로 전환시켰다. 특히 체아직으로의 전환은 갑사의 군액이 대폭 증가하는 계기가 되었다.

조선초기에는 원칙적으로 모든 양인이 갑사에 입속할 수 있었다. 그러나 건국 이후 국가제도가 정비되고 사회가 안정되어가면서 갑사입속의 신분적, 경제적 제한은 강화되고 있었다. 세종 12년에는 양반자제라도 3인의 추천을 받아야 그 응시를 허락했고, 세종 28년에는 土族에 한하여 시취를 허락한다고 규정하였다. 또 경제적으로는 대체로 노비 5·6口, 토지 5·6結 이상의 소유자로 제한하였다. 그러나 세종대 후반 이후 군액이 대폭 증가하자 경제적 제한을 엄격하게 적용할 수 없게 되었다. 증가된 군액을 채우기 위해서는 제한에 미치지 못하는 자의 입속도 허락하였던 것이다. 이것은 갑사의 질적 저하를 초래하였다.

16세기에는 보법의 실시와 성종대 '土地准丁'의 폐지 등으로 인한 군역제의 폐단 속에서 양인 농민의 피역 저항이 심화되고 있었다. 이러한 가운데 16세기 전반에 농민들은 약간의 여유만 있어도 갑사로 들어오려 하였다. 이에 반해 한량이나 사족자제들은 갑사로의 입속을 기피하고 閑遊하거나 유학 공부로 돌아서고 있었다. 한편 갑사의 근무조건 역시 열악해져만 갔다. 보인의 확보가 쉽지 않았고, 軍裝價와 馬價가 폭등하였으며 녹봉마저 제대로 지급되지 않았다. 갑사는 명예와 특권은 사라지고 의무만 남아있는 군역으로 변질되었다. 이에 16세기 후반에 이르면 양인 농민마저 이를 기피하였다. 이에 갑사는 그 정액조차 채우지 못하다가 임진왜란을 맞게 되었고, 17세기 이후 역사에서 자취를 감추었다.

조선초기에 양인의 의무군역인 正兵은 비록 최대의 軍丁 數를 보유하였으나, 갑사에 비해서는 부차적인 군사적 비중을 차지하고 있었다. 정병은 騎兵과 步兵으로 구분되었고, 番上과 留防으로 근무지가 나뉘었다. 이 중 番上騎兵은 비록 갑사에는 미치지 못하지만 사회적 지위는 높은 편이었다. 이들은 부유한 사람 중에서 선발되었고, 都試에 응하여 갑사나 무반으로 진출할 수 있었다. 그러나 16세기 이후 기병은 번상시의 어려움, 군장가와 馬價의 폭등, 서울의 물가인상 속에서 고통을 겪었다. 특히 16세기 馬價의 인상은 기병의 步軍化를 가져왔다.

지주제의 전개 속에서 확대되는 농지개간으로 연해지역이나 海島에 설치된 목장이 줄어들면서 말의 수가 감소하였고, 이것은 馬價의 상승을 초래하였다. 이러한 가운데 기병은 말을 소유하기는커녕 빌려 타기도 힘들게 되었다. 정부에서도 차츰 시세를 인정하는 방향으로 나아갔다. 16세기 후반 李珥의 건의에 따라 卜馬가 폐지되고, 임진왜란 이후에는 騎馬까지 폐지되었던 것이다.

番上步兵은 이미 15세기 후반부터 役卒化하였다. 16세기 이후 점증하는 토목공사에서 보병은 요역에 의해 징발되는 煙戶軍보다 우선적으로 동원되고 있었고, 各司의 伺候使令으로도 끌려 다녔다. 이에 따라 보병은 군장을 갖출 필요도 없었고 군사력으로 간주되지도 않았다. 보병들은 농업노동력의 확보, 가혹한 토목공사 기피, 서울의 물가고 등의 이유로 대립을 희망하였고, 정부 역시 갑사나 기병과 달리 보병의 대립을 허용하는 추세로 나아갔다. 그런데 대립가의 인상으로 보병들이 고통을 겪자, 대립가의 징수는 국가 관리의 방식으로 전환되었다. 즉 보병에 한하여 軍籍收布法이 실시되었다. 보병은 이제 직접 노동력을 제공하는 것이 아니라 군포만을 납부하는 收布軍이 되었던 것이다.

이상과 같이 조선전기의 군제는 16세기 이후 심각한 모순을 드러냈고 이러한 모순 속에서 갑사의 소멸, 기병의 보병화, 보병의 수포군화가 진행되었다. 이것은 전반적으로 군사력의 저하를 가져왔지만, 이러한 군제·군역제의 변동은 조선사회 내에 새로운 형태의 군제·군역제가 출현할 조건이 갖추어지고 있음을 의미하는 것이었다.

2) 훈련도감 설립의 직접적 계기는 임진왜란 중에 전개된 정부의 포수 양성 노력이었다. 임진왜란 초전에 鳥銃의 위력을 목격하면서 정부는 포수의 양성에 관심을 기울이고, 이러한 과정에서 선조 26년(1593) 10월 훈련도감이 설립되었다. 이후 훈련도감은 명확한 지휘편제와 연대책임을 강조하는 『紀效新書』의 군사편제와 전법을 채택하였다. 조선초기에는 건국 무렵 정치적 혼란을 겪으면서 단행된 私兵革罷의 영

향으로 군인이 番上하면 그때마다 새롭게 군인을 편제하였고, 새로운 지휘관을 정하였다. 그러나 임진왜란으로 인해 이러한 군제의 모순이 드러난 상태에서 훈련도감에서는 『기효신서』의 束伍法를 도입하였던 것이다.

창설 당시 훈련도감은 砲手로만 구성되었는데, 이후 『기효신서』의 三手技法에 따라 殺手, 射手를 添設하였다. 그런데 훈련도감의 삼수병 중 포수가 가장 많은 수를 차지하고 있었고, 이들에 대한 정부의 대우도 특별했다. 이에 반해 사수는 빈번히 실시하는 論賞에서 제외되었고, 정원도 극히 적게 책정되었다. 이것은 弓矢를 위주로 하는 종래의 무기 체제에서 銃砲를 위주로 하는 무기 체제로 전환하려는 정부의 정책에서 나타난 현상이었다. 한편 훈련도감은 삼수병 이외에 後金(淸)에 대비하기 위해 馬兵을 증설하였고, 병자호란 이후에는 局出身을 만들기도 하였다. 그리고 숙종 8년(1682) 금위영 설립을 계기로 훈련도감 제도의 정비는 일단 완료되었다.

훈련도감은 설립 당시 모집에 의해 군인을 충원하였다. 그러나 이러한 군인 충원 방식은 순조롭게 진행되지 않았다. 임란 초기의 혼란이 극복되고 사회가 정상을 되찾으면서 사람들은 도감군이 되는 것을 기피하였다. 도감군은 長番으로 고된 군무를 수행하여야 했기 때문이다. 정부에서는 여러 가지 방법으로 군인 모집을 독려하였으나, 各司典僕이나 私賤 등으로 충원되는 실정이었다. 이러한 가운데 선조 36년(1603) 王子들이 도감군을 거느리고 서울에서 많은 사람을 殺傷한 사건이 일어났다. 이 사건을 통해 모집에 의해 충원된 상당수의 도감군이 宮家의 私奴·投托人이라는 것이 드러났다. 이에 정부에서는 도감군 충원방식을 募集에서 陞戶制로 전환하였다. 승호제란 式年마다 각 지방에 군액을 할당하여 도감군을 충원하는 방식이다.

조선후기 정부는 승호제로 필요한 군액을 충원하지 못할 경우에는 부정기적으로 실시하는 別陞戶도 병행하였다. 특히 효종대 북벌정책의 추진에 따라 실시된 별승호 조치는 정부 관료들의 반발을 받기도 하였다. 그러나 현종대 이후 빈발하는 자연재해와 북벌 계획의 수정에 따라 儒者 관료 내에서 훈련도감 군제변통론이 제기되었고, 陞戶 중지 주장도 나타났다. 이에 대해 정부에서는 한편으로는 승호를 일시 중단하면서 다른 한편으로는 京募集을 통해 도감군을 충원하였다. 즉 모집에 의한 도감군 충원방식이 재등장하게 되었다. 그런데 17세기 후반 이후의 경모집은 宣祖代와는 달리 서울의 인구 증가에 따라 순조롭게 진행되었다.

훈련도감 설립 당시 모집된 군인 내에는 公·私賤, 良人, 禁軍 등 다양한 신분층이 혼재되어 있었다. 이 중 賤人이 중앙군에 입속할 수 있었다는 것은 종래와는 다른 새로운 현상이었다. 그러나 奴主들은 자신의 奴가 훈련도감에 입속하는 것을 반대하였고, 私奴들은 주인에 반항하면서 훈련도감에 입속하였다. 한편 정부 내에서도 훈련도감의 私賤 문제를 둘러싸고 노비제 폐지론과 노비제 유지론이 대립하였다. 이러한 奴主와 奴의 갈등, 노비제 폐지론과 유지론의 대립은 앞에서 말한 선조 36년의 宮家 私奴·投托人 사건으로 인해 奴主와 노비제 유지론자의 승리로 종결되었다. 이때 국왕은 궁가 사노·투탁인 명단을 보고받고, 私賤의 도감군 입속을 철저히 금지하라는 명령을 내렸다. 그리고 陞戶制를 실시하여 私賤의 입속을 제도적으로 방지하려 하였다.

승호제가 실시된 이후 도감군은 각 지방에서 징발되어 올라온 양인 농민이 대다수를 차지하게 된다. 그러나 이들의 처지도 종전과 다름없었다. 이들은 각 지방에서 힘없이 陞戶 대상으로 지정되어 고향을 떠나 처자를 거느리고 서울에서 생활하여야 하는 사람들이었다. 이들은 훈련도감에서 지급하는 給料와 保布로 생계를 꾸렸으나, 이것으로는 서울의 소비 생활을 유지하기가 힘들어, 각종 수공업·상업 활동에도 종사하였다. 그리고 이들은 서울 변두리나 각 官衙의 空垈에 집을 짓고 살았으며, 도성 밖 沿江山低한 곳에서 거주지를 마련하기도 하였다. 이러한 도감군의 신분과 사회경제적 처지를 17세기 한성부 호적인

「北部帳戶籍」에서 재확인할 수 있다. 이 호적에는 등재된 도감군의 44%가 婢夫 신분의 도감군이며, 이들의 경제 상태도 극히 열악한 것으로 나타나고 있다.

3) 훈련도감의 설립 배경으로 포수의 양성, 束伍法 도입과 더불어 임진왜란 중에 전개된 兵農分離論의 대두도 첨가할 수 있다. 그러나 임진왜란 당시 병농분리, 급료제를 실현할 경제적 기반은 충분히 갖추어져 있지 않았다. 훈련도감 설립 시에는 唐粟米 1,000石으로 하루에 2 升씩 지급한다고 하여 군병을 모집하였으나 이는 항구적인 조처가 될 수 없었다. 도감군액은 계속 증가하고 있었고 이에 따른 군량 확보가 절실한 실정이었다. 이에 정부는 그 재원을 마련하기 위해 屯田의 설치 등 가능한 모든 방법을 동원하였다. 한편 급료제가 추진됨에 따라 정부는 軍餉廳(粮餉廳)을 설치하여 급료를 관장하도록 하였다. 그리고 선조 28년부터는 도감군의 급료를 二元化하여 지급하였다. 도감군내에 軍功이나 試才·科擧 등으로 禁軍에 제수되는 사람이 생기자 이들 禁軍 도감군의 급료(1개월에 米 12斗)는 호조에서 지급하였고, 아무런 관품이 없는 閑良 도감군의 급료(米 6斗)는 군향청에서 지급하였던 것이다.

그런데 군공·과거 등으로 한량 도감군들이 계속 금군으로 승진하면서 호조의 재정 부담이 증가하였다. 임진왜란이 종결된 후 정부는 계속된 호조의 재정 부족으로 인하여 도감군의 급료를 다른 방식으로 해결하지 않을 수 없었다. 이에 선조 35년 평안도와 함경도를 제외한 전국에 三手米稅를 설정하여 1結 당 米 1斗씩을 징수하였다. 그리고 도감군의 급료는 호조에서 총괄적으로 담당하도록 하였다. 한편 군향청은 훈련도감의 둔전을 모두 접수하여 급료를 제외한 훈련도감 군수 일체를 책임지는 기관으로 전환하였다. 이로써 民의 세금으로 군대를 양성하는 급료병 제도가 출범하게 되었다.

그러나 선조대 이후 훈련도감 군액은 계속 증가하였고, 이에 따라 삼수미를 징수하여 급료를 마련해야 하는 호조의 부담 역시 가중되었다. 임진왜란 중 1,000명에 불과했던 훈련도감의 군액이 宣祖 末에는 3,000명, 顯宗 3년에는 7,000여 명에 이르고 있었다. 따라서 도감군에게 지급해야 할 급료의 총액 역시 계속 증가하여, 호조는 조선후기 내내 재정 부족을 호소하였다. 급료병제의 운영은 국가재정에 과중한 부담을 주었던 것이다. 한편 三手米稅의 징수량에도 변화가 있었다. 광해군 즉위년에는 1결당 2斗로 倍增되었고, 광해군 8년에는 다시 2升이 첨가되어 1결당 2斗 2升이 되었다. 그런데 이것은 인조 12년 경상·전라·충청에 한하여 1결당 1斗 2升으로 감액·정비되어 『續大典』에 전재되었다.

도감군은 급료와 더불어 保布도 지급받았다. 도감군의 給保 문제가 대두하게 된 것은 선조 32년 정월부터였다. 임진왜란 후 어수선한 국내외 상황에서 정권의 안정을 위해서는 강력한 군사력이 필요하였고, 이를 위해서는 군인들의 안정된 생계가 보장되어야 했다. 이에 給保制가 고려되었다. 그러나 도감군의 급보제 실시는 쉽지 않았다. 원래 조선전기 급보제는 奉足이 正軍에게 재력을 보조하게 하는 제도였다. 그런데 정군과 봉족은 貧富·强弱으로 구분하여 행정적으로 편성하였지만, 실제 정군과 봉족은 지배예속 관계에 놓이기 쉬웠다. 이러한 조선전기 급보제의 원리를 도감군에게도 그대로 적용시키는 것은 많은 문제가 있었다. 도감군은 사회의 하층민으로 구성되어 있어서, 도감군의 봉족이 된다는 것은 이들과 지배예속 관계에 놓이게 된다는 것을 의미하였다.

宣祖代에는 급보제 실시를 주장하는 국왕과 현실적인 이유를 들어 이를 반대하는 정부 관료의 대립이 거듭되었다. 결국 급보제 문제가 거론된 지 2년 후인 선조 34년(1601) 도감군에 대한 급보가 실시되었다. 그런데 이때 보인 지급은 훈련도감에서 閑丁을 확보하여 개별 군인들에게 지급하는 형식이 아니라, 도감군 각자가 無役 閑丁을 찾아내어 자신의 보인으로 삼는 自望의 형태로 이루어졌다. 給保가 이런 형식으로 시행되자, 도감군들은 土族, 校生을 가리지 않고 모두 자신의 봉족으로 삼고, 심지어 자신의 주인을 다른 도감군과 서로 바꾸어 가며 봉족으로 만들고 있었다. 이것은 民의 저항과 반발을 불러 일으켰다.

宣祖 34년에 실시된 도감군의 급보제는 많은 사회문제를 야기한 채 實效는 지지부진하였다. 그러나 차츰 사회가 안정되어 가면서 도감군들은 봉족을 확보해나갔다. 특히 광해군대 號牌法의 시행으로 도감군들은 대체로 3명의 봉족들을 보유할 수 있게 되었다. 도감군이 보인을 확보함에 따라 給保制의 정비가 懸案으로 등장하였다. 선조대의 급보제가 급히 시행된 것이어서 여러 가지 문제를 발생시켰기 때문이다. 즉 이 시기 급보는 自望 형식으로 실시되었기 때문에, 능력이 있는 자는 보인을 3명 이상 불법으로 보유하고 있는 반면, 그렇지 못한 자는 1명의 보인도 없는 실정이었다. 또 도감군들이 세력 없는 士族이나 자신의 上典을 보인으로 정하여 신분 질서를 문란 시키는 문제도 발생하였다. 그리고 보인의 避役 행위로 나타나는 保額의 결손도 커다란 문제로 등장하였다.

仁祖 8년(1630) 훈련도감은 위에 열거한 여러 가지 문제를 해결하고자 「砲保節目」을 반포하였다. 여기에서는 지금까지의 급보제 문제가 도감군 개인이 보인을 확보하는 自望의 형태와 도감군과 보인간의 人的 관계에 있었다고 인식하고, 국가 관리에 의한 보인 충정과 가포 수납을 강조하고 있었다. 이것은 정군과 보인의 人的 관계에 기초한 조선전기의 군역제가 폐지되고, 국가의 稅受行政에 의한 군인의 가포 지급이라는 새로운 군역제 형식이 나타나게 되었음을 의미하는 것이었다. 「포보절목」 반포 이후 보인의 충정과 보포의 수납은 각 지방관의 책임이 되었다. 이것의 수행 여부는 지방관의 승진, 파면과 직결되었다. 따라서 지방관들은 이것을 수행하기 위해 가능한 모든 행정력을 동원하였다. 이때 여러 가지 무리한 방법이 사용되었고, 조선후기 군역제의 폐단, 軍政의 문란을 야기하고 있었다. 한편 조선후기 정부에서는 他 役에 비해 苦重한 砲保役을 均役化하기 위해 幷保制, 金納制, 定額制 등을 시행하였다. 그리고 결국 영조대 均役法에 의해 砲保도 1 疋 役으로 均一化되었다. 이러한 군역제의 정비 과정은 우리 사회가 중세사회에서 새로운 사회로 발전되어 가는 모습이기도 하였다.

훈련도감의 운영에는 給料와 保布 이외에도 많은 인력과 물자가 필요하였다. 항상적으로 군인들에게 鳥銃, 火藥, 槍劍, 弓矢, 甲胄 등을 제작·공급해 주어야 했고, 또 馬兵에게는 말도 지급해야 했다. 이러한 것들은 호조의 삼수미세와 관련 없이 粮餉廳과 훈련도감에서 마련하여야 했다. 그런데 양향청이 비록 훈련도감의 군수 부서라고 하지만 호조판서가 例兼하는 기관으로서 훈련도감의 요구에 따르지 않는 경우가 많았다. 양향청은 훈련도감과는 다른 기관이라고 주장하기도 하였다. 이에 훈련도감에서는 자체적으로 둔전 등을 설치하여 필요한 인력과 물자를 확보해나갔고, 정부 각 기관에 인력과 물자의 지원을 요청하기도 하였다.

임란 중 훈련도감은 국왕의 지원과 군대조직의 효율성을 이용하여 황무지나 無主地에 둔전을 설치하여 군수재원을 마련하였다. 그러나 임란 이후 훈련도감은 免稅·免役 등의 특혜를 이용하여 인민들의 소유지를 침식하였고, 또 인민 스스로 자기 소유지를 훈련도감 둔전으로 투입하는 행태가 출현하면서 훈련도감 둔전은 국가재정의 결손과 민인의 고통의 원인이 되기도 하였다. 조선후기 동안 이러한 訓局屯田을 혁파하라는 주장이 朝野에서 제기되었으나, 軍備의 유지·강화를 주장하는 국왕과 훈척의 의지로 둔전은 오히려 확대되는 실정이었다. 그러나 결국 숙종대 이후 둔전운영 개선안이 제기되면서 영조대에 들어 屯田의 면세 결 수에 일정한 정한이 가해지고, 그 屯稅도 지방관이 수취하는 조치를 통해 둔전의 운영은 개선·정비되었다.

훈련도감은 鳥銃을 주무기로 하는 군대로서 조총·화약·鉛丸 등 군수물자를 생산하여 군인들에게 보급하였다. 조총의 등장은 조선의 무기·군사체제에 일대 전환을 가져왔다. 조선전기에 말을 타고 활을 쏘는 무사의 모습에서 隊伍를 갖춘 보병들이 조총을 쏘는 모습으로 군대의 모습을 변화시켰던 것이다. 이 뿐 아니라 조총의 등장은 경제·산업 부문에도 심대한 변화를 초래하였다. 조총은 弓矢와는 달리 복잡한 제조 공정을 거쳐서 제작되는 무기였다. 또 조총은 역시 복잡한 공정을 거쳐 제작되는 火藥과 鉛丸을 필요로 하였다. 훈련도감은 이러한 조총·화약 등을 제작하기 위해 분업과 협업으로 운영되는 무기제조장을 설립하고, 그 원료 조달을 위해 屯田, 柴場을 설치하고 鐵鑛, 硫黃鑛, 鉛鑛 등의 광산 개발을 진행하였다.

4) 훈련도감은 국왕 시위의 임무를 맡고 있었다. 이에 도감군들은 평상시 국왕의 殿座 주위를 호위하였으며, 궁궐 각 문을 把守·入直하였다. 또 국왕이 궁궐 밖을 거둥할 때 행렬 앞에서는 辟除와 傳語 활동을 하였고, 행렬 중간에서는 국왕의 前後左右에서 호위에 임하였다. 조선후기에 어영청, 금위영 등 군영이 증설됨에 따라 도감군은 이들과 업무를 분담하였지만 국왕 시위에서 도감군은 중요한 위치를 차지하고 있었다. 도감군은 또 비상시에는 주야로 궁궐의 호위를 담당하였고, 내란·외란 등으로 국왕이 播遷할 경우에도 국왕 시위에 임하였다.

도감군은 평상시·비상시를 막론하고 국왕 시위를 담당하였기 때문에 이들의 정치적 동향은 정권의 운명과 관계되었다. 이것은 지휘관과 군인간에 명확한 지휘·복종 체계가 설정되었기 때문이었다. 특히 訓鍊大將은 훈련도감의 실질적 지휘권과 都監將官에 대한 인사권을 장악하고 있었으므로 상당한 정치적 비중을 차지하였다. 이에 조선후기 국왕들은 국왕이 절대적으로 신임할 수 있는 인물로 훈련대장을 임명하였다. 그러면서 한편으로 국왕은 이들에 대한 견제의 끈도 놓지 않았다. 이들이 자의적으로 發兵할 경우 처벌과 파직을 不辭하였던 것이다. 한편 훈련대장은 왕권을 실현시키는 존재임과 동시에 집권세력의 권력 기반이었다. 훈련대장은 집권세력내의 인물로 임명되었으며 現 정치질서 유지에 진력하였다. 이에 집권세력이 교체되는 정치적 변동이 발생할 경우 훈련대장은 교체되었으며 빈번히 처형에 이르기까지 하였다.

정부는 都監將官과 軍兵에 대해서 우대와 통제라는 양면책으로 이들을 관리하였다. 이들의 동태 역시 정권의 안정과 결부되었기 때문이다. 우선 도감장관들은 임기 만료 후 守令, 邊將으로 진출할 수 있었으며, 무과에서도 初試가 면제되는 특혜를 부여받았다. 그리고 국왕 親臨하에 실시하는 觀武才에서 우수한 성적을 나타낼 경우 임기 중에도 승진할 수 있는 기회가 주어졌다. 그러나 도감장관들은 일체의 사적 모임이나 집회를 가질 수 없었다. 또 도감장관들은 훈련대장의 入啓와 국왕의 명령 없이 단 한 명의 도감군이라도 마음대로 출동시킬 수 없는 것이 軍法이었다. 그러나 조선후기 수많은 역모 사건에 이들이 연루되고 있는 것처럼, 이들의 동향은 정권의 안정을 위협하고 있었다.

도감군 역시 정권의 무력적 기반이었지만, 또한 정권을 위협하는 존재였다. 이들은 국가로부터 給料와 保布를 지급 받으면서 국왕 시위의 임무를 부여받고 있었지만, 자신과 가족에게 불리한 상황이 닥칠 때는 자신의 군사적 임무를 포기하거나 국가 정책에 반발하기도 하였다. 李适의 亂에서는 900명에 달하는 도감군들이 국왕의 호위에 응하지 않고 도망갔으며, 병자호란 당시에는 자신들의 희생을 강요하는 전쟁에 반대하여 斥和臣을 淸側에 縛送하여 전쟁을 중지하자는 집단 시위를 벌이기도 하였던 것이다. 이에 조선후기 정부에서는 끊임없이 이들의 동태에 관심을 기울이며 이들을 우대하였다. 그러나 도감군들은 빈번히 근무 여건의 개선을 내걸고 집단 행동을 감행하고 있었고, 주지하는 바와 같이 근대 시기에는 임오군란을 발발시켰다.

국왕의 시위와 더불어 도감군의 중요 임무로는 서울의 경비와 방위를 들 수 있다. 도감군들은 주로 왕궁 주위에 배치된 군영에 입직하면서 왕궁의 호위와 도성 내 도적의 방비와 체포, 禁火 등의 임무를 맡아 보았고, 또 궁궐 담 밖과 도성내외를 巡邏하면서 서울의 경비 임무를 담당하고 있었다. 한편 훈련도감은 서울의 방위를 책임지고 있었기 때

문에 도성과 북한산성의 수축과 관리도 담당하였으며, 특히 肅宗·英
祖代 도성중심 방위체제의 강화 속에서 훈련도감은 유사시 한성부민
을 동원하여 守城에 임하는 계획까지 갖추고 있었다.

도감군은 중앙군임에도 불구하고 胡亂 時까지 赴防의 임무도 담당
하였다. 이들의 부방 임무는 임란시 각 처의 戰場에 투입되었던 것에
서 비롯된다. 임란 당시 도감군은 국내에서 가장 우수한 정예병으로
인식되어 각 戰場으로 파견되고 있었다. 이러한 선례에 따라 임란 종
결 이후에도 도감군은 국경 수비를 위해 부방에 동원되었던 것이다.
도감군의 赴防은 例防과 別防으로 구분되었는데, 仁祖代에 들어 점증
하는 북방의 위협 속에서 많은 도감군들이 장기간의 부방에 동원되었
다. 그러나 병자호란 이후 도감군의 부방 임무는 사라지게 되었다.

한편 도감군은 지방군의 훈련에도 관여하였고, 捉虎와 濬川, 禁松
등의 對民 업무도 담당하였다. 그리고 도감군은 그 본연의 임무인 군
사 훈련에 임하면서 각종 무예 연습과 試藝에 참여하고 있었다. 그러
나 현종, 숙종대를 거치면서 北伐論이 쇠퇴하고 대외적 안정이 지속되
자 도감군의 군사 훈련은 차츰 소홀해지는 경향이 있었다. 숙종 말엽
에는 대규모 군사 훈련을 거의 실시하지 않는다고 보고되었다. 이 대
신 도감군들은 서울의 치안 유지를 위한 巡邏나 濬川, 禁松 등 대민
업무에 치중하게 된다. 이것은 군사력의 약화로 이어지는 것이기도 하
였다.

5) 훈련도감의 給料制로 인해 조선후기 호조재정은 만성적인 재정
적자를 면치 못하였고, 또 훈련도감의 長番制로 인해 서울은 인구증가
와 더불어 각종 도시문제가 발생하였다. 이러한 것들을 배경으로 하여
효종대를 거쳐 현종대에 이르러서 훈련도감 군제변통론이 본격적으로
대두되었다. 조선후기에는 군사 문제를 놓고 養兵優先論(軍備增强論)
과 養民優先論(軍備減縮論)의 두 가지 입장이 대립되고 있었다. 도감
변통론은 이 중 양민우선론의 일환으로서, 給料兵을 축소·동결할 것

과 長番兵을 番上兵으로 전환할 것을 그 내용으로 하면서 전개되었다. 도감군액의 축소·동결론은 孝宗代부터 제기되었다. 그러나 이러한 논의는 북벌이라는 大義 앞에서 무력하였다. 오히려 도감군액은 계속 증액되는 실정이었다. 따라서 이 시기에는 궁핍한 국가재정을 다른 방편에 의해 해결하려 하였다. 노비추쇄 사업이 전개되고, 儒布論·戶布論 등이 재정 확보책으로 제기되었다.

도감변통론은 현종대에 들어와 본격적으로 제기되었다. 특히 이 시기의 도감변통론은 급료병의 축소·동결론보다 훈련도감의 長番兵制를 番上兵制로 전환하자는 논의가 대세를 이루게 되는 것이 특징이었다. 이러한 논의는 山林의 영수 宋時烈이 선도하였다. 송시열은 당시 어영청 군제를 모델로 하여 훈련도감 군제를 번상병제로 전환할 것을 요구하였다. 그는 어영청 군제는 '以兵養兵'으로서 국가와 民에게 전혀 해가 안 되는 최상의 군제라고 주장하였다. 그러나 어영청은 비록 국가의 재정 지출은 없었으나 수많은 군액을 확보해야 하는 문제를 안고 있었다. 또 어영청은 조선후기 최대의 軍摠을 보유하고 있었으나, 서울에 상주하는 군액은 훈련도감에 비해 1/4~1/8에 지나지 않았다. 이에 군비 유지를 고수하는 국왕과 훈척, 훈련대장의 반대로 도감군제를 번상병제로 전환하자는 논의는 무산되었다. 그러나 이러한 논의 과정에서 현종 10년(1669) 번상병제로 운영되는 訓鍊別隊가 설립되었다. 이것은 도감변통론의 주장과는 달리 훈련도감 元軍은 그대로 둔 채 別隊軍이 첨설된 형태이어서 숙종대에 다시 도감변통론이 재연하게 된다.

숙종대 도감변통론은 숙종 6년 庚申換局을 기점으로 크게 구분되었다. 숙종 즉위후 숙종 6년까지 남인집권기에 훈련도감 문제는 군제개혁의 일환으로서 제기되었다. 이 시기의 정책 제시는 尹鑴에 의해 주도되었는데, 그는 향촌에서 五家統制, 面里制를 시행하여 公的 사회제도를 확립하고, 이를 기반으로 양반도 군역에 포함하는 五衛制를 복구한 후 摠府郞-郞僚로 이어지는 지휘체계의 말단 병력으로 도감군을

分屬시킬 것을 주장하였다. 또 그는 도감군에게 屯田을 지급하여 兵農
一致에 따라 番上하게 하여 장번제의 각종 폐단도 제거하고자 하였다.
그러나 이러한 주장들은 국왕·훈척의 소극적 입장으로 실현될 수 없
었다.

　숙종 6년 庚申換局으로 남인이 패퇴하고 서인정권이 들어서자 현종
대와 마찬가지의 도감변통론이 대두하였다. 남인정권기 동안 유배되었
던 宋時烈은 서인정권의 수립과 함께 등용되면서 훈련도감의 長番制
를 番上制로 개편할 것을 주장하였고, 또 수많은 서인 관료들이 송시
열과 뜻을 같이 하였다. 숙종 8년(1682) 金錫冑의 「軍制變通節目」은
이러한 관료들의 요구 속에서 반포된 것이다. 그런데 이 「군제변통절
목」의 주요 내용은 도감군을 일부 감축하고, 훈련별대와 정초군을 합
하여 番上制로 운영되는 禁衛營을 만드는 것이었는데, 이것은 훈척 김
석주의 군권 장악과 관련되어 진행된 것으로서 군제·군역제의 폐단
을 개선하기보다는 군영의 증설로 인해 더욱 많은 문제를 야기하는 것
이었다. 따라서 이후 서인 관료들은 다시 군제변통을 요구하게 되고,
숙종 30년(1704)에는 釐整廳에 의해 「五軍門軍制變通節目」이 공포되
었다. 이 군제변통의 주요 내용은 훈련도감의 군제는 일체 변동 없이
종전대로 유지하고, 어영청과 금위영의 番上軍數를 반으로 감축하는
것이었다. 이로써 조선후기 중앙군제는 훈련도감 중심의 도성 3군문
체제로 확립되었다. 이것은 서인 관료들이 줄기차게 주장해온 도감변
통론, 長番制를 番上制로 전환하자는 요구가 실패로 끝났음을 의미하
는 것이기도 하였다.

　이상과 같이 설립·운영된 훈련도감이 조선후기 정치, 경제, 사회에
미친 영향은 적지 않았다. 우선 정치 부문의 영향을 보면, 훈련도감은
속오법에 의거하여 장관과 군병의 명확한 지휘·통제 체계를 수립하
였다. 훈련도감 이후 설립된 여타 군영들도 이러한 훈련도감의 군제를
전례로 따랐다. 이러한 군제가 조선후기 정치에 군사적 비중과 영향력

이 증대되는 결과를 가져온 것으로 보인다. 인조반정과 병자호란의 경우를 보듯이 도감장관, 군병의 동향이 그 결과에 지대한 영향을 미쳤던 것이다. 따라서 조선후기 각 정치 세력은 병권 장악에 몰두하게 되고, 이것이 정쟁의 쟁점이 되고 정변의 사단이 되기도 하였다.

한편 경제적으로 훈련도감의 설립·운영은 조선후기 둔전의 발생과 확대, 군수광공업의 성장, 서울의 상업 발달 등을 가져왔다. 훈련도감은 조선후기 둔전의 발생을 가져왔으며, 단일 기관으로는 최대 면적의 둔전을 보유하고 있었다. 또 훈련도감의 둔전 설치는 여타 宮房이나 衙門 屯田의 선례가 되어 둔전의 확대가 진행되는 계기가 되었다. 이러한 둔전의 설치·확대로 국가 재정이 감축하고 민인의 피해 또한 적지 않게 된다. 또 훈련도감은 조선후기 신무기 개발의 중심지였고, 최대의 무기 생산처였다. 훈련도감은 자체 내에 무기제조장을 설치하여 조총, 화약 등을 생산하였고, 그 원료 조달을 위해 철광, 유황광, 연광 등의 광산 개발을 진행하였다. 훈련도감에 의해 개발된 이러한 광공업 기술은 여타 군영과 관서로 이전되어 조선후기 군수광공업의 성장에 이바지하였다. 한편 훈련도감의 운영은 조선후기 亂廛의 등장과 상업의 발달을 가져왔다. 임란 중 도감군의 생계 보충을 위해 상업 활동을 허용하는 市牌가 지급된 이후 도감군의 상업 활동은 확대되어 갔다. 이것은 서울에 非市廛系 상인의 대두, 亂廛의 등장을 의미하였다. 이러한 도감군들의 상업 활동은 조선후기 서울의 상업 인구 증가, 상품 화폐 경제의 발전에 많은 역할을 하였다.

훈련도감의 사회적 영향을 보면, 훈련도감의 승호제와 장번제는 서울의 인구 증가와 사회문제 발생의 원인이 되었다. 式年 승호제로 3년마다 200명의 壯丁들이 지방에서 妻子를 거느리고 상경하여 훈련도감에 입속하였다. 또 이외에 수시로 別陞戶가 시행되었다. 이러한 도감군의 충원 방식은 조선후기 서울의 인구 증가를 가져오는 한 원인이 되었다. 한편 長番兵인 도감군과 그 가족의 서울 거주는 서울의 소비 인구를 증가시켜 이들을 대상으로 한 상업인구의 증가도 가져왔다. 인구 증가와 더불어 서울에는 조선전기와는 달리 주택 문제, 위생 문제, 범죄 문제 등 도시 문제도 출현하게 되었다.

이와 같이 조선전기에 주로 양반층이 입속하여 兵農一致制, 番上制로 운영되었던 갑사의 소멸 이후 설립된 훈련도감은 사회 하층민으로 구성되어 兵農分離制, 長番制로 운영되었고, 이것은 조선후기 정치, 경제, 사회 각 방면에 심대한 영향을 미치고 있었다. 이것은 조선 사회가 그 이전의 중세적 체제에서 근대 체제로 나아가는 과정이기도 하였다.

參考文獻

1. 資料

1) 年代記類
『朝鮮王朝實錄』　　　　　　　　　『承政院日記』
『備邊司謄錄』

2) 法典類
『經國大典』　　　　　　　　　　　『大典續錄』
『後續錄』　　　　　　　　　　　　『受敎輯錄』
『新補受敎輯錄』　　　　　　　　　『續大典』
『大明律直解』　　　　　　　　　　『各司受敎』

3) 謄錄類
『訓局謄錄』(奎 12915)　　　　　　『訓局總要』(奎 12530)
『訓局謄錄』(藏 2-3398)　　　　　　『訓局謄錄』(藏 2-3399)
『訓局謄錄』(藏 2-3400)　　　　　　『訓局謄錄』(藏 2-3401)
『訓局謄抄』(藏 2-3402)　　　　　　『訓局事例撮要』(藏 2-3403)

4) 戶籍類
『康熙二年癸卯式年 北部帳戶籍』(奎 19315)

5) 文集類
『三峰集』(鄭道傳)　　　　　　　　『松堂集』(趙浚)

『陽村集』(權近)   『訥齋集』(梁誠之)

『保閑齋集』(申叔舟)   『四佳集』(徐居正)

『栗谷全書』(李珥)   『東岡集』(金宇顒)

『栢巖集』(金玏)   『四留齋集』(李廷馣)

『晚全集』(洪可臣)   『西厓集』(柳成龍)

『重峰集』(趙憲)   『李忠武公全書』(李舜臣)

『梧里集』(李元翼)   『白沙集』(李恒福)

『芝峯集』(李睟光)   『守夢集』(鄭曄)

『愚伏集』(鄭經世)   『惺所覆瓿稿』(許筠)

『碧梧遺稿』(李時發)   『南坡相公集』(沈悅)

『淸陰集』(金尙憲)   『北渚集』(金瑬)

『延平遺事』(李貴)   『潛谷遺稿』(金堉)

『白江集』(李敬輿)   『澤堂集』(李植)

『遲川集』(崔鳴吉)   『孤山遺稿』(尹善道)

『記言』(許穆)   『鶴洲全集』(金弘郁)

『同春堂集』(宋浚吉)   『宋子大全』(宋時烈)

『市南集』(兪棨)   『草廬全集』(李惟泰)

『松谷集』(趙復陽)   『滄洲遺稿』(金益熙)

『南溪集』(朴世采)   『野堂遺稿』(柳赫然)

『文谷集』(金壽恒)   『白湖集』(尹鑴)

『西溪集』(朴世堂)   『磻溪隨錄』(柳馨遠)

『老峯集』(閔鼎重)   『絅庵集』(申琓)

『息庵先生遺稿』(金錫冑)   『星湖僿說』(李瀷)

6) 其他

『兵政』   『萬機要覽』

『增補文獻備考』   『良役實摠』

『紀效新書』   『續兵將圖說』

『守城綸音』(奎 3756)   『均役事實』(奎 1683)

『武譜』   『登壇錄』(서울대古 4650-133)

『登壇年表』(奎 3635)

2. 硏究成果

1) 單行本

姜萬吉,『朝鮮後期 商業資本의 發達』, 高麗大出版部, 1973.

姜萬吉 엮음,『조선후기사 연구의 현황과 과제』, 창작과비평사, 2000.

강성문,『韓民族의 軍事的 傳統』, 봉명, 2000.

近代史硏究會,『韓國中世社會 解體期의 諸問題』, 上・下, 한울, 1987.

金錫亨,『朝鮮封建時代 農民의 階級構成』, 과학원출판사, 1957.

金容燮,『增補版 韓國近代農業史硏究 上』, 一潮閣, 1984.

閔賢九,『朝鮮初期의 軍事制度와 政治』, 韓國硏究院, 1983.

朴時亨,『朝鮮土地制度史』中, 과학원출판사, 1961 / 신서원 再刊, 1994.

方相鉉,『朝鮮初期 水軍制度』, 民族文化社, 1991.

徐台源,『朝鮮後期 地方軍制硏究 -營將制를 중심으로-』, 혜안, 1999.

孫禎睦,『朝鮮時代都市社會硏究』, 一志社, 1977.

宋贊植,『朝鮮後期 手工業에 관한 硏究』, 서울大出版部, 1973.

元永煥,『朝鮮時代漢城府硏究』, 江原大出版部, 1990.

劉承源,『朝鮮初期身分制硏究』, 乙酉文化社, 1987.

柳承宙,『朝鮮時代鑛業史硏究』, 고려대학교 출판부, 1993.

陸軍士官學校韓國軍事硏究室,『韓國軍制史-近世朝鮮前期篇』, 陸軍本部, 1968.

陸軍士官學校韓國軍事硏究室,『韓國軍制史-近世朝鮮後期篇』, 陸軍本部, 1976.

尹薰杓,『麗末鮮初 軍制改革硏究』, 혜안, 2000.

李景植,『朝鮮前期土地制度硏究』, 一潮閣, 1986.

李景植,『朝鮮前期土地制度硏究Ⅱ』, 지식산업사, 1998.

이근호 외,『조선후기의 수도방위체제』, 서울학연구소, 1998.

李成茂,『朝鮮初期兩班硏究』, 一潮閣, 1980.

李樹健,『嶺南士林派의 形成』, 嶺南大學校出版部, 1979.

李載龒,『朝鮮初期社會構造硏究』, 一潮閣, 1984.

李存熙,『朝鮮時代地方行政制度硏究』, 一志社, 1990.

李泰鎭,『朝鮮時代 政治史의 再照明』, 汎潮社, 1985.

李泰鎭,『朝鮮後期의 政治와 軍營制 변천』, 韓國硏究院, 1985.

李泰鎭,『韓國社會史硏究』, 知識産業社, 1986.

李泰鎭, 『朝鮮儒敎社會史論』, 知識産業社, 1989.

全炯澤, 『朝鮮後期奴婢身分硏究』, 一潮閣, 1989.

鄭奭鍾, 『朝鮮後期社會變動硏究』, 一潮閣, 1983.

車文燮, 『朝鮮時代 軍制硏究』, 檀大出版部, 1973.

車文燮, 『朝鮮時代 軍事關係 硏究』, 檀大出版部, 1996.

千寬宇, 『近世朝鮮史硏究』, 一潮閣, 1979.

崔承熙, 『韓國古文書硏究』, 知識産業社, 1981.

崔承熙, 『朝鮮初期 政治史硏究』, 지식산업사, 2002.

崔永禧, 『壬辰倭亂中의 社會動態』, 韓國硏究院, 1975.

崔完基, 『朝鮮後期船運業史硏究』, 一潮閣, 1989.

崔貞煥, 『高麗朝鮮時代祿俸制硏究』, 慶北大學校出版部, 1991.

崔孝軾, 『朝鮮後期軍制史硏究』, 신서원, 1995.

韓永愚, 『朝鮮前期社會經濟硏究』, 乙酉文化社, 1983.

韓㳓劤, 『李朝後期의 社會와 思想』, 乙酉文化社, 1961.

許善道, 『朝鮮時代 火藥兵器史硏究』, 一潮閣, 1994.

한국역사연구회, 『조선정치사 1800~1863』 상·하, 청년사, 1990.

홍순민, 『역사기행 서울궁궐』, 서울학연구소, 1994.

田川孝三, 『李朝貢納制の硏究』, 東洋文庫, 1964.

宇田川武久, 『東アジア兵器交流史の硏究』, 吉川弘文館, 1993.

 2) 論文

姜萬吉, 「軍役改革論을 통해 본 實學의 性格」, 『東方學志』 22, 1979.

金光哲, 「朝鮮前期 良人農民의 軍役-正兵을 中心하여-」, 『釜山史學』 3집,
        1979.

金甲周, 「朝鮮後期 保人硏究」, 『國史館論叢』 17, 1990.

金斗鍾, 「壬辰亂後의 活字印本實錄字와 訓鍊都監字」, 『震檀學報』 29·30,
        1966.

金錫亨, 「朝鮮初期 國役編成의 基底」, 『震檀學報』 14, 1941.

金世恩, 「大院君執權期 軍事制度의 整備」, 『韓國史論』 23, 1990.

金良洙, 「朝鮮肅宗時代의 國防問題」, 『白山學報』 25, 1979.

金玉根, 「朝鮮後期 軍事財政의 良布依存度에 관하여 - 兵曹·3軍門을 중심

으로」, 『한국자본주의성격논쟁』, 大旺社, 1988.

金龍國, 「壬辰倭亂中 서울收復戰과 防禦計劃」, 『鄕土서울』 23, 1964.

金容坤, 「朝鮮後期 軍糧米의 確保와 運送」, 『韓國史論』 9, 國編委, 1981.

金容燮, 「朝鮮後期 軍役制 釐正의 推移와 戶布法」, 『省谷論叢』 13, 1982.

金容燮, 「朝鮮後期 軍役制의 動搖와 軍役田」, 『東方學志』 32, 1982.

金仁杰, 「朝鮮後期 身分史 硏究現況」, 『韓國中世社會 解體期의 諸問題(下)』, 近代史硏究會編, 한울, 1987.

金仁杰, 「朝鮮後期 鄕村社會 變動에 관한 硏究-18,19세기 「鄕權」 담당층의 변화를 중심으로」, 서울대 박사학위논문, 1991.

金鍾洙, 「17세기 軍役制의 推移와 改革論」, 『韓國史論』 22, 1990.

金鍾洙, 「16세기 甲士의 消滅과 正兵立役의 變化」, 『國史館論叢』 32, 1992.

金鍾洙, 「壬辰倭亂 이후 朝鮮의 對明・淸 관계」, 『壬亂水軍活動硏究論叢』, 海軍軍史硏究室, 1993.

金鍾洙, 「17세기 訓鍊都監 軍制와 都監軍의 활동」, 『서울학연구』 2호, 1994.

金鍾洙, 「조선초기 甲士의 성립과 변질」, 『典農史論』 2집, 시립대 국사학과, 1996.

金鍾洙, 「朝鮮後期 訓鍊都監 運營의 社會經濟的 影響」, 『군사』 33호, 1996.

金鍾洙, 「高麗・朝鮮初期의 府兵」, 『歷史敎育』 69집, 1999.

金鍾洙, 「鎭浦大捷의 歷史的 意義」, 『全羅文化硏究』 12집, 2000.

金鍾洙, 「高麗時期 府兵制의 運營과 그 原則」, 『歷史敎育』 73집, 2000.

金鍾洙, 「朝鮮初期 府兵制의 改編」, 『歷史敎育』 77집, 2001.

金鍾洙, 「高麗・朝鮮時期 中央軍의 變化」, 『典農史論』 7집, 시립대 국사학과, 2001.

金鍾洙, 「朝鮮時期 軍制史 硏究와 國史敎材의 서술」, 『歷史敎育의 方向과 國史敎育』 2집(尹世哲敎授停年紀念歷史學論叢), 2001.

金鍾洙, 「朝鮮初期 中央軍制의 整備와 私兵制 改革」, 『朝鮮의 政治와 社會』, 集文堂, 2002.

金鍾哲, 「朝鮮初期 徭役賦課方式의 推移와 役民式의 確立」, 『歷史敎育』 51, 1992.

金駿錫, 「朝鮮後期 國家再造論의 擡頭와 그 展開」, 연대 박사학위논문, 1990.

金駿錫, 「柳馨遠의 政治・國防體制 改革論」, 『東方學志』 77・78・79, 1993.

金鎭鳳・車勇杰・梁起錫, 「朝鮮時代 軍役資源의 變動에 대한 硏究 - 湖西

地方의 경우를 中心으로」,『湖西文化硏究』3, 1983.

南都泳,「朝鮮初期 兼司僕에 對하여」,『金載元博士回甲紀念論叢』, 1969.

盧永九,「朝鮮後期 兵書와 戰法의 연구」, 서울大 박사학위논문, 2002.

閔賢九,「朝鮮初期의 私兵」,『東洋學』14, 1984.

朴連鎬,「仁祖~肅宗年間의 軍役과 校生考講」,『정신문화연구』 봄호, 1986.

方基中,「朝鮮後期 軍役稅에 있어서의 金納租稅의 展開」,『東方學志』5,
1986.

裵祐晟,「正祖年間 武班軍營大將과 軍營政策」,『韓國史論』24, 1991.

백승철,「17,18세기 軍役制의 變動과 運營」,『李載龒博士還曆紀念史學論叢』,
1990.

宋亮燮,「朝鮮後期 軍·衙門 屯田의 經營形態 硏究」, 高麗大 박사학위논문,
2001.

沈勝求,「朝鮮初期 武科制度」,『北岳史論』1, 1989.

沈勝求,「朝鮮初期 都試와 그 性格」,『韓國學報』60, 1990.

吳洙彰,「仁祖代 政治勢力의 動向」,『韓國史論』13, 1985.

吳永敎,「朝鮮後期 鄕村支配政策의 轉換-17世紀 國家再造와 관련하여」, 연
세대학교 대학원 박사학위논문, 1992.

吳宗祿,「朝鮮後期 首都防衛體制에 대한 一考察 - 五軍營의 三手兵制와 守
城戰」,『史叢』33, 1988.

吳宗祿,「중앙군영의 변동과 정치적 기능」,『조선정치사 1800~1863』하, 청년
사, 1990.

吳宗祿,「朝鮮初期 兩界의 軍事制度와 國防體制」, 高麗大 박사학위논문,
1993.

柳承宙,「朝鮮後期 軍需鑛工業의 發展-鳥銃問題를 中心으로」,『史學誌』3,
1969.

柳承宙,「朝鮮後期 硫黃鑛業에 관한 硏究 - 특히 17·8세기 軍衙門의 設店
收稅店을 中心으로」,『李弘稙博士 回甲紀念 韓國史學論叢』, 1969.

柳承宙,「朝鮮後期 軍需工業에 관한 一硏究 - 軍營門의 火藥製造實態를 중
심으로」,『軍史』3, 1981.

柳承宙,「朝鮮後期의 月課銃藥丸契 硏究」,『韓國史論』9, 國編委, 1981.

柳承宙,「17세기 監官制下의 官營軍需鑛業實態」,『朝鮮時代鑛業史硏究』, 고
려대 출판부, 1993.

柳昌圭,「朝鮮初 親軍衛의 甲士」,『歷史學報』106, 1985.

柳昌圭,「太宗代 軍事指揮體系의 變化와 執權層의 葛藤」,『朴永錫華甲論叢』, 1992.

尹用出,「壬辰倭亂 時期 軍役制의 動搖와 改編」,『釜大史學』13, 1989.

尹用出,「17·18세기 요역제의 변동과 募立制」, 서울大 博士學位論文, 1991.

尹薰杓,「朝鮮初期 武科制度研究」,『學林』9, 1987.

尹薰杓,「高麗末 朝鮮初期 兵器의 製造 및 管理體系에 관한 研究-軍制改編과 關聯해서」,『東方學志』77·78·79, 1993.

尹薰杓,「朝鮮初期 別侍衛 研究 - 麗末鮮初 軍制改編과 關聯하여」,『國史館論叢』43, 1993.

李謙周,「壬辰倭亂과 軍事制度의 改編」,『韓國軍制史-近世朝鮮後期篇』, 육군본부, 1976.

李景植,「17世紀 農地開墾과 地主制의 展開」,『韓國史研究』9, 1973.

李景植,「16世紀 地主層의 動向」,『歷史教育』19, 1976.

李景植,「朝鮮初期 屯田의 設置와 經營」,『韓國史研究』21·22, 1978.

李景植,「16世紀 屯田經營의 變動」,『韓國史研究』24, 1979.

李景植,「16世紀 場市의 成立과 그 基盤」,『韓國史研究』57, 1987.

李景植,「17世紀 土地折受制와 職田復舊論」,『東方學志』54·55·56, 1987.

李景植,「朝鮮後期 王室·營衙門의 柴場私占과 火田經營」,『東方學志』77·78·79, 1993.

李景植,「朝鮮前期 土地의 私的 所有問題」,『東方學志』85, 1994.

李京燦,「조선 효종조의 북벌운동」,『淸溪史學』5, 1988.

李載龒,「奉足에 對하여-朝鮮初期 軍役制度를 中心으로」,『歷史學研究』2, 1964.

李載龒,「朝鮮初期 屯田考」,『歷史學報』29, 1965.

李載龒,「朝鮮前期 遞兒職에 對한 考察-西班遞兒를 中心으로」,『歷史學報』35·36합, 1967.

李載龒,「朝鮮前期의 祿俸制」,『崇田大學校論文集』5, 1974.

李載龒,「朝鮮前期의 水軍」,『韓國史研究』5, 1979.

李載龒,「朝鮮初期 良人農民의 軍役과 土地所有」,『東洋學』9, 1979.

李載龒,「朝鮮初期의 翼軍」,『崇田大學校 論文集』12, 1982.

李泰鎭,「17세기 朋黨政治와 中央軍營의 兵權」,『朝鮮後期 黨爭의 綜合的

檢討』, 韓國精神文化研究院, 1992.

李泰鎭, 「조선시내 서울의 都市발달 단계」, 『서울학연구』 창산호, 1994.

全炯澤, 「補充軍立役規例를 통해 본 朝鮮初期의 身分構造」, 『歷史敎育』 30
　　　・31, 1982.

鄭萬祚, 「均役法의 選武軍官-閑遊者 問題와 關聯하여」, 『韓國史硏究』 18,
　　　1977.

鄭萬祚, 「朝鮮後期의 良役變通論에 대한 檢討-均役法 成立의 背景」, 『同大
　　　論叢』 7, 1977.

鄭萬祚, 「肅宗朝 良役變通論의 展開와 良役對策」, 『國史館論叢』 17, 1990.

鄭演植, 「17,8세기 良役均一化政策의 推移」, 『韓國史論』 13, 1985.

鄭演植, 「조선후기 '役摠'의 운영과 良役 變通」, 서울大 博士學位論文, 1993.

鄭昌烈, 「朝鮮後期의 屯田에 대하여」, 『李海南博士華甲紀念史學論叢』, 1970.

趙珖, 「實學者의 國防意識」, 『韓國史論』 9, 國編委, 1985.

조성윤, 「조선후기 서울 주민의 신분 구조와 그 변화-근대 시민 형성의 역사
　　　적 기원」, 연세대 박사학위논문, 1992.

池斗煥, 「朝鮮前期 軍役의 納布體制 확립과정」, 『韓國文化研究』 1, 1987.

池斗煥, 「朝鮮後期 戶布制 論議」, 『韓國史論』 19, 1988.

車文燮, 「鮮初의 甲士에 對하여」, 『史叢』 4・5, 1959・1960.

車文燮, 「壬亂以後의 良役과 均役法의 成立」(上・下), 『史學研究』 10・11,
　　　1961.

車文燮, 「鮮初의 內禁衛에 對하여」, 『史學研究』 18, 1964.

車文燮, 「鮮初의 忠義・忠贊・忠順衛에 對하여」, 『史學研究』 19, 1967.

車文燮, 「束伍軍研究」, 『東洋學』 1, 1971.

車文燮, 「軍事組織」, 『한국사』 10, 1974.

車文燮, 「防衛制度」, 『서울六百年史 1』, 서울市史編纂委員會, 1977.

車文燮, 「守禦廳研究」, 『東洋學』 6・9, 1979・1982.

車文燮, 「朝鮮後期 中央軍制의 再編」, 『韓國史論』 9, 國編委, 1981.

車文燮, 「朝鮮前期의 國防體系」, 『東洋學』 14, 1984.

千寬宇, 「朝鮮初期 五衛의 形成」, 『金庠基博士華甲紀念論叢』, 1962.

千寬宇, 「五衛와 朝鮮初期의 國防體制」, 『李相佰回甲論叢』, 1964.

千寬宇, 「朝鮮初期 五衛의 兵種」, 『史學研究』 18, 1964.

崔完基, 「都監船의 稅穀賃運活動」, 『朝鮮後期船運業史研究』, 一潮閣, 1989.

崔承熙, 「朝鮮 太祖의 王權과 政治運營」, 『震檀學報』 64, 1987.

崔承熙, 「朝鮮後期 「幼學」, 「學生」의 身分史的 意味」, 『國史館論叢』 1, 1989.

崔承熙, 「太宗朝의 王權과 政治運營體制」, 『國史館論叢』 30, 1991.

崔承熙, 「世宗朝 政治支配層의 對民意識과 對民政治」, 『震檀學報』 76, 1993.

崔貞煥, 「朝鮮前期 祿俸制의 整備와 그 變動」, 『慶北史學』 5, 1982.

崔貞煥, 「朝鮮前期 遞兒祿의 整備」, 『大邱史學』 24, 1983.

崔孝軾, 「御營廳·禁衛營의 比較研究」, 『慶州史學』 1, 1982.

崔孝軾, 「朝鮮時代 羽林衛의 成立과 그 編制」, 『東國史學』 15·16, 1982.

崔孝軾, 「御營廳研究」, 『韓國史研究』 40, 1983.

崔孝軾, 「摠戎廳研究」, 『論文集』 4, 동국대, 1985.

崔孝軾, 「龍虎營에 대하여」, 『慶州史學』 4, 1985.

崔孝軾, 「仁祖代의 國防施策」, 『東國史學』 19·20, 1986.

崔孝軾, 「扈衛廳研究」, 『論文集』 8, 동국대, 1989.

崔孝軾, 「扈衛廳의 設置와 그 組織編制」, 『朝鮮時代史研究』(車文燮回甲論
　　　　叢), 1989.

崔孝軾, 「朝鮮後期 中央軍制史研究」, 東國大 博士學位論文, 1990.

平木實, 「17세기에 있어서의 奴婢從良」, 『韓國史研究』 3, 1969.

河且大, 「朝鮮初期 軍事政策과 兵法書의 發展」, 『軍史』 21, 1990.

韓永愚, 「麗末鮮初 閑良과 그 地位」, 『韓國史研究』 4, 1969.

韓永愚, 「朝鮮初期 上級胥吏 成衆官의 成衆官의 錄事로의 一元化과정」, 『東
　　　　亞文化』 10, 1971.

韓永愚, 「社會階層과 社會移動에 관한 試論」, 『東洋學』 8, 1978.

韓忠熙, 「朝鮮初期 都試研究」, 『韓國學論集』 13, 1986.

韓㳓劤, 「麗末鮮初 巡軍研究-麗初 巡檢制에서 起論하여 鮮初 義禁府成立에
　　　　까지 미침」, 『震檀學報』 22, 1961.

許善道, 「麗末鮮初 火器의 傳來와 發達」(上·中·下), 『歷史學報』 24·25·
　　　　26, 1964.

許善道, 「<制勝方略>研究」, 『震檀學報』 36·37, 1973·1974.

許善道, 「'陣法'考」, 『軍史』 3, 1981.

宮原兎一, 「李朝의 軍役制度 '保'의 成立」, 『朝鮮學報』 28, 1963.

石原道博, 「壬辰丁酉倭亂과 戚繼光의 新法」, 『朝鮮學報』 37·38, 1966.

西田信治, 「李朝軍役體制の解體」, 『朝鮮史研究會論文集』 21, 1984.
北村明美, 「李朝初期國役制度‘保法’の成立について」, 『朝鮮史研究會論文集』 30, 1992.

찾아보기

【ㄱ】

價布　56
各司典僕　102
各邑月課軍器法　201
監官　187
監牧官　175
甲士　21, 25, 71, 73, 115, 134, 140, 192, 211
甲士試取之法　33
甲戌換局　230
甲寅禮訟　322
兼司僕　135, 211
京甲士　252
經理廳　246
京募集　113, 279
庚辛大饑饉　317
庚申換局　230, 330
京主人　67, 170
京砲　88
雇立軍　207
公・私賤 武科　116
貢價　202
공명첩의 발급　177
貢物 防納人　128
貢物의 作米　138
公兵制　25
工匠　125
公廨田　174

科田　29
觀武才　231, 262, 266
官保　304
廣知營　241
廣興倉　275
教師隊　88, 257
校生落講者　155
具宏　225, 228
具仁垕　225
國用田　175
局出身　91, 93, 135, 287
軍功　134
軍器寺　196
軍多民少　68
軍牢　290
軍門 屯田　188
軍備 增强　196
軍少民多　68
軍案　161
軍役稅　269
軍役從先定之法　125
軍營　55, 127, 239
軍營大將　297
軍律　100
軍의 정치 개입　222
軍資監　275
軍資監 別營　143, 274
軍裝　42
軍裝點考　43, 54

軍籍 49, 51
軍籍監考 51
軍籍收布法 68
軍籍廳 159
軍制變通論 294
軍制變通節目 333
軍職 遞兒 75
軍餉保 173, 333
軍餉廳 142, 146, 178
軍戶체제 49
宮家 私奴의 작폐 사건 123
宮房田 183
弓矢 191
宮墻外巡邏 242
弓箭色 186
권력분립의 원칙 143, 180
均役法 173
均役廳 270
禁軍 41, 73, 76
禁軍 도감군 143, 145
禁兵 212
禁松 259
禁衛營 95, 200, 204, 333
금위영 혁파론 335
禁火 240
급료 126
給民立作 175
給保 151, 152
給保制 118, 150
騎馬 54, 60, 61
騎馬 전술 90
騎兵 51, 62, 73, 150
기병 대립 56
己巳換局 230
騎船軍 49
旗摠 78
己亥封事 310
『紀效新書』 77

金南重 109
金萬基 225
金錫冑 225, 332
金壽恒 336
金堉 110
金益熙 80, 296

【ㄴ】

羅將 53
落幅紙 255
亂廛 285, 288
南營 241
納粟策 138
納布軍 150
納布制 72
郎將 29
郎廳 194
內禁衛 31, 211
內三廳 94
老兵 101
노비제 유지론 118
노비제 폐지론 118
노비추쇄사업 273
祿俸 29, 30
農軍 177
『農圃問答』 278

【ㄷ】

唐粟米 97, 138
待年軍 113, 279
大同米 202
代立 42, 64
代立價 67
代立價의 公定 68
代立人 66
代立制 66, 72, 150

待變船 189
隊副 27
代試 41
隊長 27
大將兵符 228
代定 104, 170
隊卒 48, 63
隊摠 78
도감군의 군액결손 112
도감군의 급료 272
도감군의 충원 112
도감변통론 294
都監將官 231
徒年定配 107
도망군 推捕 100
都城 244
都城 3軍門 237
都城中心 245
都試 53
都市問題 286
都提調 224
都體察使府 324
都摠府 56
都護 194
都會 193
屯田 138
屯田官 175
둔전의 설치 140
屯土 185

【ㅁ】

馬價 43, 59, 147
馬兵 133
馬兵將 147
馬政 57
萬科의 設行 326
綿紬甲士 41

募民竝作 178
모병제 97
모집제 112
武科 32
無役閑丁 102
武勇廳 94
物故 100
民結 141
民田冒占 183
民田收稅 180
民田收稅處 185
閔鼎重 332

【ㅂ】

朴世采 336
反正軍 221
防納人 170
坊役 128
방위체제 245
番上 54, 62
番上正兵 51, 150
番上制 149
벨테브레 196
辟除 217
邊首 204
別武士 88
別防 255
別巡邏 242
別隆戶 108, 110, 278
別侍衛 31, 34, 48, 71
別營 147, 229
別營郎廳 147
別將 29, 187
別驍衛 335
兵農分離 137
兵農分離論 137
兵農分離制 269

兵農一致　28, 137
兵農一致制　72
幷保制　171
兵書　256
병자호란　235
兵曹 騎步兵의 役價　170
兵曹 上番軍　206, 241
兵曹 餘丁　172
兵曹判書　226
保價　55
保擧　34
步軍化　61, 62, 238
保法　39, 50
步兵　51, 62
步兵番價　69
步兵收布價　69
保人　42
保人의 充定　166
보포　126
卜馬　54, 60, 61
卜馬軍　333
伏兵　217
奉常寺　142
奉足　42
봉족제　152
赴防　252
府兵　22, 23
府兵甲士　27
副司果　135
副司勇　140
副司正　28, 135
副司直　28, 135
部將　46
副護軍　135, 140
북벌　108, 110
북벌정책　273
北部帳戶籍　129, 282, 283
北營　241

北一營　241
북한산성　244
分軍　238
分業과 協業　193
婢夫　128, 281
婢夫 도감군　132

【ㅅ】

射講　262
私奴　99
私兵制　25, 81
사병 혁파　222
司僕寺　58
司瞻寺　69
射手　82, 85
射手 賤視　86
私習　262
司正　28
四祖單字　34
四祖의 職役　133
士族 子弟　44
司直　28
私賤　122
伺候使令　64
山黨　321
山林　301
山林勢力　321
散員　29
殺手　82
三軍甲士　27
三軍門體制　339
三軍府　26
三藩의 亂　323
三手技法　78, 83
三手米稅　145, 149, 274
三手兵　84
三手兵制　262

三政의 稅 269
常備軍制 277
賞職 134
色吏輩 126
西班 遞兒職 141
西營 241
船價 147
船軍 32
宣惠廳 202, 270
成衆官 31
小氷期 279
小火器 74
束伍軍 202
束伍法 78, 81
送西 141
宋時烈 109, 277, 291, 302, 330
宋儒眞의 난 213
宋浚吉 299
水軍 22, 49, 71
受料成冊 147
守門將 84, 135
守城軍 51
守城節目 248
守禦廳 200
數外奉足 163
授職免賤人 151
水鐵匠 194, 205
收布軍化 62, 69, 238
收布制 70
宿衛之卒 127
巡邏 241, 242
崇文賤武 44
習陣 83, 262
勝字銃筒 74, 192
승호군 106
陞戶制 102, 124, 277
市案 290
市役 289

侍衛牌 28, 32, 49, 51
柴場 188
試才 84, 134
市廛 136, 288
市牌 289
式年 陞戶 108, 110
申景禛 219, 225
新兵 101
信符 215
申叔舟 81
申汝哲 229
身役 63
新營 241
辛壬獄 230
實職 30
10司 26

【ㅇ】

兒童隊 88
樂生·樂工 保布 168
兩界甲士 252
涼臺廛 290
養民優先論 293, 294, 299, 301
養兵優先論 293, 294
養兵優先主義者 298
梁誠之 50
良役 337
『良役摠數』 174
良人皆兵 72
良人皆兵制 297
量田敬差官 53
양천제 115
糧餉廳 142, 146, 181
御營 正軍 304
御營廳 200, 302, 304
魚箭 141
役軍化 62, 238

逆謀 232

驛保 125

役卒 62

練兵實紀 90

鍊才 36

輦下親兵 127, 212, 217, 229, 234, 254, 289

煙戶軍 63

鉛丸 193

焰硝 207

焰硝煮取術 195

焰硝廳 206

營衙門 둔전 183

營將 78, 314, 315

營鎭軍 32, 51

例防 255

오군영제 237

五部分屬三營節目 249

吳三桂의 亂 325

五衛 48

五衛都摠府 26

五衛制 23, 79, 211, 236, 240

五衛制 復舊 326

五衛陣法 90

徭役 63

羽林衛 116, 211

右文 정책 44

右營 239

元斗杓 111, 297

月課軍器 201

위생 문제 286

衛將 46

兪棨 277

留防 54, 62

留防正兵 51

柳成龍 73, 96, 139

儒布論 296, 301

留鄕所 52

柳赫然 95, 209, 225, 229, 303

柳馨遠 79

硫黃 207, 208

柳灰 207

肉北과 骨北 222

尹善道 299

尹鑴 324

義勇隊 82

義興府 28

義興三軍府 26

義興親軍衛 25

李景奭 298

李适의 난 220, 232, 234, 245

李端夏 318, 321, 331

李德馨 152

李夢鶴의 난 213

李敏敍 331

李師命 331

李晬光 294

李時白 225

李如松 78

李浣 91, 112, 171, 225, 228, 311, 313

李元翼 295

李惟泰 310

李珥 61

吏典 36

李廷馣 80

釐整廳 173, 308, 338

李恒福 104

인조반정 219, 221, 234

隣徵 40

入啓推考 107

【ㅈ】

自望 154

資保 304

雜色軍 71

將官軍兵入番所 214
長番制 149, 278
藏氷役 128
壯勇營 96
匠人 204
全家移配 103
田結出布 155
傳語軍 217
前營 239
點退 169
正軍 41, 51
正騎兵 51
鄭道傳 22, 29
停番 307
正兵 22, 49, 71, 211
正步兵 51
鄭知和 332
精抄軍 95, 199, 303
精抄廳 204
提調 224
皂隷 53
鳥銃 74, 191
鳥銃色 186, 194
조총 생산량 197
鳥銃火藥製造節目 204
族徵 40
族親衛 211
左營 239
主人家 128
主人業 128
朱子 109
鑄字匠 126
주택 문제 286
濬川 259
濬川司 261
中郎將 29
中旬 134, 262, 264
중앙군 21

中營 239
中衛 23
紙甲 55
지방군 21
지방군 훈련 256
지주제의 전개 58
職田法 30
直定 306
直定禁斷事目 306

【ㅊ】

車價 147
差使員 167
捉虎 257
捉虎甲士 258
捉虎節目 258
鑽穴匠 205
妻料 253
戚繼光 77
斥堠 217
賤武思想 297
賤武 의식 72, 213
鐵甲 55, 191
鐵店 199
鐵峴屯 194
鐵峴鎭 199
遞兒職 30, 135, 140
草價 43
哨官 78, 100, 132, 147
摠戎廳 199
銃砲 87
崔鳴吉 94
崔錫鼎 337
推刷奴婢貢米 274
充軍 24, 25, 36
忠順衛 211
忠義衛 211

充定 103
忠贊衛 135, 211
吹角令 218
取才 23, 32
七庶之獄 218

【ㅌ】

土地准丁의 폐지 39
退番 收布 62
投托 180

【ㅍ】

罷漏 243
破敵衛 48
把摠 78
牌記 81
彭排 48, 63
片箭 85
捕盜廳 241
砲保 88, 105, 160
砲保 價布 169
砲保의 定額化 173
砲保節目 107, 158, 162
砲殺手 151
砲手 74, 88, 133
皮甲 55
皮甲冑 191

【ㅎ】

하멜 196
學射之人 84
閑良 36, 44
한량 도감군 143, 145
漢符 216
閑丁 募得 313

降倭 208
餉保 333
鄕所 126
許筠 295
許穆 325
許積 312, 325
許通 99, 116
挾戶 281
護軍 27
戶首 41
戶役 63
호적사목 281
호조의 수입 270
戶主의 직역 134
號牌法 158
戶布論 301, 331
虎患 258
紅夷砲 197
火藥 193, 207
火藥色 186, 194
火車 197
換局 230
活字 126
後營 239
『訓局謄錄』 214
訓鍊大將 148, 224
訓鍊都監 減縮論 111
訓鍊都監 軍餉 141
訓鍊都監 屯田 革罷論 184
訓鍊都監 馬兵 90
訓鍊都監 事目 76
훈련도감 연병 편제 82
훈련도감의 어장·염분 189
訓鍊都監 差官 186
訓鍊別隊 95, 204, 303, 314, 317, 319
勳戚 297
勳戚 武臣 224

김종수(金鍾洙)

서울대학교 사범대학 역사과 졸업
서울대학교 대학원 국사학과 졸업(문학 석사)
서울대학교 대학원 국사학과 졸업(문학 박사)
현재 군산대학교 사학과 교수

朝鮮後期 中央軍制研究
訓鍊都監의 設立과 社會變動

金 鍾 洙
2003년 5월 4일 초판 1쇄 인쇄
2003년 5월 10일 초판 1쇄 발행
펴낸이·오일주
펴낸곳·도서출판 혜안
등록번호·제22-471호
등록일자·1993년 7월 30일

㉾ 121-836 서울시 마포구 서교동 326-26번지 102호
전화·3141-3711~2 / 팩시밀리·3141-3710
E-Mail hyeanpub@hanmail.net

ISBN 89 - 8494 - 181 - 6   93910
값 20,000 원